황금 사슬:
신학의 개요

황금 사슬: 신학의 개요

발행 2016년 11월 24일

종교개혁 500주년 기념사업회
지은이 윌리엄 퍼킨스
옮긴이 김지훈
발행인 이종윤
출판위원장 김은수
킹덤북스 대표 윤상문
편집부장 권지현, 김현아
코디네이터 박현수
디자인실장 여수정
디자인 표소영, 박진경
발행처 킹덤북스
등록 제2009-29호(2009년 10월 19일)
주소 경기도 용인시 기흥구 동백동 622-2
문의 전화 031-275-0196 팩스 031-275-0296

ISBN 979-11-5886-078-3 (03230)

Copyright ⓒ 2016 종교개혁 500주년 기념사업회
이 책은 저작권법에 따라 보호받는 저작물이므로 무단전재와 복제를 금지하며,
이 책의 내용의 전부 또는 일부를 이용하려면 반드시 저작권자와 킹덤북스의
서면 동의를 받아야 합니다.

※ 잘못된 책은 구입하신 곳에서 교환하여 드립니다.
※ 책 가격은 표지 뒷면에 있습니다.

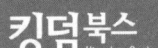

킹덤북스(Kingdom Books)는 문서사역을 통해 하나님의 나라를 확장하고,
한국 교회와 세계 교회를 섬기고자 설립된 출판사입니다.

Redire ad Dominum

종교개혁500주년기념사업회

종교개혁신학명저총서 III

황금사슬:
신학의 개요

아만두스 폴라누스(Amandus Polanus) 지음
김지훈 옮김

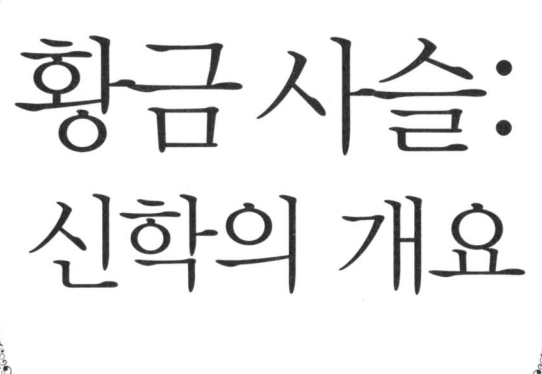

William Perkins
1558-1602

킹덤북스
Kingdom Books

번역 원문에 대하여

    본서는 잉글랜드 케임브리지(Cantabrigia)의 존(요하니스) 레가트(Johannis Legatt)에 의해서 1592년 출판된 라틴어판 *Armilla Aurea, id est Theologiae Descriptio mirandam seriem causarum & salutis & damnationis juxta verbum Dei proponens*을 바탕으로 번역된 것이다. 이 라틴어판『황금 사슬』은 총 세 가지 판본이 존재한다. 각각 1590년, 1591년, 1592년에 출판되었는데, 1년마다 증보되었다. 출판된 장소와 출판업자는 모두 동일하게 케임브리지의 존 레카트이다. 초판본인 1590년판은 총 31장이며 표지까지 71페이지 분량이었다. 1591년판은 총 57장이며, 170페이지이다. 1592년판은 총 59장으로 구성되었으며 197페이지에 달한다. 본서는 이 마지막 라틴어 판본과 함께 영어 번역판을 참조하여 번역된 것이다.

    영어 번역판은 1591년부터 출판되었으며, 라틴어 1591년판을 번역한 것이다. 두 번째 라틴어판과 동일하게 총 57장으로 구성되었다. 출판업자는 런던의 에드워드 알데(Edward Alde)이다. 영역자는 책표지에 기록되어 있지 않고, 단지 '다른 사람에 의해서 번역되었다'(translated by another)라고만 기록되어 있다. 그리고 1592년 이후에 출판된 영문판들은 세 번째 라틴어판(1592년)을 번역한 것이다. 1595년 영문판에는 역자의 이름이 기록되어 있는데, 역자는 성직자였던 로버트 힐(Robert Hill)이다. 이 영문판의 출판업자는 라틴어역 출판업자와 동일한 존 레가트(John Legat)이다. 역자는 이 작품을 번역하면서 1600년에 케임브릿지의 존 레카트에 의해서 출판된 *A Golden Chaine: The Description of Theology*를 참조하였다. 이 작품은『황금 사슬』외에도 퍼킨스의 작품 다수를 포함하고 있다.

황금 사슬:
신학의 개요

로서 하나님의 말씀에서 보여주는 구원과 정죄의 원인들에 대한 놀라운 순서를 설명한다. 이것의 일람표가 끝에 도표로 덧붙여져 있다.

세 번째 판

고통 받는 양심을 위로하기 위한
테오도르 베자의 실천적인 내용이 첨가되었다.

칸타브리기아의 요한네스 레가트 인쇄소에서 출판함

간 행 사

'종교개혁신학 명저번역총서'의 출간에 즈음하여

　16세기 마틴 루터가 종교개혁의 횃불을 힘차게 들어 올린 지 벌써 500주년이 되어 가고 있다. 루터 한사람이 로마 가톨릭교회를 개혁한 것이 아니라, 루터 이전에도 그리고 그 이후에도 유럽 여러 나라에서 루터의 개혁운동을 중심으로 기독교 교리, 예배, 그리고 교회적 실천과 삶의 개혁은 수세기동안 치열하게 지속되어 왔다. 이러한 종교개혁의 신학과 신앙의 유산은 삼위 하나님의 크신 은혜와 역사하심으로 말미암아 이제 한국 교회에서 풍성하게 그 꽃을 피우고 열매를 맺고 있으나, 뿌리가 없는 꽃과 열매는 있을 수 없다. 이에 '종교개혁500주년기념사업회'는 16, 17세기 종교개혁신학의 고전/명저들을 찾아 이를 그 원어 원전에서 직접 번역하여 출판함으로써 새로운 한국 교회의 개혁과 갱신의 토대와 오고 오는 세대들을 위한 신앙의 유산으로 삼고자 한다.

　한국의 대표적 신학회(기독교학회, 복음주의신학회, 루터학회, 칼빈학회, 웨슬리학회, 개혁신학회, 장로교신학회 등)인 7개 신학회가 함께 모여 조직한 '종교개혁500주년기념사업회'는 2011년 3월 5일 발기총회를 갖고 본 사업회의 주제를 "종교개혁과 한국 교회의 갱신"으로 정하였고, 동년 8월 27일 발대식을 통해 다음의 7대 주요 사업계획을 확정 발표하였다.

1. 종교개혁신학 명저번역 프로젝트
2. 종교개혁신학 학술연구 프로젝트
3. 종교개혁신학 소책자 출판/보급 프로젝트
4. 종교개혁신학 학술대회의 정기적인 개최(2012년부터 17년까지 종교개혁신학의 다양한 주제들에 대한 봄/가을 정기학술대회)
5. 종교개혁신학 아카데미(강연회) 프로젝트
6. 종교개혁신학 관련 연구 Network 및 신학자료 Data-base구축 프로젝트
7. 종교개혁신학, 신앙 확산을 위한 월례기도회 및 신학발표회 등을 진행하고 있다.

    종교개혁신학의 불멸의 고전에 해당하는 본 명저번역총서들은 먼저 그 원어 원전에서 직접 번역할 수 있는 번역자를 엄격하게 선정함과 동시에, 이중 삼중의 검독 절차를 거쳐 그 번역 출간의 완성도를 높이기 위해 최선을 다하였다. 또한 이러한 '종교개혁신학 명저번역총서'는 그 독자가 비교적 한정되어 있고, 많은 이들의 관심의 대상이 아니므로 이를 출간할 출판사를 찾기가 쉽지 않았다. 그러나 한국 교회를 사랑하시는 하나님의 놀라우신 은혜로 말미암아 오늘 이 명저번역총서가 비로소 햇빛을 보게 되었다. 이에 먼저 삼위 하나님께 모든 영광과 감사를 돌려드림과 동시에, 본서의 번역자/검독자 제위께 독자와 함께 깊은 감사를 드린다. 나아가 어려운 상황 속에서 본 명저번역총서의 출판에 필요한 재정지원을 하신 본회 재정분과위원들과 이 귀한 일을 위해 수고하신 모든 분들에게 한국 교회의 이름으로 깊은 감사를 드리는 바이다.

2016. 10. 31.

종교개혁500주년기념사업회 대표회장 이종윤 목사

발간사

종교개혁신학 명저번역총서 발간에 붙여

현대는 자유주의와 상대주의적 가치관으로 말미암아 모든 기존의 권위와 가치에 대해 일단 회의적으로 보거나 부정하는 것이 일반적이다. 이러한 상황은 그리스도의 몸된 교회도 예외는 아니다. 성경의 가르침에 대해 비평적이거나 전통적인 정통교리를 부정하거나 회의적 시각으로 재해석하는 풍조가 만연하게 되었다. 16세기 종교개혁 이후 지난 500년의 역사를 돌아 볼 때, 개신교는 중세 교회의 비성경적인 형식주의적이거나 미신적 요소들을 많이 버렸으나, 성경의 자유로운 해석으로 말미암은 신학적 혼란과 교회의 분열과 교파의 난립으로 그 어려움이 더욱 가중되고 있다.

이런 혼란의 시기에 종교개혁 500주년을 맞아서 개신교의 신학적 뿌리인 종교개혁자들의 고전적인 명저들을 엄선하고 이를 번역 출간하여 한국 교회의 신학을 재정립하도록 돕는 일은 너무나 중요하고, 매우 고무적인 일이다. 칼빈도 성경과 함께 어거스틴이나 베르나르 같은 전통적 기독교의 교부들이나 신학자들의 신학적 견해를 중시하며 자주 인용하였던 것은 잘 알려진 바이다. 거의 모든 종교개혁자들이 성경, 전통, 이성의 삼대 요소들을 개신교 신학의 토대로 삼았다. 그러므로 오늘날 우리가 당면하고 있는 신학적 혼란과 신앙의 온전한 삶과 실천의 부재의 시기에 앞서간 종교개혁자들의 신학과 신앙의 실천을 따라서 신학을 바로 세우고, 지속적으로 성경의 가르침에 따라 교회를 개혁하고 갱신하는 것은 시대적 요청이라 할 수 있을 것이다.

'종교개혁500주년기념사업회'의 종교개혁신학 명저번역 출간사업은 뜻있는 여러 분들의 재정적 후원과 우수한 여러 학자들의 적극적 참여로 추진되어 왔다. 교회를 위한 신앙의 유산인 종교개혁자들의 귀중한 저서들이 차례로 번역되어 연구되고, 그들의 신학과 신앙의 실천을 올바로 이어갈 때, 우리 한국 교회와 신학이 더욱 올바른 방향으로 정립될 것으로 믿는다. 바라건대, 이 번역서들이 한국 교회의 진지한 평신도들과 목회자들과 신학생들에게 널리 읽혀지고 연구되어짐으로서, 신학과 신앙의 재정립과 목회사역의 올바른 길잡이가 되어 한국 교회의 개혁과 갱신, 그리고 신학의 재정립과 부흥에 크게 기여하게 되기를 기도한다.

2016. 10. 31.
종교개혁신학 명저번역위원장 강창희 박사

저자 서문(라틴어판)

칸타브리기아(캠브리지)의 가장 영광스러운 학교가 모든 좋은 문헌들과 기독교 경건으로 양육되기를, 또한 영국 교회의 신학교에 그리스도 안에서 항상 은혜와 평화가 있기를 기도합니다.

참으로 영광스러운 모교여, 나는 여러분께 이 『황금 사슬』을 드립니다. 여러분이 이것을 살펴본다면, 이것이 가장 거룩한 하나님의 말씀[의 올바른 가르침]이라는 것을 알게 되실 것입니다. 만약 당신이 나의 작품을 판단하신다면, 참으로 얄팍한 것이지만 알차게 기록한 것임을 아실 것입니다. 그리고 이 작품의 내용을 짜임새 있게 만들어서 – 그렇게 만들고자 신경썼습니다 – 신학적 개요들에 나의 문체가 나타나게 하였습니다.

감히 말씀드리자면, 당신(모교)은 이미 가치에 있어서 고명하며, 탁월하게 학식 있는 사람들로 인하여 전성기를 구가하고 있습니다. 그리고 나는 저 자신을 종종 선지자의 자녀들 중에서 가장 낮은 자라고

---

1   퍼킨스는 자신의 작품이 가치 없는 것이며, 학교에 큰 도움이 되지 않을 것이며, 경솔한 것이라고 겸손한 마음을 피력하고 있다.

부릅니다. 그러니 참으로 당신의 필요를 위하여 내가 한 경솔한 행동을 너그럽게 봐주시기를 구합니다.[1] 당신이 우리가 어떤 직분을 가지고 있는지, 또한 우리에게서 존경받을 만한 증거를 요구하는 것보다는 사람들에게서 무고한 참소로 푸대접을 받는 것이 차라리 더 낫다고 생각합니다. 특별히 내가 가진 모든 것이 다 당신으로부터 나온 것입니다. 이 작품의 내용들은 삶과 구원에 관한 것들입니다. 즉 이것은 하나님[의 말씀의 가르침]을 따라서 조상들이 받아들인 것을 실은 것입니다. 내가 선하게 사는 것은 당신에게 배운 것입니다. 이 조상들을 따라서 보잘 것 없는 내가 필요한 것을 만들어 냈습니다. 당신에게서 그 문헌들을 가지고 교육을 받았으며, 중요한 것은 그것으로 인하여 내가 그리스도인으로 거듭 태어났다는 것입니다. 이 사실만으로도 내가 당신에게 드리는 존경이 여러분이 나에게 베풀어준 호의에 응답하기에 부족할 수밖에 없다는 것을 인정합니다. 그러므로 내가 당신을 아끼고 더욱 사랑한다는 것과 큰 존경으로 당신을 따른다는 것을 당신과 모든 경건한 사람들에게 증명하는 일이 빠질 수 없습니다.

모교여, 내 재능이 보잘 것 없다는 것을 인정합니다. 그러나 내가 기도하는 것이 하나 있습니다. 즉 당신이 나의 뜻을 돌아봐 주기를 원하는 것입니다. 만약 당신이 우리가 처음 시작했던 것을 사랑하는 마음으로 받아줄 만하다고 생각하셨다면, 당신의 처음의 관대함으로 이미 되어 있는 작품에 완성도를 더해 주시기를 바랍니다.

훌륭한 모교여, 평안하십시오. 하나님 아버지께서 우리 주 예수 그리스도로 인하여 영원히 보존하시를. 그리고 그분이 당신의 학생들을, 작품들을, 또한 풍성한 지식을 가진 자들을 경건으로 돌보시고 지키시기를. 그리하여 당신이 약하고 혼란스러운 영국교회를 풍성하게 할 뿐만 아니라, 적그리스도를 공격하여 쇠약하게 만들기 위해서 잘 훈련된 불굴의 투사들을 가지게 되기를 바랍니다. 재차 강건하시기를 기원 드립니다.

성도들의 마지막 인내의 해, 1590년 1월 20일.
그리스도 안에서 여러분에게 빚진 자,
윌리엄 퍼킨스

저자 서문(영어판)

기독교 독자들에게

  기독교 독자들이여, 최근 하나님의 예정의 순서에 대한 네 가지 의견들이 있습니다.
  첫 번째는 옛, 그리고 새로운 펠라기우스주의자들의 의견입니다. 그들은 하나님의 예정의 원인을 사람 안에 둡니다. 이 주장에서 그들은 하나님께서 사람을 생명과 죽음으로 정하셨다고 합니다. 그런데 이 정하심은 하나님께서 그분이 주실 은혜를 그들이 자신들의 자유의지로 거절하거나 받을 것을 예지하심으로서 이루어졌다고 합니다.
  그 의견들 중에서 두 번째는 몇몇 루터주의자들입니다. 그들은 가르치기를, 하나님께서 온 인류가 불신 안에 갇히게 되며, 그로 인해서 주실 은혜를 어떻게 거절할지를 미리 보셨기 때문에, 어떤 자들을 그들의 믿음, 또는 선행에 대한 어떤 고려 없이 순전한 은혜로서 구원으로 정하셨고, 나머지를 그것(은혜를 거절하는 것: 역자 주)을 행하도록 버리셨다고 합니다. 왜냐하면 하나님께서 영원 전부터 그들이 복음 안에서 주신 은혜를 거절하고자 하는 것을 미리 보셨기 때문입니다.
  세 번째는 반(semi)펠라기우스주의를 따르는 교황주의자들의 의견입니다. 이 의견은 하나님의 예정을 부분적으로 (하나님의) 긍휼에,

동시에 부분적으로는 예지된 사람의 준비와 공로에 돌립니다.

네 번째는 다음과 같이 가르치는 것인데, 하나님의 예정의 실행의 원인이 구원받은 자들에게는 그리스도 안에서의 그분의 긍휼 안에 있고, 멸망당하는 자들에게는 사람의 타락과 부패에 있다고 합니다. 그러나 그 둘(선택과 유기)에 대한 하나님의 작정과 영원한 의논은 그분의 뜻과 기뻐하심 외에는 어떤 원인도 가지지 않습니다. 저는 이 네 가지 의견 중에서 앞의 세 의견을 잘못된 것으로 반박하기 위해서 노력해 왔습니다. 그리고 마지막 의견을 성소의 저울의 균형을 잡는 진리로서 유지하고자 노력했습니다.

이것에 대하여 더 말하자면, 여기서 나는 감히 당신에게 선한 이해를 드리고자 합니다. 그 주제 자체를 빡빡하게 썼다기보다는 나의 의도와 애정을 가지고 배려한 이 작품을 읽어주십시오. 누가 나의 이 보잘 것 없는 작품을 영국 교회의 보물 창고에 두고자 하겠습니까? 주의 성막을 짓는 데 금, 진주, 그리고 보석들이 부족하여 염소 털 조각과 작은 수양의 가죽을 가져 온 것에 불과합니다(출 35:23).[2]

우리 주 예수 그리스도의 아버지께서 그분의 영광의 풍성하심에 따라서 성령에 의해서 당신의 속사람을 강하게 하시며, 그리스도께서 믿음에 의해서 당신의 마음에 거하여, 당신이 사랑 안에 뿌리내리고 견고하게 세우시기를 원합니다. 그리하여 당신이 모든 성도들과 함께 지식을 넘어서는 그리스도의 사랑을 알아서 그것의 너비와 길이와 폭과 높이가 어떠한지를 이해하여 하나님의 모든 충만하심으로 충만하

---

[2] 자신의 작품을 보잘 것 없는 염소 털과 가죽으로 비유하고 있다.

시기를 빕니다. 아멘. 평안하십시오.

성도들의 마지막 인내의 해, 1592년 4월 18일.
그리스도 예수 안에서,
당신의 윌리엄 퍼킨스

역자 서문

1. 윌리엄 퍼킨스(William Perkins, 1558-1602)의 생애

　개혁주의 청교도신학자 윌리엄 퍼킨스에게는 그동안 다음과 같이 다양하고도 화려한 수식어들이 붙어서 묘사되고, 칭송되어 왔다: "엘리자베스 시대 청교도의 핵심 건축자", "튜더 왕조 시대의 청교도 신학자", "가장 중요한 청교도 저술가", "청교도 신학자들의 왕자", "가장 조용한 시대의 이상적인 청교도 성직자", "청교도 신학자 전체 가운데 가장 유명한 사람" 등. 어떤 학자들은 퍼킨스를 포함하여 요한 칼빈(John Calvin, 1509-1564), 테오도레 베자(Theodore Beza, 1519-1605)를 "개혁파 정통주의 신학의 삼위일체"라고 표현한다. 또 다른 학자는 베자를 칼빈을 이은 스콜라 개혁신학자의 출발점으로, 퍼킨스를 칼빈을 따른 경건주의 개혁신학자의 출발점으로 평가한다. 이런 평가들은 그가 영국교회사 뿐만 아니라, 유럽의 종교개혁사에서 어떤 의미를 가지고 있는지 가히 짐작하게 한다.

　윌리엄 퍼킨스는 워윅셔(Warwickshire)의 불킹톤(Bulkington) 행정교구 안에 있는 마스톤 야벳(Marston Jabbet)이라는 마을에서 아버지 토마스 퍼킨스(Thomas Perkins)와 어머니인 한나 퍼킨스(Hannah Perkins) 사이에서 태어났다. 그는 1577년 19살이 되던 해에 케임브리지의 그리스도 대학에 입학하였다. 당시 이 대학은 영국 종교개혁에 큰 영향을 끼치고 있었다. 1511년부터 1514년까지 에라스무스(Desiderius Erasmus, 1466-1536)가 헬라어 신약성경 출간을 준비하면서 이 학교에서 강의를 하였었고, 또한 윌리엄 틴데일(William Tyndale, 1494-1536)이 바로 이 학교에서 영어성경 번역을 준비하였다. 1520년대에는 루터의 작품들이 이 학교의 학자들 사이에서 널리 읽혔으며, 1549년에는 유명한 종교개혁자 마틴 부처(Martin Bucer, 1491-1551)가 이 학교의 강단을 맡게 되었다. 이로써 케임브리지는 명실공히 영국의 종교개혁의 중심 거점이 되었다.

　이 중요한 개신교 기관에서 퍼킨스는 1577년에 공부를 시작하였다. 그의 젊은 시절에 대해서는 많은 것이 알려져 있지는 않으나, 젊었을 때에는 무모하고 불경스러웠으며 술에 탐닉했었다고 전한다. 불경스러웠던 그는 학창 시절에 큰 회심을 경험하게 된다. 그는 경건한 학자, 목회자들과 교제하면서 큰 영향을 받았는데, 그 가운데 대표적인 사람이 가정교사였던 로렌스 체덜톤(Laurence Chaderton, 1536-1640)이었다. 이 밖에도 하나님께서는 우연한 사건 속에서 퍼킨스가 얼마나 악한지를 직접 대면하게 하셨다. 어느 날 그가 도시의 길거리를 걷고 있을 때, 한 여인이 자신의 아이를 꾸짖으며 하는 말을 우연히 듣게 되었다. "입 다물어, 그렇지 않으면 너를 저기에 있는 술주정뱅이 퍼킨스에게 줘 버릴꺼야!" 이 이야기의 실재 여부는 분명하지 않다. 하지만 퍼킨스가 변한 것만은 사실이다. 퍼킨스는 수학공부와 흑마술과 사교를 포기했고, 신학을 공부하기 시작하였다. 그는 새롭고 깊은 열정으로 공부에 매진하였고, 그 결과 1581년에 문학사학위를 취득했고, 1584년에는 석사학위를 취득하였다. 퍼킨스는 많은 서적들을 매우 빠른 속도로 탐독하였으며, 모든 내용들을 매우 세심하게 이해하였다고 한다.

그가 케임브리지 대학에서 공식적으로 교육받은 내용은 스콜라적 칼빈주의였다. 하지만 그의 사상은 피터 라무스(Peter Ramus, 1515-1572)의 영향을 받아 다소간 수정되었다. 라무스는 당시 중세를 장악하고 있던 아리스토텔레스 철학의 형이상학과 논리학의 이분법을 폐기하고, 논리학을 중심으로 학문의 통일성을 이루고자 하였다. 이로 인해서 라무스주의는 보다 실천적인 특성을 가지고 있었고, 청교도의 삶의 경건을 강화시키는 데 도움을 주었다. 이러한 라무스주의는 퍼킨스의 실천적인 경건에 깊은 영향을 끼쳤다. 퍼킨스는 1584년부터 소천할 때(1602년)까지 케임브리지의 세인트 앤드류스 교회의 설교자로 봉직하였으며, 1584년부터 1595년 결혼할 때까지 그리스도 대학의 선임 연구원으로 일했다. 또한 1590년부터 1591년까지 그리스도 대학의 학장으로 봉직하였다.

또한 퍼킨스는 케임브리지 성에 있는 죄수들에게 주일마다 설교를 하였는데, 이때 설교에 대한 특출한 재능을 보여 주었다. 그는 자기 점검과 성경적인 분석으로 양심의 사례들을 다루는 청교도적인 결의론(Casuistry)을 주장했다. 많은 사람들이 퍼킨스의 설교를 통해서 죄책감을 느낀 후 죄를 고백하며, 그 속박으로부터 구원받았다. 그는 먼저 죄에 대한 고백으로 죄수들을 지옥까지 낮춘 후에, 다시 복음으로써 그리스도의 구속의 감격을 경험하게 하였다. 그의 설교는 죽음을 앞둔 죄수들조차도 하늘의 소망으로 인내하게 했다고 한다. 이것에 대한 좋은 예를 사뮤엘 클라크(Samuel Clark)가 전하는 다음과 같은 이야기 속에서 찾아 볼 수 있다: 어느 날 퍼킨스는 두려움과 공포로

'반쯤 죽어서' 교수대에 오르고 있는 죄수를 보았다. 퍼킨스는 그에게 큰 소리로 물었다. "무엇이 문제인가? 죽음이 두려운가?" 죄수는 죽음 뒤에 따라올 일이 죽음보다 더 두렵다고 답하였다. 퍼킨스는 죄수에게 "다시 내려오시오. 그러면 하나님의 은혜가 당신을 강하게 하는 것을 보게 될 것이오"라고 하였다. 죄수가 내려와서 함께 무릎을 꿇었으며, 퍼킨스는 죄를 고백하는 기도를 통하여 죄수가 후회의 눈물을 흘리게 만들었다. 죄수가 충분히 통회하고 있을 때, 퍼킨스는 그에게 복음의 자유함을 제시하였다. 이로써 죄수는 자신의 무거운 죄가 십자가의 피로써 씻겨져 나감을 느끼게 되었다. 속죄를 확신한 죄수는 다시금 감격의 눈물을 흘렸다. 그 후 그는 힘차게 교수대를 올라갔다. 그 죄수는 마치 하늘이 열리고 그의 영혼을 그리스도께서 받으시는 것처럼, 인내로써 죽음을 감당하였다고 한다. 클라크가 증언하는 이 장면은 놀라운 광경이었음이 분명하다.

케임브리지에 있는 동안 퍼킨스는 몇몇 신학적 논쟁에 연루되었다. 메리여왕 통치시절에 많은 잉글랜드 개신교인들이 대륙으로 도피하였다. 그러나 엘리자벳이 1558년 왕좌에 오르자 그들 중 많은 사람들이 잉글랜드로 돌아왔다. 그들 중 어떤 사람들은 교회의 상태에 낙담하여 남아있는 로마교회의 추종자들을 모두 쫓아내기를 원했다. 어떤 자들은 장로교회 기초 위에서 교회정치를 개혁하고자 원하였다. 이들은 신학적으로 다양한 견해들을 가지고 있었음에도 불구하고 서로 일치하는 한 가지 생각을 가지고 있었다. 그것은 바로 잉글랜드의 종교개혁이 전혀 만족스럽지 진행되고 있지 못하다는 것이었다.

퍼킨스는 그들과 공공연하게 연합하지는 않았다. 그는 교회의 분리를 주장하기 보다는 세워진 교회를 정결케 하기 위해서 일하였다.

퍼킨스는 교회정치에 대해서 집중하기보다는 교회 안에 있는 목회적 부적절성, 영적인 결핍, 그리고 무지에 대해서 크게 염려하였다. 이러한 퍼킨스의 영국교회 상황에 대한 염려 어린 비판은 1587년 1월 19일 그가 케임브리지 대학 부총장 앞으로 소환되는 일로 나타났다. 그것은 퍼킨스가 성찬을 받는 동안 무릎을 꿇고 동쪽으로 얼굴을 향하는 행위를 미신적이며 적그리스도적인 행위라고 비난한 설교 때문에 일어난 일이었으나 처벌을 받지는 않았다.

이 문제 외에도 1590년경 퍼킨스는 은혜와 예정에 대한 또 다른 신학적 논쟁에 휘말리게 되었다. 케임브리지 대학의 신학 교수인 피터 바로(Peter Baro, 1534-1599)는 하나님의 예정이 개인의 믿음과 행위를 근거로 한 그분의 예지에 근거하고 있다고 주장하였다. 한 때 칼빈의 제자였던 그는 1579년 요나서를 강의하면서 칼빈의 입장에 의문을 표하였고, 이에 대해서 체덜톤, 그리고 전택론자였던 윌리엄 휘테커(William Whitaker, 1548-1595) 등이 격렬하게 반대하였다. 이 논쟁의 연결 선상에서 1584년 사무엘 하스네트(Samuel Harsnet)가 유기 교리에 대한 칼빈의 입장에 반대하였다. 이로써 1580년대에 케임브리지 대학에서 칼빈의 예정론에 대한 회의와 반대가 일어났다. 이에 퍼킨스는 바로 본 저서인 『황금 사슬』(Armilla Aurea)을 가지고 바로 교수의 입장을 반박하였다. 그는 『황금 사슬』을 통하여 예정과 구원이 오직 하나님의 뜻으로부터 나왔음을 논증하여, 개혁교회의 은혜론과 구원론에 대하여 올바로 변론하기를 시도하였다.

퍼킨스는 1595년 7월, 30대 후반의 나이로 젊은 과부였던 티모시 크레이독(Timothye Cradock)과 결혼하였다. 그는 결혼을 위하여 대학의 연구원직을 사임해야 했으며, 이것은 퍼킨스 자신보다는 학교

입장에서 크게 실망할 만한 일이었다. 그들은 결혼하고 나서 7년 동안 일곱 명의 아이를 얻었으나, 그들 중에서 세 명은 유아 시절에 사망하였다. 퍼킨스의 결혼생활은 오래 지속되지는 못했다. 퍼킨스가 엘리자베스 여왕의 통치가 끝나가는 1602년(44세)에 신장결석 합병증으로 몇 주간에 걸친 고통 끝에 소천했기 때문이다. 퍼킨스의 가장 친한 친구이자 후일에 윈체스터의 주교가 되는 제임스 몬테규(James Montagu)가 수 1:2의 "내 종 모세가 죽었으니"라는 본문으로 장례식 설교를 했다.

   퍼킨스는 윌리엄 에임스(William Ames, 1576-1633), 리차드 십스(Richard Sibbes, 1577-1635), 존 코튼(John Cotton, 1585-1652), 그리고 존 프레스턴(John Preston, 1587-1628) 등과 같은 탁월한 청교도 신학자들에게 많은 영향을 끼쳤다. 코튼은 왜 옥스퍼드보다 케임브리지에서 탁월한 설교자들이 그렇게 많이 배출되었는지에 대한 하나의 이유로 퍼킨스를 들었다. 토마스 굿윈(Thomas Goodwin, 1600-1680)은 자신이 케임브리지에 입학했을 때에 퍼킨스에게 배운 여섯 명의 교수들이 퍼킨스의 가르침을 여전히 전수하고 있었다고 말한다. 그가 소천한 후에도 그의 영향은 케임브리지에 여전히 남아 있었을 뿐만 아니라, 유럽 전역에 퍼졌다. 그의 작품들은 독일과 스위스에서 최소한 50판이 넘게 출판되었다. 네델란드에는 17세기에 그의 작품들이 185판이 있었고, 이것은 다른 청교도들의 인쇄물에 두 배에 달하는 것이었다. 그의 작품들은 또한 스페인어, 프랑스어, 이탈리어, 헝가리어, 그리고 체코어로 번역되었다. 이러한 모든 것들은 그가 왜 "청교도의 왕자"라고 불리는지를 잘 보여준다.

참고도서

Graafland, C. *Van Calvijn tot Barth: Oorsprong en Ontwickkeling van de Leer Derverkiezing in het Gereformeerd Protestantisme*. 'S-Gravenhage: Boekencentrum B. V., 1987.

Muller, R. A. *Christ and the Decree: Christology and Predestination in Reformed Theology from Calvin to Perkins*. Grand Rapids: Baker, 1988.

Yuille, Stephen, J. ed. *The Works of William Perkins*. Vol. 1. Reformation Heritage Books, 2014, "Biographical Preface: William Perkins, the 'Father of Puritanism'."

조엘 비키/랜들 페더슨.『청교도를 만나다』. 이상웅/이한상 역. 서울: 부흥과 개혁사, 2010.

조엘 비키/마크 존스.『청교도 신학의 모든 것』. 김귀탁 역. 서울: 부흥과 개혁사, 2012.

이은선.『청교도 입문』. 서울: 지민출판사, 2014.

김홍만. "윌리엄 퍼킨스의 칼빈 신학의 계승과 적용". In『칼빈 이후의 개혁신학자들』. 부산: 고신대학교개혁주의학술원, 2013.

2. '황금 사슬'에 대하여

(1) 저술 목적

종교 개혁은 '이신칭의'에 대한 문제와 함께 출발하였다. 이 구원론에 대한 문제는 더 깊은 주제로 나아가야 했다. 그것은 구원의 원인이 하나님께 있는가, 혹은 구원 받은 사람에게 있는가 하는 것이었다. 종교개혁의 기간 동안에 많은 학자들이 예정론 논쟁을 통하여 이 문제에 접근하였으며, 종교개혁자들과 그들의 후예들은 사람의 구원을 오직 하나님의 은혜 아래 두려고 하였다. 초기에는 루터와 에라스무스 간의 '자유의지'에 관한 논쟁이 있었고, 제네바에서는 칼빈과 볼섹(Jerome Bolsec) 사이에 벌어진 예정론 논쟁이 있었다. 또한 슈트라스부르그에서는 개혁신학자 짱키우스(Girolamo Zanchius, 1516-1590)와 루터주의자 마르바흐(Johannes Marbach) 간에 '성도의 견인'에 관한 논쟁이 벌어졌으며, 그 후에 – 작품『황금 사슬』의 부록에도 첨가된 – 묌펠가드(Mömpelgard, 1586)에서 베자와 루터주의자 안드레아(Jacob Andrea) 사이에 예정론 논쟁이 있었다. 이 논쟁들 후에도 예정론에 대한 또 다른 논쟁이 네덜란드에서 계속되었다. 예정론 논쟁은 종교개혁의 중심 주제인 '오직 은혜'를 견고히 세우기 위한 과정이었다. 이러한 논쟁에서 영국도 자유로울 수 없었으며, 퍼킨스의『황금 사슬』도 이 연장선 위에 쓰여졌다.

퍼킨스의 생애에서 잠시 살펴 본 바와 같이 이 작품의 저술은 당시 신학 교수였던 피터 바로(Peter Baro)와의 예정론 논쟁에 대한 대답을 주려는 의도에서 시작되었다. 이러한 작품의 의도는 그가 쓴 작품의 저자 인사말 – 1591년 영문판 – 에서도 나타난다. 인사말에서 퍼킨스는 독자들에게 최근 예정론에 대한 네 가지 이론이 있다고 설명한다:

첫 번째는 펠라기우스주의자들이다. 퍼킨스에 따르면 이들은 하나님의 예정이 사람이 그분의 은혜를 받을 것인지, 아닌지에 대한 예지하심을 기반으로하여 이루어졌다고 주장한다. 두 번째는 루터주의자들의 주장이다. 루터주의자들은 타락한 인류에게 하나님께서 은혜를 주시는데, 그것을 받아들일 것으로 예지하신 사람을 받으시고, 그 은혜를 거부할 사람들은 버리셨다고 말한다. 세 번째는 반(semi)펠라기우스주의를 따르는 로마 교회이다. 그들은 예정을 부분적으로는 하나님의 은혜에, 또 다른 한 부분은 예지된 사람의 준비와 공로에 둔다고 한다. 네 번째는 개혁 교회의 예정론이다. 이에 대해서 그는 다음과 같이 설명한다.

> 하나님의 예정의 실행의 원인이 구원받은 자들에게는 그리스도 안에서의 그분의 긍휼 안에 있고, 멸망당하는 자들에게는 사람의 타락과 부패에 있다고 합니다. 그러나 그 둘(선택과 유기)에 대한 하나님의 작정과 영원한 의논은 그분의 뜻과 기뻐하심 외에는 어떤 원인도 가지지 않습니다.

그는 이 네 가지 이론 중에서 마지막 이론만이 성경적인 가르침이라고 주장한다. 여기서 퍼킨스는 예정론 논쟁이 이 작품을 쓰게 된 중요한 근거 중의 하나였음을 밝히고 있다. 이러한 작품의 목적은 부록에서도 나타난다. 퍼킨스는 『황금 사슬』의 부록으로 제네바의 개혁 신학자 베자가 묌펠가드 논쟁에서 한 예정론에 대한 변증의 내용을 소개하고 있다. 이것은 그가 이 작품을 쓰는 데 있어서 어떤 목적을 가지고 있었는지를 보여준다.[3]

그러나 이 작품은 단순히 예정론만을 위한 것은 아니다. 1590년 라틴어판 서문에서 밝힌 바와 같이 이 책은 '신학적 개요들'을 밝히고자 한 것이다. 즉 성경론부터 종말론까지 신학의 전체적인 주제를 총망라하고 있다. 그의 작품은 신학교와 교회에서 전반적인 신학의 내용을 세우기에 부족함이 없다.

(2) 번역 원문

본서는 잉글랜드 케임브리지(Cantabrigia)의 존(요하니스) 레가트(Johannis Legatt)에 의해서 1592년 출판된 라틴어판 *Armilla Aurea, id est Theologiae Descriptio mirandam seriem causarum & salutis & damnationis juxta verbum Dei proponens* 을 바탕으로 번역하였다. 이 라틴어판 황금 사슬은 총 세 번에 걸쳐서 증보 출판되었다. 각각 1590년, 1591년, 1592년이다. 출판된 장소와 출판업자는 모두 동일하게 케임브리지의 존 레카트이다. 1590년판은 총 31장이며 표지까지 71쪽에 달한다. 1591년판은 총 57장이며, 170쪽이다. 1592년판은 총 59장으로 구성되었으며 197쪽에 달한다. 본 역자는 이 마지막 라틴어 판본과 함께 영어 번역본을 참조하였다.

영어 번역본은 1591년부터 출판되었으며, 라틴어 1591년판본을 번역한 것이다. 두 번째 라틴어판본과 동일하게 총 57장으로 구성되었다. 출판업자는 런던의 에드워드 알데(Edward Alde)이다. 영역자는 책표지에 기록되어 있지 않고, 단지 '다른 사람에 의해서 번역되었다'(translated by an other)라고만 기록되어 있다. 그리고 1592년 이후에 출판된 영문판들은 세 번째 라틴어판(1592년)을 번역한 것이다. 1595년 영문판에는 역자의 이름이 기록되어 있는데, 역자는 성직자

---

3   이러한 퍼킨스의 예정론과 관련해서는 R. Muller, *Christ and the Decree: Christology and Predestination in Reformed Theology from Calvin to Perkins* (Grand Rapids: Baker, 1988)와 조엘 비키/마크 존스, 『청교도 신학의 모든 것』, 김귀탁 역 (서울: 부흥과 개혁사, 2012), 그리고 김홍만, "윌리엄 퍼킨스의 칼빈 신학의 적용과 계승", 『칼빈 이후의 개혁신학자들』(부산: 고신대학교개혁주의학술원, 2013)을 참고하라.

였던 로버트 힐(Robert Hill)이다. 이 영문판의 출판업자는 라틴어역 출판업자와 동일한 존 레가트(John Legat)이다. 본 역자는 이 작품의 번역을 위하여 1600년에 케임브릿지의 존 레카트에 의해서 출판된 *A Golden Chaine or The Description of Theology* 를 참조하였다. 이 작품은 『황금 사슬』 외에도 퍼킨스의 작품 다수를 포함하고 있다.

(3) 이 작품에서 언급된 신학자들과 성경

퍼킨스의 신학에 영향을 끼친 학자들을 살피는 것은 큰 주제일 것이다. 그러나 간단하게 이 작품 속에서 어떤 신학자들을 언급하고 의존하고 있는지를 살핀다면, 그 주제에 도움이 될 것이다. 이 작품에는 여러 신학자들의 이름들이 거론된다. 그 중에서도 가장 많이 언급되는 이름은 라틴 교부인 아우렐리우스 아우구스티누스(Aurelius Augustinus, 354-430)이다. 그의 이름은 25회 언급되며, 그의 작품들이 가장 많이 인용된다. 이외에 초기 교부들(나지안주스, 유세비우스 등)이나 중세 신학자(토마스 아퀴나스 등), 그리고 종교 개혁자들(루터, 베자 등)이 언급되는데, 그 횟수는 2-3회 정도이다. 이들 중에서도 비중을 가진 신학자는 베자이다. 퍼킨스는 작품 말미에 베자가 루터파 신학자와 논쟁하면서 예정론에 대하여 변증한 내용을 통째로 인용해 넣어서, 그의 예정론에 대한 퍼킨스의 지지를 보여주고 있다. 이 인용의 횟수와 양을 종합해 볼 때, 그의 작품, 특별히 예정론에 대한 이해가 교부 아우구스티누스와 제네바 개혁신학의 영향 위에 있다는 사실을 알 수 있다.

독자들은 이 작품을 읽어가면서, 신학자들에 대한 인용이 그렇게 많지 않다는 사실을 깨닫게 될 것이다. 오히려 이 작품의 지면을 압도적으로 덮고 있는 것은 신학자들에 대한 인용보다는 수많은 성경 본문이다. 여기서 퍼킨스의 신학적 의도와 경건을 읽을 수 있다. 그는 성경의 신학자로 서고자 하며, 무엇보다도 성경에 입각하여 신학을 전개하고자 한다. 이것은 그가 종교개혁의 '오직 성경'의 정신을 이어받는 성경의 신학자임을 보여준다.

(4) 작품의 특징들

첫째, 이 작품은 전체적으로 예정론, 특별히 선택론의 관점에서 전개되고 있다. 이런 특징은 작품의 목차에서도 나타난다. 1-14장까지 저자는 신론과 창조론, 그리고 사람의 타락에 대해서 다루고 있다. 그 후 타락한 인류에 대한 하나님의 구속 사역을 '선택'이라는 주제로 풀어나간다. 16장에서 그리스도론을 전개하면서 '작정의 기초이신 그리스도'라고 표현한다. 그리스도론을 다룬 후에 20장에서는 '선택의 작정을 수행하는 외적인 수단들'에 대해서 논한다. 이 수단들에는 율법, 은혜언약, 성례가 포함된다. 그리고 36장부터는 '선택의 작정에 대한 실행', 즉 구원의 서정을 논한다. 정리해 보면 목차는 '하나님의 선택 – 선택의 기초인 그리스도 – 선택을 수행하는 수단들 – 선택의 실행인 구원의 서정' 이라는 틀로 이루어져 있다. 이것은 퍼킨스가 '하나님의 선택'이라는 큰 틀에서 신학을 논하고자 하였음을 보여준다.

둘째, 이 작품에서 예정론은 교회에게 하나님의 사랑을 보여주는 실천적이고 목회적인 방향으로 전개된다. 그에게 예정론은 사변적이거나 운명론적이지 않다. 그는 작품에서 철학적인 용어와 방법론을 최대한 배제한다. 그는 선택을 '하나님의 사랑'으로, 그리고 선택의 실행, 즉 구원의 서정을 '하나님의 사랑의 선언'으로 표현한다. 퍼킨스의 표현과 이해는 다분히 목회적이다. 그는 이 주권적 예정을 말할 때에만이 하나님께 더 큰 영광을 돌리며, 성도를 위로할 수 있다고 믿었다. 또한 그의 작품을 채우고 있는 내용들은 단순하고 명료할 뿐만 아니라, 풍부한 성경 구절로 증거를 삼고 있다. 퍼킨스는 이 작품이 신학자들뿐만 아니라, 학적인 지식이 뛰어나지 않은 대다수의 성도들에게 유익이 되기를 소망했으리라고 추측할 수 있다.

셋째, 이 작품은 성도의 경건한 삶에 큰 관심을 가지고 있다. 『황금 사슬』의 최종판에서 가장 많은 지면을 할애하고 있는 주제는 단연 '십계명 해설'이다. 그는 십계명 해설을 통하여 성도가 하나님 앞에서 어떻게 살아야 하는지를 상세하게, 풍성한 성경적 증거와 예를 통하여 드러내고 있다. 또한 성도가 구원의 각 단계에서 맞대면해야 하는 사탄의 유혹과 그 유혹을 극복하는 방법에 대해서 '그리스도인의 싸움'이라는 주제로 다루고 있다. 이것은 신학과 신앙이 성도의 삶으로 드러나야 함을 강조한 것이라고 볼 수 있다. 당시 퍼킨스가 어떤 주제보다도 잉글랜드 교회 안에 있는 미신과 부패한 삶에 대해서 고민하고 극복하려고 하였던 그의 생애의 관심과 잘 맞아 떨어진다.

넷째, 이 작품은 변증적인 성격을 가진다. 주된 논적은 로마 교회와 루터주의자들이다. 이 변증적인 방향성은 작품이 판을 거듭할수록 확대된다. 1판에서는 개혁 교회의 신학만을 소개하고 있으나, 2판에서는 로마 교회의 주장을 소개하고 반박하는 내용이 추가된다. 그리고 3판에서는 로마 교회의 주장에 대한 반박이 더욱 확장되고, 그 위에 루터주의자들의 내용과 그에 대한 반박이 더해진다. 이것은 그가 이 작품을 통하여 개혁 교회의 가르침을 정리할 뿐만 아니라, 당시에 예정론, 구원론과 관련하여 논쟁이 되고 있던 내용들을 추가하여 교회가 선한 교리를 지키고 변증하기를 원했음을 보여준다.

(5) 작품의 증보

『황금 사슬』(라틴어판)은 총 두 번 증보되었다. 본서는 마지막 판인 세 번째 판을 번역한 것이다. 세 번째 판까지 오면서『황금 사슬』은 분량에 있어서 많이 늘어났다. 특별히 첫 번째 판이 두 번째 판으로 오면서 분량에 있어서 거의 두 배로 늘어났다. 총 31장이던 첫 번째 판은 두 번째 판에서 총 57장이 되었다. 그리고 세 번째 판에서는 다시 59장으로 더 확장되었다. 그 내용을 살펴 보면 다음과 같다.

'황금 사슬'(라틴어판)의 주제들	1판 (1590)	2판 (1591)	3판 (1592)	비고
하나님의 계시와 성경론에 대하여		1장	1장	
하나님의 속성과 삼위일체에 대하여	1-3장	2-5장	2-5장	
하나님의 작정과 예정에 대하여	4장	6-7장	6-7장	
순전한 상태의 천사와 인간에 대하여	5장	8-9장	8-9장	
천사와 인간의 타락과 죄에 대하여	6장	10-14장	10-14장	
선택의 기초이신 그리스도	7장	15-18장	15-19(18)장*	2판에서 3판으로 증보될 때 "18장 그리스도의 출생"이 첨가됨 **
십계명과 율법에 대하여	8-9장	19-30장	20-31(19-30)장	1판에서는 십계명을 한 장으로 설명함
은혜 언약에 대하여	10장	31장	32(31)장	
성례에 대하여	11-13장	32-34장	33-35(32-34)장	
선택의 실행, 구원의 서정에 대하여	14-18장	35-39장	36-40(35-39)장	
성도의 싸움에 대하여	19장	40-43장	41-44(40-43)장	1판에서는 '싸움'을 한 장으로 설명함

고난과 인내, 기도와 삶에 대하여	20-23장	44-47장	45-48(44-47)장	
성도의 영화에 대하여	24-26장	48-50장	49-51(48-50)장	
로마 교회에 대한 반박		51장	52(51)장	
유기와 유기의 실행에 대하여	27-30장	52-53장	53-54(52-53)장	
루터주의자들에 대한 반박			55(54)장	
유기자들의 심판에 대하여		54-56장	56-58(55-57)장	
예정에 대한 실천적 적용		57장	59(58)장	

* 1592년 케임브리지에서 출판된 라틴어 최종판은 총 59장으로 구성되어 있다. 그러나 마지막 장이 58장으로 되어 있는데 그것은 19장 이후에 한 장씩 잘못 표기되어 있기 때문이다. 즉 "제19장 그리스도의 직분에 대하여" 후에 제20장으로 표기되어야 할 그 다음 장이 다시 "제19장 선택의 작정을 수행하는 외적인 수단들에 대하여"로 표기되어 있다. 그러므로 19장 이후에 장수가 한 장씩 당겨져서 표기되었다. 인쇄 오류로 보인다. 라틴어 본과 비교하기 원하는 독자들을 위하여 잘못 표기된 라틴어 본의 장수를 ( )로 표시하였다.

** 1592년 라틴어판에는 그리스도론이 총 5개의 장으로 되어 있다. 그 순서는 다음과 같다: "제15장 선택의 작정에 대하여, 그리고 그것의 기초 예수 그리스도에 대하여. 제16장 그리스도 안에서 이루어진 본성들의 연합에 대하여. 제17장 본성들의 구별에 대하여. 제18장 그리스도의 출생에 대하여. 제19장 그리스도의 직분에 대하여." 그러나 1600년 영어판에서는 총 4장으로 되어 있는데, 라틴어판의 18장과 19장이 합쳐져서 "제18장 그리스도의 출생과 직분에 대하여"로 되어 있다. 두 장을 한 장으로 서술한 것 외에는 내용이나 순서상의 차이는 없다.

표가 보여주는 바와 같이 첫째 판부터 최종판까지 내용과 순서에 있어서는 큰 차이는 없다. 그러나 분량에서는 큰 차이가 있는데, 1판에서 2판으로 넘어가면서는 전체적으로 증보가 되었다. 증보된 내용을 주제별로 살펴보면 다음과 같다.

첫째, 예정론과 관련해서는 유기론이 확장되었다. 2판부터 유기자들의 심판에 대한 부분이 추가되었다. 이로 인해서 이중 예정론이 더 강하게 드러난다. 또한 2판부터 '예정에 대한 실천적 적용'이 추가된다. 이것으로 예정론에 대한 목회적인 내용이 강화된다. 퍼킨스는 예정론을 교회와 성도의 위로를 위한 교리로 이해한다.

둘째, 그리스도론과 관련해서는 2판에 그분의 출생 부분이 추가되었다.

셋째, 성도들의 삶과 관련해서 2판부터 '십계명'과 '성도들의 싸움'에 대한 주제가 크게 확장되었다. 이것은 퍼킨스가 교회와 성도들의 삶에 큰 관심을 가지고 있음을 보여준다.

넷째, 판 수를 거듭할수록 새로운 주제가 첨가되었는데, 그것은 주로 '로마 교회'와 '루터주의자들'에 대한 반박이었다. 이 작품의 변증적인 의도를 보여준다.

이러한 변화는 퍼킨스의 대략적인 두 가지 관심 사항을 보여준다. 한편으로는 교회와 성도들의 위로와 거룩한 삶에 대한 실천적인 관심이며, 다른 한편으로는 성경적 예정론과 구원론에 대한 변증이다. 퍼킨스는 이 작품을 통하여 학문적이고 목회적인 두 가지 목적을 다같이 만족시키고 있다.

본 역자가 윌리엄 퍼킨스의 『황금 사슬』을 번역하기 시작한 것은 독일 뮌스터(Münster)에 거주하면서 유학을 할 때이다. 언제인지 정확히 기억이 나지는 않지만 이 작품을 처음 대했을 때, 이 작품이 가진 특징들, 기독교의 주요 교리를 단순하면서도 풍성하게 설명한 내용과 문체에 이끌려 번역을 결심하였다. 이 작품을 통하여 신학자들뿐만 아니라, 한국 교회의 목회자와 성도들이 쉽게 유익을 얻을 수 있을 것이라고 확신하였기 때문이다. 한동안 번역을 하다가 한인 교회(뮌스터 복음 교회) 목회와 박사 논문에 집중하느라 손을 놓았었다. 그러던 중 유학을 마치고 돌아와서 김은수 교수님의 권면으로 중단된 번역을 계속하여, 이 한글 번역본이 출판되게 되었다. 이 역본은 케임브리지에서 출판한 1592년 라틴어판(제3판)을 기준으로 번역하였고, 동일한 인쇄소에서 1600년에 나온 영어판(*A Golden Chain: or, the Description of Theologie, Containing the Order of the Causes of Salvation and Damnation, according to God's Word*, printed by Iohn Legat, Printer to the Universitie of Cambridge, 1600)을 참고하였다.

중단했던 번역을 계속할 수 있도록 권고와 격려를 아끼지 않으시고 출판할 수 있도록 마지막 검독과 윤문에 이르기까지 이끌어 주신 김은수 교수님과 부족한 라틴어 번역에 조언을 해주신 황대우 교수님께 지면을 빌려 머리 숙여 감사를 드린다. 이 졸역의 번역과 출판에 이분들의 도움은 절대적이었다. 아울러 이 책을 번역 출판할 수 있도록 재정적인 후원을 해주신 '종교개혁 500주년 기념 사업회' 대표회장이신 이종윤 목사님과 임원분들에게도 깊은 감사를 드리며, 또한 이 책을 출판해주신 킹덤북스(Kingdom Books) 대표 윤상문 목사님께 감사를 드린다. 또한 시대를 넘어서 귀한 유산을 남겨 주셨고, 지금 주님 품 안에서 영광 속에 계실 퍼킨스 목사님께도 경의를 표한다. 그분의 훌륭한 작품이 역자의 일천한 실력으로 인하여 오해받지 않기를 바랄 뿐이다.

마지막으로 이 책을 통하여 홀로 영광받으셔야 하는 삼위일체 하나님, 그리고 교회의 머리가 되신 구주 예수 그리스도께만 찬양과 감사를 올려 드린다. 이 책이 모든 지면을 할애하여 우리에게 가르쳐 주는 것은 그분의 주권적 은혜에 대한 확신과 감사이다.

2016년 10월 31일
김지훈 박사

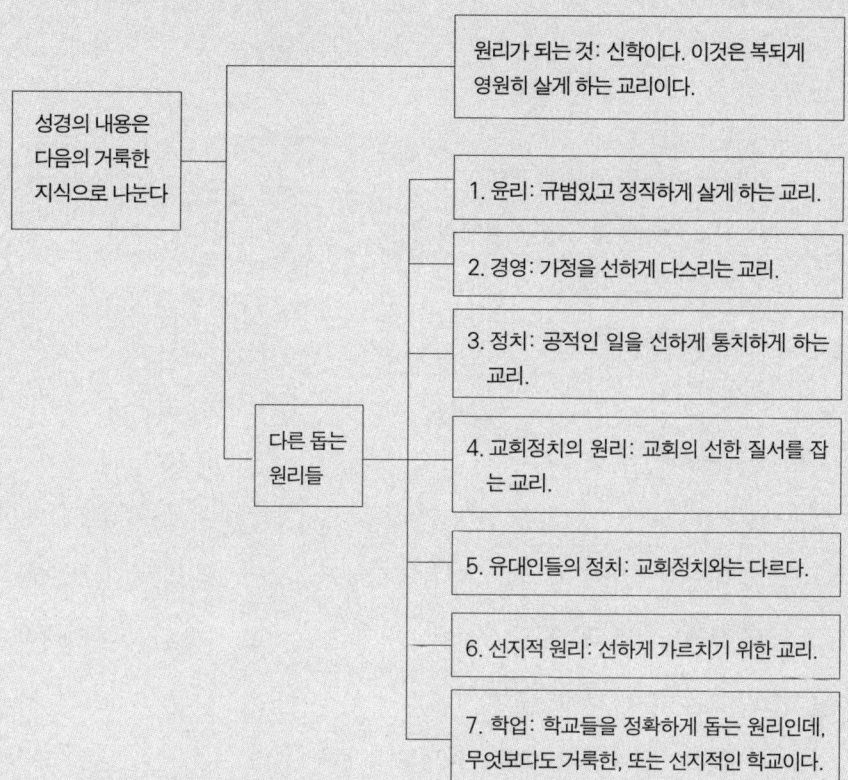

차 례

간행사 이종윤 목사(대표회장)   6
발간사 강창희 박사(명저번역위원장)   8
저자 서문(라틴어판)   10
저자 서문(영어판)   13
역자 서문   16

제1장 성경에 대하여, 그리고 신학에 대하여   39
제2장 하나님과 하나님의 본성에 대하여   40
제3장 하나님의 생명에 대하여   44
제4장 하나님의 영광, 그리고 복되심에 대하여   50
제5장 신성의 위격에 대하여   52
제6장 하나님의 사역과 작정에 대하여   57
제7장 예정과 창조에 대하여   62
제8장 천사들에 대하여   64
제9장 인간과 죄 없는 상태에 대하여   67
제10장 천사의 타락에 대하여   71
제11장 인간의 타락과 불순종한 상태에 대하여   75
제12장 원죄에 대하여   78
제13장 자범죄에 대하여   85

제14장 죄에 대한 일반적인 형벌에 대하여 91

제15장 선택의 작정에 대하여, 94
그리고 그것의 기초 예수 그리스도에 대하여

제16장 그리스도 안에서 이루어진 본성들의 연합에 대하여 100

제17장 본성들의 구별에 대하여 104

제18장 그리스도의 출생에 대하여 106

제19장 그리스도의 직분에 대하여 108

제20장 선택의 작정을 수행하는 외적인 수단들에 대하여, 125
그리고 십계명에 대하여

제21장 첫 번째 계명에 대하여 129

제22장 두 번째 계명에 대하여 140

제23장 세 번째 계명에 대하여 164

제24장 네 번째 계명에 대하여 180

제25장 다섯 번째 계명에 대하여 190

제26장 여섯 번째 계명에 대하여 206

제27장 일곱 번째 계명에 대하여 227

제28장 여덟 번째 계명에 대하여 243

제29장 아홉 번째 계명에 대하여 259

제30장 열 번째 계명에 대하여 270

제31장 율법의 유용성에 대하여 274

제32장 은혜 언약에 대하여	277
제33장 성례에 대하여	281
제34장 세례에 대하여	287
제35장 주님의 만찬에 대하여	296
제36장 선택의 작정의 실행 단계에 대하여	303
제37장 하나님 사랑의 선언의 첫 번째 단계에 대하여	306
제38장 하나님 사랑의 선언의 두 번째 단계에 대하여	322
제39장 하나님 사랑의 선언의 세 번째 단계에 대하여	330
제40장 회개와 회개의 열매에 대하여	337
제41장 그리스도인의 싸움에 대하여	339
제42장 첫 번째 투쟁에 대하여	343
제43장 두 번째 투쟁에 대하여	346
제44장 세 번째 투쟁에 대하여	351
제45장 십자가의 인내에 대하여	357
제46장 하나님께 드리는 기도에 대하여	362
제47장 변증과 순교에 대하여	366
제48장 신자들에게 교훈과 자선을 베푸는 것에 대하여	368
제49장 하나님 사랑의 선언의 네 번째 단계에 대하여: 죽은 택자들의 상태에 대하여	371

제50장 최후의 심판에서 택자들의 상태에 대하여 375

제51장 최후의 심판 후의 택자들의 상태에 대하여 378

제52장 로마 교회에서 말하는 구원의 원인들의 질서에 대하여 383

제53장 유기의 작정에 대하여 421

제54장 유기의 작정의 실행에 대하여 423

제55장 예정을 불평하는 새로운 가설에 대하여 431

제56장 죽음에 처해있는 유기자들의 상태에 대하여 449

제57장 최후의 심판에서 유기자들의 정죄에 대하여 450

제58장 지옥에서 유기자들의 상태에 대하여 451

제59장 예정의 적용에 대하여 453

부록1: 예정에 대하여 유혹을 받는 자들을 격려하기 위한 특별한 논의 459

부록2: 황금 사슬 도표 468

부록3: 윌리엄 퍼킨스의 저작목록 474

제 1 장

성경에 대하여, 그리고 신학에 대하여

성경은 선한 삶을 살게 하기에 충분한 가르침이다.

이것은 많은 거룩한 지식들을 담고 있으며, 그 내용들 중에서 한 부분은 주된 것이고, 어떤 것들은 부차적이며 종속적인 것이다.

주된 지식은 신학(하나님에 대한 지식)이다.

신학은 영원히 복되게 살게 하는 지식이다. 복된 삶은 하나님을 아는 지식에서 나온다. 요 17:3, "영생은 곧 유일하신 참 하나님과 그의 보내신 자 예수 그리스도를 아는 것이니이다." 사 53:11, "나의 의로운 종이 자기 지식으로 많은 사람을 의롭게 하며." 그러므로 또한 (복된 삶은) 우리에 대한 지식으로부터 나온다. 왜냐하면 우리가 자신을 살펴봄으로서 하나님을 알기 때문이다.

신학은 두 부분으로 되어 있다: 첫 번째는 하나님에 대해서, 두 번째는 하나님의 사역에 대해서.

제 2 장

하나님과
하나님의 본성에 대하여

　하나님이 계신다는 것을 다음의 사실들이 보여준다. 본성의 질서, 인간 마음의 본성, 고귀한 것들과 추한 것들의 구별, 양심의 두려움, 정치적인 사회의 질서, 어떠한 근원을 향해서 회귀하는 원인들의 연속성, 자신들의 종착지를 향하는 만물들의 결정, 건전한 사람들의 동의이다.

　하나님은 여호와 엘로힘이시다. 출 6:2, "하나님(Elohim)이 모세에게 말씀하여 가라사대, 그리고 그분이 그에게 말씀하시되, 나는 여호와로라, 내가 아브라함과 야곱과 이삭에게 전능의 하나님(El shadai)으로 나타났으나 나의 이름을 여호와로는 그들에게 알리지 아니하였고." 출 3:13, 14, "그들이 내게 묻기를 그의 이름이 무엇이냐 하리니 내가 무엇이라고 그들에게 말하리이까 하나님이 모세에게 이르시되 나는 스스로 있는 자니라 또 이르시되 너는 이스라엘 자손에게 이같이 이르기를 여호와 엘로힘이 나를 너희에게 보내셨다 하라."

　이 하나님의 첫 번째 이름은 그분의 본성을 가리키며, 다른 이름은 위격들을 가리킨다. 하나님의 본성은 그분의 존재이신데, 충분히 완전하시며 살아계신다. 하나님의 본성의 완전성은 그분의 절대적인 특성으로서, 모든 것이 그분 안에서 완전하다. 출 3:14, "나는 스스로 있는 자이니라." 행 17:24, "우주와 그 가운데 있는 만유를 지으신 신께서는 천지의 주재시니 손으로 지은 전에 계시지 아니하시고 또 무엇이 부족한 것처럼 사람의 손으로 섬김을 받으시는 것이 아니니 이는 만민에게 생명과 호흡과 만물을 친히 주시는 자이심이라."

본성의 완전성이란 단순성과 무한성이다.

단순성이란 그분이 관계 논증의 모든 논리로부터 자유로우시다는 것이다. 그분에게는 더 첨가된 것이나, 더해진 것이 없으시다. 요 5:26, "아버지께서 자기 속에 생명이 있음같이 아들에게도 생명을 주어 그 속에 있게 하셨고"; 요 14:6, "내가 곧 길이요 진리요 생명이니"; 요일 1:7, "저가 빛 가운데 계신 것 같이 우리도 빛 가운데 행하면"; 5절, "하나님은 빛이시라 그에게는 어두움이 조금도 없으시니라." 여기서 분명한 것은 그분이 생명을 가지고 계시며, 생명 자체라는 사실이다. 하나님께서는 그분이 빛 가운데 계신다는 것과 그분이 빛이시라는 것이 구별되지 않는다. 하나님께서는 종(genus), 류(species), 미숙함, 지체, 물질, 유형(materiatum)이 없다. 만약 그렇지 않다면 하나님 안에 서로 구별되는 것이 있을 것이고 어떤 것이 다른 것보다 더 완전할 것이기 때문이다. 그러므로 하나님 안에 있는 것은 무엇이든지 하나님의 본질이고, 있는 것은 모두 그분의 본질을 통하여 있는 것이다. 아우구스티누스는 『삼위일체에 대하여』, 6권, 4장에서 정확하게 다음과 같이 말했다: "하나님께서는 강하다는 것과 의롭다는 것이 동일한 것이다. 그러나 사람의 마음에는 강하다거나, 또는 의롭다는 것이 동일하지 않다. 왜냐하면 우리 마음은 그러한 덕성들과는 상관이 없기 때문이다."

여기에서 하나님의 본성이 불변하시며 영적이라는 사실이 밝게 드러난다. 불변성이란 혼합과 분리와 변화가 없다는 것이다. 약 1:17, "그는 변함도 없으시고 회전하는 그림자도 없으시니라." 말 3:6, "나 여호와는 변역지 아니하나니."

또한 하나님께서 후회하신다고 말한다. 왜냐하면 그분이 후회의 방식으로 행동을 바꾸시기 때문이다. 그러므로 후회는 하나님 안에 있는 어떤 변화를 의미하는 것이 아니라, 오히려 발생하고 변하는 행위와 사건들 안에 있는 변화를 의미하는 것이다.

그것(하나님의 본성)은 영적인데, 비육체적이기 때문이다. 그러므로 보이지 않으신다. 요 4:24, "하나님은 영이시니"; 고후 3:17, "주는 영이시니"; 딤전 1:17, "만세의 왕 곧 썩지 아니하고 보이지 아니하고 홀로 지혜로우신 하나님께 존귀와 영광이 세세토록 있어지이다."; 골 1:15, "그는 보이지 아니하시는 하나님의 형상이시오."

하나님의 무한성은 이중적인데, 영원하심과 광대하심이다. 영원이란 시작과 끝이 없으시다는 것이다. 시 90:2, "산이 생기기 전, 땅과 세계도 주께서 조성하시기 전 곧 영원부터 영원까지 주는 하나님이시니이다." 행 1:8, "주 하나님이 가라사대, 나는 알파와 오메가라, 즉 처음과 끝이다, 이제도 있고 전에도 있었고 장차 올 자요 전능한 자라 하시더라."

광대하심이란 하나님의 본성은 측량할 수 없고, 세계 안과 밖의 모든 곳에 존재하신다는 것이다. 시 145:3, "여호와는 광대하시니 크게 찬양할 것이라 그의 광대하심을 측량치 못하리로다." 왕상 8:27, "하나님이 참으로 땅에 거하시리이까 하늘과 하늘들의 하늘이라도 주를 용납지 못하겠거든 하물며 내가 건축한 이 전이오리이까?" 렘 23:24, "나는 천지에 충만하지 아니하냐." 여기에서 다음의 내용이 분명히 드러난다:

1. 하나님은 오직 한 분이시다. 그리고 나뉠 수 없으며 복수가 아니시다. 엡 4:5, 6, "주도 하나이요 믿음도 하나이요 세례도 하나이요 하나님도 하나이시니 곧 만유의 아버지시라." 신 4:35, "여호와는 하나님이시오 그 외에는 다른 신이 없음을 네게 알게 하려 하심이니라." 고전 8:4, "우리가 우상은 세상에 아무것도 아니며 또한 하나님은 한 분밖에 없는 줄을 아노라." 그리고 하나의 무한함이 아니라면, 본성 안에 존재할 수가 없으시다.

2. 하나님은 마음을 아시는 분이시다. 그분의 본성에는 아무것도 감추어지지 않는데, 안과 밖에 있는 모든 것들, 포함되어 있는 것들과 제외되어 있는 어떤 것도 숨겨지지 않는다. 왕상 28:9, "여호와께서는 뭇 마음을 감찰하사 모든 사상을 아시나니"; 시 139:1,2, "주께서 나의 앉고 일어섬을 아시며 멀리서도 나의 생각을 통촉하시며."

제 3 장
하나님의 생명에 대하여

　이상은 하나님 본성의 완전성에 대한 것이다. 이제 하나님의 생명을 다루게 되는데, 이 생명으로 신적인 본성은 활력이 있으며 살아있고 스스로 활동하신다. 시 42:2, "내 영혼이 하나님, 곧 생존하시는 하나님을 갈망하나니 내가 어느 때에 나아가서 하나님 앞에 뵈올꼬"; 히 3:12, "너희가 삼가 혹 너희 중에 누가 믿지 아니하는 악심을 품고 살아 계신 하나님에게서 떨어질까 염려할 것이요."
　신적인 본성은 특별히 세 가지 속성으로 인해서 활력이 있는데, 이 속성들은 피조물들에 대한 하나님의 사역을 보여준다. 그 속성들은 하나님의 지혜, 의지, 그리고 전능하심이다.
　하나님의 지혜, 또는 지식이란, 하나님께서 그분 자신과 다른 것들(피조물들), 즉 있었던 것들과 없었던 것들, 심지어 무한한 것들을 연속적인, 또는 논리적인 추론으로서가 아니라, 영원하고 불변하는 한번의 이해하심으로 명확하고 완전하게 아시는 것이다. 마 11:27, "아버지 외에는 아들을 아는 자가 없고 아들과 또 아들의 소원대로 계시를 받은 자외에는 아버지를 아는 자가 없느니라." 히 4:13, "지으신 것이 하나라도 그 앞에 나타나지 않음이 없고 오직 만물이 우리를 상관하시는 자의 눈 앞에 벌거벗은 것 같이 드러나느니라." 시 147:5, "우리 주는 광대하시며 능력이 많으시며 그 지혜가 무궁하시도다."

지식은 다음 부분으로 이루어져 있다. 하나님의 예지와 의논(consilium, 작정)이다. 하나님의 미리 아심이란 그분이 모든 미래를 가장 확실하게 보시는 것이다. 행 2:23, "그가 하나님의 정하신 뜻과 미리 아신 대로 내어준 바 되었거늘 너희가 법 없는 자들의 손을 빌어 못 박아 죽였으나"; 롬 8:29, "하나님이 미리 아신 자들로 또한 그 아들의 형상을 본받게 하기 위하여 미리 정하셨으니." 이것은 하나님에게 적절한 표현이 아니다. 오히려 과거와 미래가 존재하는 사람의 이해에 따라서 말하는 것이다.

하나님의 의논(작정)이란 하나님께서 일어나게 될 모든 사건들의 최고의 근거를 정확하게 꿰뚫어 보시는 것이다. 잠 8:14, "나는 명철이라 내게 능력이 있으므로."

하나님의 의지란 하나님께서 모든 것을 자유롭고 의로운 한번의 행위로 의지하시는 것이다. 롬 9:18, "하나님께서 하고자 하시는 자를 긍휼히 여기시고 하고자 하시는 자를 강퍅케 하시느니라"; 엡 1:5, "그 기쁘신 대로 우리를 예정하사 예수 그리스도로 말미암아 자기의 아들들이 되게 하셨으니"; 약 4:15, "너희가 도리어 말하기를 주의 뜻이면 우리가 살기도 하고 이것을 하리라 할 것이거늘."

하나님은 선한 일을 인정하심으로 의지하신다. 악이 어느 정도 악이 되도록 원하시는 것은 허용적인 것이 아니라, 버려두시는 것이다. 그럼에도 불구하고 하나님은 악에 대하여 자발적 허용을 원하신다.

왜냐하면 악하게 되는 것이 선이기 때문이다. 행 14:16, "하나님이 지나간 세대에는 모든 족속으로 자기의 길들을 다니게 묵인하셨으나"; 시 81:12, "그러므로 내가 그 마음의 강퍅한 대로 버려두어 그 임의대로 행케 하였도다."

하나님의 의지는 대상의 다양성에 따라서 다양한 이름을 가지는데, 사랑, 미움, 또는 은혜, 의라고 부른다. 하나님의 사랑이란 하나님께서 자신 뿐만 아니라, '선하심에 따라서' 존재하는 그분의 모든 피조물들을 무조건적으로 인정하시고, 그들 가운데 거하시는 것이다. 요일 4:16, "하나님은 사랑이시라 사랑 안에 거하는 자는 하나님 안에 거하고 하나님도 그 안에 거하시느니라"; 요 3:35, "아버지께서 아들을 사랑하사 만물을 다 그 손 안에 주셨으니"; 요 3:16, "하나님이 세상을 이처럼 사랑하사 독생자를 주셨으니"; 롬 5:8, "우리가 아직 죄인 되었을 때에 그리스도께서 우리를 위하여 죽으심으로 하나님께서 우리에게 대한 자기의 사랑을 확증하셨느니라."

하나님의 미움이란 하나님께서 죄로 인해서 범죄한 피조물들을 인정하지 않고 외면하시는 것이다. 고전 10:5, "그러나 저희의 다수를 하나님이 기뻐하지 아니하신고로 저희가 광야에서 멸망을 받았느니라"; 시 5:5, "주는 모든 행악자를 미워하시며"; 시 44:8, "너희가 의를 사랑하였고 불의를 미워하였다."

하나님의 은혜란 피조물들에게 은혜의 호의를 보이시는 것이다. 롬 11:6, "만일 은혜로 된 것이면 행위로 말미암지 않음이니 그렇지 않으면 은혜가 은혜되지 못하느니라"; 딛 2:11, "모든 사람에게 구원을 주시는 하나님의 은혜가 나타나 우리를 양육하시되 경건치 않은 것과 이 세상 정욕을 다버리고."

하나님의 은혜는 그분의 선하심, 또는 긍휼이다. 선하심이란 완전하게 선하신 그분이 피조물에게 은혜로운 친절을 베푸신다는 것이다. 마 19:17, "예수께서 가라사대 어찌하여 선한 일을 내게 묻느냐 선한 이는 오직 한 분이시니라"; 마 5:45, "이같이 한즉 하늘에 계신 너희 아버지의 아들이 되리니 이는 하나님이 그 해를 악인과 선인에게 비춰게 하시며 비를 의로운 자와 불의한 자에게 내리우심이니라."

긍휼이란 모든 비참한 피조물들에게 은혜의 풍요함을 나타내시는 것이다. 사 30:18, "여호와께서 기다리시나니 이는 너희에게 은혜를 베풀려 하심이요"; 애 3:22, "여호와의 자비와 긍휼이 무궁하시므로 우리가 진멸되지 아니함이니이다"; 출 23장. "나는 긍휼히 여길 자를 긍휼히 여기고 자비를 베풀 자에게 자비를 베푼다."

하나님의 의로우심이란 모든 것 안에서 공정함을 원하시는 것이다. 시 10, "의로우신 주께서 의인을 사랑하신다"; 시 5:4, "주는 죄악을 기뻐하는 신이 아니시니."

의로우심에는 말에 속한 것, 또는 행위에 속한 것이 있다. 말에서 의로우심은 진리이다. 이로써 그분은 참으로, 그리고 영속적으로 그분이 말씀하신 것을 의지하신다. 롬 3:4, "사람은 다 거짓되되 오직 하나님은 참되시다 할지어다"; 마 24:35, "천지는 없어지겠으나 내말은 없어지지 아니하리라." 하나님의 의는 언약을 준수하시는 것에서 찾아야만 한다. 요일 1:9, "만일 우리가 우리 죄를 자백하면 저는 미쁘시고 의로우사 우리 죄를 사하시며"; 딤후 4:8, "이제 후로는 나를 위하여 의의 면류관이 예비되었으므로 주 곧 의로우신 재판장이 그 날에 내게 주실 것이니."

행위에서 의로우심에는 정하시는 것, 또는 보상하시는 것이 있다.

정하시는 의란 가장 자유로우신 주님께서 그분의 행위 속에서 모든 것을 의롭게 정하시는 것이다. 시 145:17, "여호와께서는 그 모든 행위에 의로우시며."

보상하시는 의란 피조물들에게 그들의 행위에 따라서 갚으시는 것이다. 살후 1:6, "너희로 환난받게 하는 자들에게는 환난으로 갚으시고, 환난받는 너희에게는 우리와 함께 안식으로 갚으시는 것이 하나님의 공의시니"; 벧전 1:17, "외모로 보시지 않고 각 사람의 행위대로 판단하시는 자를 너희가 아버지라 부른즉, 너희의 나그네로 있을 때를 두려움으로 지내라"; 렘 51:56, "여호와는 보복의 하나님이시니 반드시 보응하시리로다."

후자의 의는 인자 또는 진노이다. 인자란 그분께서 의로운 피조물에게 무상의 보상을 해주시는 것이다. 살후 1:5, "이는 하나님의 공의로운 심판의 표요 너희로 하여금 하나님의 나라에 합당한 자로 여기심을 얻게 하려 함이니"; 마 10:41, 42, "선지자의 이름으로 선지자를 영접하는 자는 선지자의 상을 받을 것이요, 의인의 이름으로 의인을 영접하는 자는 의인의 상을 받을 것이요, 또 누구든지 제자의 이름으로 이 소자 중 하나에게 냉수 한 그릇이라도 주는 자는 내가 진실로 너희에게 이르노니 그 사람이 결단코 상을 잃지 아니하리라."

하나님의 진노란 범죄한 피조물들에게 징벌을 행하시는 것이다. 롬 1:18, "하나님의 진노가 불의로 진리를 막는 사람들의 모든 경건치 않음과 불의에 대하여 하늘로 좇아 나타나나니"; 요 3:36, "아들을 순종치 아니하는 자는 영생을 보지 못하고 도리어 하나님의 진노가 그 위에 머물러 있느니라."

이상은 하나님의 의지에 대한 것이었다. 이제 전능하심을 다룰 것이다. 전능하심이란 하나님께서 온갖 사역을 행하시는 데 있어서 가장 능력이 있으신 것이다. 마 19:26, "사람으로는 할 수 없으되 하나님으로서는 다 할 수 있느니라."

그럼에도 불구하고 다음과 같은 것들은 제외시켜야 한다:

① 무능력을 드러내는 것이다. 즉 그분의 말씀을 거짓되게 하거나 부인하는 것이다. 딛 1:2, "이 영생은 거짓이 없으신 하나님이 영원한 때부터 약속하신 것인데"; 딤후 2:13, "우리는 미쁨이 없을지라도 주는 일향 미쁘시니 자기를 부인하실 수 없으시리라."

② 하나님의 본성과 대립되는 것이다. 즉 하나님을 영원한 성자에게서 분리하거나, 성자를 낳지 않았다고 하는 것이다.

③ 모순된 것이다. 하나님은 참을 거짓이 되게 하실 수 없고, 있는 것을 없다고 하실 수 없으시다.

하나님의 능력은 완전한 것과 실제적인 것으로 구별할 수 있다. 완전한 능력이란 하나님께서 그분이 행하시는 것, 또는 원하시는 것보다 더 많은 것을 행하실 수 있는 것이다. 마 3:9, "내가 너희에게 이르노니 하나님이 능히 이 돌들로도 아브라함의 자손이 되게 하시리라"; 빌 3:21, "그가 만물을 자기에게 복종케 하실 수 있는 역사로."

실제적인 능력이란 하나님께서 자유롭게 원하시는 것을 성취하시므로 그것들이 존재하게 하시는 것이다. 시 135:6, "여호와께서 무릇 기뻐하시는 일을 천지와 바다와 모든 깊은 데서 행하셨도다."

제 4 장

하나님의 영광,
그리고 복되심에 대하여

　모든 속성으로 인하여 참된 여호와께서는 거짓된 신들과 우상들로부터 구별되시며, 또한 이 속성들에서부터 하나님의 영광과 복되심이 나온다. 하나님의 영광, 또는 위대하심은 가장 단순하시고 거룩하신 신적 본성의 무한한 탁월하심이다. 히 1:3, "이는 하나님의 영광의 광채시오 그 본체의 형상이시라"; 느 9:5, "당신은 주님이시며, 모든 땅 위에 홀로 영광스러운 하나님이십니다."

　이런 까닭에 오직 하나님만이 하나님 자신을 완전하게 아신다. 요 6:46, "오직 하나님에게서 온 자만 아버지를 보았느니라"; 딤전 6:16, "오직 그에게만 죽지 아니함이 있고 가까이 가지 못할 빛에 거하시고 아무 사람도 보지 못하였고 또 볼 수 없는 자시니"; 출 33:20, "네가 내 얼굴을 보지 못하리니."

　그럼에도 불구하고 신적인 영광을 드러내시는데, 부분적으로는 더 어둡게, 부분적으로는 더 분명하게 보이신다. 더 어둡다는 것은 (더 어둡게 영광을 드러내신다는 것은) 이생에서 마음의 눈으로 하나님의 위대하심의 현현을 인식하는 것인데, 눈과 귀로 인식하는 것들의 도움을 받는다. 사 6:1, "내가 본즉 주께서 높이 들린 보좌에 앉으셨는데 그 옷자락은 성전에 가득하였고"; 출 33:22, 23, "내 영광이 지날 때에 내가 너를 반석 틈에 두고 내가 지나도록 내 손으로 너를 덮었다가 손을 거두리니 네가 내 등을 볼 것이요 얼굴은 보지 못하리라"; 고전 13:12, "우리가 이제는 거울로 보는 것 같이 희미하나."

하나님을 더 분명하게 드러내신다는 것은 하늘에서 그분을 얼굴과 얼굴을 맞대고 보는 현현이다. 고전 13:12, "그 때에는 얼굴과 얼굴을 대하여 볼 것이요"; 단 7:9,10, "내가 보니 왕좌가 놓이고 옛적부터 항상 계신 이가 좌정하셨는데 그의 옷은 희기가 눈 같고 그의 머리털은 깨끗한 양의 털 같고 그의 보좌는 불꽃이요, 그의 바퀴는 타오르는 불이며 불이 강처럼 흘러 그의 앞에서 나오며 그를 섬기는 자는 천천이요, 그 앞에서 모셔 선 자는 만만이며 심판을 베푸는데 책들이 펴 놓였더라"; 마 18:10, "너희에게 말하노니 저희 천사들이 하늘에서 하늘에 계신 내 아버지의 얼굴을 항상 뵈옵느니라."

하나님의 복되심이란 하나님께서 스스로 계시며, 그분 안에서 자충족적이시라는 것이다(omnisufficiens). 창 17:1, "나는 전능한(fortis omnisufficiens) 하나님이라 너는 내 앞에서 행하여 완전하라"; 골 2:9, "그 안에는 신성의 모든 충만이 육체로 거하시고"; 딤전 6:15, "기약이 이르면 하나님이 그의 나타나심을 보이시리니, 하나님은 복되시고 유일하신 주권자이시며 만왕의 왕이시며 만주의 주시오."

제 5 장
신성의 위격에 대하여

위격들이란 한 신성 안에서 공유될 수 없는 특성을 통하여 서로 구별된 실체들(subsistentes)이다. 요일 5:7, "하늘에서 증거하시는 이는 셋이시니 아버지, 말씀, 성령이시다. 이 셋은 하나이시다"; 창 19:24, "여호와께서 하늘 곧 여호와에게로서 유황과 불을 비같이 소돔과 고모라에 내리사"; 요 1:1, "태초에 말씀이 계시니라 이 말씀이 하나님과 함께 계셨으니 이 말씀은 곧 하나님이시니라."

그러므로 위격들은 동등하신데, (위격들 간의) 질서는 인정하지만 등급은 아니다. 위격의 구성이 있다. 왜냐하면 위격의 특성 또는 각각의 고유한 존재 방식이 신성, 또는 한 신적인 본성에 연결되어 있기 때문이다.

위격들의 차이가 있는데, 이로써 개개의 위격들이 한 분 완전한 하나님이신 것이 확실하다. 그럼에도 불구하고 성부는 성자와 성령이 아니시며, 오직 성부이실 뿐이시다. 그리고 성자는 성부, 또는 성령이 아니시며, 오직 성자이시다. 성령께서는 성부와 성자가 아니시며, 성령이시다. 위격들은 가장 단순한 본질의 끝없는 무한성 때문에 나누어지는 것(divisionem)을 허락하지 않는데, 그 본질은 수에서 동일하며, 성부 안에서 전체이며, 성자 안에서 전체이고, 성령 안에서 전체이다. 그러므로 위격들 안에서 서로 다른 분들(alius & alius)이시나, 서로 다른 것(aliud & aliud)은 아니시다.

위격들의 교통, 또는 페리코레시스(pericwresis, 상호교류)란 신성의 통일성으로 인하여 각각의 위격들 안에, 그리고 각각의 위격들에게 다른 위격들이 존재하시는 것이다. 그러므로 각각의 위격들은 각각의 위격 자신을 소유하며 사랑하고 영광스럽게 하며 각 위격들에 역사한다. 요 14:10, "나는 아버지 안에 있고 아버지는 내 안에 계신 것을 네가 믿지 아니하느냐, 내가 너희에게 이르는 말이 스스로 하는 것이 아니라 아버지께서 내 안에 계셔 그의 일을 하시는 것이라"; 잠 8:22, "여호와께서 그 조화의 시작 곧 태초에 일하시기 전에 나를 가지셨으며"; 30절. "내가 그 곁에 있어서 창조자가 되어 날마다 그 기뻐하신 바가 되었으며 항상 그 앞에서 즐거워하였으며"; 요 1:1, "태초에 말씀이 계시니라 이 말씀이 하나님과 함께 계셨으니 이 말씀은 곧 하나님이시니라"; 요 5:19, "그러므로 예수께서 저희에게 이르시되 내가 진실로 진실로 너희에게 이르노니 아들이 아버지의 하시는 일을 보지 않고는 아무것도 스스로 할 수 없나니 아버지께서 행하시는 그것을 아들도 그와 같이 행하느니라."

위격에는 셋이 있다. 성부, 성자, 성령이시다. 마 3:16, 17, "예수께서 세례를 받으시고 곧 물에서 올라 오실 새 하늘이 열리고 하나님의 성령이 비둘기같이 내려 자기 위에 임함을 보시더니 하늘로서 소리가 있어 말씀하시되, 이는 내 사랑하는 아들이요 내 기뻐하는 자라 하시니라."

성부께서는 시작이 없으신 위격이신데, 영원부터 성자를 낳으신 분이시다. 히 1:3, "이는 하나님의 영광의 광채시오 그 본체의 형상이시라"; 시 2:7, "너는 내 아들이라 오늘날 내가 너를 낳았도다." 아들의 낳으심에서 확실한 특징들이 있다:

① 낳으심(gignens)과 태어나심(genitus)이 시간적으로 동시이다.

② 낳으시는 분(성부)은 태어나신 분(성자)과 본질의 부분이 아니라 전체를 공유한다.

③ 성부께서 성자를 낳으셨는데, 외부로가 아니라 내적으로 낳으셨다.

아버지의 비공유적 속성은 '태어나지 않으신 것'이신데, 아버지되심, 또는 낳으심이다. 그분은 행위의 근원이시다. 왜냐하면 그분은 행위를 시작하시는데, 자신으로부터 성자와 성령을 통하여 행하시기 때문이다. 고전 8:6, "그러나 우리에게는 한 하나님 곧 아버지가 계시니 만물이 그에게서 났고"; 롬 11:36, "이는 만물이 주에게로 나오고 주로 말미암고 주에게로 돌아감이라."

남은 두 위격은 성부로부터 공유하는 완전한 신성, 또는 신적 본질을 가지신다. 즉 성자와 성령이시다. 성자는 두 번째 위격이신데 영원부터 성부에게서 출생되셨다. 히 1:5, "천사 중 누구에게 네가 내 아들이라, 오늘날 내가 너를 낳았다 하셨으며"; 골 1:15, "그는 보이지 아니하시는 하나님의 형상이요, 모든 창조물보다 먼저 나신 자니"; 요 1:14, "우리가 그 영광을 보니 아버지의 독생자의 영광이요"; 롬 8:32, "자기 아들을 아끼지 아니하신 이가."

성자의 출생이 그분이 동등한 하나님이시라는 사실을 부인하지 않는다. 그분을 본질의 측면에서, 또는 부자 간의 관계라는 측면에서 생각해야 하는데, 본질에 관해서는 동등한 하나님이시다. 왜냐하면 삼위에 공통되는 신성에 관해서는 태어나신 것이 아니기 때문이다. 오히려 위격, 또는 자녀의 관계라는 측면에서 스스로에게서 나신 것이 아니라, 다른 위격에서 나오신 것이다. 다시 말하면 성부에서 나온 성자이시다. 이러한 방식에서 하나님에게서 나오신 하나님이라고 말하는 것은 옳다.

이것으로 말미암아 성부로부터 보냄을 받으신다고 말한다. 요 8:42, "이는 내가 하나님께로 나서 왔음이라. 나는 스스로 온 것이 아니요 아버지께서 나를 보내신 것이니라." 보내신다는 것은 참으로 본질과 능력의 동등성을 파괴하는 것이 아니라, 오히려 위격의 질서를 보여주는 것이다. 요 5:18, "유대인들이 이를 인하여 더욱 예수를 죽이고자 하니 이는 안식일만 범할 뿐 아니라. 하나님을 자기의 친아버지라 하여 자기를 하나님과 동등으로 삼으심이러라"; 빌 2:6, "그는 근본 하나님의 본체시나 하나님과 동등됨을 취할 것으로 여기지 아니하시고."

이로 말미암아 성부의 말씀은 사라지지 않으며, 본질적으로 성부의 말씀이시다. 왜냐하면 말이 마음에서 나오는 것처럼 성부로부터 나셨기 때문이다. 그리고 성부의 품으로부터 나오셔서 복음을 드러내시기 때문이다. 나지안주스의 『삼위일체에 대한 강연들』, 교부 바질의 『요한복음 서언』.

그 분의 특징은 태어나심이다. 행하시는 데 있어서 특징적인 방식은 성부로부터 성령을 통하여 행위를 이끄시는 것이다. 고전 8:6, "또한 한 주 예수 그리스도께서 계시니 만물이 그로 말미암고 우리도 그로 말미암았느니라"(cf. 요 5:18, 19).

성령은 성부와 성자로부터 발생하시는, 또는 나오시는 세 번째 위격이시다. 요 15:26, "내가 아버지께로서 너희에게 보낼 보혜사 곧 아버지께로서 나오시는 진리의 성령이 오실 때에 그가 나를 증거하실 것이요"; 롬 8:9, "만일 너희 속에 하나님의 영이 거하시면 너희가 육신에 있지 아니하고 영에 있나니 누구든지 그리스도의 영이 없으면 그리스도의 사람이 아니라"; 요 16:13, 14, "그러하나 진리의 성령이 오시면 그가 너희를 모든 진리 가운데로 인도하시리니 그가 자의로 말하지 않고 오직 듣는 것을 말하시며 장래 일을 너희에게 알리시리라. 그가 내 영광을 나타내리니 내 것을 가지고 알리겠음이니라."

그리고 아무리 성부, 성자께서 두 위격이라고 할지라도, 성령에 대해서 한 근원이시다. 발생하심과 출생하심의 형태적 차이에 대해서 성경이 정의하고 있지 않으며, 교회로 아는 바가 없다. 성령의 공유되지 않는 특성은 나오심이다. 행하시는 방식은 성부와 성자로부터 행하심으로 행위를 완성하시는 것이다.

제 6 장
하나님의 사역과 작정에 대하여

이상은 신학의 첫 번째 부분이었다. 하나님의 사역을 다루는 두 번째 부분을 살펴 보게 될 것이다. 하나님의 사역은 그분께서 자신 밖으로, 즉 자신의 본질 밖을 향하여 행하시는 모든 것이다. 이 사역은 삼위에게 공통된 것인데, 각 위격이 행하시는 각각의 방식은 유지된다. 그 모든 사역들의 목적은 신적인 영광을 드러내시는 것이다. 롬 11:36, "주에게로 돌아감이라 영광이 그에게 세세에 있으리로다."

하나님의 사역 또는 행위는 작정, 또는 작정의 실행이다. 하나님의 작정이란 그분이 영원부터 모든 것을 필연적으로, 그럼에도 불구하고 자유롭게 정하신 것이다. 엡 1:11, "모든 일을 그 마음의 원대로 역사하시는 자의 뜻을 따라 우리가 예정을 입어 그 안에서 기업이 되었으니"; 4절. "곧 창세 전에 그리스도 안에서 우리를 택하사"; 마 10:29, "참새 두 마리가 한 앗사리온에 팔리는 것이 아니냐? 그러나 너희 아버지께서 허락지 아니하시면 그 하나라도 땅에 떨어지지 아니하리라"; 롬 9:21, "토기장이가 진흙 한 덩이로 하나는 귀히 쓸 그릇을 하나는 천히 쓸 그릇을 만드는 권이 없느냐."

그러므로 모든 과거, 현재, 미래의 사건들과 행위들, 그리고 그것들의 모든 환경, 장소, 시간, 도구, 목적을 그분의 원하심에 따라서 가장 확실하게 작정하셨다. 심지어 악한 자들의 악행들조차도 가장 의롭게 작정하셨다. 만약 그분이 원치 않으셨다면, 그것들은 전혀 존재하지 않았을 것이다. 그리고 아무리 그것들의 본성이 악한 채로 계속 존재한다고 할지라도, 정하시는 하나님의 관점에서는 선한 근거를 가지고 있다. 즉 순전한 악이라는 것은 존재하지 않는다. 벧전 3:17, "선을 행함으로 고난받는 것이 하나님의 뜻일진대 악을 행함으로 고난받는 것보다 나으니라." 악이 사건과 과정에서 하나님의 의와 긍휼에 대한 영광을 드러낸다는 측면에서, 악은 그분의 작정 안에서 선한 근거를 가지고 있다.

하나님의 작정과 연결되어 있는 것이 하나님의 예지이다. 여기에서 본성상 예지가 앞서는데, 하나님의 입장에서 그런 것이 아니라, 우리 입장에서 그러하다. 왜냐하면 지식은 의지와 행위의 결과보다 우선하기 때문이다. 우리가 원하지 않는다면 결과를 만들어 내지 않을 것이고, 알지 못한다면 원하지 않을 것이다.

하나님의 작정과 연결되지 않는 한, 예지 그 자체는 발생하는 사건들의 원인이 아니다. 미래의 일들은 하나님께서 예지하셨기 때문에 있는 것이 아니라, 그분이 작정하셨고 원하셨기 때문에 있는 것이다.

작정의 실행이란 예지하고 작정하신 것들 모두가 예지하고 작정하신 대로 실제로 시간 안에서 일어나는 것이다. 그러므로 하나님의 작정은 모든 일에 대하여 효과적으로 첫째 되는 근원이며, 순서와 시간이라는 측면에서 모든 원인들보다 앞서는 것이다. 작정은 항상 하나님의 의지와 연관되어 있으며, 이 의지에 의해서 작정한 것을 원할 수 있으시다. 원할 수 없는 것을 작정하신다는 것은 무능력의 표이기 때문이다. 그리고 이 의지는 유효케 하시는 권능과 연결되어 있다. 이 권능을 통하여 하나님은 자유롭게 작정하셨던 모든 것을 행할 수 있으시다.

이 첫 번째 근원은 모든 일에서 자체적으로 필연적인 것이다. 그럼에도 불구하고 무엇을 택하는 의지의 자유, 그리고 두 번째 원인의 본성과 특성을 제거하지 않으시며, 오히려 정하신다. 다시 말하면 작정하신 목적으로 향하게 하신다. 이로 인해서 생겨난 일과 사건은 우연적이면서, 동시에 필연적이다. 이것은 부차적 원인의 본성에 따른 것이다. 그리스도는 아버지의 작정에 따라서는 죽으시는 것이 필연적이었다(행 17:3). 그럼에도 불구하고 그리스도는 그것을 원하셨다(마 25:39). 만약 우리가 그리스도의 육체의 건강을 생각한다면, 그분이 더 오래 사실 수도 있었을 것이다. 그러므로 이러한 관점에서는 그분이 우연히 죽임을 당하셨다고 말할 수 있다.

실행은 두 부분으로 되어 있다. 일하심(operatio)과 효과적으로 허용하시는 것(operans permissio)이다. 일하심은 선이 존재하고 발생하도록 유효하게 만들어 내시는 것이다. 효과적으로 허용하심이란 행하심인데 악이라는 측면에서는 다른 존재가 그것을 행하는 것을 허용하시는 것이다. 그리고 선한 근거를 가지고 있다는 측면에서 그분이 효과적으로 이루신다. 창 50:20, "당신들은 나를 해하려 하였으나 하나님은 그것을 선으로 바꾸사 오늘과 같이 만민의 생명을 구원하게 하시려 하셨나니"; 창 45:7, "당신들의 후손을 세상에 두시려고 나를 당신들 앞에 보내셨나니"; 사 10:5-7, "화 있을 진저 앗수르 사람이여 그는 나의 진노의 막대기요 그 손의 몽둥이는 나의 분한이라. 내가 그를 보내어 한 나라를 치게 하며 내가 그에게 명하여 나의 노한 백성을 쳐서 탈취하며 노략하게 하며 또 그들을 가로상의 진흙같이 짓밟게 하려 하거늘 그의 뜻은 이같지 아니하며 그 마음의 생각도 이같지 아니하고 오직 그 마음에 허다한 나라를 파괴하며 멸절하려 하여."

하나님은 악을 허용하시되 자발적으로 허용하시며, 행함으로는 이차적인 원인이 악을 행하도록 내버려 두신다. 그래서 그분은 자신의 창조물에게서 그가 가진 은혜를 빼앗으시거나, 또는 그가 은혜를 가지고 있지 않다면 은혜를 주시지 않으심으로 그들을 버려두신다. 롬 1:26, "이를 인하여 하나님께서 저희를 부끄러운 욕심에 내어 버려 두셨으니"; 딤후 2:25, 26, "거역하는 자를 온유함으로 징계할지니 혹 하나님이 저희에게 회개함을 주사 진리를 알게 하실까 하며 저희로 깨어 마귀의 올무에서 벗어나 하나님께 사로잡힌 바 되어 그 뜻을 좇게 하실까 함이라."

참으로 하나님이 불의하시다고 생각해서는 안 된다. 그분에게는 어떤 의무도 없으시다. 롬 9:15, "내가 긍휼히 여길 자를 긍휼히 여기고 불쌍히 여길 자를 불쌍히 여기리라." 그리고 그분에게는 원하시는 자에게, 원하시는 만큼 은혜를 주실 자유가 있으시다. 마 20:15, "내 것을 가지고 내 뜻대로 할 것이 아니냐?"

악행은 죄의 징벌이라는 측면에서 하나님께 선한 근거가 있다. 분명히 징벌은 도덕적으로 선한 근거를 가지고 있다.

① 죄를 징벌하는 것은 재판장의 의이기 때문이다.
② 순전한 행위 또는 행동이라는 측면에서 그렇다.

③ 징계, 믿음의 훈련, 순교, 죄를 밝히는 것이라는 측면에서 그렇다. 예를 들어서 그리스도의 죽음과 고난이 있다(행 2:23, 4:28). 그리고 이렇게 살펴 본 내용에 따르면, 하나님은 악한 일에서 순전한 허용하심이 아니라, 오히려 유효하게 일하심으로 행하신다. 그럼에도 불구하고 그분의 행하심에 있어서 무법하게 만드시거나, 악을 돕거나, 의도하시는 것이 아니다. 오히려 자유롭게 허용하시되 그분의 영광을 위해서 최상의 방법으로 결정하신다. 유사한 예를 보면, 정해진 방향으로 달리고 있는 절뚝거리는 말에 채찍을 가하는 것과 같다. 그리고 태양으로부터 나오는 빛이 유리(즉 프리즘과 같은 것, 역자 주)를 투과하는 것과 같다. 즉 색깔은 태양으로부터 나오는 것이 아니라, 유리로부터 나오는 것이다.

제 7 장
예정과 창조에 대하여

사람과 관련된 하나님의 작정을 예정이라고 부른다. 이 작정이란 하나님께서 모든 사람을 영원하고 확정된 상태로 정하신 것이다. 다시 말하면 그분의 영광을 위하여 생명 또는 죽음으로 정하시는 것이다. 살전 5:9, "하나님이 우리를 세우심은 노하심에 이르게 하심이 아니요, 오직 우리 주 예수 그리스도로 말미암아 구원을 얻게 하신 것이라"; 롬 9:13, "기록된 바 내가 야곱은 사랑하고 에서는 미워하였다 하심과 같으니라"; 22, 23절. "만일 하나님이 그 진노를 보이시고 그 능력을 알게 하고자 하사 멸하기로 준비된 진노의 그릇을 오래 참으심으로 관용하시고, 또한 영광 받기로 예비하신 바 긍휼의 그릇에 대하여 그 영광의 부요함을 알게 하고자 하셨을지라도 무슨 말하리요."

예정을 이루시는 수단은 이중적인데, 창조와 타락이다. 창조란 하나님께서 무로부터, 즉 이전에 어떤 물질도 존재하지 않던 곳에서 모든 것들을 아주 선하게 만드신 것이다(창 1장 전체). 창조의 방식은 통치하시는 방식과 같이 말씀하시는 것이었다. 그분은 어떤 도구나 수단 없이 만물들을 말씀으로 만들어 내시되, 어떤 본능적 충동이나 행위로 하지 않으셨다. 그분이 의지하신다는 것만으로도 될 수 있고 이루어지기 때문이다. 히 11:23, "믿음으로 모든 세계가 하나님의 말씀으로 지어진 줄을 우리가 아나니"; 시 148:5, "그것들이 여호와의 이름을 찬양할 것은 저가 명하시매 지음을 받았음이라."

피조물의 선함은 피조물의 탁월함인데, 어떤 결핍, 즉 부패, 죄 등이 없었다. 창조에는 세계를 창조하시는 것과 거주자들을 창조하시는 것이 있다. 세계는 형성되지 않은 물질로 창조된 가장 아름다운 거처이며, 거주하기에 적절한 곳이다.

세계는 하늘과 땅의 부분으로 되어 있다. 하늘은 삼중으로 되었는데, 첫째는 공기층이고, 둘째는 에테르계이며, 셋째는 볼 수 없고 형체가 없는 층인데, 지복자들과 사람들, 그리고 천사들의 자리가 되기 위해서 창조되었다. 그리고 낙원이라고도 불리운다(고후 12:4).

세계의 거주자들은 하나님의 형상에 따라서 창조된 이성적인 피조물들인데, 천사들과 인간들이다. 창 1:26, "하나님이 가라사대 우리의 형상을 따라 우리의 모양대로 우리가 사람을 만들고"; 욥 1:6, "하루는 하나님의 아들들이 여호와 앞에 섰고 사탄도 그들 가운데 왔는지라."

하나님의 형상은 그분의 거룩하심을 닮은 이성적 피조물의 선함이다. 엡 4:24, "하나님을 따라 의와 진리의 거룩함으로 지으심을 받은 새 사람을 입으라."

제 8 장
천사들에 대하여

모든 천사들은 세상이 시작할 때에 함께 창조되었는데 순수한 상태로 세움을 받았다. 이 사실로부터 다음의 내용들을 생각해야 한다.

1. 본성. 그들은 영적이고 비육체적인 본질들이다. 히 1:17, "그분이 천사들을 취하시지 않고, 아브라함의 씨를 취하셨다."

2. 특성. ① 지혜. 삼하 14:17, "이는 내 주 왕께서 하나님의 사자같이 선과 악을 분간하심이니이다." ② 큰 능력. 살후 1:7, "주 예수께서 저의 능력의 천사들과 함께 하늘로부터 불꽃 중에 나타나실 때에", 왕하 19:35, "이 밤에 여호와의 사자가 나와서 앗수르 진영에서 군사 십팔만 오천 명을 친지라 아침에 일찍이 일어나 보니 다 송장이 되었더라"(cf. 삼하 24:17). ③ 빠르고 민첩함. 사 6:6, "그 스랍의 하나가 화저로 단에서 취한 바 핀 숯을 손에 가지고 내게로 날아와서"; 단 9:21, "이전 이상 중에 본 그 사람 가브리엘이 빨리 날아서 저녁 제사를 드릴 때 즈음에 내게 이르더니." 그러므로 성막 안에 천사들의 날개가 그려져 있었다.

3. 수가 방대하다. 창 32:1, "야곱이 그 길을 진행하더니 하나님의 사자들이 그를 만난지라 야곱이 그들을 볼 때에 이르기를 이는 하나님의 군대라"; 단 7:10, "그에게 수종하는 자는 천천이요 그 앞에 시위하는 자는 만만이며"(cf. 마 26:53, 히 12:22).

4. 거하는 장소는 가장 높은 하늘인데, 거기에서 그들은 하나님과 교통을 누리면서, 그분을 계속 뵙고 있다. 마 18:10, "너희에게 말하노니 저희 천사들이 하늘에서 하늘에 계신 내 아버지의 얼굴을 항상 뵈옵느니라"; 시 68:17, "하나님의 병거는 천천이요 천사는 만만이라 주님께서 그들과 함께 계시도다"; 막 12:25, "하늘에 있는 천사들과 같으니라."

5. 등급. 천사들에게 질서가 있다는 것이 분명하다. 골 1:16, "만물이 그에게 창조되되 하늘과 땅에서 보이는 것들과 보이지 않는 것들과 혹은 보좌들이나 주관들이나 정사들이나 권세들이나 만물이 다 그로 말미암고 그를 위하여 창조되었고"; 롬 8:38, "내가 확신하노니 천사들이나 권세자들이나"; 살전 4:16, "주께서 호령과 천사장의 소리와 하나님의 나팔로 친히 하늘을 좇아 강림하시리니." 그러나 그들에게 어떤, 그리고 얼마나 많은 질서가 있는지, 어떻게 실체가 구별되는지, 참으로 은사나 직무들에 의해서 구별하는 것인지에 대해서는 말할 수 없다. 골 2:18, "누구든지 일부러 겸손함과 천사 숭배함을 인하여 너희 상을 빼앗지 못하게 하라. 저가 그 보지 못한 것을 의지하여 그 육체의 마음을 좇아 헛되이 과장하고."

6. 직무. 섬기는 일을 행하는데, 부분적으로는 하나님을 경배하는 것이고, 부분적으로는 그분의 명령을 수행하는 것이다. 시 103:20, 21, "능력이 있어 여호와의 말씀을 이루며 그 말씀의 소리를 듣는 너

희 천사여 여호와를 송축하라 여호와를 봉사하여 그 뜻을 행하는 너희 모든 천군이여 여호와를 송축하라."

7. 어떤 천사들은 그가 세움을 받은 그 상태로 견고하게 섰다.[4]

---

4 악한 천사들과 같이 타락하지 않고 순전한 상태로 남아 있다는 의미이다.

제 9 장
인간과 죄 없는 상태에 대하여

하나님께서 창조하신 사람은 가장 순전한 상태에 있었다. 여기에서 특별히 일곱 가지를 살펴봐야 한다.

1. 장소. 가장 훌륭한 에덴 동산. 창 2:15, "여호와 하나님이 그 사람을 이끌어 에덴 동산에 두사 그것을 다스리며 지키게 하시고."

2. 인간 본성 전체의 순전함. 엡 4:24, "하나님을 따라 의와 진리의 거룩함으로 지으심을 받은 새 사람을 입으라." 이것은 두 부분으로 되어 있다. 첫 번째는 하나님의 지혜이다. 다시 말하면 하나님에 대한, 그리고 사람이 알아야 하는 범위 안에서 하나님의 의지에 대한, 또한 그분의 모든 피조물을 향한 하나님의 작정에 대한 참되고 순전한 지식이다. 골 3:10, "새 사람을 입었으니 이는 자기를 창조하신 자의 형상을 좇아 지식에까지 새롭게 하심을 받는 자니라"; 창 2:19, "여호와 하나님이 흙으로 각종 들짐승과 공중의 각종 새를 지으시고 아담이 어떻게 이름을 짓나 보시려고 그것들을 그에게로 이끌어 이르시니 아담이 각 생물을 일컫는 바가 곧 그 이름이라."

또 다른 부분은 의이다. 다시 말하면 하나님의 의지를 성취하기 위하여 확고하게 세워진 의지, 성향, 육체의 능력이다.

3. 사람의 존귀함. 이것은 네 부분으로 되어 있다. 첫 번째는 하나님과의 교통이다. 이로써 하나님은 그분의 형상 안에서 즐거워하셨고, 사람은 하나님을 열렬히 사랑하였다. 이것은 아담과 하나님 사이의 친밀한 대화에서 나타난다. 창 1:29, "하나님이 가라사대 내가 온 지면의 씨 맺는 모든 채소와 씨 가진 열매 맺는 모든 나무를 너희에게 주노니 너희 식물이 되리라"; 창 3:9, "여호와 하나님이 아담을 부르시며 그에게 이르시되 네가 어디 있느냐?"

두 번째는 땅의 모든 피조물에 대한 지배권이다. 창 2:19, "여호와 하나님이 흙으로 각종 들짐승과 공중의 각종 새를 지으시고 아담이 무엇이라고 부르나 보시려고 그것들을 그에게로 이끌어 가시니 아담이 각 생물을 부르는 것이 곧 그 이름이 되었더라"; 시 8:6, "주의 손으로 만드신 것을 다스리게 하시고 만물을 그 발 아래 두셨으니."

세 번째는 벌거벗은 육체에 있는 명예와 아름다움이다. 여기에는 어떤 수치스러움도 없었고, 오히려 통치자의 위대함이 나타났다. 시 8:5, "저를 천사보다 조금 못하게 하시고 영화와 존귀로 관을 씌우셨나이다"; 창 2:25, "아담과 그 아내 두 사람이 벌거벗었으나 부끄러워 아니하니라"; 고전 12:23, "우리가 몸의 덜 귀히 여기는 그것들을 더욱 귀한 것들로 입혀 주며 우리의 아름답지 못한 지체는 더욱 아름다운 것을 얻고."

네 번째는 어떤 괴로움이나 고통이 없는 육체의 노동이다. 창 3:17, "네가 네 아내의 말을 듣고 내가 너더러 먹지 말라 한 나무 실과를 먹었은즉 땅은 너로 인하여 저주를 받고 너는 종신토록 수고하여야 그

소산을 먹으리라."

4. 하나님께 복종하는 것인데, 사람은 계명을 이행하여 하나님께 복종할 의무를 지고 있었다. 계명은 이중적인데, 두 나무에 대한 것과 안식일에 대한 것이다.

나무에 대한 계명을 세우셨는데, 순종에 대한 시험과 증명을 위한 것이었다. 이것은 두 부분으로 되어 있다. 첫 번째는 생명 나무를 허락하신 것인데, 만약 그가 계속 순종하였다면 에덴 동산에서 영원한 생명을 인치는 상징이 되게 하기 위한 것이었다. 계 2:7, "귀있는 자는 성령이 교회들에게 하시는 말씀을 들을지어다. 이기는 그에게는 내가 하나님의 낙원에 있는 생명나무의 과실을 주어 먹게 하리라"; 잠 3:18, "지혜는 그 얻는 자에게 생명나무라 지혜를 가진 자는 복되도다."

또 다른 것은 선과 악을 알게 하는 나무를 금지하신 것인데, 만약 위반한다면 현세적인 죽음과 영원한 죽음을 겪는다는 위협과 함께 주셨다(창 2:16, 17). 그것은 '죽음의 상징'이다. 이것은 결과로부터 유추하여 말한 것이다. 왜냐하면 선을 영원히 누리는 것은 그 명령을 준수한 결과이며, 악을 경험하는 것은 법을 어긴 결과이기 때문이다. 모든 비참은 한편으로는 죄악이며, 다른 한편으로는 형벌이다.

안식일에 대한 계명이란 하나님께서 안식일을 거룩하게 하신 것이다(창 2:2).

5. 소명은 명령에 순종하고 에덴 동산을 지킴으로 하나님을 경외하는 것이다. 잠 16:4, "여호와께서 온갖 것을 그 쓰임에 적당하게 지으셨나니"; 창 2:15, 16, "여호와 하나님이 그 사람을 이끌어 에덴 동산에 두어 그것을 경작하며 지키게 하시고."

6. 양식은 땅의 채소와 모든 나무의 열매인데, 선악의 지식에 대한 나무의 열매는 제외되었다. 창 1:29, "하나님이 가라사대 내가 온 지면의 씨 맺는 모든 채소와 씨 가진 열매 맺는 모든 나무를 너희에게 주노니 너희 식물이 되리라."

7. 행위의 자유란 그가 두 나무에 대한 명령을 원하고 이행할 수도 있고, 원하지 않고 어길 수도 있는 것이다. 그러므로 첫 번째 조상은 순전하게 창조되었으나 가변적이었다. 다시 말하면 이처럼 하나님은 자신의 작정을 이루시기 위하여 길을 평탄케 하기를 원하셨다.

제 1 0 장
천사의 타락에 대하여

타락은 이성적 피조물이 죄를 향하여 이탈하는 것이다. 죄는 처음에 있었던 올바름이 타락하고 결핍한 것, 또는 하나님으로부터 돌아서는 것인데, 결국 하나님의 의의 질서로 인해서 형벌에 처하게 된다.

질문. 죄는 어떤 존재인가?

대답. 존재하는 실체에는 한편으로는 적극적인 것이 있고, 다른 한편으로는 결여적인 것이 있다. 적극적 실체들은 특성들, 덕성들, 경향들, 그리고 하나님께서 조성하시고 본성에 심어주신 욕구들이다. 결여된 것이란 내재해 있어야 하는 어떤 것이 없는 것이다. 이러한 것이 죄인데, 죄는 고유하게, 그리고 자체적으로 피조되고 존재하는 어떠한 것이 아니라, 있어야 하는 선한 어떤 것이 없는 것이다. 그래서 아무리 적극적인 실체들에 내재되었다고 할지라도, 항상 적극적 실체들과는 구별해야 한다.

죄는 결핍, 또는 무능력과 무질서로 이루어져 있다. 무능력은 하나님께서 주신 선의 결핍, 또는 상실이다. 무질서는 모든 성품과 행위의 혼동, 또는 혼란이다.

타락의 방식과 근거가 있었다. 이미 말한 바대로, 첫 번째로 하나님은 그들을 선하게 창조하셨으나 그들은 가변적이었다. 왜냐하면 불변하는 선은 하나님께만 있는 것이기 때문이다.

두 번째로 하나님은 대상을 시험하셨다. 신 13:3, "너는 그 선지자나 꿈 꾸는 자의 말을 청종하지 말라. 왜냐하면 여호와 너의 하나님께서 너의 마음을 다하여 너희의 하나님 여호와를 사랑하는 여부를 알려하사 너희를 시험하시기 때문이다."

세 번째로 하나님은 그들을 그 시험 속에서 새로운 은혜를 주어 확고하게 하지 않으셨으며, 오히려 의로운 근거들을 가지고 내버려 두셨다. 마지막으로 홀로되어 스스로 버림받은 자들이 하나님으로부터 완전히 돌아섰다. 만약 사람이 (잘못) 행하던 길에서 회초리를 감당한다면, 그는 바르게 서게 될 것이다. 그리고 만약 그가 점차 아무 노력도 하지 않고 손을 뗀다면 타락할 것이다.

타락에는 천사의 타락과 사람의 타락이 있다. 천사의 타락이란 그들이 숭고한 상태였음을 보여주는데, 어떤 강압이나 강제력 없이, 자발적인 의지로써 선택하는 이성으로 타락한 것이었다. 그 때에 (선에) 반대하여 다른 것을 선택하려는 그의 내적인 본성으로 말미암은 것이었다. 이로써 그들은 스스로 하나님을 배반하는 주동자가 되었다. 벧후 2:4, "범죄한 천사들을 용서하지 아니하시고"; 유 6절. "또 자기 지위를 지키지 아니하고 자기 처소를 떠난 천사들을 큰 날의 심판까지 영원한 결박으로 흑암에 가두셨으며"; 요 8:44, "그는 처음부터 살인한 자요, 진리가 그 속에 없으므로 진리에 서지 못하고."

천사의 타락의 상태에 대해서 다음의 것들을 생각해야 한다:

1. 타락으로 인한 부패는 그들의 본성이 비틀어진 것이다. 그리고 그것은 끔찍한 악의와 부패인데, 이로써 그들은 하나님께 반역을 하였고, 또한 인류를 멸망시키려는 엄청난 열심을 가지게 되었다. 그리고 그들은 능력있게 행하는 권세와 거짓으로 이 일을 한다. 요일 3:8, "죄를 짓는 자는 마귀에게 속하나니 마귀는 처음부터 범죄함이라 하나님의 아들이 나타나신 것은 마귀의 일을 멸하려 하심이라"; 벧전 5:8, "너희 대적 마귀가 우는 사자 같이 두루 다니며 삼킬 자를 찾나니"; 엡 6:12, "우리의 씨름은 혈과 육을 상대하는 것이 아니요, 통치자들과 권세들과 이 어둠의 세상 주관자들과 하늘에 있는 악의 영들을 상대함이라."

2. 질서 또는 구분이다. 이 천사들 가운데서 한 천사는 더 우월하여, 다른 천사들이 (이 천사를) 섬긴다. 그 우월한 천사는 마귀인데, 다른 천사들과 세상의 군주이며, 모든 피조물 보다 더 악하다. 마 25:41, "나를 떠나 마귀와 그 사자들을 위하여 예비된 영영한 불에 들어가라"; 고후 4:4, "그 중에 이 세상 신이 마음을 혼미케 하여"; 계 12:7, "하늘에 전쟁이 있으니, 미가엘과 그의 사자들이 용으로 더불어 싸울새 용과 그의 사자들도 싸우나." 섬기는 천사들이 있는데, 그들은 악을 행하여 마귀를 돕는다.

3. 징벌. 하나님은 타락한 그들을 앞으로의 소망이 없는 영원한 형벌 가운데 버려두신다 (유 6절, 벧전 2:4).

왜냐하면 첫 번째로 사람들이 받아야 하는 형벌이 얼마나 큰지를 그들에게 가르치시기 위해서이다. 두 번째로 더 무거운 죄들은 더 무겁게 징벌 받음을 가르치시기 위해서이다. 천사들의 타락은 더 무겁다. 왜냐하면 그들의 본성은 (죄를) 이겨내는 데에 더 강한 능력이 있었기 때문이다. 그리고 마귀는 죄의 첫 원인자이기 때문이다.

타락한 천사들에게 내리신 징벌에는 가벼운 것과 두려운 것이 있다. 가벼운 징벌은 이중적이다. 첫 번째는 하늘에서 쫓겨난 것이다. 벧후 2:4, "하나님이 범죄한 천사들을 용서하지 아니하시고 지옥에 던져 어두운 구덩이에 두어 심판 때까지 지키게 하셨으며." 또 다른 징벌은 그들에게 한계를 두시며, 권세를 제한하시는 것이다. 욥 1:12, "여호와께서 사탄에게 이르시되 내가 그의 소유물을 다 네 손에 붙이노라. 오직 그의 몸에는 네 손을 대지 말지니라 사탄이 곧 여호와 앞에서 물러가니라."

두려운 징벌은 지옥에서 고통받는 것인데, 기간과 정도에서 가장 큰 것이다. 눅 8:31, "무저갱으로 들어가라 하지 마시기를 간구하더니."

제 1 1 장
인간의 타락과 불순종한 상태에 대하여

아담의 타락은 스스로 금지된 과일을 먹는 불순종으로 떨어진 것이다. 여기에서 타락의 방식, 규모, 결과를 살펴봐야 한다.

1. 아담의 타락의 방식과 근거는 다음과 같다:

① 먼저 타락한 마귀는 첫 조상들에게 금지된 열매에 대한 율법을 어겼을 때 받을 징벌이 확실하지 않으며, 하나님께서 그들(아담과 하와)에게 진실하지 않으시다고 참소하였다.

② 이 속임수는 그들의 마음의 눈을 멀게 하였다.

③ 그들은 마음의 눈이 멀어 하나님의 사랑에 대한 불신자가 되어 의심하였다.

④ 의심하게 된 사람들은 충동되어 금지된 열매를 주시하였다.

⑤ 그들은 아름다운 열매를 바라보면서 탐하였다.

⑥ 그들은 탐욕을 채우기 위해서 열매를 손으로 따먹었다. 이로써 하나님에 대하여 전적으로 불순종하는 자들이 되었다(창 3:1-8).

그들은 이렇게 누구에게도 강요받지 않고 스스로 타락하였다. 즉 하나님은 의로운 근거를 가지고 그들을 내버려두셨고, 그들의 타락을 자유롭게 허용하셨다. 그러므로 타락 그 자체는 우연적으로, 또는 하나님께서 알지 못하심으로, 또는 묵인하심으로, 혹은 순전한 허용하심으로, 또는 하나님의 뜻에 반대하여 일어난 것이 아니다. 오히려 하나님의 의지가 제외되지 않는 어떤 놀라운 근거로 일어난 것이다. 그럼에도 불구하고 하나님께서 인정하셔서 발생한 것은 아니다.

2. 타락의 심각성은 외적인 대상, 또는 과일의 무가치함 때문에 생긴 것이 아니라, 오히려 하나님을 향한 모욕에서 나온 것으로 생각해야 한다. 하나님을 향한 모욕은 타락 안에 있었던 다양한 범죄들에서 나온 것으로 생각해야 한다. 범죄는 여러 가지이다.

① 하나님의 말씀에 대한 의심이다.

② 믿음을 배반한 것이다. 그들은 하나님께서 위협하신 징벌을 믿지 않았고, 오히려 유혹하는 마귀의 약속을 듣고 징벌을 무서워하지 않게 되었으며, 더 큰 영광에 대한 욕망으로 불타올랐다.

③ 하나님의 말씀과 상관없이 배우며, 다른 지혜를 구하는 지식욕이다.

④ 교만인데, 이로써 그들은 자신을 높이고, 하나님과 동등하게 되고자 하였다.

⑤ 하나님을 경시한 것인데, 그들이 양심을 거스려서 명령을 범할 때 경시하였다.

⑥ 마귀를 하나님보다 더 중하게 여긴 것이다.

⑦ 그들이 가진 것이 얼마나 큰 것인지를 감사하지 않은 것이다. 그들은 자신들 안에 거하시는 하나님의 영을 쫓아내고, 그 영원한 유대 관계를 무시하였다.

⑧ 자기 자신을, 그리고 모든 후손들을 살인한 것이다.

3. 열매 또는 결과이다. 첫 조상들의 그 상태로 말미암아 (후손들이) 불순종한 상태가 되었다. 이로써 하나님은 모든 인류를 완악함에 가두어 두셨는데, 특정한 자들을 구원하심으로 긍휼을, 다른 자들을 정죄하심으로 의를 드러내시기 위한 것이다. 롬 11:32, "하나님이 모든 사람을 순종치 아니하는 가운데 가두어 두심은 모든 사람에게 긍휼을 베풀려 하심이로다"; 갈 3:22, "성경이 모든 것을 죄 아래 가두었으니 이는 믿음으로 말미암은 약속을 믿는 자들에게 주려 함이라."

이 상태에서는 죄와 죄에 대한 징벌을 생각해야 한다. 죄는 삼중적이다. 첫 번째로 범죄에 참여한 것과 아담의 죄책이다. 이로써 그의 모든 후손들이 범죄하였다. 롬 5:12, "이러므로 한 사람으로 말미암아 죄가 세상에 들어오고 죄로 말미암아 사망이 왔나니 이와 같이 모든 사람이 죄를 지었으므로 사망이 모든 사람에게 이르렀느니라."

근거는 명백하다. 아담은 사적인 개인이 아니라, 오히려 모든 인류의 대리자의 역할을 하였기 때문이다. 그리고 이 때문에 하나님으로부터 받는 선한 것이든, 다른 데에서부터 오는 악한 것이든 받아들이는 것은 무엇이든지, 자신과 모든 후손들을 위해서 받는 것이었다. 고전 15:22, "아담 안에서 모든 사람이 죽은 것 같이 그리스도 안에서 모든 사람이 삶을 얻으리라."

이 외에도 아담이 범죄했기 때문에 그의 허리에 있었고, 후에 본성적인 번식력에 의해서 나올 그의 후손들은 아담으로부터 죄책을 받게 되었다. 히 7:9, "또한 십분의 일을 받는 레위도 아브라함으로 말미암아 십분의 일을 바쳤다 할 수 있나니 이는 멜기세덱이 아브라함을 만날 때에 레위는 아직 자기 조상의 허리에 있었음이니라."

제 1 2 장

원죄에 대하여

이 첫 번째 것에서부터 두 번째 것이 나왔는데 원죄이다. 이것은 첫 번째 세대에서 발생한 부패로서, (사람의) 모든 영적이고 육적인 능력을 악으로 향하게 하는 것이다. 시 51:5, "내가 죄악 중에 출생하였음이여 모친이 죄 중에 나를 잉태하였나이다"; 창 6:5, "여호와께서 사람의 죄악이 세상에 가득함과 그의 마음으로 생각하는 모든 계획이 항상 악할 뿐임을 보시고"; 딛 3:3, "우리도 전에는 어리석은 자요 순종치 아니한 자요 속은 자요 각색 정욕과 행락에 종노릇한 자요 악독과 투기로 지낸 자요 가증스러운 자요 피차 미워한 자이었으나"; 히 12:1, "모든 무거운 것과 얽매이기 쉬운 죄를 벗어 버리고."

그러므로 죄는 인간의 본질의 타락이 아니라, 다만 덕성의 타락이다. 그렇지 않다면 영혼이 영생을 가질 수 없을 것이고, 그리스도께서도 인간의 본성을 받아들이실 수 없었을 것이다.

이것(타락)에 아담의 모든 후손들이 동일하게 참여한다. 물론 모든 사람이 이러한 본성적인 전염병을 똑같이 행동으로 나타내는 것은 아니다. 이유는 이러한데, 어떤 사람들은 영의 새롭게 함을 입었고, 어떤 사람들은 새롭게 함이 아니라 다만 (죄성이) 억제될 뿐이고, 어떤 사람들은 둘 다를 가지고 있지 못하기 때문이다.

죄는 부모에게서 자식에게로 전파되는데, 좋은 기름이 더러운 그릇에 의해서 나빠지는 것과 같이, 영혼이 육체의 전염으로 인하여 약해지기 때문이다. 또한 하나님께서 영혼을 창조하시고 주입하시는 그 순간에 내버려 두시기 때문이다. 아담이 자신과 다른 사람들을 위해서 하나님의 형상을 받았던 것과 같이, 그가 하나님의 형상을 잃은 것이 자신과 다른 사람들에게 영향을 끼쳤다.

참으로 죄의 확장은 마치 공공의 재난과 같아서, (죄를) 제거하는 근거에 대하여 생각해야 하는 것만큼이나 재앙이 들어온 것에 대해서 연구해야 한다. 인간 본성의 각 능력 안에 있는 원죄를 알기 위해서는 세 가지를 생각해야 한다. 1. 하나님 형상이 억압을 당함, 2. 아담으로부터 죄를 받음, 그리고 3. 그것의 확대이다.

마음의 억눌림: 선과 악에 대한 지식들이 억압당하는 것이다. 이를 테면 다음과 같은 지식이다: 하나님이 계시다. 하나님은 죄를 보복하시는 분이다. 영원한 생명이 있다. 윗사람을 존경해야 하며, 이웃에게 해를 끼쳐서는 안 된다. 참으로 이러한 지식들은 일반적인 것이지만 타락하였다. 그리고 이것들은 (죄인들이) 변명하지 못하게 한다. 롬 1:19, 20, "이는 하나님을 알만한 것이 저희 속에 보임이라 하나님께서 이를 저희에게 보이셨느니라. 창세로부터 그의 보이지 아니하는 것들 곧 그의 영원하신 능력과 신성이 그 만드신 만물에 분명히 보여 알게 되나니 그러므로 저희가 핑계치 못할지니라."

마음이 무뎌진다. ① 무지인데, 하나님의 사역에 대한 지식이 부족하거나 생각하지 않는 것이다. 이 지식은 그분께 드리는 순전한 경배, 또는 영생과 관계된 것이다. 고전 2:14, "육에 속한 사람은 하나님의 성령의 일을 받지 아니하나니 저희에게는 미련하게 보임이요 또 깨닫지도 못하나니 이런 일은 영적으로라야 분변함이니라"; 롬 8:7, "육신의 생각은 하나님과 원수가 되나니 이는 하나님의 법에 굴복치 아니할 뿐 아니라 할 수도 없음이라."

② 무능력인데, 우리의 마음이 영적인 일을 배울지라도 이해하지 못하는 것이다. 눅 24:45, "이제 저희 마음을 열어 성경을 깨닫게 하시고"; 고후 3:5, "우리가 무슨 일이든지 우리에게서 난 것같이 생각하여 스스로 만족할 것이 아니니 우리의 만족은 오직 하나님께로 났느니라."

③ 허망함인데, 참된 것을 잘못된 것으로, 그리고 그 반대로 판단하는 것이다. 엡 4:17, "그러므로 내가 이것을 말하며 주 안에서 증거하노니 이제부터는 이방인이 그 마음의 허망한 것으로 행함같이 너희는 행하지 말라"; 고전 1:21, "하나님께서 전도의 미련한 것으로 믿는 자들을 구원하시기를 기뻐하셨도다"; 23절. "우리는 십자가에 못 박힌 그리스도를 전하니 유대인에게는 거리끼는 것이요 이방인에게는 미련한 것이로되"; 잠 14:12, "어떤 일은 사람의 보기에 바르나 필경은 사망의 길이니라."

④ 악을 의도하고 계획하는 데 적합한 것이다. 창 6:5, "여호와께서 사람의 죄악이 세상에 관영함과 그 마음의 생각의 모든 계획이 항상 악할 뿐임을 보시고"; 렘 4:22, "악을 행하기에는 지각이 있으나 선을 행하기에는 무지하도다." 이러한 것들로 인하여 사람 안에 타고난 모

든 이단들의 시작점와 내용이 나타난다. 신학에 조예가 있는 자들은 이 사실을 알고 있다.

마음의 확장: 본성의 빛에서 하나님이 떠나셨기 때문에 쓸모없어진 감각이다. 요 12:40, "저희 눈을 멀고 하시고 저희 마음을 완고하게 하셨으니 이는 저희로 하여금 눈으로 보고 마음으로 깨닫고 돌이켜 내게 고침을 받지 못하게 하려함이니라"; 롬 1:28, "또한 저희가 마음에 하나님 두기를 싫어하매 하나님께서 저희를 그 상실한 마음대로 내어버려 두사 합당치 못한 일을 하게 하셨으니"; 롬 11:8, "하나님께서 저희에게 혼미한 심령 등등을 주셨다." 그리고 영적으로 만취(혼란)한 것이다(사 29:9). 그리고 속임의 효과(유혹을 역사하게 하심)이다. 딤후 2:11, "이러므로 하나님이 유혹을 저의 가운데 역사하게 하사 거짓 것을 믿게 하심은."

양심의 보존: 이것의 일부는 보존하시는 것이고, 그리고 일부는 도덕 의식인데 유죄를 증명하기 위해서 사람 안에 남아 있는 것이다. 어느 선까지 욕망의 해악을 막기 위한 것이다. 롬 2:15, "이런 이들은 그 양심이 증거가 되어 그 생각들이 서로 혹은 송사하며 혹은 변명하여 그 마음에 새긴 율법의 행위를 나타내느니라."

양심의 퇴보: 첫 번째는 양심의 더러움이다. 딛 1:15, "더럽고 믿지 아니하는 자들에게는 아무것도 깨끗한 것이 없고 오직 저희 마음과 양심이 더러운지라." 양심의 더러움에서 나오는 삼중의 결과가 있다. 첫 번째는 죄를 변명하는 것이다. 예를 들어 사람이 하나님께 외적인 예배를 드려서 마음의 불경함을 변명하는 것이다. 막 10:19, 20, "살인하지 말라 등등 그가 여짜오되 선생님이여 이것은 내가 어려서부터 다 지켰나이다." 또한 그것은 하나님의 말씀을 벗어나는 욕구들을

변명한다. 대상 13:9, "기돈의 타작 마당에 이르러서는 소들이 뛰므로 웃사가 손을 펴서 궤를 붙들었더니."

두 번째는 선으로 인하여 고발하고 두려워 하는 것이다. 영혼들을 탈취하는 우상 숭배자들에게서 나타나는 바와 같이, 그들은 경배에서 행하는 거짓된 것들과 우상 숭배들을 모른 척 한다. 골 2:21, 22, "곧 붙잡지도 말고 맛보지도 말고 만지지도 말라 하는 것이니 이 모든 것은 쓰는 대로 부패로 돌아가리라 사람의 명과 가르침을 쫓느냐?"; 사 29:13, "그들이 나를 경외함은 사람의 계명으로 가르침을 받았을 뿐이라."

세 번째는 악으로 인하여 고발하고 두려워 하는 것이다. 창 50:15, "요셉의 형제들이 그 아비가 죽었음을 보고 말하되 요셉이 혹시 우리를 미워하여 우리가 그에게 행한 모든 악을 다 갚지나 아니할까 하고"; 요 8:9, "저희가 이 말씀을 듣고 양심의 가책을 받아 어른으로 시작하여 하나씩 하나씩 나가고"; 요일 3:20, "이는 우리 마음이 혹 우리를 책망할 일이 있어도 하나님은 우리 마음보다 크시고 모든 것을 아시기 때문이라." 이것은 진실로 거룩하지 못함으로 인하여 발생한 것인데, 아담 안에 있던 이러한 양심의 결과는 순전한 때에는 없었던 것이다.

① 양심의 마비와 혼미함이 커지는 것이다. 좀처럼 양심이 죄를 고발하지 않는다. 엡 4:18, "그들의 총명이 어두워지고 그들 가운데 있는 무지함과 그들의 마음이 굳어짐으로 말미암아 하나님의 생명에서 떠나 있도다"; 딤전 4:2, "자기 양심이 화인 맞아서." 범죄하는 습관으로 인하여 마비된다. 삼상 25:37, "아침에 나발이 포도주가 깬 후에 그 아내가 그에게 이 일을 고하매 그가 낙담하여 몸이 돌과 같이 되었더

니."

② 양심이 느끼는 현저한 공포와 두려움이 커지는 것이다. 창 4:14, "주께서 오늘 이 지면에서 나를 쫓아 내시온즉 내가 주의 낯을 뵈옵지 못하리니"; 그리고 13절. "내 죄벌이 너무 중하여 견딜 수 없나이다." 이것의 징후들은 신성모독, 육체의 떨림, 공포스러운 꿈들이다. 행 24:24, "의와 절제와 장차 오는 심판을 강론하니 벨릭스가 두려워하여"; 단 5:5, 6, "그 때에 사람의 손가락들이 나타나서 왕궁 촛대 맞은편 석회벽에 글자를 쓰는데 왕이 그 글자 쓰는 손가락을 본지라 이에 왕의 즐기던 얼굴 빛이 변하고 그 생각이 번민하여 넓적다리 마디가 녹는 듯하고 그의 무릎이 서로 부딪친지라."

의지의 보존: ① 모든 본성적인 행위에서 자유롭게 선택하는 것이다. 이것은 기르고 낳고 움직이고 생각하는 것과 같은 모든 생명의 행위에 적합는 것이다.

② 모든 사람들의 행위에 있는 선택하는 자유이다. 다시 말하면 이것은 모든 사람들에게 있는 것이다. 그러므로 외적인, 또는 도덕적인, 또는 가정에 관한, 정치에 관한 행위들에서 의지는 자유롭다. 그러나 선택하고 기피하는 모든 일에서 무력하다. 롬 2:14, "율법 없는 이방인이 본성으로 율법의 일을 행할 때는."

의지의 퇴보: ① 무능력한 것인데, 참된 선, 즉 하나님을 기쁘시게 하고, 그분의 마음에 드는 것을 원할 수 없거나 거의 소망하지 않는다 (고전 2:14). 롬 5:6, "우리가 아직 연약할 때에 기약대로 그리스도께서 경건치 않은 자를 위하여 죽으셨도다"; 딤후 2:26, "그들로 깨어 마귀의 올무에서 벗어나 하나님께 사로잡힌 바 되어 그 뜻을 따르게 하실까 함이라"; 빌 2:13, "너희 안에서 행하시는 이는 하나님이시니 자기

의 기쁘신 뜻을 위하여 너희로 소원을 두고 행하게 하시나니."

② 선에 대항하여 반항하는 것인데, 선을 전적으로 싫어하고, 오히려 악을 소망하고 원하는 것이다. 이것은 의지가 하나님께 회개하는 첫 행위에서 순전히 수동적이라는 것을 보여주는데, 의지 자체를 통해서 전혀 회개를 시작할 수 없다. 그 뿐만 아니라 마땅히 해야하는 율법에 대한 내적인 순종도 전혀 할 수 없다.

성향들의 퇴보: 해악인데, 성향들이 바르게 기능하지 않는 것이다. 왜냐하면 성향들이 선을 피하고, 오히려 악을 사랑하기 때문이다. 갈 5:24, "그리스도 예수의 사람들은 육체와 함께 그 정과 욕심을 십자가에 못 박았느니라"; 롬 1:26, "이로 인하여 하나님께서 저희를 부끄러운 욕심 가운데 두셨으니"; 왕상 22:8, "이스라엘 왕이 여호사밧에게 이르되 오히려 한 사람이 있으니 저로 말미암아 여호와께 물을 수 있으나 내가 저를 미워하나이다"; 왕상 21:4, "이스르엘 사람 나봇이 아합에게 대답하여 이른 말로 인하여 아합이 근심하고 답답하여 궁으로 돌아와서 침상에 누워 얼굴을 돌이키고 식사를 아니하니."

육체의 퇴보: ① 죄를 행하기에 적합해지는 것으로 육체가 대상과 사건을 영혼에 전달하면서 죄를 시작하게 된다. 창 3:6, "여자가 본즉 먹음직도 하고 보암직도 하고 지혜롭게 할 만큼 탐스럽기도 한 나무이지라 여자가 그 실과를 따먹고."

② 죄를 이루는 데 적합해지는 것으로, 이 죄는 영혼이 시작하는 것이다. 롬 6:13, "너희 지체를 불의의 병기로 죄에게 드리지 말고"; 19절."너희가 너희 지체를 부정과 불법에 드려."

제 1 3 장
자범죄에 대하여

아담의 후손 안에 있는 원죄로부터 자범죄가 나온다. 그리고 자범죄에는 내적인 것, 또는 외적인 것이 있다. 내적인 것에는 마음에 속한 것과 의지에 속한 것, 성향에 속한 것이 있다. 마음으로 짓는 자범죄가 있는데, 하나님의 율법에 반하는 악한 생각이다. 하나님께서는 마음을 아시는 분으로서 자범죄에 대한 예들을 말씀 속에서 드러내셨다:

① 하나님이 없다. 시 10:4, "악인은 그 교만한 얼굴로 말하기를 그 모든 사상에 하나님이 없다 하나이다"; 시 14:1, "어리석은 자는 그 마음에 이르기를 하나님이 없다 하도다."

② 하나님의 섭리, 또는 임재가 없다. 시 10:11, "저의 마음에 이르기를 하나님이 잊으셨고 그 얼굴을 가리우셨으니 영원히 보지 아니하시리라 하나이다"; 13절. "어찌하여 악인이 하나님을 멸시하여 그 마음에 이르기를 주는 감찰치 아니하리라 하니이까?"

③ 자신은 모든 위험으로부터 안전하다. 시 10:6, "그 마음에 이르기를 나는 요동치 아니하며"; 계 18:7, "그가 마음에 말하기를 나는 여

황으로 앉은 자요 과부가 아니라 결단코 애통을 당하지 아니하리라."

④ 다른 자들보다 자신이 훨씬 뛰어나다. 계 18:7, "나는 여황으로 앉은 자요"; 눅 18:11, 12, "바리새인이 서서 따로 기도하여 가로되 하나님이여 나는 다른 사람들 곧 토색, 불의, 간음을 하는 자들과 같지 아니하고 이 세리와도 같지 아니함을 감사하나이다. 나는 이레에 두 번씩 금식하고 또 소득의 십일조를 드리나이다."

⑤ 하나님의 나라의 복음은 미련한 것이다. 고전 2:14, "육에 속한 사람은 하나님의 성령의 일들을 받지 아니하나니 이는 그것들이 그에게는 어리석게 보임이요, 또 그는 그것들을 알 수도 없나니 그러한 일은 영적으로 분별되기 때문이라."

⑥ 하나님을 경배하는 자들에 대해서 참으로 악심을 품고 잘못 생각하는 것. 마 12:24, "바리새인들은 듣고 가로되 이가 귀신의 왕 바알세불을 힘입지 않고는 귀신을 쫓아 내지 못하느니라 하거늘"; 시 74:8, "저희가 마음에 이르기를 우리가 그것을 진멸하자하고."

⑦ 아직 죽음을 닥치지 않을 것이다. 사 28:15, "너희가 말하기를 우리는 사망과 언약하였고 스올과 맹약하였은즉 넘치는 재앙이 밀려 올지라도 우리에게 미치지 못하리니 우리는 거짓을 우리의 피난처로 삼았고 허위 아래에 우리를 숨겼음이라 하는도다."

⑧ 지옥의 형벌을 피할 수 있다.

⑨ 하나님께서 개별적인 심판과 최후의 심판을 행하러 오시는 것을 미루신다(눅 12:19,45).

의지와 성향으로 범하는 자범죄는 모든 잘못된 감정, 성향, 욕망이다. 갈 5:17, "육체의 소욕은 성령을 거스리고." 외적인 자범죄는 죄를 행하기 위해서 영혼의 능력들 외에도 육체의 지체들이 협동하는 것이다. 그 죄들의 수는 지극히 많다(시 40:13). 자범죄에는 간과하여 범하는 것이 있고, 직접 행하여 범하는 것이 있다. 이 둘은 또한 말로 하는 것이 있고, 행위로 하는 것이 있다.

직접 범하는 죄에서 두 가지를 생각해야 한다. 범죄의 단계와 다양성이다. 단계는 네 단계이다. 약 1:14, "오직 각 사람이 시험을 받는 것은 자기 욕심에 끌려 미혹됨이니, 욕심이 잉태한즉 죄를 낳고 죄가 장성한즉 사망을 낳느니라."

첫 번째는 유혹이다. 이로써 사람이 죄로 유혹을 받는다. 이것은 사탄이 악을 불어넣어서 일어나는 것이다. 요 13:2, "저녁 먹는 중에 마귀가 벌써 시몬의 아들 가룟 유다의 마음에 예수를 팔려는 생각을 넣었더니"; 행 5:3, "베드로가 가로되 아나니아야 어찌하여 사탄이 네 마음에 가득하여 속이고 등등"; 대상 21:1, "사탄이 일어나 이스라엘을 대적하고 다윗을 격동하여 이스라엘을 계수하게 하니라." 또한 외적인 대상을 감각을 통하여 받아들여 생긴 기회로부터 일어난다. 욥 31:1, "내가 내 눈과 약속하였나니 어찌 처녀에게 주목하랴?"

유혹은 두 부분으로 되어 있다. 갈라놓는 것과 유인이다. 갈라놓는 것은 악을 받아들일 때 일어나는 첫 번째 생각이다. 마음이 매사에 항상 순종해야 하는 하나님으로부터 떠나는 것이다. 눅 10:27, "네 마음을 다하며 뜻을 다하여 주 너의 하나님을 사랑하라." 유인이란 처음에 (악한) 생각을 받아들이고, 그것을 한동안 기분 좋게 간직하여 의지와 감정들을 범죄하는 데로 자극하는 것이다.

두 번째 단계는 (범죄를) 잉태하는 것인데, 죄를 받아들여서 동의하고 결심하는 것이다(시 7:15).

세 번째 단계는 (범죄의) 해산이다. 이것은 죄의 실행으로서 영혼의 능력과 육체의 힘을 사용하여 이루어진다.

네 번째 단계는 완성이다. 죄를 자주 반복하여서 이미 완성된 죄가 익은 과일처럼, 죄인의 죽음, 즉 정죄를 낳는 것이다. (낳는다는 것은) 다시 말하면 마땅히 받는 것이며, 거기에 이른다는 것이다. 바로의 예가 이것이다.

범죄는 다섯 가지로 구별된다. 첫 번째, (죄를) 행하는 것은 아니지만, 범죄에 동의하는 것이다. 엡 5:11, "너희는 열매 없는 어두움의 일에 참예하지 말고 도리어 책망하라." 이것은 세 가지로 이루어진다:

① 어느 정도 죄를 찬성하는 근거를 통하여. 민 20:6, "모세와 아론이 이르러 그의 면전에 엎드리매"; 10절. "그들에게 이르되 패역한 너희여 들으라 우리가 너희를 위하여 이 반석에서 물을 내랴?"; 12절. "여호와께서 모세와 아론에게 이르시되 너희가 나를 믿지 아니하고 이스라엘 자손의 목전에 나의 거룩함을 나타내지 아니한 고로 너희는 이 총회를 내가 그들에게 준 땅으로 인도하여 들이지 못하리라 하시니라."

② 의지의 성향과 동의에 의해서. 여기에는 사역자와 공직자의 침묵과 간과가 포함된다(삼상 2:23, 27).

③ 행위에 의해서. 이것은 의논하고 참여하며 충동질을 함으로 이루어지는 것이다. 롬 1:32, "자기들만 행할 뿐 아니라 또한 그 일을 행하는 자를 옳다 하느니라"; 행 22:20, "주의 증인 스데반의 피를 흘릴 적에 내가 곁에 서서 찬성하고 그 죽이는 사람들의 옷을 지킨 줄 저희도 아나이다."

두 번째, 무지하여 범죄하는 것이다. 이것은 어느 때 사람이 어떤 범죄를 저지르면서 죄라는 것을 분명하게 혹은 명확하게 알지 못하는 것이다. 또는 안다고 할지라도, 인식하지 못하거나 파악하지 못하는 것이다. 딤전 1:13, "내가 전에는 훼방자요 핍박자요 포행자이었으나 도리어 긍휼을 입은 것은 내가 믿지 아니할 때에 알지 못하고 행하였음이라"; 민 35:22, 23, 27; 고전 4:4, "내가 자책할 아무것도 깨닫지 못하나 그러나 이를 인하여 의롭다 함을 얻지 못하노라"; 시 19:13, "죄가 나를 주장치 못하게 하소서(죄에서 구원해 주소서: 역자 사역)."

세 번째, 알면서도 연약함으로 인하여 범죄하는 것이다. 사람이 이미 알고 있는 선을 어떤 위험과 죽음의 두려움으로 인하여 양심의 명령을 거슬러 거절하는 것이다. 그러한 것에는 베드로의 실족이 있다. 그는 마음의 성급함과 두려움으로 실족하였다. 또한 다음의 방법으로도 죄를 짓는데, 다시 말하면 육체의, 그리고 욕망들의 탐욕이 의지와 본능적 충동들을 다스려서 영혼이 증오하는 것들을 행하도록 선동하는 것이다(롬 7:19).

네 번째, 알면서도 완고하게 범죄하는 것이다. 시 19:12, 13, "나를 숨은 허물에서 벗어나게 하사 그 죄가 나를 주장하지 못하게 하소서." 이 주제에서 죄는 모두 교만한 손으로 범하는 것이다. 다시 말하면 하나님을 경멸하여 범죄하는 것이다. 민 15:30, 31, "악을 행하면서 하나님의 긍휼을 억측하는 것이다"; 전 8:11, "악한 일에 관한 징벌이 속히 실행되지 아니하므로 인생들이 악을 행하는 데에 마음이 담대하도다"; 롬 2:4, 5, "혹 네가 하나님의 인자하심이 너를 인도하여 회개하게 하심을 알지 못하여 그의 인자하심과 용납하심과 길이 참으심이 풍성함을 멸시하느냐. 다만 네 고집과 회개하지 아니한 마음을 따라 진노의 날 곧 하나님의 의로우신 심판이 나타나는 그 날에 임할 진노를 네게 쌓는도다."

　다섯 번째, 알면서도 하나님을 향하여 악한 마음을 품어 범죄하는 것이다. 이러한 것에는 성령께 범하는 죄(성령훼방죄)가 있다.

제 14 장
죄에 대한 일반적인 형벌에 대하여

　이상 모든 인류가 범한 범죄에 대해서 설명하였다. 이제 죄의 형벌을 다룰 것이다. 이것은 삼중으로 되어 있다. 첫 번째는 이생에서 받는 것인데, 이것은 여러 가지이다:
　① 육체의 측면에서. 양식을 찾기 위하여 노력하며 수고하는 것이다(창 3:17). 병에 잘 걸리는 것이다. 마 9:2, "침상에 누운 중풍병자를 사람들이 데리고 오거늘 예수께서 그들의 믿음을 보시고 중풍병자에게 이르시되 작은 자야 안심하라 네 죄 사함을 받았느니라"; 요 5:14, "그 후에 예수께서 성전에서 그 사람을 만나 이르시되, 보라 네가 나았으니 더 심한 것이 생기지 않도록 죄를 범치 말라 하시니"; 신 28:24, "여호와께서 비 대신에 티끌과 모래를 네 땅에 내리시리니 그것들이 하늘에서 네 위에 내려서 필경 너를 멸하리라"; 22절, "여호와께서 폐병과 열병과 염증과 학질로 너를 치시리니." 벗은 것으로 인한 수치이다(창 3:7). 여자가 출산 시에 겪는 어려움들이다. 창 3:16, "또 여자에게 이르시되 내가 네게 잉태하는 고통을 크게 더하리니 네가 수고하

고 자식을 낳을 것이며."

② 영혼의 측면에서. 양심의 두려움, 근심과 걱정, 마음의 완고함, 어리석음이 있다. 신 28:28, "여호와께서 너를 미침과 눈멂과 경심증(마음의 혼미함)으로 치시리니."

③ 전인의 측면에서. 사탄의 지배 아래에서 끔찍한 노예살이를 하는 것이다. 골 1:13, "그가 우리를 흑암의 권세에서 건져내사 그의 사랑의 아들의 나라로 옮기셨으니"; 히 2:14, "그도 또한 한 모양으로 혈육에 함께 속하심은 사망으로 말미암아 사망의 세력을 잡은 자 곧 마귀를 없이하시며." 하나님과의 교제로부터 소외당하는 것과 그분의 면전을 두려워하는 것이다. 엡 4:18, "저희 총명이 어두워지고 하나님의 생명에서 떠나 있도다"; 창 3:10, "가로되 내가 동산에서 하나님의 소리를 듣고 내가 벗었으므로 두려워하여 숨었나이다."

④ 재산의 다양한 재난들과 손해들이다(신 28:29 이하). 이 외에 주인들의 상이함이다. 이로 인하여 재산을 늘리려는 주인의 욕심과 계약과 노예 생활이 발생한다.

⑤ 사람이 피조물에 대하여 가지고 있었던 지배권을 상실한 것과 피조물들의 비참함이다. 이로써 피조물들에게 있었던 탁월한 능력들은 사라지고 타락하였다. 롬 8:20, "피조물이 허무한데 굴복하는 것이 자기 뜻이 아니요, 오직 굴복케 하시는 이로 말미암음이라."

⑥ 이름의 측면에서. 죽음 후의 불명예와 치욕이다.

두 번째는 그의 생의 마지막 순간에 당하는 것으로, 죽음 또는 죽음에 해당하는 변화이다. 롬 6:23, "죄의 삯은 사망이요."

세 번째는 죽음 후에 하나님의 임재와 그분의 권세 있는 영광에서 분리되는 영원한 멸망이다. 살후 1:9, "이런 자들이 주의 얼굴과 그의 힘의 영광을 떠나 영원한 멸망의 형벌을 받으리로다."

제 1 5 장

선택의 작정에 대하여, 그리고 그것의 기초 예수 그리스도에 대하여

예정에는 선택의 작정과 유기의 작정이 있다(살전 5:9). 선택의 작정이란 하나님께서 그분의 의지의 기뻐하심에 따라서 확정된 사람들을 구원으로 정하신 것인데, 은혜의 영광을 찬양하기 위해서 하셨다. 엡 1:4-6, "곧 창세 전에 그리스도 안에서 우리를 택하사 우리로 사랑 안에서 그 앞에 거룩하고 흠이 없게 하시려고 그 기쁘신 뜻대로 우리를 예정하사 예수 그리스도로 말미암아 자기의 아들들이 되게 하셨으니 그의 은혜의 영광을 찬미하게 하려는 것이라."

이 작정은 택자들의 이름이 기록되어 있는 생명책이다. 계 20:12, "또 내가 보니 죽은 자들이 무론대소하고 그 보좌 앞에 섰는데 책들이 펴 있고 또 다른 책이 펴졌으니 곧 생명책이라. 죽은 자들이 자기 행위를 따라 책들에 기록된 대로 심판을 받으니"; 딤후 2:19, "그러나 하나님의 견고한 터는 섰으니 인침이 있어 일렀으되 주께서 자기 백성을 아신다."

작정의 실행이란 하나님께서 스스로 결정하신 방법으로 택자들의 구원을 위해서 작정하신 것을 유효하게 이루시는 것이다. 그들은 목적, 다시 말하면 영원한 생명으로 선택되었으며, 또한 그 목적(영생)을 이루기 위하여 종속된 수단들로 선택되었다. 그들은 그 수단들에 의하여 목적을 향해 단계적으로 인도함을 받으며, 그 수단들 없이는 목적을 이룰 수 없다. 롬 8:29, 30, "하나님이 미리 아신 자들로 또한 그 아들의 형상을 본받게 하기 위하여 미리 정하셨으니 이는 그로 많은 형제 중에서 맏아들이 되게 하려 하심이니라. 또 미리 정하신 그들을 또한 부르시고 부르신 그들을 또한 의롭다 하시고 의롭다 하신 그들을 또한 영화롭게 하셨느니라."

이 실행에는 세 가지가 포함되어 있다: 기초, 수단, 단계이다.

기초는 그리스도이신 예수이다. 그분은 중보의 직분을 이행하기 위해서 영원부터 아버지에게서 부름을 받으셨는데, 구원받아야 할 모든 자들을 그리스도 안에서 선택하시기 위한 것이었다. 히 5:5, "또한 이와 같이 그리스도께서 대제사장 되심도 스스로 영광을 취하심이 아니요, 오직 말씀하신 이가 저더러 이르시되 너는 내 아들이니 오늘날 내가 너를 낳았도다"; 사 49:1, "섬들아 내게 들으라 먼 곳 백성들아 귀를 기울이라 여호와께서 태에서부터 나를 부르셨고 내 어머니의 복중에서부터 내 이름을 기억하셨으며"; 엡 1:4, "그리스도 안에서 우리를 택하사."

질문. 성부와 함께 동시에 모든 것을 작정하신 그리스도께서 어떻게 (또한) 신적인 선택 아래 종속될 수 있는가?

대답. 중보자시라는 측면에서 그리스도는 실로 선택의 작정 자체에 해당하시지 않고, 다만 작정의 실행에 종속되신다. 벧전 1:20, "세상의 기초가 놓이기 전에 미리 정하신 바 된 그리스도의 보배로운 피에 의해서(그리스도의 보배로운 피로 한 것이니라 그는 창세 전부터 미리 알1신 바 된 자나: 개역성경)" 아우구스티누스의 『거룩한 예정에 대해서』, 15장, "그리스도는 우리의 머리로서 예정되셨다."

그리스도에게서 특별히 두 가지를 생각해야 한다: 성육신과 직분이다.

그리스도의 성육신이 이루어지기 위해서 세 가지가 있어야 한다: 두 본성, 본성들의 연합, 본성들의 구분.

두 본성들 중에서 첫 번째는 신성이다. 성자라는 측면에서 그리스도는 하나님이시다. 빌 2:6, "그는 하나님의 본체시나 하나님과 동등됨을 취할 것으로 여기지 아니하시고"; 요 1:1, "태초에 말씀이 계시니라. 이 말씀이 하나님과 함께 계셨으니 이 말씀은 곧 하나님이시니라."

중보자는 하나님이셔야만 한다: 첫 번째로 인류를 괴롭히고 있는 그 악의 거대성을 감당할 수 있기 위해서이다. 그 악에는 다음의 것들이 최대의 크기로 있다. 죄의 무게인데, 이로써 하나님의 위대하심이 무한히 모욕당했다. 그 죄에 대한 하나님의 무한한 진노이다. 죽음의 무시무시한 능력과 세상의 왕인 마귀의 포악한 통치이다.

두 번째로 사역을 행하실 때에 또 다른 본성, 즉 인성에게 공로의 충만하고 충분한 가치와 효과를 주기 위해서이다.

세 번째로 모든 택자들에게 영원한 생명과 거룩성을 부어주시기 위해서이다. 사 43:12, "나 곧 나는 여호와라. 나 외에 구원자가 없느니라. 내가 고하였고 구원하였으며 보였고 너희 중에 다른 신이 없었나니 그러므로 너희는 나의 증인이요, 나는 하나님이라 여호와의 말이니라."

나는 성자에게 속했다는 측면에서 신성이지, 성부, 또는 성령에서 속한 것으로서의 신적인 본성은 아니라는 사실을 덧붙인다(즉 성육신 하신 분은 성자의 신성이지 성부나 성령이 아니시라는 것이다: 역자 주). 왜냐하면 성부로부터 나와서 성령을 통하여 이루시는 모든 외적 사역을 수행하고 통치하는 것은 성자에게만 속한 일이기 때문이다(고전 6:8). 그리고 그분 자신이 본성적으로 하나님 아버지의 아들이시기 때문에, 믿는 자들에게 특권을 허락하여 그들이 하나님의 자녀들로 양자가 되도록 하셨다. 요 1:12, "누구든지 그를 받아들이는 자들에게는 하나님의 아들이 되는 자격을 주셨다." 만약 성부 혹은 성령께서 육체를 취하셨다면, 성자의 이름은 다른 위격으로 넘어갔을 것이다. 그리고 그분은 영원한 출생에 의한 성자가 아니셨을 것이며, 다수의 성자가 있었을 것이다.

또 다른 본성은 그리스도의 인성인데, 이로써 중보자는 참된 인간이시다. 딤전 2:5, "하나님은 한 분이시오, 또 하나님과 사람 사이에 중보도 한 분이시니 곧 사람이신 그리스도 예수라."

그 분은 사람이셔야만 한다: 첫 번째로 범죄한 그 본성(인성) 안에서 하나님과 화목하시기 위한 것이다. 두 번째로 죄로 인하여 마땅히 당해야 하는 형벌을 감당하실 수 있기 위한 것이다. 신성은 고난을 당할 수 없기 때문이다. 이 밖에도 사람이신 그리스도는 죄를 제외하고는 우리와 모든 것에서 동일하시다. 히 2:17, "그러므로 저가 범사에 형제들과 같이 되심이 마땅하도다."

그러므로 그분은 참된 영혼과 참된 육체의 온전하고 완전한 본질,

그리고 본질의 능력과 본질적인 특성들을 가지고 계신 분으로서 참되고 순전한 사람이시다. 다시 말하면 그분의 영혼에는 지식, 기억, 의지 등등이 있다. 그리고 육체에는 키, 크기, 나이가 있으며, 제한적이고 가시적이며 만질 수 있다. 그리고 인간의 본질을 위해서 필요하고, 창조의 질서에서 이루어진 모든 것들을 가지고 계신다.

또한 그분은 연약한 사람이신데, 우리에게 있는 바로 그 연약함들을 가지고 계신다. 이 중에서 두드러진 것들에는 다음과 같은 것이 있었다: 시험 받으심: 마 4:1, "그 때에 예수께서 성령에게 이끌리어 마귀에게 시험을 받으러 광야로 가사." 두려워하심: 히 5:7, "그는 육체에 계실 때에 자기를 죽음에서 능히 구원하실 이에게 심한 통곡과 눈물로 간구와 소원을 올렸고 경외하심을 인하여 들으심을 얻었느니라." 분노하심: 막 3:5, "저희 마음의 완악함을 근심하사 노하심으로 저희를 둘러 보시고 그 사람에게 이르시되 네 손을 내밀라." 감정을 뒤흔드는 투쟁으로 인하여 받으신 임무를 기억하지 못하심: 마 26:39, "조금 나아가사 얼굴을 땅에 대시고 엎드려 기도하여 가라사대 내 아버지여 만일 할만하시거든 이 잔을 내게서 지나가게 하옵소서. 그러나 나의 원대로 마옵시고 아버지의 원대로 하옵소서."

그리스도의 연약함들에 대해서 다음의 것을 알아야 한다:

① 그 특성들은 인성에 고통을 주는 것들이나, 인성을 이루고 있는 것들은 아니다. 그러므로 그리스도께서 벗어던질 수 있으셨다.

② (그리스도의 특성들은) 보편적인 인성에 공통되는 것들이다. 목마름, 피곤, 죽음에 처할 수 있으셨다. 그러나 개인적인 특성들은 없으셨다. 즉 열병, 나병, 폐결핵, 소경 등은 아니었다.

③ 그분은 그러한 것들을 어쩔 수 없는 필연적인 조건에 의해서 겪

으신 것이 아니라, 긍휼의 마음에 의해서 겪으셨다. 그러므로 그분에게 있는 것들은 우리와 같은 고유한 죄의 형벌이 아니라, 오히려 우리를 위해서 기꺼이 처하신 낮아지심의 부분이다.

제 16 장

그리스도 안에서 이루어진 본성들의 연합에 대하여

다음은 본성들의 연합이 나온다. 이것은 중보 사역을 최대한 수행하기 위한 것이다. 이 연합을 통하여 그리스도에게 있는 인성이 십자가에서 죽음의 고난을 당할 때에, 죽음에게 정복당하거나 영원히 삼켜지지 않을 수 있었다. 이 연합에는 세 가지가 포함된다.

첫 번째는 잉태인데, 그 덩어리, 혹은 사람의 본성이 하나님의 놀라운 능력 또는 역사에 의해서 처녀 마리아의 몸에 직접적으로, 다시 말하면 남자와의 동침이 없이 기적적으로 형성되신 것이다. 눅 1:35, "천사가 대답하여 가로되 성령이 네게 임하시고 지극히 높으신 이의 능력이 너를 덮으시리니." 성령을 그리스도의 아버지라고 부를 수 없다. 왜냐하면 그분이 물질을 공급해 주신 것이 아니라, 다만 처녀의 본체에서부터 그리스도의 인성을 이루셨기 때문이다.

두 번째는 거룩하게 하심인데, 그 인성의 덩어리가 정결하게 되신 것이다. 다시 말하면, 성령의 능력으로 모든 죄의 더러움으로부터 완전하게 분리되었는데, 그리스도의 인성이 참으로 거룩하게 되기 위한 것이었다. 그리고 그분이 다른 사람들을 위해서 죽을 수 있게 하기 위한 것이다. 눅 1:35, "이러므로 나실 바 거룩한 자는 하나님의 아들이라 일컬으리라"; 벧전 3:18, "그리스도께서도 한번 죄를 위하여 죽으사 의인으로서 불의한 자를 대신하셨으니"; 벧전 2:22, "저는 죄를 범치 아니하시고 그 입에 궤사도 없으시며."

세 번째는 받아들이심인데, 말씀, 즉 삼위의 두 번째 위격께서 육체와 아브라함의 씨, 다시 말하면 그 덩어리, 혹은 사람의 본성을 자신과 연합시키신 것이다. 말씀의 위격 안에서 존재하지 않는 육체가 특별한 인격에 의해서 본체를 가지게 되고, 그것을 영원히 소유하기 위한 것이었다. 요 1:14, "말씀이 육신이 되어"; 히 2:16, "이는 실로 천사들을 붙들어 주려 하심이 아니요, 아브라함의 자손을 붙들어 주려 하심이라." 여기에는 세 가지가 온다는 것을 생각해야 한다.

① 본성들의 차이: 성자의 위격에 한정된 신성은 완전하며, 실제적으로 스스로 존재하신다. 인성은 전체가 영혼과 육체로 조성되며, 자체적으로, 또는 스스로 존재하지 않는다.

② 연합의 방식: 성자의 위격은 인간의 본성을 받아들임으로 창조하셨으며, 창조하심으로 받아들이셨다. 그리고 그분의 존재를 인성과 교통시키신다. (이) 연합과 유사한 예는 어디에도 없다.

③ 연합의 결과: 신인이신 그리스도는 마치 부분들이 결합하여 새로운 인격이 형성되는 것처럼, 두 본성으로 말미암으신 것이 아니라, 오히려 (두 본성이) 동시에 거하신다. 그러나 정통 교부들이 그리스도께서 결합된 인격이라고 말한 것은 그 본성에 고유한 것이 아니라, 유비적인 것으로 이해해야 한다. 전체 안에 부분들이 연합된 것 같이, 이 두 본성들이 하나님의 아들이신 한 인격 안에서 함께 존재한다.

여기에서 그리스도께서 한 분이시며, 하나님의 아들은 둘이 아니시라는 것이 확실하게 나타난다. 그럼에도 불구하고 관점에 따라서 이중적이다. 왜냐하면 하나님의 아들은 본성에 의해서는 하나님이시기 때문이다. 가정적 연합으로 인하여서 그 아들은 사람이시기 때문이다. 눅 1:35, "천사가 대답하여 이르되 성령이 네게 임하시고 지극히 높으신 이의 능력이 너를 덮으시리니, 이러므로 나실 바 거룩한 이는 하나님의 아들이라 일컬어지리라"; 마 3:17, "이는 내 사랑하는 아들이요 내 기뻐하는 자라 하시니라."

성경의 구절은 연합을 유비적으로 표현한다. 속성의 교류(κοινωνία ιδιωματων)이다. 이것은 참되고 실제적인 명제이다. 마치 참되고 실제적인 인격적 연합으로부터 나오는 것처럼, 이에 대하여 두 가지 법칙을 가지고 있어야 한다.

① 그리스도에 대해서 말하는 구절들 중에서 어떤 것들은 그분의 신적 본성에 따라서 이해해야 한다. 요 8:58, "진실로 진실로 너희에게 이르노니 아브라함이 나기 전부터 내가 있느니라"; 골 1:15, "그는 보이지 아니하시는 하나님의 형상이요 모든 창조물보다 먼저 나신 자니." 어떤 구절들은 또한 인성에 따른 것이다. 즉 그리스도께서 나시고, 고난 받으시고, 죽으신 것 등등 을 말한다. 눅 2:52, "예수는 그 지혜 등등이 자라가며 하나님과 사람에게 더 사랑스러워 가시더라." 어떤 것들은 또한 순전한 위격(personam)에 따른 것들이다. 마 17:5, "이는 내 사랑하는 아들이요 내 기뻐하는 자니"; 엡 1:22, "또 만물을 그 발 아래 복종하게 하시고 그를 만물 위에 교회의 머리로 주셨느니라."

② 하나님이신 그리스도에 대해서 말하는 어떤 구절들은 인성에

따라서 이해해야 한다. 행 20:28, "하나님이 자기 피로 사신 교회를 치게 하셨느니라"; 고전 2:8, "만일 알았더면 영광의 주를 십자가에 못 박지 아니하였으리라." 그리고 반대로 사람이신 그리스도에 대해서 말하는 어떤 구절들은 신적 본성에 따라서 이해해야 한다. 요 3:13, "하늘에서 내려 온 자 곧 하늘에 있는 인자 외에는 하늘에 올라간 자가 없느니라"; 요 6:62, "그러면 너희가 인자의 이전 있던 곳으로 올라가는 것을 볼 것 같으면 어찌하려느냐."

마지막은 이 (두 본성의) 연합으로 말미암은 것인데, 그리스도를 모든 이름 위에 높아지신 사람으로서 경배하는 것이다. 또한 모든 성도들과 천사들보다도 더 풍성한 은사를 가지시는 것이다. 엡 1:21, "하늘에서 자기 오른 편에 앉히사 모든 정사와 권세와 능력과 주관하는 자와 이 세상뿐 아니라 오는 세상에 일컫는 모든 이름 위에 뛰어나게 하시고"; 히 1:6, "또 그가 맏아들을 이끌어 세상에 다시 들어오게 하실 때에 하나님의 모든 천사들은 그에게 경배할지어다 말씀하시며"; 골 2:3, "그 안에는 지혜와 지식의 모든 보화가 감추어져 있느니라"; 빌 2:9, 10, "이러므로 하나님이 그를 지극히 높여 모든 이름 위에 뛰어난 이름을 주사 하늘에 있는 자들과 땅에 있는 자들과 땅 아래에 있는 자들로 모든 무릎을 예수의 이름에 꿇게 하시고."

제 1 7 장
본성들의 구별에 대하여

    본성들의 구별이란 그 본성들과 본성들의 특성들과 작용들이 합쳐지거나 뒤섞이거나 변화되지 않고 구별되어 있는 것이다. 요 10:17, 18, "아버지께서 나를 사랑하시는 것은 내가 다시 목숨을 얻기 위하여 목숨을 버림이라. 이를 내게서 빼앗는 자가 있는 것이 아니라 내가 스스로 버리노라. 나는 버릴 권세도 있고 다시 얻을 권세도 있으니"; 요 13:31, 32, "저가 나간 후에 예수께서 가라사대 지금 인자가 영광을 얻었고 하나님도 인자를 인하여 영광을 얻으셨도다. 만일 하나님이 저로 인하여 영광을 얻으셨으면 하나님도 자기로 인하여 저에게 영광을 주시리니." 이로써 그리스도 안에 신성에 속한 의지가 하나 있고, 인성에 속한 또 다른 의지가 있다는 것이 분명하다. 마 26:39, "조금 나아가사 얼굴을 땅에 대시고 엎드려 기도하여 이르시되 내 아버지여 만일 할 만하시거든 이 잔을 내게서 지나가게 하옵소서. 그러나 나의 원대로 마시옵고 아버지의 원대로 하옵소서 하시고."

    여기서 또한 칼케돈 신경의 내용이 정통적이라는 것이 분명히 나

타난다: "우리는 하나의, 동일하신 예수 그리스도, 아들, 주님, 독생자께서 두 본성에서 혼돈이 없고(ἀσυγχύτως), 변화도 없고(ἀτρέπτως), 분할도 없고(ἀδιαιρέτως), 분리도 없다(ἀχωρίστως)고 고백한다. 다시 말하면 혼합, 변화, 나눔, 분리가 없으시다고 인정하며 가르친다고 고백한다."

마지막으로 그리스도께서 가지고 있지 않았던 것을 취하셨고, 그 취하신 것이 (앞으로) 영원하다는 것은 분명하다.

제 18 장
그리스도의 출생에 대하여

 그리고 성육신은 다음과 같다. 성육신은 출생에 의해서 명백하게 선언되었다. 그리스도의 출생이란 본성의 질서와 여성들의 방식에 따라서 하나님의 말씀이며, 다윗의 자손이신 그리스도께서 처녀에게서 태어나신 것이다. 이로 인해서 그리스도가 자궁을 닫으시고 기적적으로 빛으로 오셨다고 주장하는 자들은 거짓말하는 것이다. 눅 2:23, "첫 태에 처음 난 남자마다 주의 거룩한 자라." 이 본문이 마리아와 그리스도에게 적용된다. 그러므로 마리아가 신성의 어머니가 아니라고 할지라도, 데오토코스(하나님을 낳은 자)라고 불리웠다. 즉 그리스도는 하나님으로서는 어머니가 없으시고, 사람으로서는 아버지가 없으시다.

 마리아가 그리스도를 낳은 후에 죽을 때까지 처녀로 지냈다고 하는 것은 경건한 믿음이다. 아무리 우리가 그 견해에 어떤 믿음의 신비를 두지 않는다고 할지라도 말이다. ① 그리스도께서 죽어가실 때, 제자 요한에게 어머니를 돌볼 것을 명하셨다. 만약 어떤 아들이 있는 경우라면 부모님의 부양을 아들들에게 맡기셨을 것이기 때문이다(요 16:26). ② 성령에 의해서 임신한 그녀가 그후에 어떤 남자도 알지 못했을 것이라는 사실은 개연성이 있다. ③ 교회가 이 내용에 지속적으로 동의해 왔다.

태어나신 그리스도는 팔일 만에 할례를 받으셨는데, 율법의 모든 의를 이루시기 위한 것이었다. 서른 살에 세례를 받으셨는데, 중보자의 직분에 공적으로, 그리고 의식을 갖추어 들어가시고, 우리의 죄인의 신분을 받아들이시기 위한 것이었다.

할례와 세례는 우리에게 다음을 가르치시기 위한 것이다: ① 성례에 대한 모든 권세가 그분께 있다는 것이다. ② 그분은 율법 이전, 율법 아래, 그리고 은혜 아래에 있는 사람들의 중보자시라는 것이다. ③ 그분 자신이 두 언약의 매듭이시며, 거기에 묶여 계시다는 것이다.

제 19 장

그리스도의 직분에 대하여

이상은 그리스도의 성육신에 대한 것이었다. 다음은 그리스도의 직분인데, 이 직분을 완전하게 수행하기 위해서 그분께서는 아버지로부터 기름부음을 받으셨다. 다시 말하면 충분한 은사들과 권위로 덧입으셨다. 히 1:9, "그러므로 너의 하나님이 즐거움의 기름을 네게 주어 네 동류들보다 승하게 하셨도다"; 사 61:1, "주 여호와의 신이 내게 임하였으니 이는 내게 기름을 부으사", 요 3:34, "이는 하나님의 성령을 한량없이 주심이니라."

만약 어떤 자가 그리스도께서 하나님과 사람 사이에 계시지 않고, 오히려 해를 당하신 편(하나님), 또는 또 다른 편(사람)에 계시기 때문에 중보자의 직분을 행하실 수 없다고 우긴다면, 그분이 중간에 계신다는 것을 두 가지를 통하여 알아야 한다:

① 그분은 하나님과 모든 사람 사이에 계신다. 왜냐하면 그분은 하나님이시며 사람이시기 때문이다. 그러므로 양편에 참여하신다.

② 그분은 하나님과 믿는 자들 사이에 계신다. 첫 번째로 인간의 본

성에 따라서 하나님과 믿는 자들 사이에 계신다. 인성으로 한량없이 성령을 받으셨다. 두 번째로 신성에 따라서, 다시 말하면 그분이 말씀이시라는 면에서 하나님과 믿는 자들 사이에 계신다.

말씀은 아버지와 믿는 자들 사이에 계신데, ① 질서에 따라서 그렇다. 왜냐하면 그분은 아버지로부터 나셨고, 우리는 그분을 통하여 아버지께로 나아가기 때문이다. 아버지께 대하여 아들이 지니시는 이 종속은 신성에서 따로 따로, 또는 구분하여 생각할 것이 아니라, 오히려 그 본질을 소유하시는 관계, 또는 방식에서 종속된 것이다. 만약 아버지와 아들이 동일하고 분리될 수 없는 본질을 가지신다면, 이러한 종속되는 방식에도 불구하고 동등할 수 있다.

② 직분의 근거에 의해서 (하나님과 믿는 자들 사이에) 계신다. 그분은 성부께서 주시는 직분을 자원하여 받으셨다.

그리스도는 이 직분을 전체 인격에 따라서, 그리고 구분되는 두 본성에 따라서 수행하신다. 하나님과의 화목을 이루심 속에서, 육체가 어떠한 것을 담당하고, 또한 말씀이 어떤 것을 구별하여 담당하신다. 그리고 어떠한 것은 말씀이 단독으로, 혹은 육체가 단독으로 하지 않으시고, 둘이 동시에 담당하신다.

이 직분은 오직 그리스도께 고유한 것임을 알아야 한다. 그 직분의 어떤 것이 전부, 혹은 부분적으로 다른 사람에게 넘어갈 수 없다. 히 7:24, "예수는 영원히 계시므로 그 제사장 직분도 갈리지 아니하느니라."

그러므로 그리스도께서는 그분이 하나님이시라는 측면에서, 황제들, 왕들, 대리하는 머리들을 가지신다. 이 때문에 그들을 엘로힘, 전능한 자들이라고 부른다(시 82:1). 그러나 참된 중보자, 다시 말하면

제사장, 선지자, 하나님의 교회의 왕이시라는 면에서는 그분의 능력을 가지고 왕직, 제사장직, 선지자직, 또는 그것들 중에서 두 가지나, 최소한 한 가지라도 대신 수행하는 어떤 대리자도 없으시다.

그리스도의 직분은 세 가지이다. 제사장직, 선지자직, 왕직이다(시 110:1, 2, 4; 사 42:1).

제사장직이란 그리스도께서 하나님 앞에서 구원을 완전하게 획득하는 일들을 완수하시는 것이다. 히 5:1, "대제사장마다 사람 가운데서 취한 자이므로 하나님께 속한 일에 사람을 위하여 드리게 하나니"; 7:24, 25, "그러므로 하나님께 나아가는 자들을 온전히 구원하실 수 있으니 이는 그가 항상 살아서 저희를 위하여 간구하심이니라."

제사장직은 두 부분으로 되어 있다. 속죄와 중보이다. 속죄란 그리스도께서 아버지 앞에서 택자들을 위하여 충분한 속죄 제물이 되시는 것이다. 욥 33:23, "그럴 때에 만일 일천 천사 가운데 하나가 그 사람의 해석자로 함께 있어서 그 정당히 행할 것을 보일진대 하나님이 그 사람을 긍휼히 여기사 이르시기를 그를 건져서 구덩이에 내려가지 않게 하라. 내가 대속물을 얻었다 하시리라"; 롬 3:24, "그리스도 예수 안에 있는 구속으로 말미암아 하나님의 은혜로 값없이 의롭다 하심을 얻은 자 되었느니라. 이 예수를 하나님이 그의 피로 인하여 믿음으로 말미암는 화목제물로 세우셨으니"; 요일 2:2, "저는 우리 죄를 위한 화목제물이니."

그리스도는 범죄한 죄인들인 인류로 위해서 분노하신 하나님을 위하여 속죄사역을 하셨다. 인성에 따라서는 하나님의 뜻을 완전하게 순종함으로 이루셨고, 신성에 따라서는 그분께 온전한 순종의 최고의 공적, 즉 하나님 앞에 공로와 효과를 드림으로 이루셨다. 요 17:19, "또 저희를 위하여 내가 나를 거룩하게 하오니 이는 저희도 진리로 거룩함을 얻게 하려 함이니이다"; 행 20:28, "하나님이 자기 피로 사신 교회를 치게 하셨느니라"; 고후 5:19, "이는 하나님께서 그리스도 안에 계시사 세상을 자기와 화목하게 하시며 저희의 죄를 저희에게 돌리지 아니하시고."

속죄에는 고난, 또는 율법의 성취가 있다. 고난이란 그분께서 죄인의 형벌을 완전히 해결하심으로서 하나님의 의를 만족시키셨으며, 믿는 자들이 범한 죄로 인한 그분의 진노를 진정시키신 것이다. 그 내용은 다음과 같다:

a. 그리스도께서 죽으시기 직전에 임박한 하나님의 진노를 느끼고 부분적으로는 두려움이, 부분적으로는 극심한 고통이 그를 사로잡았기 때문에 그의 영혼이 다음과 같이 혼란스러워하셨다. b. 내적으로는 잠시 동안 받으신 임무에 대한 이상한 혼란과 망각이 일어났다. 그리고 외적으로는 c. 짊어진 공포로 인하여 맹렬히 부르짖고 눈물을 흘리시면서, d. 땅에 흐르는 핏 방울과 같은 땀으로 아버지께 기도하셨다. 그러나 즉시 기억하시고 e. 죄로 인한 모든 형벌을 속하기 위해서 십자가에서 자신을 그분의 아버지께 기꺼이 드리셨다. 거기에서 다음의 일들이 일어났는데, f. 그리스도는 유다의 배신으로 인하여 잡히셨고, g. 안나에게 끌려가시고 후에 가야바에게 끌려가셨다. 베드로가 그분을 부인한 후에 결박되신 채로 가야바에게서 h. 빌라도에게로 끌려 가셨다. 빌라도가 i. 그분을 헤롯에게로 보냈다. k. 그는 돌려보냈고, l. 빌라도는 무죄를 확증하고도 죄인으로 정죄하였다. 그리고 m. 그리스도는 채찍질 당하고, 가시로 면류관을 쓰고 조롱당하고 침

뱉음 당하고 십자가 판결을 받으시고, n. 십자가에 달리셨다. 거기에서 다음과 같은 일이 있었는데, o. 아버지 하나님께서는 그분을 저주하셨다. 다시 말하면 모든 죄들에 대한 하나님의 끔찍한 진노를 무죄하신 그분에게 쏟아부으셨다. 그리스도는 저주에 굴복하여 엄청난 두려움의 감정으로 아버지께 p. 자신을 버리신 것을 하소연하셨다. 그럼에도 불구하고 그분은 사탄과 그의 사자들과 q. 맞서 싸우시고 그들을 굴복시키셨다. 이것들을 완수하신 후 r. 죽으셨고, 아버지의 손에 의탁되신 영혼은 s. 낙원으로 가셨다. 또한 t. 육체는 u. 심장이 창으로 관통당함을 인하여 피를 쏟고, 뼈가 상하지 않은 채로 매장되셨다. 그리고 죽음의 치욕스러운 정복 하에 x. 삼일 밤낮을 붙잡혀 계셨다. (a. 막 4:34, 마 29:38. b. 요 12:27, 마 26:37, 42. c. 막 14:35, 요 12:29, 히 5:7. d. 눅 22:44. e. 히 9:5, 14, 고전 5:5, 7, 사 53:10, 11. f. 마 26:47. g. 요 18:13, 14. h. 요 18:29. i. 눅 23:7, 8. k. 눅 23:15. l. 마 27:24, 26. m. 동일. n. 요 19:18. o. 갈 3:13. p. 마 27:35, 46. q. 골 2:14, 15. r. 히 9:15, 16. s. 눅 23:43, 46. t. 요 19:33, 42. u. 요 19:34. x. 행 1:13).

이 설명에서 또한 특히 (다음의 사실을) 생각해야 한다:

① 그리스도께서 당하신 격심한 고통인데, 이것은 두 가지의 소망이 충돌하여 생기는 격렬한 괴로움이었다. 하나는 아버지께 순종하려는 것이었고, 다른 하나는 죽음을 피하려는 두려움이었다. 눅 22:44, "예수께서 힘쓰고 애써 더욱 간절히 기도하시니 땀이 땅에 떨어지는 핏방울 같이 되더라"; 히 5:7, "그는 육체에 계실 때에 자기를 죽음에서 능히 구원하실 이에게 심한 통곡과 눈물로 간구와 소원을 올렸고 그의 경건하심으로 말미암아 들으심을 얻었느니라."

② 제사이다. 이것은 택자들이 마땅히 당해야 하는 죄들의 형벌을

속하기 위해서 아버지 하나님께 자신을 제물로 드리시는 그리스도의 행위이다. 히 9:26, "그러나 자기 자신을 제사로 바쳐서 죄를 없애시기 위해서 이제 세상 끝에 한번 나타나셨다."

사람이라는 측면에서 그리스도는 이 제사에서 희생 제물이셨다. 히 10:10, "이 뜻을 좇아 예수 그리스도의 몸을 단번에 드리심으로 말미암아 우리가 거룩함을 얻었노라." 그리스도는 하나님이라는 면에서 제단이셨다. 히 13:10, "우리에게 제단이 있는데 그 위에 있는 제물은 장막에서 섬기는 자들이 이 제단에서 먹을 권이 없나니"; 히 9:14, "하물며 영원하신 성령으로 말마암아 흠 없는 자기를 하나님께 드린 그리스도의 피가 어찌 너희 양심으로 죽은 행실에서 깨끗하게 하고 살아계신 하나님을 섬기게 못하겠느뇨." 그러므로 사람이라는 측면에서, 그리스도는 자기 자신을 거룩하게 하셨다고 말한다. 요 17:19, "마치 그분이 제단으로 집을 거룩케 하시는 것과 같이"(cf. 마 23:17). 제사장이신 그리스도는 하나님이면서 인간이시다(히 5:5, 6, 그리고 딤전 2:6).

③ 제사에 만족하신 아버지께서 그것을 받으시는 것이다. 만약 아버지께서 인정하지 않으셨다면, 제사는 헛된 일이었을 것이다. 마 3:7, "이는 내 사랑하는 아들이요 내 기뻐하는 자라 하시니라." 다시 말하면 내가 대단히 기뻐하고 만족한다. 엡 5:2, "그리스도께서 너희를 사랑하신 것 같이 그는 우리를 위하여 좋은 향기의 제물과 생축으로 하나님께 드리셨느니라."

④ 죄의 전가인데, 모든 죄가 그리스도께로 전가됨으로 그분이 아버지로부터 범죄자와 같이 여김을 받으신 것이다. 사 53:4, "그는 실로 우리의 질고를 지고 우리의 슬픔을 당하였거늘"; 12절. "그가 자기

영혼을 버려 사망에 이르게 하며 범죄자 중 하나로 헤아림을 입었음이라"; 고후 5:21, "죄를 알지도 못하는 자로 우리를 대신하여 죄를 삼으신 것은 우리로 하여금 저 안에서 하나님의 의가 되게 하려 하심이니라."

⑤ 현저하게 낮아지신 것인데, 이것은 두 부분으로 되어 있다. 신성의 입장에서는 비우심이다. 빌 2:7, 8, "오히려 자기를 비어 종의 형체를 가져 사람들과 같이 되었고 사람의 모양으로 나타나셨으매 자기를 낮추시고 죽기까지 복종하셨으니 곧 십자가에 죽으심이라." 그리스도는 자신을 비우셨는데, 그분의 신성이 작아지거나 약해지신 것이 아니라, 오히려 특정 기간 동안 능력과 신적인 권세를 드러내 보이지 않으신 것이다. 이레네우스가 말한 것처럼, 인성이 십자가에 못 박히고 죽을 수 있도록 말씀은 잠잠히 계셨다.

저주가 있다. 이로써 그분은 율법에 따른 저주를 받으셨다. 갈 3:10, "누구든지 율법책에 기록된 대로 온갖 일을 항상 행하지 아니하는 자는 저주 아래 있는 자라 하였음이라."

저주에는 내적인 것, 그리고 외적인 것이 있다.

내적인 것은 십자가 위에서 무시무시한 하나님의 진노를 느끼신 것이다. 계 19:15, "그가 맹렬한 진노, 즉 하나님의 진노의 포도주 틀을 밟겠고"; 사 53:5, "그가 찔림은 우리의 허물을 인함이요, 그가 상함은 우리의 죄악을 인함이라. 그가 징계를 받음으로 우리가 평화를 누리고 그가 채찍에 맞음으로 우리가 나음을 입었도다." (죽으시기 전날 겟세마네에서 기도하며 흘리신) 핏방울, 십자가 위에서 아버지께 부르짖으신 것과 위로하기 위하여 천사를 보내신 것들이 이것을 보여준다. 이 사실로부터 많은 순교자들이 간절히 죽음을 피하기 원했던 것만큼, 그분도 죽음을 두려워하셨다는 것을 알 수 있다.

외적인 저주는 세 부분, 또는 세 단계로 되어 있다:

첫 번째는 십자가 위에서 죽으신 것이다. 참으로 죽으셨다는 것은 다음의 사실로 확증된다. 왜냐하면 이것이 심장에서부터 쏟아진 피와 연관되어 있기 때문이다. 심장이 관통당했다는 것이 가장 개연성이 있다. (학식 있는 콜룸부스가 말한 바와 같이) 피와 함께 물이 쏟아졌기 때문이다(요 19:34). 이 사실로부터 유언, 즉 우리를 향한 은혜 언약의 약속이 유효하다는 사실이 분명해진다. 히 9:15, 16, "유언은 유언한 자가 죽어야 되나니 유언은 그 사람이 죽은 후에야 견고한즉 유언한 자가 살았을 때에는 언제든지 효력이 없느니라."

두 번째는 시신의 매장인데, 그리스도의 죽음을 확정하기 위한 것이다.

세 번째는 음부로 내려가신 것인데, 죽음의 권세 하에서 수치스럽게 매장되신 것이다. 행 2:24, "하나님께서 사망의 고통을 풀어 살리셨으니 이는 그가 사망에게 매여 있을 수 없었음이라"; 엡 4:9, "올라가셨다 하였은즉 땅 아랫 곳으로 내리셨던 것이 아니면 무엇이냐." 포로되신 그리스도께서 죽음에 잡혀 계셨다는 것이 분명한데, 죽음의 가시, 즉 권세를 빼앗으시기 위한 것이었다(고전 15:55).

그리고 그만큼 고난은 놀라운 것이다. 이로써 그분은 우리의 죄로 인하여 당해야 하는 두 가지 죽음, 첫 번째 죽음과 두 번째 죽음을 제거하셨다. 더 나아가서 그것이 모든 택자들의 죄를 위한 대속물임을 알아야 한다. 딤전 2:6, "그가 모든 사람을 위하여 자기를 속전으로 주셨으니." 즉 하나님이시면서 하나님의 독생자이신 분이 한시 동안 율법의 저주를 받으신 것이 모든 사람들이 영원 가운데서 고난 받은 것보다도 더 큰 것이다.

그 밖에도 이것을 유의해야 한다. 그때에 당신이 결국 그리스도의 고난을 제대로 깨달음으로 당신의 마음이 죄짓는 것을 중지하며, 당신의 죄로 인해서 찌르는 고통과 슬픔을 당하게 된다. 이 죄들로 인해서 순전한 하나님의 아들이 찔림을 당하셨다. 요일 3:6, "범죄하는 자마다 그를 보지도 못하였고 그를 알지도 못하였느니라"; 슥 12:10, "그들이 그 찌른바 그를 바라보고 그를 위하여 애통하기를 독자를 위하여 애통하듯 하며 그를 위하여 통곡하기를 장자를 위하여 통곡하듯 하리로다."

고난에 대해서 언급하였다. 이제 율법의 성취를 다룰 것이다. 그분이 율법의 모든 의를 수행하심으로써 하나님의 의를 만족시키신 것이다. 롬 8:3, 4, "율법이 육신으로 말미암아 연약하여 할 수 없는 그것을 하나님은 하시나니, 곧 죄로 말미암아 자기 아들을 죄 있는 육신의 모양으로 보내어 육신에 죄를 정하사 육신을 따르지 않고 그 영을 따라 행하는 우리에게 율법의 요구가 이루어지게 하려 하심이니라."

그분은 율법을 성취하셨는데, 부분적으로는 인성의 거룩함으로, 부분적으로는 율법을 행위로 순종하심으로 하셨다. 롬 8:2, "이는 그리스도 예수 안에 있는 생명의 성령의 법이 죄와 사망의 법에서 너를 해방하였음이라"; 마 3:15, "예수께서 대답하여 가라사대 이제 허락하라 우리가 이와 같이 하여 모든 의를 이루는 것이 합당하니라"; 요 17:19, "또 그들을 위하여 내가 나를 거룩하게 하오니 이는 그들도 진리로 거룩함을 얻게 하려 함이니이다."

그리스도의 중보는 제사장직의 또 다른 부분이다. 이로써 그분은 믿는 자들을 위하여 하나님 앞에 서 있는 변호인이고 중재자이시다

(롬 8:34). 그리스도의 중보는 아버지께 직접적으로 고하시는 것이다. 요일 2:1, "만일 누구든지 죄를 범하면 아버지 앞에서 대언자가 있으니 곧 의로우신 예수 그리스도시라." 참으로 성부께 고하는 것인데, 성부께서 (삼위 하나님의) 질서의 측면에서 처음 되시기 때문이다. 더 나아가서 성부께서 만족하셨을 때, 동시에 성자와 성령께서도 만족하신다. 왜냐하면 모든 위격들은 의지에서 하나로 일치하시기 때문이다.

그리스도는 두 본성에 따라서 중보하신다. 첫 번째로 인성에 따라서 하시되, 부분적으로는 하늘에서 성부 앞에서 보좌해 계시는 것이고, 부분적으로는 택자들의 구원을 원하시는 것이다. 히 7:25, "그러므로 자기를 힘입어 하나님께 나아가는 자들을 온전히 구원하실 수 있으니 이는 그가 항상 살아 계셔서 그들을 위하여 간구하심이라"; 히 9:24, "그리스도께서는 참 것의 그림자인 손으로 만든 성소에 들어가지 아니하시고 오직 참 하늘에 들어가사 이제 우리를 위하여 하나님 앞에 나타나시고."

두 번째로 신성에 따라서 하시되, 부분적으로는 그분의 죽으심의 공로를 적용하시고, 부분적으로는 택자들의 마음에서 성령을 통한 말할 수 없는 탄식으로 중재하시는 것이다. 벧전 1:2, "곧 하나님의 아버지의 미리 아심을 따라 성령의 거룩하게 하심으로 순종함과 예수 그리스도의 피 뿌림을 얻기 위하여"; 롬 8:26, "이와 같이 성령도 우리 연약함을 도우시나니 우리가 마땅히 빌 바를 알지 못하나 오직 성령이 말할 수 없는 탄식으로 우리를 위하여 친히 간구하시느니라."

그러므로 그리스도께서 무릎을 굽히셨다고 할지라도 성부보다 낮아지셨다고 생각해서는 안 된다. 또 그것이 꼭 필요한 것도 아니다. 왜냐하면 이 봉사 직책이 생생한 기도의 능력을 가지고 있기 때문이다.

참으로 그리스도께서는 그분의 속죄로서 의롭게 된 그들을 은혜 속에 보존하기 위해서 아버지께 중보하신다. 그리고 그리스도께서는 그들의 타락으로 인한 매일의 행위의 연약함과 불완전함을 매일, 그리고 특별하게 (그리스도 자신의) 공로를 적용하여 덮으심으로 그들을 보존하신다. 이것은 사람의 인격이 의롭게 되며, 그 인격의 행위들을 하나님께서 받으시게 하기 위한 것이다(요일 2:1, 2). 벧전 2:5, "예수 그리스도로 말미암아 하나님이 받으실 신령한 제사를 드릴 거룩한 제사장"; 계 8:3, 4, "또 다른 천사가 와서 제단 곁에 서서 금향로를 가지고 많은 향을 받았으니, 이는 모든 성도들의 기도들과 합하여 보좌 앞 금단에 드리고자 함이라. 향연이 성도의 기도와 함께 천사의 손으로부터 하나님 앞으로 올라가는지라."

이상은 제사장직에 대한 것이었며, 다음은 선지자직과 왕직에 대한 것이다. 선지자직이란 성부로부터 직접 오신 그리스도께서 아버지의 말씀을 계시하셨을 뿐만 아니라, 또한 말씀 안에서 구원을 주는 모든 것을 계시하신 것이다. 요 1:18, "아버지 품 속에 있는 아들 그분이 너희에게 나타나셨다"; 요 8:26, "내가 아버지에게 들은 그것을 세상에게 말하노라"(cf. 신 18:18).

말씀의 계시가 처음에 부분적으로는 환상, 꿈, 대화로, 부분적으로는 영혼을 자극하고 충동하시는 것으로 이루어졌다. 히 1:1, "옛적에 선지자들로 여러 부분과 여러 모양으로 우리 조상들에게 말씀하신 하나님이 이 모든 날 마지막에 아들로 우리에게 말씀하셨으니"; 벧후 1:21, "예언은 언제든지 사람의 뜻으로 낸 것이 아니요, 성령의 감동하심을 입은 하나님의 거룩한 사람들이 말한 것이라."

동일한 질서에 의해서 말씀의 사역자들, 즉 성령께서 내적인 빛을 일으키시는 자들을 통하여 이루신다. 눅 24:45, "이에 저희 마음을 열어 성경을 깨닫게 하시고"; 행 16:14, "주께서 그 마음을 열어 바울의 말을 청종하게 하신지라"; 눅 21:15, "내가 너희의 모든 대적이 능히 대항하거나 변박할 수 없는 구재와 지혜를 너희에게 주리라."

그러므로 그리스도를 교회의 교사와 입법자라고 부른다. 마 23:10, "너희는 교사라 칭함을 받지 말라. 너희 교사는 하나이니 곧 그리스도니라"; 약 4:12, "입법자는 하나이시니 능히 구원하기도 하시며 멸하기도 하시느니라." 그리고 의논자(모사)이시다(사 9:6). 우리의 고백의 사도시다(히 3:1). 언약의 사자이시다(말 3:1). 새언약의 중보자이시다(히 9:15). 그러므로 그분은 성경을 해석하는 최고의 법을 가지고 계신다. 그리고 하나님의 교회에 성경을 판단하고 해석하는 사역을 맡기셨다.

왕직이란 그분이 택자들의 구원을 위해서 구원의 은혜를 나누어 주시며 모든 것을 준비하시는 것이다(시 2장과 110장). 왕직의 수행에는 그리스도의 높아지심이 있다. 높이지심이란 가장 낮아지신 후에 점차적으로 영광스럽게 높아지신 것이다. 그리고 그 방식은 두 본성에 따라서 하셨다.

신성의 높아지심은 그분의 신성의 나타나심이 어떤 변화없이 인성 안에서 분명하게 드러나는 것이다. 롬 1:4, "성결의 영으로는 죽은 가운데서 부활하여 능력으로 하나님의 아들로 인정되셨으니 곧 우리 주 예수 그리스도시니라"; 행 2:36, "그런즉 이스라엘 온 집은 확실히 알지니 너희가 십자가에 못 박은 이 예수를 하나님이 주와 그리스도가 되게 하셨느니라 하니라."

　인성의 높아지심은 종된 상태와 모든 연약함을 벗어버리시고, 상존하는(항상 내재하는) 은사들을 받으신 것이다. 이 은사들은 특별히 창조된 것이고 유한한 것임이 분명하다. 그럼에도 불구하고 이것은 피조물에 있을 수 있는 측면에서는 완전한 것이다. 영혼의 은사들은 지혜, 지식, 기쁨, 형언할 수 없는 덕성들이며, 그리고 육체의 은사들의 죽지 않음, 견고함, 민첩함, 찬란함이다. 빌 3:21, "우리의 낮은 몸을 자기 영광의 몸의 형체와 같이 변케 하시리라"; 마 17:2, "저희 앞에서 변형되사 그 얼굴이 해 같이 빛나며 옷이 빛과 같이 희어졌더라"(cf. 엡 1:20, 22, 히 1:9).

　그리스도의 육체는 이러한 방식으로 영광스럽게 되었다. 그럼에도 불구하고 고체이며, 할례받으신 상태이며, 가시적이고, 만질 수 있고, 어떤 자리에 계속 머물러 계실 것이다. 눅 24:39, "내 손과 발을 보고 나인줄 알라 또 나를 만져보라. 영은 살과 뼈가 없으되 너희 보는 바와 같이 나는 있느니라." 그리스도의 높아지심은 세 단계로 되어 있다:

　첫 번째는 부활이다. 부활에서 신적 권능이 죽음을 정복하셨고, 스스로를 영원한 생명으로 일으키셨다. 고후 13:4, "약하심으로 십자가에 못 박히셨으나 오직 하나님의 능력으로 살으셨으니"; 마 28:6, "그가 여기 계시지 않고 그가 말씀 하시던 대로 살아나셨느니라 와서 그가 누우셨던 곳을 보라."

　그리스도의 부활의 목적은 고난과 죽음으로 이루신 그분의 속죄가 충분하게 인정되었음을 보이는 것이다. 왜냐하면 하나의 죄가 중보자를 죽음에 붙잡아 놓을 수 있었다면, 속죄받은 모든 다른 죄들 역시 더욱 붙잡을 수 있었을 것이기 때문이다. 그러나 그렇게 하지 못하였다. 고전 15:17, "그리스도께서 다시 사신 것이 없으면 너희의 믿음도 헛되고 너희가 여전히 죄 가운데 있을 것이요"; 롬 4:25, "우리 범죄함을 위하여 내어줌이 되고 우리를 의롭다 하심을 위하여 살아나셨느니라."

두 번째 단계는 하늘로 올라가신 것이다. 이것은 신적 권세로서 이루어진 것으로 진실로 장소에 제한되어 있고 가시적인 그리스도의 인성이 땅에서 들려 모든 가시적인 하늘을 넘어서 복된 자들의 하늘로 옮기신 것이다. 행 1:9, "이 말씀을 마치시고 저희 보는데서 올리워 가시니 구름이 저를 가리워 보이지 않게 하더라"; 11절, "가로되 갈릴리 사람들아 어찌하여 서서 하늘을 쳐다보느냐. 너희 가운데서 하늘로 올리우신 이 예수는 하늘로 가심을 본 그대로 오리라"; 엡 4:10, 11, "내리셨던 그가 곧 모든 하늘 위에 오르신 자니 이는 만물을 충만하게 하려 하심이라. 그가 어떤 사람은 사도로, 어떤 사람은 선지자로, 어떤 사람은 복음 전하는 자로, 어떤 사람은 목사와 교사로 삼으셨으니."

그리스도는 다음의 목적으로 올라가셨는데, 믿는 자들을 위한 처소를 예비하고, 성령을 주시며, 또한 거기에서 영원한 영광을 누리시기 위한 것이다. 요 14:2, "내 아버지 집에 거할 곳이 많도다. 그렇지 않으면 일렀으리라 내가 너희를 위하여 처소를 예비하러 가노니"; 요 16:7, "내가 떠나가지 아니하면 보혜사가 너희에게로 오시지 아니할 것이요, 가면 내가 그를 너희에게로 보내리니."

세 번째 단계는 아버지 우편에 앉으시는 것이다. 이것은 그리스도께서 지고의 천상에서 영광의 충만과 완전한 권세와 통치권을 실제적으로 받으셨음을 은유적으로 나타내는 것이다. 히 1:3, "스스로를 통하여 우리의 죄를 정결케 하는 일을 하시고 높은 곳에 계신 위엄의 우편에 앉으셨느니라"; 시 110:1, "여호와께서 내 주에게 말씀하시기를 내가 네 원수로 네 발등상 되게 하기까지 너는 내 우편에 앉으라 하셨도다"; 고전 15:25, "저가 모든 원수를 그 발 아래 둘때까지 불가불 왕 노릇 하시리니"; 행 7:55, "성령이 충만하여 하늘을 우러러 주목하여 하나님의 영광과 및 예수께서 하나님 우편에 서신 것을 보고"(cf. 마 20:22).

왕직은 두 부분으로 되어 있다. 첫 번째는 하늘의 왕국을 다스리시는 것이다. 이 왕국은 부분적으로는 하늘에 있고, 부분적으로는 땅에 있다. 즉 믿는 자들의 교회이다.

교회를 다스리는 데에서 두 가지 왕권을 이행하신다. 첫 번째는 법을 제정하시는 것이다(약 4:12). 두 번째는 그 법들의 책임자를 세우시는 것이다. 엡 4:11, "그가 혹은 사도로 혹은 선지자로 혹은 복음 전하는 자로 혹은 목사와 교사로 주셨으니 이는 성도를 온전케 하며"; 고전 12:28, "하나님이 교회 중에 몇을 세우셨으니 첫째는 사도요 둘째는 선지자요 셋째는 교사요 그 다음은 능력이요 그 다음은 병 고치는 은사와 서로 돕는 것과 다스리는 것과 각종 방언을 하는 것이라." 교회를 다스리시는 것은 한편으로는 세상에서 백성들을 모으시는 것이고, 다른 한편으로는 모은 자들을 보존하시는 것이다(엡 4:12, 시 110편).

왕직의 두 번째 부분은 어두움의 왕국을 폐하시는 것이다(골 1:13, 시 2:9). 눅 19:27, "그리고 나의 왕됨을 원치 아니하던 저 원수들을 이리로 끌어다가 내 앞에서 죽이라 하였느니라."

어두움의 왕국은 숨어서 그리스도에게 저항하는 적들이다. 이 왕국의 왕이며, 모든 구성원들의 머리는 사탄이다(엡 2:12, 고후 4:4). 고후 6:5, "그리스도와 벨리알이 어찌 조화되며 믿는 자와 믿지 않는 자가 어찌 상관하며" 구성원들은 사탄의 사자들과 불신자들이다.

그들 가운데서 다음의 사람들이 현저하게 나타난다. 무신론자들인데, 그들은 마음에서부터 하나님을 명백하게 부인하는 자들이다(시 14:1). 마술사들인데, 그들은 마귀와 언약을 맺어 소원을 이루려는 자들이다(삼상 28:6, 시 58:6). 우상 숭배자들인데, 이들은 거짓 신들을 경배하거나, 참된 하나님을 우상으로 만들어 섬기는 자들이다(고전 10:7, 20). 여기에 터어키인들, 유대인들, 이방인들이 포함된다. 그들은 참된 종교의 근본에서 벗어난 자들이다(딤후 2:18). 배교자들인데, 이들은 그리스도를 믿는 믿음에서 떨어진 자들이다(히 6:6). 거짓 그리스도들인데, 이들은 곳곳에서 자신을 그리스도로 내세우는 자들이다(마 24:46). 이런 자들이 그리스도의 초림 때에 많이 있었다. 요세푸스, 『유대전쟁사』, 제20권, 11, 12, 14장.

마지막으로 적그리스도가 있는데, 그가 로마 교황이라는 것은 이미 공공연하게 알려진 사실이다. 살후 2:3, "누가 아무렇게 하여도 너희가 미혹하지 말라 먼저 배도하는 일이 있고 저 불법의 사람 곧 멸망의 아들이 나타나기 전에는 이르지 아니하리니, 저는 대적하는 자라 범사에 일컫는 하나님이나 숭배함을 받는 자 위에 뛰어나 자존하며 하나님 성전에 앉아 자기를 보여 하나님이라 하느니라"; 계 13:11, "내가 보매 또 다른 짐승이 땅에서 올라오니 새끼 양같이 두 뿔이 있고 용처럼 말하더라. 저가 먼저 나온 짐승의 모든 권세를 그 앞에서 행하고 땅과 땅에 거하는 자들로 처음 짐승에게 경배하게 하니 곧 죽게 된 상처가 나은지라." 그들이 로마의 적그리스도라는 것은 스스로 보편 주교들이라고 칭함받기 원할 때 이미 시작된 것이었다. 그리고 그들이 시민의 검(세속의 통치권)을 얻었을 때 완성되었다.

세상의 끝날에 그리스도의 적들이 정복된 후에 두 가지가 따라온다:

① 하나님 아버지께 왕국을 넘기시는 것인데, 이것은 통치하는 방식을 말하는 것이다. 그후에 그분은 세속 통치 뿐만 아니라, 말씀과 성령으로 하는 영적인 통치를 종결하실 것이다.

② 그리스도께서 복종하시는 것인데, 이것은 인성에 한한 것이다. 왜냐하면 하나님의 아들께서 오랫동안 육체의 장막으로 숨겨져 있던 그분의 위대함을 충만하게 드러내심으로, 하나님의 아들에게 연합되어 있는 그 영광스러운 육체가 무한한 단계로 높아지는 것을 보이실 것이기 때문이다.

그러므로 그리스도의 복종하심은 인성의 영광을 제한시킴으로서가 아니라, 오히려 로고스의 위대하심을 가장 높이 드러내심으로 이루어진다.

제 20 장
선택의 작정을 수행하는 외적인 수단 들에 대하여, 그리고 십계명에 대하여

이상은 선택의 기초에 대한 것이었다. 다음은 바로 그것의 외적인 수단들에 대해서 말할 것이다. 수단은 하나님의 언약과 언약의 인이다. 하나님의 언약은 영원한 생명에 대하여 사람과 맺으신 계약인데, 영생을 어떤 조건에 의해서 획득한다는 것이다.

언약은 두 부분으로 되어 있다. 하나님의 서약과 사람의 서약(Restipulatio: 쌍무언약)이다. 하나님의 서약이란 사람이 주어진 조건을 성취한다면, 그가 그분 안에 거하게 될 것임을 약속하신 것이다. 사람의 서약은 그가 주어진 조건을 성취하기 위해서 주님을 섬기겠다고 서약하는 것이다.

또한 언약은 이중적이다. 행위 언약과 은혜 언약이다. 렘 31:31-33, "보라 날이 이르리니 내가 이스라엘 집과 유다 집에 새 언약을 세우리니, 이 언약은 내가 그들의 열조의 손을 잡고 애굽 땅에서 인도하여 내던 날에 세운 것과 같지 아니할 것은 내가 그들의 남편이 되었어도 그들이 내 언약을 파하였음이니라. 나 여호와가 말하노라. 그러나 그날 후에 내가 이스라엘 집에 세울 언약은 이러하니 곧 내가 나의 법을 그들의 속에 두며 그 마음에 기록하여 나는 그들의 하나님이 되고 그들은 내 백성이 될 것이라"; 갈 4:24, "이것은 비유니 이 여자들은 두 언약이라 하나는 시내 산으로부터 종을 낳은 자니 곧 하갈이라."

행위 언약은 완전한 순종이 조건으로 있는 하나님의 언약인데, 도덕법에 나타나 있다. 도덕법은 하나님의 말씀의 한 부분으로서 사람의 본성과 행위에서 완전한 의를 이행할 것을 명하며, 반대되는 것을 금한다. 롬 10:5, "모세가 기록하되 율법으로 말미암는 의를 행하는 사람은 그 의로 살리라 하였거니와"; 딤전 1:5, "경계의 목적은 청결한 마음과 선한 양심과 거짓이 없는 믿음으로 나는 사랑이거늘"; 눅 10:27, "네 마음을 다하며 목숨을 다하며 힘을 다하며 뜻을 다하여 주 너의 하나님을 사랑하라"; 롬 7:14, "우리가 율법은 신령한 것인줄 알거니와."

이 법은 다음의 부분들로 이루어져 있다. 명령이 있는데, 순종을 명한다. 또 조건이 있다. 이것은 순종을 격려하기 위해서 더해진 것이다. 만약 법을 준행했을 때는 영원한 생명이 있고, 이에 못 미칠 때는 저주가 있다.

모든 율법과 행위 언약의 개요가 십계명이다. 출 34:27, "여호와께서 모세에게 이르시되 너는 이 말들을 기록하라. 내가 이 말들의 뜻대로 너와 이스라엘과 언약을 세웠음이니라 하시니라. 모세가 여호와와 함께 사십일 사십야를 거기 있으면서 떡도 먹지 아니하였고 물도 마시지 아니하였으며 여호와께서는 언약의 말씀 곧 십계를 그 판들에 기록하셨더라"; 왕상 8:9, "궤 안에는 두 돌판 외에 아무것도 없으니 이것은 이스라엘 자손이 애굽 땅에서 나온 후 여호와께서 저희와 언약을 세우실 때에 모세가 호렙에서 그 안에 넣은 것이더라"; 마 22:40, "이 두 계명이 온 율법과 선지자의 강령이니라."

십계명에 대한 참된 해석은 다음의 규칙들로 이루어져 있다:

① 금지(…을 하지 말라: 역자 주)에서 명령(…을 하라: 역자 주)을 알아야 하고, 그 반대도 있다.

② 금지는 항상, 그리고 종신적으로 적용된다. 긍정적인 명령은 항상 적용되기는 하지만 종신적이지는 않다. 다시 말하면 확실히 모든 때에 적용되기는 하지만, 때의 모든 순간과 연결되지는 않는다.[5] 그러므로 금지 계명들에 더 큰 강조가 있다.

③ 하나하나 죄악을 지적하여 금지하는 것 속에서 바로 그와 같은 종류의 모든 죄악들, 그것들의 모든 원인들, 경우들, 충동들을 금지한다(요일 3:15. 마 5:21 이하).

④ 그 죄의 이름을 가지고 있는 모든 죄들은 그것이 속해있는 그 명령 속에서 금지된 것이다. 같은 점에서 미움은 살인이고, 네가 여자를 탐함으로 그녀를 쳐다보는 것은 간음이다.

⑤ 율법의 계명은 '하나님이 다른 것을 명하지 않으셨다면'이라는 조건과 함께 이해해야 한다. 그리고 하나님은 완전하신 주님이시기 때문에, 율법을 초월하여 다른 것을 명하실 수 있으시다. 즉 이삭을 바치라고 명하신 것, 애굽인들에게 전리품을 요구하도록 명하신 것, 그

---

[5] 예를 들어서 '우상을 만들지 말라'라는 금지적 계명은 성도의 인생의 모든 시간에 적용된다. 그러나 '부모를 공경하라'는 명령적 계명은 제한적인 시간에만 이행할 수 있다. 즉 부모가 함께 계시거나 살아 계시는 동안에만 적용될 수 있는 것이다.

리스도의 표상이 되는 구리뱀을 세우라고 명하신 것 등이다.

십계명은 두 개의 판에 기록되었다. 첫 번째 판의 개요는 생각, 기억, 감정들, 모든 능력으로 하나님을 사랑하라는 것이다. 마 22:38, "이것이 크고 첫째 되는 계명이요(이것이 본성과 질서에서 탁월성과 가치에서 크고 첫째 되는 계명이다)."

제 2 1 장
첫 번째 계명에 대하여

첫 번째 판에는 네 개의 계명이 있다.

첫 번째 계명은 하나님을 인정하고 선택함에 대한 것이다. 그 말씀은 다음과 같다: "나는 너를 애굽 땅 종 되었던 집에서 인도하여 낸 너의 하나님 여호와로라 너는 내 면전 앞에서 다른 신들을 네게 있게 말지니라."

분석

나. 만약 어떤 자가 이 말씀이 십계명의 서론이라고 생각한다면, 나는 반대하지 않겠다. 여기에서 전제된 근거들로서 첫 번째 계명이 거룩하고 견고하게 된다는 것은 개연성이 있다. 특히 하나님께서 세 개의 부차적인 내용들, 다시 말하면 작은 명령들 속에서 이것을 하셨기 때문이다.

여호와. 세 가지를 의미한다. ① 그분은 영원부터 그분 자신으로부터, 그분 자신 안에서 스스로 존재하신다. 계 1:8, "이제도 있고 전에도 있었고 장차 올 자요." ② 만물이 존재하지 않았을 때 만물에게 존재를 주시는데, 한편으로는 만물들을 창조하심으로, 다른 한편으로는 보존하심으로 하신다(행 17장). ③ 그분은 약속하신 것을 능력있게 성취하심으로 이루시고, 있게 하신다(출 6:2, 롬 4:17). 이 첫 번째 계명의 근거는 그 이름의 속성으로부터 나온다:

다만 여호와이신 분을 하나님으로 인정해야 한다.
나는 여호와다.
그러므로 오직 여호와만을 하나님으로 인정해야 한다.

여기서 명제가 빠져있다. 소전제가 그 말씀 속에 있다. 결론은 그 계명 자체이다.

너의 하나님. 이것은 은혜로 주시는 언약의 말씀이다(렘 31:33). 이로써 하나님은 그분의 백성에게 죄 사함과 영원한 생명을 약속하신다. 이 말씀에 있는 반복되는 설명에서 계명의 또 다른 근거가 나온다:

만약 내가 너의 하나님이라면, 역으로 너는 나의 백성이어야 한다.
그리고 나를 너의 하나님으로 받아들여야 한다.
첫 번째 부분이 참되다.
그러므로 두 번째 부분도 참되다.

인도하여. 두 번째 근거의 소전제가 애굽, 말하자면 냉혹한 주인의 노예신분으로부터 백성을 해방하신 하나님의 사역으로 인하여 명백해진다. 이 해방은 이스라엘 백성뿐만 아니라, 방식에서 모든 시대의 교회에도 해당하는 것이다. 오히려 해방의 모형(역사적 출애굽)은 어두움의 무시무시한 권세로부터 해방된 사건(죄와 사망으로부터 해방되는 사건)보다 훨씬 작은 일이다. 고전 10:1, 2, "형제들아 너희가 알지 못하기를 내가 원치 아니하노니 우리 조상들이 다 구름 아래 있고 바다 가운데로 지나며 모세에게 속하여 다 구름과 바다에서 세례를 받고"; 골 1:13, "그가 우리를 흑암의 권세에서 건져내사 그의 사랑의 아들로 옮기셨으니."

다른. 다른 신들을 언급하는데 실제로는 이러한 신들이 있을 수 없다. 그러나 참으로 일그러진 마음으로, 더 나아가서 마귀적인 마음으로 동물과 사람의 신들이 있다고 생각하기 때문이다. 빌 3:19, "저희의 신은 배요"; 고전 4:4, "그 중에 이 세상 신이 믿지 아니하는 자들의 마음을 혼미케 하여."

내 앞에서. 다시 말하면 나의 면전에서, 혹은 나의 임재에서의 은유적인 표현이다. 그분에게는 마음의 숨겨진 것들이 드러난다. 이것이 세 번째 근거이다: '만약 네가 내 앞에서 범죄한다면 그것은 끔찍한 죄악이다. 그러므로 네가 장차 범하지 않도록 주의하라.' 비슷한 근거가 창 17:1이다.

권장하는 명령: 너희는 여호와를 하나님으로 인정하라

여기서 명령하시는 의무들은 다음과 같다.

1. 하나님을 인정하는 것이다. 이로써 우리는 하나님께서 그분의 말씀과 피조물 안에서 계시하신 그러한 분이라는 것을 인식하고 고백

한다. 골 1:10, "하나님을 아는 것에 자라게 하시고"; 렘 24:7, "내가 여호와인 줄 아는 마음을 그들에게 주어서 그들은 내 백성이 되겠고 나는 그들의 하나님이 되리라." 이 하나님을 인정하여 영광을 받으신다. 렘 9:24, "자랑하는 자는 이것으로 자랑할지니 명철하여 나를 아는 것과 나 여호와는 인애와 공평과 정직을 땅에 행하는 자인줄 깨닫는 것이라."

2. 하나님과의 연합이다. 이로써 마음으로 하나님께 속한 자가 된다. 수 23:8, "오직 너희 하나님 여호와를 친근히 하기를 오늘날까지 행한 것 같이 하라"; 행 11:23, "모든 사람에게 굳은 마음으로 주께 붙어 있으라 권하니." 우리는 먼저 세 가지 감정으로 하나님과 함께 한다. 믿음, 하나님에 대한 사랑, 두려움이다.

믿음이란 하나님의 권세와 긍휼을 아는 자가 그 지식 안에서 모든 위험에 대항하여 견고하게 안식하는 것이다. 대하 20:20, "너희는 너희 하나님 여호와를 신뢰하라. 그리하면 견고히 서리라. 그 선지자를 신뢰하라. 그리하면 형통하리라"; 시 27:1, "여호와는 나의 빛이요 나의 구원이시니, 내가 누구를 두려워하리요. 여호와는 내 생명의 능력이시니 내가 누구를 무서워하리요"; 3절. "군대가 나를 대적하여 진 칠지라도 내 마음이 두렵지 아니하며 전쟁이 일어나 나를 치려 할지라도 내가 오히려 안연하리로다."

이로부터 현실의 위험 속에서 인내와 기쁨이 생긴다. 시 39:9, "내가 잠잠하고 입을 열지 아니하옴은 주께서 이를 행하신 연고니이다"; 삼하 16:10, "왕이 가로되 스루야의 아들들아 내가 너희와 무슨 상관이 있느냐? 저가 저주하는 것은 여호와께서 저에게 다윗을 저주하라 하심이니 네가 어찌 그리하였느냐 할 자가 누구겠느냐?"; 창 45:5, "당신들이 나를 이곳에 팔았으므로 근심하지 마소서 한탄하지 마소서. 하나님이 생명을 구원하시려고 나를 당신들 앞에 보내셨나이다"; 8절, "그런즉 나를 이리로 보낸 자는 당신들이 아니요 하나님이시라"; 왕하 6:16, "대답하되 두려워하지 말라 우리와 함께한 자가 저와 함께한 자보다 많으니라."

또한 믿음으로부터 소망이 나오는데, 이 소망은 지금, 그리고 모든 미래 속에서 주실 하나님의 도움을 조용히 기다리는 것이다. 시 37:5, "너의 길을 여호와께 맡기라 저를 의지하면 저가 이루시고", 7절. "여호와께 안식하고 계속하여 기다리라"; 잠 16:3, "너의 행사를 여호와께 맡기라. 그리하면 너의 경영하는 것이 이루리라."

하나님에 대한 사랑이란 자신을 향한 하나님의 선하심과 사랑을 깨달은 사람이 모든 것보다 더 하나님을 사랑하는 것이다. 신 6:5, "너는 마음을 다하고 성품을 다하고 힘을 다하여 네 하나님 여호와를 사랑하라."

하나님을 향한 사랑의 징표들이 있다: 하나님의 말씀을 즐겨듣는 것, 그분에 대해서 즐겨 말하는 것, 자주 그분에 대해서 묵상하는 것, 불평 없이 그분에게 순종하여 행하는 것, 몸과 모든 소유를 그분을 위해서 내어 놓는 것, 모든 일 위에 그분의 임재를 원하는 것, 그분을 즐거워하는 것, 그분의 부재를 슬퍼하는 것, 그분에게 속한 모든 것을 사랑하는 것, 그분이 사랑하시는 것을 사랑하고 미워하시는 것을 미워하는 것, 매사에 그분이 기뻐하시는 것을 하려고 힘쓰는 것, 다른 사람들을 그분의 사랑으로 이끄는 것, 그분이 주신 은사와 은혜들을 높이 평가하는 것, 말씀 가운데 계시된 뜻에 안식하는 것, 마지막으로 믿음을 가지고 그분의 이름을 부르는 것이다.

하나님에 대한 두려움이란 하나님의 긍휼과 의를 아는 사람이 하나님을 모욕하는 것을 최대의 악으로 여겨 두려워하는 것이다. 시 130:4, "그러나 사유하심이 주께 있음은 주를 경외케 하심이니이다"; 합 3:16, "내가 들었으므로 내 창자가 흔들렸고 그 목소리로 인하여 내 입술이 떨렸도다. 무리가 우리를 치러 올라오는 환란 날을 내가 기다리므로 내 뼈에 썩이는 것이 들어 왔으며 내 몸은 내 처소에서 떨리는도다"; 시 4:4, "너희는 떨며 범죄치 말지어다."

이로부터 모든 일에서 하나님께 자신을 증명하고자 하는 열심이 생긴다. 창 5:22, "에녹이 그를 낳은 후 계속하여 하나님과 동행하며", 17:1, "그에게 이르시되 나는 전능한 하나님이라 너는 내 앞에서 행하여 완전하라."

이 세 가지의 감정에서 겸손이 나오는데, 하나님께서 값없이 주시는 선을 깨달아 아는 자가 그분 앞에서 낮아지며, 그분께 모든 찬양과 영광을 돌리는 것이다. 고전 1:31, "자랑하는 자는 주 안에서 자랑하라"; 벧전 5:5, "겸손으로 허리를 동이라 하나님이 교만한 자를 대적하시되 겸손한 자들에게는 은혜를 주시느니라. 그러므로 하나님의 능하신 손 아래서 겸손하라 때가 되면 너희를 높이시리라"; 대상 29:10, 11, "다윗이 가로되 우리 조상 이스라엘의 하나님 여호와여 주는 영원히 송축을 받으시옵소서. 여호와여 광대하심과 권능과 영광과 이김과 위엄이 다 주께 속하였사오니 천지에 있는 것이 다 주의 것이로소이다. 여호와여 주권도 주께 속하였사오니 주는 높으사 만유의 머리심이니이다"; 13, 14절. "우리 하나님이여 이제 우리가 주께 감사하오며 주의 영화로운 이름을 찬양하나이다. 나와 나의 백성이 무엇이관대 이처럼 즐거운 마음으로 드릴 힘이 있었나이까. 모든 것이 주께로 말미암았사오니 우리가 주의 손에서 받은 것으로 주께 드렸을 뿐이니이다."

금지하는 명령: 본질에서 하나님이 아닌 것을 하나님으로 여기지 말라.

여기에서 다음의 죄들을 금하신다.

1. 참되신 하나님과 그분의 뜻에 대하여 무지한 것인데, 알지 못하는 것뿐만 아니라, 하나님이 계시하신 것들에 대해서 의심하는 것이다. 렘 4:22, "내 백성은 나를 알지 못하는 우준한 자요, 지각이 없는 미련한 자식이라 악을 행하기에는 지각이 있으나 선을 행하기에는 미련하도다"; 렘 9:3, "여호와께서 말씀하시되 악에서 악으로 진행하며 또 나를 알지 아니하느니라."

2. 무신론인데, 마음으로 하나님과 그분의 속성, 즉 의, 지혜, 섭리, 임재 등을 거절하는 것이다. 시 14:1, "어리석은 자는 그 마음에 이르기를 하나님이 없다 하도다"; 엡 2:12, "세상에서 소망이 없고 하나님도 없는 자이더니"; 말 1:2, "여호와께서 가라사대 내가 너희를 사랑하였노라 하나 너희는 이르기를 주께서 어떻게 우리를 사랑하셨나이까 하는도다"; 말 3:13, 14, "여호와가 이르노라 너희가 완악한 말로 나를 대적하고도 이르기를 우리가 무슨 말로 주를 대적하였나이까 하는도다. 너희가 말하기를 하나님을 섬기는 것이 헛되니 만군의 여호와 앞에 그 명령을 지키며 슬프게 행하는 것이 무엇이 유익하리요."

3. 잘못 아는 것인데, 하나님에 대하여, 그리고 신성의 위격들과 속성들에 대하여 잘못된 지식들이다. 여기에서 헬라주의가 비판받아 마

땅한데, 헤아릴 수 없는 많은 신들을 가지고 있고 그들을 섬긴다. 아우구스티누스,『하나님의 도성』, 6권, 6, 7장 많은 본문들. 유대주의도 그러한데, 그들은 한 분 하나님을 경외하나, 그리스도를 제외한다. 마니교와 마르시온(Marcion) 이단들은 하나님께서 세상의 창조자이심을 거절한다. 사벨리우스(Sabellius)는 세 신적 위격을 거절한다. 아리우스(Arius)는 하나님의 아들 그리스도께서 참된 하나님이시라는 것을 거절한다.

4. 마음의 정서가 하나님으로부터 멀어져 다른 것을 향해서 돌아서는 것이다. 사 29:13, "주께서 가라사대 이 백성이 입으로는 나를 가까이하며 입술로는 나를 존경하나 그 마음은 내게서 멀리 떠났나니"; 렘 12:2, "그들의 입을 주께 가까우나 그 마음은 머니이다."

여러 가지 방법으로 마음이 하나님께로부터 멀어진다.

1. 하나님에 대한 불신이다. 히 10:38, "오직 의인은 믿음으로 말미암아 살리라. 또한 뒤로 물러가면 내 마음이 저를 기뻐하지 아니하리라." 그 결과들은 다음과 같다:

① 고난 속에서 인내하지 않는다. 렘 20:14, 15, "내 생일이 저주를 받았더면 나의 어미가 나를 생산하던 날이 복이 없었더면 나의 아비에게 소식을 전하여 이르기를 네가 생남하였다 하여 아비를 즐겁게 하던 자가 저주를 받았다면", 18절, "어찌하여 내가 태에서 나와서 고생과 슬픔을 보며 나의 날을 수욕으로 보내는고."

② 하나님을 시험한다. 하나님을 불신하며, 심지어 그분을 업신여기는 자들이 (믿지 않으면서도) 그분의 진리와 권세의 증거를 잡으려고 하는 것이다. 마 4:7, "주 너의 하나님을 시험치 말라"; 고전 10:9, 10, "저희 중에 어떤 이들이 시험하다가 뱀에게 멸망하였나니 우리는 저

희와 같이 시험하지 말자. 저희 중에 어떤 이들이 원망하다가 멸망시키는 자에게 멸망하였나니 저희와 같이 원망하지 말라."

③ 절망이다. 창 4:13, "내 벌이 너무 중하니 감면하여 주십시오"; 살전 4:13, "소망 없는 다른 이와 같이 슬퍼하지 않게 하려 함이라."

④ 하나님의 진리에 대해서, 그리고 하나님께서 지금, 또한 앞으로 주실 은총들에 대해서 의심하는 것이다. 시 116:11, "내가 경겁 중에 이르기를 모든 사람은 거짓말쟁이라 하였도다."

2. 피조물을 신뢰하는 것인데, 예를 들어서 사람이다. 렘 17:5, "사람을 믿으며 혈육으로 그 권력을 삼고 마음이 여호와에게서 떠난 그 사람은 저주를 받을 것이라." 재물을 신뢰하는 것이다. 마 6장, "너희가 하나님과 재물을 겸하여 섬기지 못하느니라"; 엡 5:5, "탐하는 자 곧 우상 숭배자는 그리스도와 하나님의 나라에서 기업을 얻지 못하리니." 지형의 요새를 신뢰하는 것이다. 렘 49:16, "바위 틈에 거하며 산 꼭대기를 점령한 자여. 스스로 두려운 자인 줄로 여김과 네 마음의 교만이 너를 속였도다. 네가 독수리같이 보금자리를 높이 지었을지라도 내가 거기서 너를 끌어 내리리라 여호와의 말이니라." 쾌락과 즐거움을 신뢰하는 것이다. 빌 3:19, "저희의 신은 배요." 의사들을 신뢰하는 것이다. 대하 16:12, "아사가 왕이 된지 삼십구년에 그 발이 병들어 심히 중하나 병이 있을 때에 저가 여호와께 구하지 아니하고 의원들에게 구하였더라." 이 중에서도 악마를 믿는 것이 단연 두드러지는 죄이다. 모든 마술사들과 점을 치는 마술사들은 악마와 그의 사역을 신뢰한다. 레 20:6, "음란하듯 신접한 자와 박수를 추종하는 자에게는 내가 진노하여 그를 그 백성 중에 끊으리니."

3. 피조물을 사랑하는 것인데, 참된 하나님보다 더 사랑하는 것이

다. 마 10:37, "아비나 어미를 나보다 더 사랑하는 자는 내게 합당치 아니하고, 아들이나 딸을 나보다 더 사랑하는 자도 내게 합당치 아니하고"; 요 12:43, "저희는 사람의 영광을 하나님의 영광보다 더 사랑하였더라." 여기에 자신을 사랑하는 것도 포함된다(딤후 3:2).

4. 하나님을 미워하고 경멸하는 것인데, 본성적으로 하나님을 떠났기 때문에 그분을 피하고, 죄를 징벌하시는 그분에게 분노하는 것이다. 롬 8:7, "육신의 생각은 하나님과 원수가 되나니", 롬 1:30, "수군수군하는 자요, 비방하는 자요, 하나님의 미워하시는 자요."[6]

5. 하나님을 두려워하지 않는 것이다. 시 36편, "악인의 죄얼이 내 마음에 이르기를 그 목전에는 하나님을 두려워함이 없다 하니."

6. 하나님보다 피조물을 더 두려워하는 것이다. 계 21:8, "두려워하는 자들과 믿지 아니하는 자들은 불과 유황으로 타는 못에 참예하리니"; 마 10:28, "몸은 죽여도 영혼은 능히 죽이지 못하는 자들을 두려워하지 말고 오직 몸과 영혼을 능히 지옥에 멸하시는 자를 두려워하라"; 렘 10:2, "여호와께서 이와 같이 말씀하시되 여러 나라의 길을 배우지 말라. 이방 사람들은 하늘의 징조를 두려워하거니와 너희는 그것을 두려워하지 말라."

7. 마음이 완고하고 육적으로 무사안일한 것인데, 하나님의 심판과 자신의 죄에 대하여 알지 못하는 자가 죄로 인해서 나타날 그분의 진노와 위험들에서 면제될 것이라고 스스로 확신하는 것이다. 롬 2:5, "다만 네 고집과 회개치 아니한 마음을 따라 진노의 날 곧 하나님의

---

6   "하나님을 미워하는 자요"라고 번역할 수도 있음.

의로우신 판단이 나타나는 그 날에 임할 진노를 네게 쌓는도다"; 눅 21:34, "너희는 스스로 조심하라 그렇지 않으면 방탕함과 술취함과 생활의 염려로 마음이 둔하여지고 뜻밖에 그 날이 덫과 같이 너희에게 임하리라."

8. 이 모든 것에서부터 교만이 나온다. 이로써 사람이 자신이 가지고 있는 선을 하나님께 돌리지 않고, 오히려 자신의 가치와 능력으로 돌리며, 심지어 그것으로 자신이 영광을 받고 드러낸다. 고전 4:6, 7, "너희로 하여금 기록한 말씀 밖에 넘어가지 말라 한 것을 우리에게 배워 서로 대적하여 교만한 마음을 먹지 말게 하려 함이라 누가 너를 구별하였느뇨. 네게 있는 것 중에 받지 아니한 것이 무엇이뇨? 네가 받았은즉 어찌 받지 아니한 것같이 자랑하느뇨?"; 창 3:5, "너희가 그것을 먹는 날에는 너희 눈이 밝아 하나님과 같이 되어 선악을 알 줄을 하나님이 아심이니라." 교만의 최고 단계는 끔찍한 자부심인데, 이로써 많은 사람들이 스스로를 하나님의 자리에 올려 놓는다. 행 12:22, 23, "백성들이 크게 부르되 이것은 신의 소리요 사람의 소리는 아니라 하거늘 영광을 하나님께 돌리지 아니하는 고로 주의 사자가 곧 치니 충이 먹어 죽으니라"; 살후 2:4, "저는 대적하는 자라 범사에 일컫는 하나님이나 숭배함을 받는 자 위에 뛰어나 자존하여 하나님 성전에 앉아 자기를 보여 하나님이라 하느니라."

제 2 2 장
두 번째 계명에 대하여

　이상은 하나님을 인정하고, 그분을 택하는 것에 대해서 다룬 첫 번째 계명이었다. 나머지 세 계명은 하나님 그분을 향한 거룩한 고백에 대한 것이다. 먼저 하나님을 선택하고, 그 다음에 선택한 분을 고백하는 것이 당연하다.

　하나님에 대한 이 고백에서는 고백을 이루는 부분들과 고백을 하기 위해서 정해진 때를 생각해야 한다. 두 부분으로 이루어져 있다. 하나님께 드리는 엄숙한 예배와 하나님을 영화롭게 하는 것이다.

　그러므로 두 번째 계명은 하나님께 거룩하고 엄숙한 예배를 드리는 이유에 대한 것이다. 다음의 말씀을 명령하셨다: "너를 위하여 새긴 우상을 만들지 말고 또 위로 하늘에 있는 것이나 아래로 땅에 있는 것이나 땅 아래 물 속에 있는 것의 아무 형상이든지 만들지 말며 그것들에게 절하지 말며 그것들을 섬기지 말라. 나 여호와 너의 하나님은 질투하는 하나님인즉 나를 미워하는 자의 죄를 갚되 아비로부터 아들에게로 삼 사대까지 이르게 하거니와 나를 사랑하고 내 계명을 지키는 자에게는 천대까지 은혜를 베푸느니라."

분석

만들지 말라. 계명의 첫 번째 부분으로서 우상을 만드는 것을 금한다. 그리고 우상에는 만들어진 신 뿐만 아니라, 여호와에 대한 모든 묘사와 형상도 포함한다. 이것은 참으로 교황주의자들을 반박하는 확실한 근거들을 제시한다.

1. 신 4:15, 16, "여호와께서 호렙산 화염 중에서 너희에게 말씀하시던 날에 너희가 아무 형상도 보지 못하였은즉 너희는 깊이 삼가라. 스스로 부패하여 자기를 위하여 아무 형상대로든지 우상을 새겨 만들되 남자의 형상이라던지 여자의 형상이라던지." 모세의 말씀의 추론은 이것이다:

만약 너희가 어떤 형상, 여호와의 형상을 보지 못했다면 아무것도 만들지 말라.
너희가 아무것도 보지 못했고 다만 소리를 들었다.
그러므로 여호와의 어떤 형상도 만들지 말라.

2. 이스라엘이 행했던 우상 숭배는 바로 이 계명을 범한 것이다. 그리고 이스라엘의 우상 숭배는 우상을 통하여 여호와를 예배한 것이었다. 호 2:16, "여호와께서 이르시되 그 날에 네가 나를 내 남편이라 일컫고 다시는 내 바알이라 일컫지 아니하리라." 금송아지가 하나님의 형상이었다. 왜냐하면 그것을 만든 후에 "아론이 공포하여 가로되 내

일은 여호와의 절일"이라고 했기 때문이다. 출 32:5, "아론이 보고 그 앞에 제단을 쌓고 이에 아론이 공포하여 이르되 내일은 여호와의 절일이니라 하니." 그리고 바로 그 송아지를 우상이라고 말한다(행 7:41, 사 40:25, 28).

새긴 우상. 새긴 우상은 대유법에 의해서 하나님께 드리는 예배를 위해서 만들어진 모든 수단들을 가리킨다. 여기에서 계명의 첫 번째 부분은 이중의 분류로서 명료해진다. 첫 번째는 원인에서 나오는 것이다. "나무나 바위에 조각하든지, 판 위에 그리든지, 너는 우상을 만들지 말라." 다른 분류는 대상들에서 나오는 것이다. "너는 하늘에 있는 것들, 즉 별들, 새들, 또한 땅에 있는 것들, 즉 남자 여자 짐승, 땅 아래 있는 것들, 즉 물고기들의 우상을 만들지 말라." 이와 같이 모세는 주제를 설명하였다(신 4:14-20).

절하지 말라. 계명의 두 번째 부분으로서 사람이 우상 앞에서 절하는 것을 금하신다. 그리고 '절하다'라는 단어에 대유법이 있는데, 이것은 하나님을 위하여 만들어진 모든 예배를 의미한다.

왜냐하면 나. 계명에 상벌 규정이 나타나는데, 여기에서 네 가지 이유로 인하여 그것을 준수할 것을 설득하신다.

강하고. 계명의 첫 번째 근거로서 하나님은 우상 숭배를 벌하는 데 있어서 강하신 분이시다.

질투하는. 결혼 관계에서 나오는 은유이다. 하나님은 자신을 교회의 남편이라고 부르신다(사 54:5, 엡 5:26, 27). 그리고 영적인 예배는 결혼과 같이 하나님께 영적으로 헌신하는 것이다. 렘 2:2, "네 소년 때의 우의와 네 결혼 때의 사랑 곧 씨 뿌리지 못하는 땅 광야에서 어떻게 나를 좇았음을 내가 너를 위하여 기억하노라." 여기에서부터 심지어 우상들이 하나님의 적수들임을 정확하게 보이셨다. 또 다른 근거가 유사한 내용으로부터 나온다: '한 남자에게만 있어야 하는 신부와 같이, 참으로 오직 하나님만이 자신과 묶으신 그분의 신부인 백성으로부터 경배받으셔야만 한다. 언젠가 그 백성이 스스로를 우상에게 넘긴다면, 여호와께서는 즉시 이혼 증명서를 그들에게 보내실 것이다.'

죄를 갚되. 죄를 갚으신다는 것은 진실로 아버지의 죄 때문에 자녀를 징벌하시는 것이 아니라, 오히려 아버지의 죄악들에 계속 거하고 있는 자녀들을 조사하시고 그 죄악들을 찾아내심으로 징벌하신다는 것이다. 세 번째 근거는 하나님의 진노의 결과에서부터 나오는 것이다.

미워하시는 자. 분명하게 예변법[7]이 있다. 예변법이 숨겨져 있는데, 다음과 같은 내용이 있을 수 있다: '오히려 우리가 하나님의 사랑과 기억을 일으키기 위해서 우상을 사용하자.'[8] 말씀에 대한 순종은 그것을 거절하고 반대의 것을 하는 것이다: '우상을 사용하는 자를 내가 미워한다.'

베푸느니라. 네 번째 근거가 이 계명을 순종하는 자들에게 베푸실 긍휼의 결과에서 나온다. 먼저 하나님께서는 진노보다는 긍휼을 기뻐하시는 분임을 알아야 한다(시 103:8, 9, 17). 두 번째로 이 제시된 약속은 경건한 부모에게 속한 모든 자녀들을 향한 것이 아니라는 것을 알아야 한다. 왜냐하면 경건한 이삭은 에서라는 버림받은 자녀를 두었고, 불경한 사울은 경건한 요나단을 두었기 때문이다.

---

7 예변법은 어떤 반대를 예상하여 반박하는 것이다.

8 저자는 이 말씀에서 하나님께서 이렇게 선한 목적을 위해서 우상을 사용하자는 제안을 예상하여 미리 반박하고 계신다고 말하는 것이다.

금지하는 명령: 거짓된 신들을 예배하지 말며, 참된 하나님께 거짓으로 만들어낸 예배를 드리지 말라.

여기에서 많은 것들을 금지하신다.

1. 형상을 통하여 여호와를 나타내는 것이다. 왜냐하면 그것은 날조된 것이기 때문이다. 합 2:18, "새긴 우상은 그 새겨 만든 자에게 무엇이 유익하겠느냐? 부어 만든 우상은 거짓 스승이라"; 슥 10:2, "드라빔들은 허탄한 것을 말하며"; 렘 10:8, "그들은 다 무지하고 어리석은 것이니."『엘리베리눔 공의회』, 제36장: "그림을 교회 안에 두지 말아야 한다는 것은 옳다. 즉 예배하거나 경배하는 것을 벽에 그려서는 안 된다." 클레멘스, 작품 5권, 『야곱의 집에 보내는 편지』: "또 다른 것들을 통하여 그 뱀이 그러한 방식으로 말씀을 드러내곤 한다. 우리가 보이지 않는 하나님을 존경하기 위해서, 보이는 형상들을 경배하는 것은 확실히 잘못된 것이다." 아우구스티누스, 『시편 113편 해석』.

또한 십자가와 십자가에 매달리신 그리스도의 형상들을 교회에서 제거해야 한다. 구리뱀의 예가 있다(왕하 18:4). 이스라엘 백성들이 경배하였던 구리뱀을 파괴하였기 때문에 히스기야는 찬양을 받았다. 그럼에도 불구하고 그 뱀은 처음에 하나님께서 만드신 것이었다(민 21:8). 그리고 심지어 그리스도의 고난에 대한 모형 역할을 하였다. 오리겐, 『켈수스에 대한 반론』, 7권: "우리는 제단, 우상, 성전에서 예수를 경배하는 것을 허락하지 않습니다. 왜냐하면 너에게 다른 신이 있게 하지 말라고 기록되어 있기 때문입니다." 에피파니우스, 『예루살렘 사람 요한에게 보내는 편지』에서 "교회 안에 그리스도, 또는 누군가의 성상을 매달아 놓는 것을 보는 것이" 교회의 관례에 반대되는 것임을 말한다. 그러므로 그는 그려진 형상이 매달려 있는 휘장을 자신의 손으로 찢었다.

그리고 콘스탄틴 황제에게 나타나 그 안에서 승리하리라고 한 그 유명한 표는 (교황주의자들이 허튼소리하는 것처럼) 십자가의 표가 아니라, 그리스도의 이름의 표였다. 즉 두 철자 X 와 R가 서로 연결되어 이루어진 것이었다. 유세비우스, 『콘스탄틴의 생애에 대하여』, 1권, 22, 25장.

솔로몬의 성전 안에 있던 케루빔 천사들은 형상을 위해서 만들어진 것이 아니다. 왜냐하면 백성들이 볼 수 없는 지성소 안에 있었기 때문이다. 이것들은 바로 그 천사들을 다스리시는 메시야의 위엄의 상징이었다. 그리고 지금 우리는 그 실체를 가지고 있다.

만약 어떤 자가 상을 예배하는 것이 아니라, 그것을 통하여 하나님을 예배하는 것이라고 말한다면, 그는 만들어진 것이 창조주의 형상을 나타낼 수 없다는 것을 알아야 한다. 만약 할 수 있다고 할지라도 하나님을 그 형상으로 경배해서는 안 된다. 왜냐하면 그것은 생명이 없는 것이고, 하나님의 손으로 한 일이 아니라 인간이 한 것이기 때문이다. 그러므로 하나님이 하신 일을 선포할 수 있는 지극히 작은 미물보다도 더 가치없는 것이다. 이런 이유로 궤변론자들이 얼마나 떠들건 간에, 하나님에 대한 경배 중에서 절대적으로나 상대적으로나 어떤 종류의 것도 이것을 포함하지 않는다.

만약 어떤 사람이 참으로 더욱 형상을 사모한다면, 이미 언제나 가질 수 있다. 즉 십자가에 달리신 그리스도의 살아있는 형상인 복음 설교이다. 갈 3:1, "어리석도다 갈라디아 사람들아 예수 그리스도께서 십자가에 못 박히신 것이 너희 눈 앞에 밝히 보이거늘 누가 너희를 꾀

더냐?" 두 성례에 대해서도 동일하게 말해야 한다. 또한 클레멘스가 명백하게 인정한다. 그의 작품 5권: "만약 당신들이 참으로 하나님의 형상을 경배하려고 한다면, 사람에게 선을 행하여 하나님의 참된 형상을 그 안에서 경배하게 될 것입니다. 왜냐하면 모든 사람 안에 하나님의 형상이 있기 때문입니다."

2. 가장 작은 어떠한 우상 숭배라도 허용하는 것이다. 호 13:2, "저희가 그것에 대하여 말하기를 제사를 드리는 자는 송아지의 입을 맞출 것이라 하도다." 그리고 입맞춤은 그것을 허용하는 외적인 표이다(창 48:10).

그러므로 미사와 모든 우상의 제사들에서 거룩한 것을 제시하는 것은 불법이다. 고전 6:20, "값으로 산 것이 되었으니 그런즉 하나님 것이 된 너희 몸과 너희 영혼으로 하나님께 영광을 돌리라"; 롬 11:4, "내가 나를 위하여 바알에게 무릎을 꿇지 아니한 사람 칠천을 남겨 두었다." 유세비우스, 작품 8권, 3장: "우상의 신전으로 끌려 온 순교자들은 외쳤고, 그 때 고문 당하면서도 큰 목소리로 증거하기를 자신은 거룩한 자가 아니며, 단지 기독교인일 뿐이라고 하였습니다. 그들은 스스로를 신앙 고백으로 치장하기를 기뻐합니다."

아람 사람 나아만은 림몬 신전에서 경배하였는데, 거기서 그는 어떤 우상 숭배를 가장한 것이 아니라, 시민으로서 순종한 것이었다. 이것은 왕에게 친숙함을 드러내는 것이었다(왕하 5:7,18).

이 밖에도 이 명목으로 우상들을 공경할 때 하는 종교적인 춤, 행진, 구경거리, (미사에서 빵을 나누며 부르는) 노래들을 금한다(출 32:6), 고전 10:7, "저희 중에 어떤 이들과 같이 너희는 우상 숭배자가 되지 말라 기록된 바 백성이 앉아서 먹고 마시며 일어나서 뛰논다 함과 같으니라." 그리고 바울은 고린도교인들에게 아무리 우상이 그 자체로는 아무것도 아니라는 것을 안다고 할지라도, 이교도의 신전의 식탁에 앉지 말 것을 무겁게 권고하였다(고전 8:4에서 끝까지). 『세 갈래의 역사(Tripartitae historiae)』, 6권, 30장:

> 군사들 가운데서 어떤 자는 관습에 있는 대로 가운데 쥬피터, 머큐리, 마르스의 형상이 그려져 있는 사령관의 군기를 경배하는 것을 거절하였다. 다른 자들은 황제의 면전에서 첫 번째로 제단의 향료로 제물을 드린 황제의 하사품을 돌려 주었다. 스스로가 기독교인이라고 선언하는 자들은 그 고백을 고수했고, 심지어 거절하였다면 모르고 했었을 것이다. 그러므로 부대가 오직 이방인일 때만 양심에 꺼려 하지 않았다.

3. 우상의 남은 것들과 기념물들이다. 우상을 제거한 후라고 할지라도 이러한 것들을 보관해서는 안 된다. 출 23:13, "내가 네게 이른 모든 일을 삼가 지키고 다른 신들의 이름은 부르지도 말며 네 입에서 들리게도 말지니라"; 사 30:22, "또 너희가 너희 조각한 우상에 입힌 은과 부어만든 우상에 올린 금을 더럽게 하여 불결한 물건을 던짐 같이 던지며 이르기를 나가라 하리라."

4. 불신자와의 모든 연합인데, 단합하는 것 뿐만 아니라, 우정을 나누는 어떤 연합도 허락되지 않는다. 이것에는 참으로 다양한 것들이 있다.

첫 번째로 결혼의 연합이다. 창 6:2, "하나님의 아들들이 사람의 딸들의 아름다움을 보고 자기들의 좋아하는 모든 자로 아내를 삼는지라"; 말 2:11, "유다는 여호와의 사랑하시는 그 성결을 욕되게 하여 이 방 신의 딸과 결혼하였으니"; 스 9:14, "우리가 어찌 다시 주의 계명을 거역하고 이 가증한 일을 행하는 족속들과 연혼하리요?"; 왕하 8:18, "저가 이스라엘의 왕들의 길로 행하여 아합의 집과 같이 하였으니 이는 아합의 딸이 그 아내가 되었음이라. 저가 여호와 보시기에 악을 행하였으나."

두 번째는 전쟁을 위한 언약이다. 전쟁을 함께 하는 것과 적을 공동으로 대적하기 위해서 상호간에 맺는 조약이다. 이것은 여러 가지 방식에서 불경한 것이다:

① 만약 하나님의 대적들에게 도움을 구하는 것이 허락되지 않는다면, 도움을 베풀어주는 협정을 맺는 것도 전혀 허락되지 않을 것이다.

② 마치 하나님께서 그분의 교회를 도와주실 수 없거나, 도와주지 않으려고 하시는 것처럼 하나님의 영광을 가리우는 것이다.

③ 우상들과 불경건이 전파될 위험이 있다.

④ 또한 죄에 대해서 연합할 위험이 있다.

⑤ 대하 19:2, "하나니의 아들 선견자 예후가 나가서 여호사밧 왕을 맞아 가로되 왕이 악한 자를 돕고 여호와를 미워하는 자를 사랑하는 것이 가하니이까? 그러므로 여호와께서 진노하심이 왕에게 임하리이다."

세 번째는 계약으로 이루어지는 연합이다. 여기서 (계약상대가 우상숭배자라는 것을) 아는 사람이 욕심과 돈에 대한 욕망으로 인해서 우상숭배자와 거래한다면, 그것은 우상에게 복종하기로 결심하는 것이다. 그러므로 장사꾼들, 향료상인, 맹수사, 밀랍장수, 양초판매자들이 금지되는데, 그 맹수, 아마, 밀납을 파는 자들은 우상을 예배하는 데 기여하는 자들이다.

네 번째로 불신자인 재판장 밑에서 분쟁을 조사하는 것이다. 고전 6:6, "형제가 형제로 더불어 송사할뿐더러 믿지 아니하는 자들 앞에서 하느냐." 그 외에 믿는 자인 재판장을 둘 수 없는 경우, 그리고 불신자와 분쟁이 난 경우에는 불신자들에게 호소하는 것이 허락된다(행 25:11).

다섯 번째로 짐승을 경배하는 것과 표를 받는 것이다. 계 14:9, 10, "만일 누구든지 짐승과 그의 우상에게 경배하고 이마에나 손에 표를 받으면 그도 하나님의 진노의 포도주를 마시리니." 그리고 '로마의 짐승'은 저 옛 교회가 아니라, 지금의 새 교회인데, 이단적이며 배교하는 교회이다.

5. 자의적 예배는 하나님께 드리는 예배인데, 분명히 좋은 의도에서 나온 것일지라도 하나님의 말씀에서 벗어나는 것이다. 골 2:23, "이런 것들은 자의적 숭배와 겸손과 몸을 괴롭게 하는데 지혜있는 모양이나 오직 육체 좇는 것을 금하는 데는 유익이 조금도 없느니라"; 삼상 13:9, "사울이 가로되 번제와 화목제물을 이리로 가져오라 하여 번제를 드렸더니"; 13절, "사무엘이 사울에게 이르되 왕이 망령되이 행하였도다. 왕이 왕의 하나님 여호와께서 왕에게 명하신 명령을 지키지 아니하였도다." 여기에다 미사, 떡, 축제일, 의복, 위험들, 죄의 사면, 삶의 엄격함, 징계, 외적 행위들, 걸음걸이, 교제, 성지 순례, 제단을 세우는 것, 신분, 성전 등이 교황의 미신에 속해 있다.

교회 모임에서 합창대의 음악은 귀를 즐겁게 하지만 영혼을 세워주지는 않는다. 고전 14:15, "그러면 어떻게 할꼬 내가 영으로 기도하고 또 마음으로 기도하며 내가 영으로 찬미하고 또 마음으로 찬미하리라." 유스티누스, 『질문과 대답』, 107: "교회 안에 그러한 류의 악기들을 통한 노래의 사용과 어리석은 것들(악기)로 이루어지는 다른 모임을 받아들이지 않습니다. 오히려 교회 안에 단순한 노래가 남아 있습니다."

수도 생활에 대한 서약들이다:

① 악한 독신 제도와 가난의 서약과 같은 것들은 하나님의 율법과 충돌하는 것이다. 바울은 일하지 않는 자는 먹지도 말라고 말씀하셨다.

② 남자들이 독신 제도 속에서 계속하여 정결한 것처럼 있다.

③ 이것들은 그리스도인의 자유와 충돌하는 것이고, 자유에 속한 것을 의무적인 것으로 만든다.

④ 이것들은 유대주의로 돌아가는 것이다.

⑤ 우상 숭배이다. 왜냐하면 수도 생활 자체가 경배이며 공로가 되는 것처럼 억측을 하기 때문이다.

6. 위선은 하나님을 허식으로, 다시 말하면 순전히 외적인 모양으로만 경배하고, 마음의 내적인 성향으로는 경배하지 않는 것이다. 마 14:7, 8, "외식하는 자들아 이사야가 너희에게 대하여 잘 예언하였도다. 일렀으되 이 백성이 그의 입과 입술로는 나를 존경하되 마음은 내게서 멀도다"; 시 10:4, "악인은 그의 교만한 얼굴로 말하기를 그의 모든 사상에 하나님이 없다 하나이다."

이것의 결과는 다음의 것들이다:

① 세상에서의 영광과 이익과 이윤을 탐하는 것이다. 그럼에도 불구하고 하나님을 모든 행위로 경배하고자 하는 것처럼 보인다.

② 다른 사람들의 생활을 살펴보기 위해서 눈을 뜨고 날카롭게 보

는 것이다. 그러나 자신은 두더지 같이 보지 못한다.

③ 조상들의 전통을 하나님의 명령보다 더 부지런히 지키는 것이다.

④ 더 중요한 것은 무시하고 덜 중요한 것은 준수한다(마 23:4).

⑤ 사람들로부터 주목을 받고 칭찬을 받기 위한 행동을 하는 것이다(마 6:5). 교황의 금식은 순전히 위선인데, 왜냐하면 그것은 빵을 고르는 것에 불과하고, 공로에 대한 억측과 연결되어 있기 때문이다.

영적인 것이 없는, 다시 말하면 죄와 금지된 욕심을 멀리하지 않은 채 하는 외적인 금식이다. 사 58:5, 6, "이것이 어찌 나의 기뻐하는 금식이 되겠으며 이것이 어찌 사람이 그 마음을 괴롭게 하는 날이 되겠느냐? 그 머리를 갈대 같이 숙이고 굵은 베와 재를 펴는 것을 어찌 금식이라 하겠으며 여호와께 열납될 날이라 하겠느냐? 나의 기뻐하는 금식은 흉악의 결박을 풀어주며 멍에의 줄을 끌러주며 압제 당하는 자를 자유케 하며 모든 멍에를 꺾는 것이 아니겠느냐?"

7. 하나님의 예배를 업신 여기고 무시하며 중단하는 것이다. 계 3:15, 16, "내가 네 행위를 아노니 네가 차지도 아니하고 더웁지도 아니하도다. 네가 차든지 더웁든지 하기를 원하노라. 네가 이같이 미지근하여 더웁지도 아니하고 차지도 아니하니 내 입에서 너를 토하여 내치리라."

8. 하나님의 예배를 변질시키고, 그분께서 교회 안에 제정하신 예배의 질서를 변질시키는 것이다. 이것은 어떤 것을 첨가하거나 빼는 것으로, 또는 어떤 이유로든지 한 부분을 제거함으로 일어난다. 신 12:32, "내가 너희에게 명하는 이 모든 말을 너희는 지켜 행하고 그것에 가감하지 말지니라." 여기에는 주님의 성찬에서 빵을 높이 드는 행위, 한 종류만을 가지고 성찬을 시행하는 것,9 그리고 모든 미사에서

행하는 저 끔찍하고 가증스러운 것들이다.

이러한 이유로 교황주의자들의 전통을 배척해야 한다. 마 15:9, "사람의 계명으로 교훈을 삼아 가르치니 나를 헛되이 경배하는도다." 그리고 교황의 모든 전통은 그 본성상, 또는 남용, 불경건, 미신, 잘못된 예배들로 이득을 취하는 데 유용하다. 그러나 교리를 확립하기 위해서, 그리고 윤리를 가르치는 데 있어서 구약성경과 신약성경으로 넉넉하며 충분하다. 딤후 3:16, 17, "모든 성경은 하나님의 감동으로 된 것으로 교훈과 책망과 바르게 함과 의로 교육하기에 유익하니, 이는 하나님의 사람으로 온전케 하며 모든 선한 일을 행하기에 온전케 하려 함이니라"; 요 20:31, "오직 이것을 기록함은 너희로 예수께서 하나님의 아들 그리스도이심을 믿게 하려 함이요, 또 너희로 믿고 그 이름을 힘입어 생명을 얻게 하려 함이니라."

9. 다른 피조물들을 종교적으로 경배하는 것인데, 합당한 것보다 더 많은 영예를 그것들에게 돌리는 것이다. 계 10:14, "내가 듣고 볼 때에 이 일을 내게 보이던 천사의 발 앞에 경배하려고 엎드렸더니 저가 내게 말하기를 나는 너와 함께 된 종이니 그리하지 말고"; 행 10:25, 26, "마침 베드로가 들어올 때에 고넬료가 맞아 발 앞에 엎드리어 절하니 베드로가 일으켜 가로되 일어서라 나도 사람이라."

그러므로 성인들과 천사들에게 기도하는 것은 더 큰 불경이다. 롬 10:14, "그런즉 저희가 믿지 아니하는 이를 어찌 부르리요"; 마 4:10,

---

9   성찬을 시행할 때 성도들에게 포도주를 나누어주지 않고 빵만 나누어주는 중세 교회의 전통을 말함.

"주 너의 하나님께 경배하고 다만 그를 섬기라." 그리스도께서 사람이신 것과 같이, 또한 하나님이 아니셨다면 (그분에게 기도를 하는 행위는) 합당한 것이 될 수 없었을 것이다. 인성 자체를 생각해 볼 때, 인성에게 경배를 드리는 것이 아니라, 육체와 위격적으로 연합하신 신성에게 드리는 것이다.

더 나아가서 어떤 피조물들에게도 기도해서는 안 된다. 여기에서 나타나는 것은 마음의 움직임을 판단하고, 영혼의 생각을 구별하는 것은 오직 전능한 본성에 속한 것이라는 사실이다. 롬 8:27, "마음을 감찰하시는 이가 성령의 생각을 아시나니, 이는 성령이 하나님의 뜻대로 성도를 위하여 간구하심이니라."

때때로 참으로 거룩했던 자들을 (그들이 받은) 하나님의 은사들로 인하여 인정하고, 그 이름들에 감사하고 기억하며, 품행과 삶에서 거룩하게 본받음으로 기려야 한다.

10. 마귀를 예배하는 것이다: 마술이 있는데, 이것은 마귀의 힘으로 어떠한 것을 이루려는 흉악하고 기이한 기술이다. 기적을 행하는 것은 하나님께만 속한 것이다. 왜냐하면 그분 홀로 본성의 질서를 초월하여, 또한 그것을 거슬러서 기적들을 행하시기 때문이다. 참으로 하나님께서 기적을 보이면서 사용하시는 수단들은 오직 그분의 참된 교회 안에 있는 믿음을 드러낸다. 막 16:17, "믿는 자들에게는 이런 표지가 따르리니."

그러나 마귀들은 존재하지 않는 어떤 것을 만들어 냄으로써 기적을 행하는 것이 아니라, 오히려 자연적인 물건들을 여러 가지 모양으로 움직이고, 옮기고, 결합하고, 농축시키고, 감각을 미혹케 함으로써 기적을 일으킨다.

마술의 근거는 마귀와 계약을 맺는 것이다. 계약이란 마귀와 함께 상호 거래를 하는 것이다. 여기에서 다음의 내용을 알아야 한다.

거래의 장소: ① 마귀는 자신의 종이 될 사람들을 선택한다. 그들 중에는 탁월한 자도 있고, 단순한 자도 있으며, 본성이 악한 자도 있다.

② 그들에게는 다양한 도구들을 제시하는데, 마술사를 통해서, 또는 마술사들의 책들을 통해서 제시한다. 사탄의 도구들이란 하나님 말씀의 목적이나, 그 물건 본성에서는 나올 수 없는 그러한 결과들을 만들어 내기 위해서 있어야만 하는 것이다. 다시 말하면 알 수 없는 말(주문), 하나님을 모욕하기 위해서 남용하여 왜곡한 성경 말씀, 구마의 식을 치른 물, 체, 인장들, 거울들, 조각들, 무릎을 꿇는 것과 다양한 행위들 등이다.

③ 불경건한 자들은 이렇게 받은 도구들을 기뻐하고, 이들에게 기적을 일으킬 수 있는 능력이 내재되어 있다고 확실하게 믿는다.

④ 그들은 열정적인 시도와 도구들을 사용함으로 사탄에 대한 믿음을 보인다.

⑤ 마귀는 (자기에게 믿음을 보이며) 시도하는 자들을 돕기 위해서 그들과 함께 하며, 그들과 다양하게 결탁한다. 왜냐하면 마귀는 모든 능력으로 도구들을 가지고 속인 후에 불경한 자가 의도한 것을 실행하기 때문이다.

사탄의 위조: 그는 하나님의 대적이고, 하나님과 같이 자신을 가장한다.

① 하나님은 그분의 말씀과 성례, 그리고 그분께 마땅히 드려야 하는 믿음을 가지고 계신다. 우리가 말한 바와 같이 마귀도 심지어 자신의 어떤 말씀을 가지고 있으며, 그것으로 인친 외적인 어떤 표지를 가

지고 있다. 즉 성례와 같은 인장, 몸짓, 제사가 있다. 이로써 마술사는 그의 뜻을 보여주고, 반대로 그들로 순종을 보이게 하며, 사탄에 대한 믿음을 증명하게 한다.

② 하나님은 그분을 부르는 자들, 믿는 자들, 순종을 행하는 자들을 들으신다. 그리고 마귀는 마술적인 의식들과 기도를 기뻐한다. 왜냐하면 그것들은 하나님을 모욕하고, 마귀가 영화롭다는 것을 인정하는 것이기 때문이다. 그러므로 만약 하나님께서 그것을 막지 않고 내버려 두신다면, 그러한 의식과 기도를 행하는 그들을 돕고자 가까이 계시는 것이다.

계약에는 비밀한 것이 있고, 공공연한 것이 있다. 비밀하고 은밀한 계약이 있는데, 사람이 마귀와 계약하는 것을 드러내지 않고, 오히려 사탄의 도구들을 묵묵히 인정하고, 그것들을 사용하여 기묘한 소원들이 이루어질 수 있다고 마음으로부터 확실하고 고의적으로 믿는 것이다.

공공연한 계약이 있는데, 사람이 마귀를 믿을 뿐 아니라, 그 자신을 마귀의 권세에 넘겨주고, 또한 특정한 의식으로 소원을 성취하는 조건 하에 마귀와 합의하는 것이다.

마술에는 여자 무당이 있고, 마녀가 있다. 여자 무당은 마귀의 기술을 가지고 미래를 예언한다. 그리고 예언을 하되 특별한 수단들을 사용하거나, 또는 수단을 사용하지 않고 한다. 첫 번째 종류에는 다음의 것들이 있다.

① 점술은 새의 나는 것을 보고 점을 보는 것이다(신 18:11).

② 장복점은 동물의 내장을 가지고 점을 보는 것이다. 겔 21:21, "바벨론 왕이 갈랫길 곧 두 길 머리에 서서 점을 치되 살들을 흔들어

우상에게 묻고 희생의 간을 살펴서"

③ 강신술은 마귀가 죽은 사람의 모습으로 나타나서 신탁을 내리는 것이다(신 18:11). 삼상 28:11, 13-15절, "여인이 가로되 내가 누구를 네게로 불러 올리랴? 사울이 가로되 사무엘을 불러 올리라. 왕이 그에게 이르되 두려워 말라 네가 무엇을 보았느냐? 여인이 사울에게 이르되 신이 땅에서 올라오는 것을 보나이다. 그에게 이르되 그 모양이 어떠하냐 그가 가로되 한 노인이 올라 오는데 그가 겉옷을 입었나이다. 사울이 그가 사무엘인줄 알고 그 얼굴을 땅에 대고 절하니라. 사무엘이 사울에게 이르되 네가 어찌하여 나를 불러 올려서 나로 분요케 하느냐? 사울이 대답하되 나는 심히 군급하니이다. 블레셋 사람은 나를 향하여 군대를 일으켰고." 그는 하나님의 참된 선지자였던 그 사무엘이 아니다:

a. 왜냐하면 성도의 영혼은 마귀의 권세 안에 있지 않기 때문이다. b. 사무엘은 사울이 자신을 경배하는 것을 허락하지 않았기 때문이다. c. 불경한 사울에게 네가 내일 나와 함께 있을 것이라고 말했기 때문이다. 또한 이것은 무당의 눈속임일 수가 없다. 그가 사울의 멸망을 분명하게 예언했기 때문이다. 이것은 서투른 여자가 알 수 없는 것이며, 더군다나 감히 왕에게 그렇게 말하지 못한다. 그러므로 그 사무엘은 순전히 사탄의 조롱이었다는 것이 분명하다.

수단이 없이 점치는 것은 신들림이다. 이것은 귀신, 즉 어떤 더러운 영에 들린 자가 비밀한 사실을 보여주기 위해서 귀신을 직접적으로 사용하는 것이다. 행 16:16, "우리가 기도하는 곳에 가다가 점하는 귀신 들린 하나를 만나니 점으로 그 주인들을 크게 이하게 하는 지라"; 사 29:4, "네가 낮아져서 땅에서 말하며 네 말소리가 나직히 티끌에서

날 것이라. 네 목소리가 신접한 자의 목소리 같이 땅에서 나며 네 말소리가 티끌에서 지껄이리라."

마녀의 마술은 두 부분으로 되어 있다. 눈속임과 요술이다. 눈속임은 마귀적인 속임수를 통하여 외적으로 큰 일과 어려운 일을 행하는 것이다. 출 7:10-12, "모세와 아론이 바로에게 가서 여호와의 명하신 대로 행하여 아론이 바로와 그 신하 앞에 지팡이를 던졌더니 뱀이 된지라. 바로도 박사와 박수를 부르매 그 애굽 술객들도 그 술법으로 그와 같이 행하되 각 사람이 지팡이를 던지매 뱀이 되었으나 아론의 지팡이가 그들의 지팡이를 삼키니라."

요술은 하나님의 허용하심 속에서 주문, 표, 그림, 목에 건 부적, 풀, 약, 동물을 가지고 주로 어린 아이들과 어른들을 사탄의 저주로 더럽히고 중독시키며 공격하고 잡아매고 상해하며 죽이고, 또한 반대로 치료하기도 하는 것인데, 불신자를 징벌하며 신자를 시험하기 위한 것이다. 시 58:6, "저희의 독은 뱀의 독과 같으며 저희는 귀를 막은 귀머거리 독사 같으니, 곧 술사가 아무리 공교한 방술을 행할지라도 그 소리를 듣지 않는 독사로다"; 전 10:11, "주술을 베풀기 전에 뱀에게 물렸으면 술객은 소용이 없느니라."

그리고 이처럼 마술은 하나님의 말씀에서 증명된다. 세상에서 하나님 없이 살며, 사탄의 모든 수단으로 영향을 받고 있는 자들에게 마술이 지금까지도 번성하고 있다는 것은 모든 사람과 지역의 경험으로 확인되고 있다. 그러므로 세심하게 생각하는 자들에게는 교황주의의 많은 부분이 순전한 마술이라는 사실이 분명해질 것이다.

마녀, 흡혈귀가 있다고 떠들면서 대중 속에 퍼뜨리는 자들은 모두 우울증에 걸린 여자들이며, 그들은 마귀적인 속임수의 능력으로 무엇을 행할 수 있다고 생각한다. 그리고 이것은 참으로 악마가 행하는 것이다. 그들은 보이지 않는 싸움에 집중하며, 모든 방법으로 살인, 간통, 온갖 범죄를 옹호할 수 있다.

두 번째로 악마를 경배하는 자들이 있는데, 마술사들과 의논하는 모든 자들이다. 그들이 하나님께 도움을 구하는 척 위장하며 불경건을 숨길 때마다 명백하게 하나님을 떠나 마귀에게로 향하는 것이다. 이것은 마술사들이 하는 행위이다. 삼상 28:13, "사울에게 이르되 내가 신이 땅에서 올라오는 것을 보았나이다"; 레 20:6, "음란하듯 신접한 자와 박수를 추종하는 자에게는 내가 진노하여 그를 그 백성 중에서 끊으리니"; 사 8:19, 20, "혹이 너희에게 고하기를 지절거리며 속살거리는 신접한 자와 마술사에게 물으라 하거든 백성이 자기 하나님께 구할 것이 아니냐, 산 자를 위하여 죽은 자에게 구하겠느냐 하라. 율법과 증거의 말씀을 좇을지니."

권장하는 명령: 너는 영과 진리로 하나님을 예배하라(요 4:24).

왜냐하면 어떤 허식으로 자신의 불경건을 장식하던 간에, 사람이 하나님을 예배하기 시작함과 동시에 이미 그는 우상을 섬기고 있는 것이기 때문이다. 이처럼 롬 1장에서 바울은 하나님의 영광을 썩어질 피조물의 형상으로 바꾸는 자들은 창조자를 섬기는 것이 아니라고 말한다. 고전 10:20, "대저 이방인의 제사하는 것은 귀신에게 하는 것이요 하나님께 제사하는 것이 아니니."

그러므로 다음과 같이 하나님의 거룩하고 장엄한 예배를 살피는 내용들이 관련되어 있다. 다시 말하면:

1. 하나님의 예배를 위한 참된 수단들, 탄원과 감사로 하나님을 부르는 것, 말씀의 설교 그리고 성례이다. 행 2:41, 42, "그 말을 받는 사람들은 세례를 받으매 이 날에 제자의 수가 삼천이나 더하더라. 저희가 사도의 가르침을 받아 서로 교제하며 떡을 떼며 기도하기를 전혀 힘쓰니라"; 딤전 2:1, 2, "그러므로 내가 첫째로 권하노니 모든 사람을 위하여 간구와 기도와 도고와 감사를 하되 임금들과 높은 지위에 있는 사람들을 위하여 하라"; 행 20:7, "안식 후 첫날에 우리가 떡을 떼려 하여 모였더니 바울이 이튿날 떠나고자 하여 저희에게 강론할 새 말을 밤중까지 계속하매." 터툴리안, 『호교론』, 39장: "우리는 모임과 집회로 서로 모이는데, 우리가 마치 (하나의) 군대가 되는 것 같이 함께 간구하여 기도하기 위한 것입니다. 이 힘은 하나님께서 기뻐하시는 것입니다. 만약 어떤 사람이 기도와 회중, 그리고 모든 거룩한 관계의 교통으로부터 단절되는 잘못을 범한다면, 훌륭한 다섯 명의 장로들이 이 사건을 관할합니다. 이들은 이 명예를 대가를 통해서가 아니라 증거를 가지고 얻었습니다." 순교자 유스티누스, 『경건한 황제 안토니우스에게 보내는 강연』.

2. 거룩한 수단들을 사용하는 것이다. 첫 번째로 사역자들이 하는 것이 있는데, 그들의 임무는 하나님께 드리는 예배에서 말씀의 규칙에 따라서 모든 것을 실행하는 것이다. 마 28:20, "내가 너희에게 분부한 모든 것을 가르쳐 지키게 하라"; 고전 11:23, "내가 너희에게 전한 것은 주께 받은 것이니."

두 번째로 회중이 해야 할 것이 있는데, 이들의 의무는 하나님께 기도하며, 말씀을 듣고, 불평이 없는 외적인 고결함으로 성례를 받는 것이다. 고전 14:40, "모든 것을 품위 있게 하고 질서 있게 하라 마음의 내적인 열정을 가진 준비와 함께"; 전 5:1, 2, "너는 하나님의 집에 들어갈 때에 네 발을 삼갈지어다. 너는 하나님 앞에서 함부로 입을 열지 말며 급한 마음으로 말을 내지 말라. 하나님은 하늘에 계시고 너는 땅에 있음이니라." 하나님의 긍휼에 대한 확신과 겸손한 마음, 또는 죄에 대해서 회개하는 것이다. 히 4:2, "그들과 같이 우리도 복음 전함을 받은 자이나 들은 바 그 말씀이 그들에게 유익하지 못한 것은 듣는 자가 믿음과 결부시키지 아니함이라"; 시 26:6, "여호와여 내가 무죄하므로 손을 씻고 주의 제단에 두루 다니며."

3. 하나님께 드리는 예배를 떠받치는 버팀목은 서원과 금식이다. 만약 그분이 먼저 어떤 목적으로 명하지 않으셨다면, 누구도 하나님을 위한 경배라는 명목으로 양심을 억압하며 의무를 지워서는 안 된다.

신약에서 서원은 육체적이고 외적인 행위에 대하여 하나님께 한 약속인데, 어떤 명령을 받지 않았다고 할지라도 회개, 묵상, 단정함, 절제, 인내, 하나님을 향한 감사를 자라게 하고 북돋기 위해서 마음으로 진지하게 결심한 것이다. 창 28:20-22, "야곱이 서원하여 이르되 하나님이 나와 함께 계셔서 내가 가는 이 길에서 나를 지키시고 먹을 떡과 입을 옷을 주시어 내가 평안히 아버지 집으로 돌아가게 하시오면 여호와께서 나의 하나님이 되실 것이요 내가 기둥으로 세운 이 돌이 하나님의 집이 될 것이요 하나님께서 내게 주신 모든 것에서 십분의 일을 내가 반드시 하나님께 드리겠나이다 하였더라."

서약하는 방식은 다음과 같다:

① 불법한 일을 서약해서는 안 된다. ② 소명과 상충되는 일에 대한 것은 안 된다. ③ 능력을 벗어나는 일은 안 된다. ④ 공로와 숭배를 받

고자 하는 어떤 생각이 있어서는 안 된다. ⑤ 그럼에도 불구하고 그리스도께서 주신 양심의 자유를 지켜야 한다는 조건 하에 수행해야 한다.

그러므로 서약의 근거가 계속 인정받을 만하거나 보존되는 한, 서약을 지키는 것은 자유이다. 신 23:18, "창기가 번 돈과 개 같은 자의 소득은 어떤 서원하는 일로든지 네 하나님 여호와의 전에 가져오지 말라. 이 둘은 다 네 하나님 여호와께 가증한 것임이니라"; 21, 22절. "네 하나님 여호와께 서원하거든 갚기를 더디하지 말라. 네 하나님 여호와께서 반드시 그것을 네게 요구하시리니 더디면 그것이 네게 죄가 될 것이라. 네가 서원하지 아니하였으면 무죄하리라"; 시 66:13, 14, "내가 번제물을 가지고 주의 집에 들어가서 나의 서원을 주께 갚으리니 이는 내 입술이 낸 것이요, 내 환난 때에 내 입이 말한 것이니이다."

금식이란 자신이 선하지 않다고 느끼거나, 또는 자신, 혹은 다른 사람에게 재앙이 임박해 있다고 생각하는 사람이 육체적인 것뿐만 아니라, 심지어 삶의 모든 유익들을 일정 시간 동안 멀리하는 것이다. 이것은 자신의 죄를 더 부지런히 찾아 밝히며, 겸손하게 하나님의 진노를 돌리는 탄원을 하기 위한 것이다. 마 9:15, "혼인집 손님들이 신랑과 함께 있을 동안에 슬퍼할 수 있느냐?"; 고전 7:5, "서로 분방하지 말라. 다만 기도할 틈을 얻기 위하여 합의상 얼마 동안은 하되 다시 합하라"; 욜 2:12-17, "여호와의 말씀에 너희는 이제라도 금식하고 울며 애통하고 마음을 다하여 내게로 돌아오라 하셨나니 너희는 옷을 찢지 말고 마음을 찢고 너희 하나님 여호와께로 돌아올지어다. 그는 은혜로우시며 자비로우시며 노하기를 더디하시며 인애가 크시사 뜻을 돌이켜 재앙을 내리지 아니하시나니 주께서 혹시 마음과 뜻을 돌이키시고 그 뒤에 복을 내리사 너희 하나님 여호와께 소제와 전제를 드리게 하지 아니하실는지 누가 알겠느냐? 너희는 시온에서 나팔을 불어 거룩한 금식일을 정하고 성회를 소집하라. 백성을 모아 그 모임을 거룩하게 하고 장로들을 모으며 어린이와 젖 먹는 자를 모으며 신랑을 그 방에서 나오게 하며 신부도 그 신방에서 나오게 하고 여호와를 섬기는 제사장들은 낭실과 제단 사이에서 울며 이르기를 여호와여 주의 백성을 불쌍히 여기소서."

금식은 때로는 개인적이며, 때로는 공적이다. 대하 20:3, "여호사밧이 두려워하여 여호와께로 낯을 향하여 간구하고 온 유다 백성에게 금식하라 공포하매"; 에 4:16, "당신은 가서 수산에 있는 유다인을 다 모으고 나를 위하여 금식하되 밤낮 삼 일을 먹지도 말고 마시지도 마소서. 나도 나의 시녀와 더불어 이렇게 금식한 후에."

금식은 다만 하루를 하기도 하고, 또는 한번에 많은 날을 하기도 한다. 삿 20:23, "이스라엘 자손이 올라가 여호와 앞에서 저물도록 울며 여호와께 여쭈어 이르되 내가 다시 나아가서 내 형제 베냐민 자손과 싸우리이까 하니"; 단 10:2, 3, "그 때에 나 다니엘이 세 이레 동안을 슬퍼하며 세 이레가 차기까지 좋은 떡을 먹지 아니하며 고기와 포도주를 입에 대지 아니하며 또 기름을 바르지 아니하니라."

4. 친한 자들과의 교제는 여호와의 말씀에 따라서 그분을 진정으로 경배하는 자들과 하는 것이 정당하다. 여기에는 결혼과 전쟁을 위한 언약이 있는데, 만약 전쟁이 방법에 있어서 의로우며, 사람의 도움에 신뢰를 두지 않는다면 정당하다(고후 19:2, 말 2:11).

여기에서 그 언약은 공무원들과 모든 공적인 부분들에 연관되어 있는데, 이들은 자기들 사이에서 하는 언약, 또는 참된 종교를 지키기 위하여 하나님과 하는 언약과 관련되어 있다. 대하 15:10, 12-14, "아사 왕 제십오년 셋째 달에 그들이 예루살렘에 모이고 또 마음을 다하고 목숨을 다하여 조상들의 하나님 여호와를 찾기로 언약하고 이스라엘 하나님 여호와를 찾지 아니하는 자는 대소 남녀를 막론하고 죽이는 것이 마땅하다 하고 무리가 큰 소리로 외치며 피리와 나팔을 불어 여호와께 맹세하매."

제 2 3 장
세 번째 계명에 대하여

세 번째 계명은 하나님께 드리는 엄숙한 예배 밖에서 이루어지는 일반적인 생활 속에서 그분을 영화롭게 하는 것에 대한 것이다. 말씀은 이렇다: "너는 너의 하나님 여호와의 이름을 망령되어 일컫지 말라. 나 여호와의 이름을 망령되이 일컫는 자를 죄 없다 하지 아니하리라."

분석

이름. 특별히 하나님의 성호를 가리킨다. 이것은 대유법적인 표현으로 상황에 따라서 하나님을 깨달을 수 있게 하는 모든 것을 가리키는데, 사람을 그의 이름으로 알게 되는 것과 같다. 그분의 말씀과 사역과 심판에 따른 것이다. 행 9:15, "이 사람은 내 이름을 이방 앞에 전하기 위하여 택한 나의 그릇(도구)이라"; 시 8:1, "여호와 우리 주여 주의 이름이 온 땅에 어찌 그리 아름다운지요 주의 영광을 하늘 위에 두셨나이다."

일컫다. 다시 말하면 사용한다는 것이다. 정당하게 허락받지 않는다면, 손으로 만지는 것조차 허락되지 않는 그러한 귀중한 물건에서부터 나온 은유이다. 분명히 사람들은 땅 위에 기어다니는 벌레들과 같아서, 마음으로, 또는 입으로 하나님의 거룩하신 이름을 – 마치 만지는 것과 같이 – 사용할 만한 자격이 없다. 그럼에도 불구하고 하나님은 은혜로 말미암아 허락하신다.

망령되이. 다시 말하면 이유 없이, 쓸데 없이, 헛된 근거와 거짓으로.

왜냐하면. 율법의 법령은 특별한 근거로서 연관되어 있는 징벌로 말미암는 것이다. 하나님의 이름을 남용하는 자는 하나님 앞에서 죄인이 되며 가장 비참해진다. 시 32:1, 2, "허물의 사함을 얻고 그 죄의 가리움을 받은 자는 복이 있도다 여호와께 정죄를 당치 않는 자는 복이 있도다."

죄 없다. 환유적인 표현으로 사면을 받는 것을 말한다.

금지하는 명령: 하나님께 마땅히 드려야 할 영광을 깎아내리지 말라.

여기에 하나님의 엄숙한 예배 밖에서 잘못 사용하는 모든 일들이 연관되어 있다.

1. 거짓 맹세이다. 즉 사람이 스스로 영혼으로 의도하여 맹세하였던 것을 이행하지 않는 것이다(마 5:33). 거짓 맹세에는 네 가지의 큰 죄악이 있다. 첫 번째 죄는 거짓말이다. 두 번째 죄는 거짓된 기도인데, 거짓말하는 자가 거짓을 확증하기 위해서 하나님을 부르기 때문

이다. 세 번째는 하나님의 경고를 업신여기는 것이다. 하나님은 거짓말 하는 자들을 무서운 징벌로 위협하신다. 네 번째는 의무에 대하여 거짓말하는 것이다. 거짓말 하는 자가 스스로 하나님께 무엇을 해드리겠다고 의무를 지고는 그분께 거짓말을 하는 것이다.

2. 잘못된 것을 맹세하는 것이다. 이것은 하나님을 마귀와 동일한 분으로 만드는 것이다. 요 8:44, "너희는 너희 아비 마귀에게서 났으니 등등 거짓을 말할 때마다 제 것으로 말하나니, 이는 저가 거짓말쟁이요 거짓의 아비가 되었음이라"; 슥 5:4, "만군의 여호와께서 가라사대 내가 이것을 벌하였나니 도적의 집에도 들어가며 내 이름을 가리켜 망령되이 맹세하는 자의 집에도 들어가서."

3. 친근한 대화에서 맹세를 사용하는 것이다. 마 5:37, "오직 너희 말은 옳다 옳다 아니라 아니라 하라 이에서 지나는 것은 악으로 좇아 나느니라."

4. 하나님이 아닌 것으로 맹세하는 것이다. 마 5:34, 35, "나는 너희에게 이르노니 도무지 맹세하지 말지니 하늘로도 말라 이는 하나님의 보좌임이요 땅으로도 말라 이는 하나님의 발등상임이요 예루살렘으로도 말라 이는 큰 임금의 성임이요"; 왕상 19:2, "이세벨이 사자를 엘리야에게 보내어 이르되 내가 내일 이맘때에는 정녕 네 생명으로 저 사람들 중 한 사람의 생명 같게 하리라. 아니하면 신들이 내게 벌 위에 벌을 내림이 마땅하니라 한지라"; 렘 12:16, "자기들이 내 백성을 가리켜 바알로 맹세하게 한 것"; 렘 4:7, "네 자녀가 나를 버리고 신이 아닌 것들로 맹세하였으며."

여기에 미사를 통하여, 믿음을 통하여 하는 관습적인 맹세의 형태도 포함된다. 마 23:22, "또 하늘로 맹세하는 자는 하나님의 보좌와 그

위에 앉으신 이로 맹세함이니라." 또한 가장 끔찍한 것은 그리스도의 죽음, 고난, 피를 가지고 맹세하는 것이다. 왜냐하면 이것은 유대인들과 함께 그리스도를 다시 한번 십자가에 매다는 것이고, 그분의 신체를 하나님의 자리에 놓는 것이기 때문이다.

5. 신성모독이다. 이것은 하나님을 향하여 부정을 저지르는 것이고, 모든 말에서 경멸의 냄새를 풍기는 것이다. 레 24:15, 16, "누구든지 자기 하나님을 저주하면 죄를 당할 것이요 여호와의 이름을 훼방하면 그를 반드시 죽일지니"; 왕하 19:10, "너희는 유다 왕 히스기야에게 이같이 말하여 이르기를 너의 의뢰하는 네 하나님이 예루살렘을 앗수르 왕의 손에 붙이지 않겠다 하는 말에 속지 말라." 비극에 나오는 아약스(Aiax)는 다음과 같이 말한다: "신의 도움으로 어려움을 극복하는 게으른 자들은 또한 하나님 없이 스스로 극복할 수도 있다." 또한 교황이 하나님을 조롱하면서 스스로를 '하나님의 종들의 종'이라고 부르는 말장난 역시 신성모독이다. 그럼에도 불구하고 참으로 자신을 주인들 중의 주로 내세우며, 탐욕을 부려 스스로 하나님을 대신한다.

6. 우리의 대적들을 저주하는 것이다. 예를 들면 '천벌이나 받아라!', '악마가 너와 함께 있었으면!, (또는) 우리와 있었으면!', '죽어버려라!' 같은 것이다. 만약 이렇게 한다면 우리 영혼이 정죄를 받을 것이다. 여기에는 시험을 저주하는 것도 포함된다(욥 3장, 렘 15장).

7. 친근한 대화 속에서 별 생각없이 하나님의 명칭을 사용하는 것이다. 예를 들면 '아이구 하나님, 너 얼마나 늦은거야?', '오 주님 오 주님, 너 어디에 있었어?' 빌 2:10, "하늘에 있는 자들과 땅에 있는 자들과 땅 아래 있는 자들로 모든 무릎을 예수의 이름에 꿇게 하시고"; 사 45:23, "내가 나를 두고 맹세하기를 나의 입에서 의로운 말이 나갔은

즉 돌아오지 아니 하나니 내게 모든 무릎이 꿇겠고 모든 혀가 맹약하리라 하였노라."

8. 피조물을 잘못 사용하는 것이다. 다시 말하면 하나님의 사역, 또는 사역하시는 방식을 조롱하는 것이다. 그분의 사역의 탁월함을 약화시킬 때, 이웃에게 있는 하나님의 탁월한 은사를 가릴 때, 그리고 식탁 위에 있는 차려진 음식에 불평할 때, 마지막으로 이러한 것들로 인하여 하나님께 영광을 돌리지 않을 때이다. 고전 10:31, "그런즉 너희가 먹든지 마시든지 무엇을 하든지 다 하나님의 영광을 위하여 하라"; 시 19:1, "하늘이 하나님의 영광을 선포하고 궁창이 그 손으로 하신 일을 나타내는도다"(cf. 롬 1:19-21).

9. 제비 뽑는 것은 행운과 불행을 알아보기 위해서 주사위, 뼈, 서적들과 그러한 기록들을 던지거나 살펴보는 것이다. 이러한 것들은 큰 경외심을 가지고 사용해야 하는데, 하나님께서 직접 정하시는 것이기 때문이다. 그리고 이러한 것은 큰 논쟁에서 무엇을 결정하는 데 도움을 주는 것으로 전적으로 유용하다. 잠 16:33, "사람이 제비는 뽑으나 일을 작정하기는 여호와께 있느니라"; 18:18, "제비 뽑는 것은 다툼을 그치게 하여 강한 자 사이에 해결케 하느니라." 이런 이유로 거룩한 땅을 제비뽑기로 나누었다(수 14, 15장). 제사장들과 왕들이 제비로 선택되었다. 즉 사울이 제비로 선출되었다(삼상 10장). 이처럼 맛디아는 제비로 사도들 중 한 명으로 선택되었다(행 1:23).

10. 미신이다. 이것은 하나님의 섭리의 사역들에 대한 하나의 관점인데, 그 사역의 근거가 하나님의 말씀, 또는 자연의 질서에서 나온 것일 수 없다고 하는 것이다. 예를 들면, 만약 어떤 사람이 아침에 잘못된 신발, 또는 오른발에 왼쪽 신발을 신었다면, 혹은 만약 소금을 식탁

위에 쏟았다 던지, 혹은 어떤 사람이 신발을 신는 동안 재채기를 하였다던지, 또는 만약 토끼가 길을 가로질러 달려갔다던지 한다면 불길하다고 하는 것이다. (반대로) 만약 사람이 철 조각을 발견하였다면 참으로 길한 일이라고 한다. 또 영적인 것들이 노래와 기도에 의해서 지배될 수 있다고 하는 것이다. 주기도문과 사도신경을 암송함으로써 풀에 치료하는 힘이 생긴다고 생각하는 것이다(신 18:11). 이 문제에 손금 보는 것도 포함되는데, 손을 살펴 보고 많은 것을 설명하는 것이다.

참으로 이런 저런 유사한 일들이 우연히 있을지라도, 그것을 믿어서는 안 된다. 왜냐하면 하나님께서 이러한 것들을 보고 듣는 자들을 시험하시고, 그들이 믿음을 가지고 하나님과 함께 하는지를 보이기 위해서 허용하신 일이기 때문이다(신 13장).

11. 천문학, 점성술, 예언이다. 하늘과 별을 잘못 사용하는 것은 이런 종류의 현혹에서 가장 큰 것이다.

① 하늘 형상들의 모든 자리들은 사람들이 만들어낸 움직이는 열두 개의 주된 별자리의 표들로 이루어져 있다. 이것에 어떤 능력이 있을 수 없다.

② 이 기술은 경험으로부터 나온 것도 아니다. 왜냐하면 동일한 별들의 구성이 두 번 반복하여 일어나지 않기 때문이다. 그리고 만약 일어날 수 있다고 할지라도 전혀 관찰이 될 수 없다. 왜냐하면 별들의 힘과 영향이 공기와 땅에서는 방해를 받기 때문이다.

③ 모든 것이 천체의 움직임과 위치에 의해서 발생한다는 것에 귀 기울일 때, 사람의 마음은 하나님의 섭리에 대한 생각에서 멀어지게 된다.

④ 별들은 예언의 징표가 아니라, 날과 달과 년의 표이다. 창 1:14, "하늘의 궁창에 광명이 있어 주야를 나뉘게 하라. 또 그 광명으로 하여 징조와 사시와 일자와 연한(징조, 즉 사시와 일자와 연한: 본문 직역)을 이루라."

⑤ 사 47:13, 14, "네가 많은 모략을 인하여 피곤케 되었도다. 하늘을 살피는 자와 별을 보는 자와 월삭에 예고하는 자들로 일어나 네게 임할 그 일에서 너를 구원케 하여 보라. 보라, 그들은 초개 같아서 불에 타리니 그 불꽃의 세력에서 스스로 구원치 못할 것이라"; 단 2:2, "왕이 그 꿈을 자기에게 고하게 하려고 명하여 박수와 술객과 점장이와 갈대아 술사를 부르매 그들이 들어와서 왕의 앞에 선지라"; 행 19:19, "마술을 행하던 많은 사람이 그 책을 모아가지고 와서 모든 사람 앞에서 불사르니."

⑥ 점성술의 예언은 다음과 같은 일들에 대한 것이다. 그것은 단순히 하나님의 순전한 의지와 경영에 달린 것이고, 하늘에 달린 것이 아니다. 또한 더 나아가서 사람의 자유 의지에 달린 일들이고 우연한 일들이다. 그러므로 미리 알거나 예언할 수 없다.

⑦ 오직 먼 원인과 일반적인 원인들에 대한 지식을 가지고 특정한 결과를 아는 것은 불가능하다. 별은 땅에서 일어나는 일들에 대한 일반적이고 먼 원인들이다. 그러므로 그것들로부터 미래가 어떤지를 예언하는 것은 어떤 사람이 암탉만을 살펴보고 계란에서 어떤 병아리들이 나올 것인지 예언하려고 하는 것과 다를 것이 없다.

질문. 별들의 힘은 어떤 것이고, 얼마나 큰 것인가?
대답. 별들에게는 의심할 바 없이 큰 힘이 있으나, 그 모두는 다만 으뜸되는 네 가지 자연의 질(qualitates)들을 통해서 나온다. 뜨거움, 차가움, 습함, 건조함이다. 그러므로 변화하는 하늘에, 그리고 영향을 끼치는 구성된 덩어리들에 큰 힘들이 있다. 그러나 그것들은 의지를 바꾸거나 강요하지 않는다. 그리고 별들의 힘들이 얼마나 크던지 간에 우리에게는 알려져 있지 않다. 비록 태양의 영향이 일 년의 네 절기의 구성 가운데 나타나며, 또한 달의 작용이 분명하게 나타난다고 할지라도, 고정되어 있는 혹성들과 별들의 엄청난 수, 힘들과 본성들을 알 수가 없다. 그리고 별들에 대한 지식에서, 그리고 알려지지 않은 그 밖의 것들에서 미래의 일들을 판단하지 못한다. 그러한 별들의 위치가 미래에 대한 어떤 결과를 보여주는 것은 옳다. 그럼에도 불구하고 알지 못하는 또 다른 것들의 형체가 그것들을 방해하며 정반대의 일을 일으킨다.

질문. 점성술을 사용하는 것이 명백한 불경건인가?

대답. 점성술이 부분적으로는 그러한데, 하늘의 변화에 대한 것은 거의 모든 것이 잘못된 것이고 헛된 것이다. 그러므로 점성술을 통해서 이루어지는 거의 모든 예언들은 순전히 비웃음거리이고, 우매한 사람들을 속이는 것이다. 진실로 그 밖의 점성술은 출생들, 출생들의 변화, 발전, 방향, 때의 선택에 대하여, 찾는 물건에 대한 것인데, 흉악한 것이다. 그리고 그것은 숨겨진 마술의 한 종류로 보일 수 있다.

근거. ① 성경은 천문학자들을 마술사에 속한 것으로 판단하면서 이것을 두 가지 징벌로 위협한다. ② 천문학자는 진실하게 많은 것을 대답해 준다. 하지만 어떻게? 무슨 수단으로? 그들은 이론적으로 말한다. 하지만 나는 그것을 거절한다. 그 이론들의 교훈은 미리 결정된 것에 대한 것이 아니며, 가장 어리석은 것이다. 만약 내면의 숨겨진 마귀의 입김에 영향을 받는 것이 아니라면, 그가 무엇으로부터 그렇게 참으로 진지하게 예언을 하겠는가? 이에 대해서 아우구스티누스는 『하나님의 도성』, 5권, 7장에서 다음과 같이 말한다: "그 모든 숙고들은 전혀 믿을 가치가 없다. 왜냐하면 천문학자들이 기적적으로 많은 것을 대답할 때, 선하지 못한 영들의 자극으로부터 나오는 것이며, 그들의 수고는 잘못된 것들이고, 별들의 운명이라는 하는 유해한 견해들이다. 이것들은 사람의 마음을 파고들어 확고히 하는데, 어떤 기술로 하늘을 살펴보고 생각하는 점성술에 의한 것이 아니다. 그것은 아무것도 아니다."

12. 교황이 물과 소금을 거룩하게 하는 것인데, 영혼의 건강을 회복하며 마귀를 내어쫓기 위한 것이다(cf.『개혁된 미사경본』, 96쪽).

13. 성경의 구절들과 문구들에서 농담과 재담들을 모으는 것이다. 사 66:2, "무릇 마음이 가난하고 심령에 통회하며 나의 말을 인하여 떠는 자 그 사람은 내가 권고하려니와." 『세 갈래의 역사』(6권, 39장) 중에 다음과 같은 예가 있다: "시골에 사는 그리스도인들을 더 무겁게 핍박하였는데, 때때로 육체적인 고통을 주었다. 황제를 찾아 온 기독교인들이 스스로를 변증하려고 애쓰는 것을 듣고 있던 황제는 '악을 오래 참는 것은 너희의 일이며, 이것이 너희들의 하나님의 교훈'이라고 말하였다."

14. 이 세상에서 일어난 하나님의 심판을 하찮게 여기는 것이다. 마 26:34, 35, "내가 진실로 진실로 네게 이르노니 오늘 밤 닭 울기 전에 네가 세 번 나를 부인하리라. 베드로가 가로되 내가 주와 함께 죽을지언정 주를 부인하지 않겠나이다"; 눅 13:1-3, "사람이 와서 빌라도가 어떤 갈릴리 사람들의 피를 저희의 제물에 섞은 일을 고하니 예수

께서 대답하여 가라사대 너희는 이 갈릴리 사람들이 이같이 해 받음으로써 모든 갈릴리 사람보다 더 죄가 있는 줄 아느냐. 너희에게 이르노니 아니라 너희도 만일 회개치 아니하면 다 이와 같이 망하리라."

15. 방탕한 삶이다. 마 5:16, "이같이 너희 빛을 사람 앞에 비취게 하여 저희로 너희 착한 행실을 보고 하늘에 계신 너희 아버지께 영광을 돌리게 하라"; 삼하 12:14, "이 일로 말미암아 여호와의 원수가 크게 비방할 거리를 얻게 하였으니 당신이 낳은 아이가 반드시 죽으리이다 하고."

권장하는 명령: 모든 일에서 마땅히 드려야 할 영광을 하나님께 돌리라(고전 10:31).

여기에 다음의 것들이 포함된다.

1. 하나님의 영광을 다른 모든 것보다 앞세우는 열심이다. 민 25:7, "제사장 아론의 손자 엘르아살의 아들 비느하스가 보고 회중의 가운데서 일어나서 손에 창을 들고 그 이스라엘 남자를 따라 그의 막에 들어가서 이스라엘 남자와 그 여인의 배를 꿰뚫어서 두 사람을 죽이니"; 시 69:12, "주의 집을 위하는 열성이 나를 삼키고 주를 훼방하는 훼방이 내게 미쳤나이다."

2. 가장 중요한 일에서 경외감을 가지고 하나님의 명칭을 사용하는 것이다. 신 28:58, "네가 만일 이 책에 기록한 이 율법의 모든 말씀을 지켜 행하지 아니하고 네 하나님 여호와라 하는 영화롭고 두려운 이름을 경외하지 아니하면"; 롬 9:5, "조상들도 저희 것이요 육신으로 하면 그리스도가 저희에게서 나셨으니 저는 만물 위에 계셔 세세에 찬

양을 받으실 하나님이시니라. 아멘."

3. 피조물에 대한 거룩한 기억이다. 이로써 우리는 그분의 탁월하심이 어떤 것이었고, 얼마나 큰 것인지를 생각하며 감탄하고, 그것에 대하여 언급하면서 (하나님의 탁월하심을) 인정하고 있음을 보여주고, 명백하게 드러나는 일들을 통하여 하나님께 찬양을 올린다. 시 64:9, 10, "모든 사람이 두려워하여 하나님의 일을 선포하며 그의 행하심을 깊이 생각하리로다. 의인은 여호와로 말미암아 즐거워하며 그에게 피하리니 마음이 정직한 자는 다 자랑하리로다"; 눅 2:18, 19, "듣는 자가 다 목자의 말하는 것을 기이히 여기되 마리아는 이 모든 말을 마음에 지키어 생각하니라"; 렘 5:22, "너희가 나를 두려워 아니하느냐? 내 앞에서 떨지 아니하겠느냐? 내가 모래를 두어 바다의 계한을 삼되 그것으로 영원한 계한을 삼고 지나치지 못하게 하였으므로 파도가 흉용하나 그것을 이기지 못하며 뛰노나 그것을 넘지 못하느니라"(cf. 시 148편).

4. 맹세이다. 이것의 근거는 이중적이다. 첫 번째로 맹세를 하는 것에 대한 것이다. 다른 하나는 이행하는 것에 대한 것이다. 맹세를 하는 것에서 네 가지를 생각해야 한다.

① 내용 또는 부분들: 여기에는 네 가지가 있다. 첫 번째는 진리를 확증하는 것이다. 두 번째는 유일하신 하나님을 부르는 것인데, 그러므로 그분이 진리의 증인이시며, 거짓의 복수자가 되신다. 세 번째로 하나님께서 거짓 맹세를 벌하는 분이심을 고백하는 것이다. 그분이 형벌자가 되시는 것은 그분을 거짓 증인으로 소환했기 때문이다. 네 번째로 우리가 거짓을 행하였다면 징벌을 받겠다는 의무를 지는 것이다.

② 형태: 맹세는 진리 안에서 해야 하는데, 어떤 거짓된 것을 맹세하지 않기 위한 것이다. 의로움으로 해야 하는데, 어떤 불경한 것을 맹세하지 않기 위해서이다. 판단을 해야 하는데, 생각없이, 또는 가벼운 일로 맹세하지 않기 위한 것이다. 렘 4:2, "진실과 공평과 정의로 여호와의 삶을 가리켜 맹세하면 열방이 나로 인하여 스스로 복을 빌며 나로 인하여 자랑하리라"; 사 48:1, "성실치 아니하고 의로움이 없이 여호와의 이름으로 맹세하며 이스라엘의 하나님을 부르는 너희는 들을지어다." 그러므로 만취한 자, 미친자, 광란에 빠진 자, 어린 아이들은 맹세에 대한 의무를 지지 않는다. 그리고 법적으로도 없다.

③ 목적: 논쟁 속에서 반드시 필요한 진리를 확증하는 것이다. 히 6:16, "사람들은 자기보다 더 큰 자를 가리켜 맹세하나니 맹세는 저희 모든 다투는 일에 최후 확정이니라." 반드시 필요한 진리이어야 하는데, 왜냐하면 반드시 검증되어야 하기는 하지만 분명하지 않은 것이, 어떤 다른 논증에 의해서가 아니라 맹세의 증거에 의해서 필요한 때에 밝혀질 수 있기 때문이다. 그리고 이것은 하나님의 영광에 대해서, 이웃의 구원과 평판에 대해서, 맹세의 필요와 믿음에 대해서 논할 때이다. 롬 1:9, "내가 그의 아들의 복음 안에서 내 심령으로 섬기는 하나님이 나의 증인이 되시거니와 항상 내 기도에 쉬지 않고 너희를 말하며"; 고후 1:23, "내가 내 영혼을 두고 하나님을 불러 증거하시게 하노니 다시 고린도에 가지 아니한 것은 너희를 아끼려 함이라."

④ 종류들: 맹세에는 공적인 것과 사적인 것이 있다. 공적인 것은 맹세하는 자가 어떠한 위험으로부터 자유로운 상태로, 의로운 이유들로 인해서 공직자로부터 맹세의 의식으로 증거할 것을 요구받을 때 하는 것이다.

사적인 맹세는 둘 또는 많은 사람들 사이에서 사적으로 이루어지는 것이다. 이것을 만약 절도있고 신중하게 이행한다면 바르다. 만약 개인의 무겁고 진지한 일에서 하나님을 재판장으로 호소하는 것이 허락된다면, 왜 증인으로서는 안 되겠는가? 오히려 성도들의 예들이 이것을 확증해 준다: '개인으로서 야곱과 라반이 서로 맹세하여 언약을 맺었다. 보아스는 맹세로 룻과의 결혼을 확증하였다.'

단언은 맹세와 유사하기는 하지만, 그럼에도 불구하고 구분된다. 단언은 다름 아닌 피조물의 이름을 두고 우리의 의견을 강하게 주장하는 것이다. 다음의 주님의 말씀이 이 주제에 속한다: "진실로 진실로 내가 너희에게 이르노니." 바울도 그렇다. "내가 내 영혼을 두고 하나님을 불러 증거하시게 하노니." 이 말씀들에 맹세와 주장이 있다. 고전 15:31, "내가 그리스도 예수 우리 주 안에서 가진 바 너희에게 대한 나의 자랑을 두고 단언하노니"; 삼상 20:3, "그러나 진실로 여호와의 사심과 내 생명으로 맹세하노니 나와 사망의 사이는 한 걸음 뿐이니라."

그리고 이것은 참으로 정당한 것이다. 아무리 하나님의 영예와 권능을 피조물들에게 돌리지 않기 위해서, 피조물에게 맹세하는 것이 허락되어 있지 않다고 할지라도, 맹세를 하면서 하나님의 영광의 보증과 징표로서 피조물을 사용하는 것은 허락된다.

맹세를 이행하는 근거는 다음과 같다. 합법적인 맹세는 제아무리 맹세한 사람에게 어렵고 손해를 끼칠 뿐만 아니라, 힘으로 빼앗긴 것이라고 할지라도 이행해야 한다. 시 15:4, "서원한 것은 해로울지라도 변치 아니하며." 그럼에도 불구하고 세속 권력자는 그러한 방식의 협정들을 평등하고 선한 이유로 조절하거나 철회할 수 있다.

참으로 불법한 일에 대한 무지, 오류, 또는 연약함을 통하여 한 맹세는 취소해야 한다. 왜냐하면 죄에 죄를 더해서는 안 되기 때문이다. 삼상 25:21, 22, "다윗이 이미 말하기를 광야에서 지켜 그 모든 것을 하나도 손실이 없게 한 것이 진실로 허사라. 내가 그에게 속한 모든 것 중 한 남자라도 아침까지 남겨두면 하나님은 다윗에게 벌을 내리시고 또 내리시기를 원하노라"; 32, 33절. "다윗이 아비가일에게 이르되 오늘날 너를 보내어 나를 영접케 하신 이스라엘의 하나님 여호와를 찬송할지로다. 또 네 지혜를 칭찬할지며 또 네게 복이 있을지로다 오늘날 내가 피를 흘릴 것과 친히 보수하는 것을 네가 막았도다"(cf. 왕상 2:8, 9과 삼상 19:23).

⑤ 하나님께서 피조물을 거룩하게 하고 그것들을 정하여 구별하시는 것은 (그것들을) 거룩하게 사용하시기 위한 것이다. 이러한 방식으로 음식, 부름 받은 사역, 부부의 혼인을 거룩하게 하신다.

거룩하게 하는 수단 두 가지는 말씀과 기도이다. 딤전 4:4, 5, "하나님이 지으신 모든 것이 선하매 감사함으로 받으면 버릴 것이 없나니 하나님의 말씀과 기도로 거룩하여짐이라."

말씀은 다음의 것을 보여준다. 첫 번째로 하나님께서 허락하신 물건의 사용인지 아닌지이다. 다음은 어떠한 거룩한 방식에 의해서, 어떤 장소에서, 어떤 시간에, 어떤 마음으로, 어떤 목적으로 허용된 물건을 사용해야 하는가이다. 히 11:6, "믿음이 없이는 하나님을 기쁘시게 못하나니"; 시 119:24, "주의 증거는 나의 즐거움이요, 나의 모사니이다"(cf. 수 22:19, 29, 삼상 15:23).

거룩하게 하는 기도는 탄원 또는 감사의 행위이다.

탄원은 하나님께로부터 은혜를 받아서 그분의 질서와 피조물을 거룩하게 사용하기 위한 것이다. 골 3:17, "또 무엇을 하든지 말에나 일에나 다 주 예수의 이름으로 하고 그를 힘입어 하나님 아버지께 감사하라"; 삼상 17:45, "다윗이 블레셋 사람에게 이르되 너는 칼과 창과 단창으로 내게 오거니와 나는 만군의 여호와의 이름으로 네게 가노라"; 미 4:5, "오직 우리는 우리 하나님 여호와의 이름을 빙자하여 세상에서 그리고 영원히 행하리로다."

순조로운 여정을 위한 기도: 행 21:5, 6, "이 여러 날을 지난 후 우리가 떠나갈새 저희가 다 그 처자와 함께 성문 밖까지 전송하거늘 우리가 바닷가에서 무릎을 꿇어 기도하고 서로 작별한 후 우리는 배에 오르고 저희는 집으로 돌아가니라."

식탁을 거룩하게 하기 위한 기도: 요 6:11, "예수께서 떡을 가져 축사하신 후에 앉은 자들에게 나눠 주시고 고기도 그렇게 저희 원대로 주시다"; 행 27:35, "떡을 가져다가 모든 사람 앞에서 하나님께 축사하고 떼어 먹기를 시작하매."

자녀를 낳기 위한 기도: 한나(삼상 1장), 눅 1:13, "천사가 일러 가로되 사가랴여 무서워 말라 너의 간구함이 들린지라. 네 아내 엘리사벳이 네게 아들을 낳아 주리니."

감사의 행위는 그리스도를 통해서 주신 은혜와 도움, 그리고 피조물을 적법하게 누리는 데 대한 감사로 아버지이신 하나님의 이름을 높이는 것이다. 빌 4:6, "아무것도 염려하지 말고 오직 모든 일에 기도와 간구로 너희 구할 것을 감사함으로 하나님께 아뢰라"; 살전 5:18, "범사에 감사하라. 이는 그리스도 예수 안에서 너희를 향하신 하나님의 뜻이니라."

식사 후에: 신 8:10, "네가 먹어서 배불리고 네 하나님 여호와께서 옥토로 네게 주셨음을 인하여 그를 찬송하라."

좋은 것들을 잃었을 때: 욥 1:21, "가로되 내가 모태에서 적신이 나왔사온즉 또한 적신이 그리로 돌아가올지라. 주신 자도 여호와시오, 취하신 자도 여호와시오니 여호와의 이름이 찬송을 받으실지니이다 하고."

종살이로부터 자유롭게 됨을 인하여: 출 18:10, "여호와를 찬송하리로다. 너희를 애굽 사람의 손에서와 바로의 손에서 건져내시고 백성을 애굽 사람의 손 밑에서 건지셨도다."

자녀를 얻었음을 인하여: 창 29:35, "레아가 넷째를 잉태하여 아들을 낳고 가로되 내가 이제는 여호와를 찬송하리로다 하고 이로 인하여 그가 그 이름을 유다라 하였고."

승리로 인하여: 삼하 22:1, 2, "여호와께서 다윗을 모든 대적의 손과 사울의 손에서 구원하신 그 날에 다윗이 이 노래의 말씀으로 여호와께 아뢰어 가로되 여호와는 나의 반석이시오, 나의 요새시오, 나를 건지시는 자시오." 주님의 일들에서 성공함을 인하여(창 24:12,48).

제 2 4 장
네 번째 계명에 대하여

네 번째 계명은 안식일, 즉 하나님을 예배하고 영화롭게 하기 위한 거룩한 시간에 대한 것이다. 말씀은 다음과 같다: "안식일을 기억하여 거룩히 지키라. 엿새 동안은 힘써 네 모든 일을 행할 것이나 제 칠일은 너의 하나님 여호와의 안식일인즉 너나 네 아들이나 네 문안에 유하는 객이라도 아무 일도 하지 말라. 이는 엿새 동안에 나 여호와가 하늘과 땅과 바다와 그 가운데 거하는 모든 것을 만들고 제 칠일에 쉬었음이라. 그러므로 나 여호와가 안식일을 복되게 하여 그 날을 거룩하게 하였느니라."

분석

기억하여. 이 조항은 지난 시간 동안에 안식일이 무심하게 방치되었음을 인정하는 것이다. 그리고 모든 것을 멀리하고 안식일을 거룩하게 하기 위한 준비를 요구하고 있다. 이것은 특별히 이 계명을 (다른 사람에게) 지키게 해야 할 가정의 가장과 나라의 지도자들에게 해당하는 것이다.

  거룩히 지키라. 거룩하게 하는 것은 대상을 일반적인 용도에서 구별하여, 하나님의 예배를 위하여 바치는 것이다. 여기서 계명이 두 부분으로 되어있음을 보여준다. 이들 중에서 첫 번째는 일을 쉬는 것이다. 다른 것은 이 쉼을 거룩하게 하는 것이다.

  엿새. 예변법이 숨겨져 있다. 그러나 하루 동안 온전히 우리의 일을 금하는 것은 쉬운 일이 아니다. 이 말씀에는 (명령의 첫 번째 근거와 함께) 큰 것에서부터 작은 것으로 가는 부가적인 설명이 있다:

> 만약 내가 너에게 엿새 동안에 일하는 것을 허락하였다면, 안식일의 하루에는 쉬어야 한다.
> 첫 번째 명제가 참되다. 그러므로 두 번째도 참되다.
> 명제가 빠졌다. 이 본문의 소전제이다. 결론은 그 명령이다.

  여기서 육일 동안을 허용하신 것과 일하도록 자유를 주신 것을 기억해야 한다. 이것을 누구도 폐지할 수 없다. 그럼에도 불구하고 통치자의 명령과 하나님의 교회의 허락 없이도, 일어난 사건으로 인하여 금식하기 위해서, 또는 종교적인 기쁨을 누리기 위해서 하루, 또는 여러 날을 육일로부터 구별하는 것이 허용된다(욜 2:15).

  일곱째 날. 목적에서 나오는 계명의 두 번째 근거이다:

> 만약 안식일이 하나님을 위해서, 그분의 예배를 위해서 바쳐진 것이라면, 그 날에는 일을 멀리해야 한다.

그리고 그 날은 하나님의 예배를 위해서 바쳐진 것이다.

그러므로 그 날에는 일을 멀리해야 한다.

이 말씀에는 주장이 있다. 여기에서 하나님이 정한 예배를 위해서 안식일을 정하는 것을 그분께서 기뻐하신다는 사실에 주의해야 한다. 그러므로 로마 교회가 많은 사람들에게 강요하는 바, 성인들, 또는 사람들, 또는 천사들의 안식일은 불법이다.

하지 말라. 두 번째 근거의 결론인데, 원인들을 구별하는 데에서 나타난다. "너, 아들, 딸, 남종, 여종, 짐승, 나그네도 하지 말라."

아무 일도. 다시 말하면 일반적이고 자유로운 소명에 해당하는 일이다. 그러나 거룩한 일들과 또한 현재 필수적인 일에 해당하는 모든 일들은 허용된다.

여기에는 하나님의 예배와 영광을 지금 보존하고 보호하는 일이 해당한다. 예를 들면 안식일 길이다. 행 1:12, "이 산은 예루살렘에서 가까워 안식일에 가기 알맞은 길이라."

율법에 따라서 짐승을 잡고 껍질을 벗기는 것: 마 12:5, "안식일에 제사장들이 성전 안에서 안식을 범하여도 죄가 없음을 너희가 율법에서 읽지 못하였느냐?"

선지자를 만나기 위해서, 그리고 하나님께 드리는 예배를 위해서 정해진 장소로 떠나는 것: 왕하 4:23, "가로되 초하루도 아니요 안식일도 아니어늘 그대가 오늘날 어찌하여 저에게 나아가고자 하느뇨. 여인이 가로되 평안이니이다"; 시 84:6, 7, "그들이 눈물 골짜기로 지나갈 때에 그 곳에 많은 샘이 있을 것이며 이른 비가 복을 채워 주나이다. 그들은 힘을 얻고 더 얻어 나아가 시온에서 하나님 앞에 각기 나타나리이다."

여기에 또한 긍휼을 베푸는 사역이 해당되는데, 이로써 안전과 생명을 보존한다. 바울이 행했던 일이다. 행 20:9-11, "유두고라 하는 청년이 창에 걸터 앉았다가 깊이 졸더니 바울이 강론하기를 더 오래 하매 졸음을 이기지 못하여 삼층 누에서 떨어지거늘 일으켜 보니 죽었는지라. 바울이 내려가서 그 위에 엎드려 그 몸을 안고 말하되 떠들지 말라 생명이 저에게 있다 하고 올라가 떡을 떼어 먹고 오래 동안 곧 날이 새기까지 이야기하고 떠나니라."

동물을 우물에서 건져주는 것: 눅 14:5, "또 저희에게 이르시되 너희 중에 누가 그 아들이나 소나 우물에 빠졌으면 안식일에라도 곧 끌어내지 않겠느냐 하시니."

빵과 음료를 준비하는 것: 마 12:1, "그 때에 예수께서 안식일에 밀밭 사이로 가실새 제자들이 시장하여 이삭을 잘라 먹으니."

그러나 준비할 때에 그것들이 안식일을 생각하고 전념하는 일을 범하지 않도록 주의해야 한다. 작은 일로부터 큰 일을 위한 근거: 삼하 23:15-17, "다윗이 사모하여 가로되 베들레헴 성문 곁 우물 물을 누가 나로 마시게 할꼬 하매 세 용사가 블레셋 사람의 군대를 충돌하고 지나가서 베들레헴 성문 곁 우물 물을 길어 가지고 다윗에게로 왔으나 다윗이 마시기를 기뻐 아니하고 그 물을 여호와께 부어 드리며 가로되 여호와여 내가 결단코 이런 일을 하지 아니하리이다. 이는 생명을 돌아보지 않고 갔던 사람들의 피니이다 하고 마시기를 즐겨 아니하니라 세 용사가 이런 일을 행하였더라."

가축에게 물을 먹이는 것: 눅 13:15, "주께서 대답하여 가라사대 외식하는 자들아 너희가 각각 안식일에 자기의 소나 나귀나 마구에서 풀어내어 이끌고 가서 물을 먹이지 아니하느냐?"

지금 닥친 급박한 일에서 의사, 선원, 성직자, 조산원의 일을 위한 여행을 허락할 수 있다. 막 2:27, "안식일은 사람을 위하여 있는 것이요, 사람이 안식일을 위하여 있는 것이 아니니."

네 문 안에. 문은 은유적으로 주권, 권위를 의미한다. 마 16:18, "음부의 문(권세)이 이기지 못하리라." 여기에서 나그네에게 숙소를 제공해 주는 이들은 자신의 임무에 주의를 기울여야 한다.

즉 엿새 동안. 계명의 세 번째 근거가 유사한 예로부터 나온다:

> 내가 한 그것을 너도 행해야 한다.
> 나는 일곱 번째 날 안식했고 안식일을 거룩케 하였다.
> 그러므로 너는 일곱 번째 날 안식하고 안식일을 거룩케 할지라.

하나님은 그분의 예배를 위한 날로 정하기 위하여 안식일을 거룩하게 하시고, 사람들은 하나님을 예배하기 위해서 안식일을 거룩하게 한다. 여기에서 안식일이 의식에 속한 것인지, 도덕의 문제에 속한 것인지 질문해봐야 한다.

첫 번째로 그것의 엄격한 규정은 의식적인데, 이것은 하나님의 백성의 내적인 거룩함을 의미하는 모형이었고, 죄로부터의 안식과 같은 것이다. 출 31:13, "너는 이스라엘 자손에게 말하여 이르기를 너희는 나의 안식일을 지키라. 이는 나와 너희 사이에 너희 대대의 표징이니 나는 너희를 거룩하게 하는 여호와인 줄 너희가 알게 함이라"(cf. 겔 20:12).

이 밖에 이것은 바로 하늘의 복된 안식을 의미했다. 사 66:23, "나 여호와가 말하노라. 매 월삭과 매 안식일에 모든 혈육이 이르러 내 앞에 경배하리라"(cf. 히 4:8-10).

또한 안식일은 의식적인데, 고정된 날이라는 측면에서 그렇다. 세상의 창조부터 일곱 번째 날이고, 정해진 의식들을 가지고 준수했다. 민 28:9, 10, "안식일에는 일 년 되고 흠 없는 수양 둘과 고운 가루 한 에바 십분지 이에 기름 섞은 소제와 그 전제를 드릴 것이니, 이는 매 안식일의 번제라 상번제와 그 전제 외에니라."

그러므로 복음적인 교회에서는 안식일의 의식이 더 이상 존재하지 않는다. 골 2:16, 17, "그러므로 먹고 마시는 것과 절기나 월삭이나 안식일을 인하여 누구든지 너희를 폄론하지 못하게 하라. 이것들은 장래 일의 그림자이나 몸은 그리스도의 것이니라." 그리고 사도들이 이 날을 여덟 번째 날로 옮겼다. 행 20:7, "안식 후 첫날에 우리가 떡을 떼려 하여 모였더니 바울이 이튿날 떠나고자 하여 저희에게 강론할새 말을 밤중까지 계속하매"; 고전 16:1, 2, "성도를 위하는 연보에 대하여는 내가 갈라디아 교회들에게 명한 것 같이 너희도 그렇게 하라. 매 주일 첫날에 너희 각 사람이 이를 얻은 대로 저축하여 두어서 내가 갈 때에 연보를 하지 않게 하라." 그 날은 그리스도의 부활로 인하여 주님의 날이라고 불리운다. 계 1:10, "주의 날에 내가 성령에 감동하여."

사도들이 안식일로 정한 그 날을 후에 교회들이 소홀히 하였음에도 불구하고, 그리스도인 황제들이 그 날을 세상의 창조를 기념하는 날로서, 그리고 택자들의 구원을 가장 합당하게 묵상하게 하기 위한 날로서 확정하였다. 『요일들에 대한 레온 황제와 안토니 황제의 법』.

안식일은 도덕법적인데, 특별히 교회의 모임 가운데서 말씀의 직무와 하나님의 엄숙한 예배를 행하고 지키려는 측면에서 그렇다. 그러므로 이러한 관점에서 우리도 유대인들과 같이 일하는 것을 중지해야 한다. 사 58:13, "만일 안식일에 네 발을 금하여 내 성일에 오락을 행치 아니하고 안식일을 일컬어 즐거운 날이라 여호와의 성일을 존귀한 날이라 하여 이를 존귀히 여기고 네 길로 행치 아니하며 네 오락을 구치 아니하며 사사로운 말을 하지 아니하면."

마지막으로 주인에게 열심히 노동력을 제공하는 종들과 가축들에게 안식을 준다는 면에서 도덕법적이다.

권장하는 명령: 안식일을 거룩하게 하라.

이것은 죄악된 일과 일반적인 소명에 해당하는 일을 멀리함으로, 그리고 영적인 일들, 즉 두 번째와 세 번째 계명의 일들을 수행함으로 이루어진다.

1. 앞둔 안식일을 거룩하게 하기 위한 준비를 위해서 일찍 일어나는 것이다. 이 준비는 개인적인 기도들과 자신의 죄를 살피는 것으로 이루어진다. 막 1:35, "새벽 오히려 미명에 예수께서 일어나 나가 한적한 곳으로 가사 거기서 기도하시더니." 그 때는 안식일이었다(29절). 출 32장. "아론이 공포하여 가로되 내일은 여호와의 절일이니라 하니 이튿날에 그들이 일찍이 일어나 번제를 드리며"; 전 5:1, "너는 하나님의 집에 들어갈 때에 네 발을 삼갈지어다 가까이 하여 말씀을 듣는 것이 우매한 자들이 제물 드리는 것보다 나으니 그들은 악을 행하면서도 깨닫지 못함이니라."

2. 교회의 거룩한 모임에서 정해진 시간에 참석하며, 말씀을 듣고, 성례를 받고, 교회와 함께 공적으로 하나님을 부르며, 하나님의 이름을 높이는 것이다. 행 13:14, 15, "저희는 버가로부터 지나 비시디아

안디옥에 이르러 안식일에 회당에 들어가 앉으니라. 율법과 선지자의 글을 읽은 후에 회당장들이 사람을 보내어 물어 가로되 형제들아 만일 백성을 권할 말이 있거든 말하라 하니"(cf. 딤전 2:1-3, 행 20:7, 왕하 4:22, 23).

3. (모임 후에) 교회의 회중이 흩어져서 남은 안식일을 하나님의 말씀과 창조물에 대한 묵상에 사용하는 것이다(시 29 전체). 행 17:11, "베뢰아 사람은 데살로니가에 있는 사람보다 더 신사적이어서 간절한 마음으로 말씀을 받고 이것이 그러한가 하여 날마다 성경을 상고하므로." 또한 긍휼의 사역을 행하고, 병든 자들을 방문하고, 가난한 자들을 도우며, 넘어진 자들을 위로하고, 원수들과 화해하는 것이다. 느 8:12, "모든 백성이 곧 가서 먹고 마시며 나누어 주고 크게 즐거워하니, 이는 그들이 그 읽어 들려 준 말을 밝히 앎이라."

금지하는 명령: 하나님의 안식일을 더럽히지 말라.

안식일을 범하는 것은 무거운 죄이다. 마 24:20, "너희의 도망하는 일이 겨울에나 안식일에 되지 않도록 기도하라"; 애 1:7, "그의 백성이 대적의 손에 넘어졌으나 그를 돕는 자가 없었고 그를 보는 대적들은 그의 안식을 비웃는도다"; 레 19:30, "내 안식일을 지키고 내 성소를 공경하라. 나는 여호와니라." 그러므로 여기에서 다음을 금지한다.

1. 소명(직업)의 업무. 만약 당신이 그것을 행해야 한다면, 이익 때문에 해서는 안 되며, 오히려 긍휼의 사역이기 때문에, 또한 긍휼의 사역이라는 한도 내에서 해야 한다.

2. 당면하고 반드시 필요한 거룩의 문제가 없음에도 불구하고 여행

하는 것. 출 16:29, "너희는 각기 처소에 있고 제 칠일에는 아무도 그 처소에서 나오지 말지니라." 그리고 계명의 근거로 인하여 가장은 집에 있어야 하는데, 모든 가족과 함께 안식일을 거룩하게 하기 위해서이다.

3. 안식일에 열리는 장터들. 느 13:15-17, "그 때에 내가 본즉 유다에게 어떤 사람이 안식일에 술통을 밟고 곡식단을 나귀에 실어 운반하며 포도주와 포도와 무화과와 여러 가지 짐을 지고 안식일에 예루살렘에 들어와서 식물을 팔기로 그날에 내가 경계하였고, 또 두로 사람이 예루살렘에 거하며 물고기와 각양 물건을 가져다가 안식일에 유다 자손에게 예루살렘에서도 팔기로 내가 유다 모든 귀인을 꾸짖어 이르기를 너희가 어찌 이 악을 행하여 안식일을 범하느냐?"

4. 경작지와 추수 때에 일하는 것과 운반하는 것. 출 34:21, "너는 엿새동안 일하고 제 칠일에는 쉴지니 밭갈 때에나 거둘 때에도 쉴지며."

5. 농담, 유흥, 오락, 그리고 영혼이 하나님께 드리는 예배에서 마땅히 가져야 하는 마음가짐을 방해하고 멀어지게 하는 일들을 허용하는 것이다. 만약 직업의 업무가 금지되어야 한다면, 이러한 것들은 더욱 더 금지해야 한다. 이런 일들로 인해서 동일하게 영혼은 농사와 일로부터 멀어진다.

6. 내적인 경건의 능력이 없이 안식일을 외적으로만 준수하는 것이다. 사 1:14, 15, "내 마음이 너희의 월삭과 정한 절기를 싫어하나니 그것이 내게 무거운 짐이라. 내가 지기에 곤비하였느니라. 너희가 손을 펼 때에 내가 눈을 가리우고 너희가 많이 기도할지라도 내가 듣지 아니하리니 이는 너희의 손에 피가 가득함이니라"; 딤후 3:5, "경건의 모양은 있으나 경건의 능력은 부인하는 자니 이같은 자들에게서 네가

돌아서라."

   7. 안식일을 공공연하게 더럽히는 것이다. 이것은 잔치를 하고, 탐식을 하고, 간음 등등을 함으로 이루어진다. 이것은 마귀를 위한 안식일을 지키는 것이다.

제 2 5 장
다섯 번째 계명에 대하여

이상은 첫 번째 돌판에 대한 것이었다. 이어서 두 번째 판은 이웃 사랑에 대한 것이다. 롬 13:9, "간음하지 말라, 살인하지 말라, 도적질하지 말라, 거짓 증거하지 말라, 탐내지 말라 한 것과 그 외에 다른 계명이 있을지라도 네 이웃을 네 자신과 같이 사랑하라 하신 그 말씀 가운데 다 들었느니라."

이웃은 그 몸에서 우리와 함께 있는 사람이다. 사 58:7, "벗은 자를 보면 입히며 또 네 골육을 피하여 스스로 숨지 아니하는 것이 아니겠느냐?" 사랑의 방법은 우리 자신을 사랑하는 것과 같이 참되고 뜨겁게 이웃을 사랑하는 것이다. 반대로 하나님을 사랑하는 참된 방법은 무한히 그분을 섬기는 것이다.

두 번째 판은 여섯 개의 계명을 포함하고 있는데, 그 계명들 가운데서 첫 번째, 그리고 십계명의 순서에서 다섯 번째는 이웃에게 있는 품위와 탁월함을 보존함에 대한 것이다. 말씀은 이렇다: "네 부모를 공경하라. 그리하면 너의 하나님 나 여호와가 네게 준 땅에서 네 생명이 길리라."

분석

공경. 공경은 대유법적으로 모든 의무, 즉 이웃에게 있는, 그리고 특별히 연장자에게 있는 품위를 보존하는 의무를 뜻한다.

참으로 그 품위는 개개의 사람들이 스스로 하나님의 형상의 어떠한 것을 지니고 있음으로 인해서 가지는 것인데, 만약 우리가 외적인 질서와 예의에 주의한다면, 그것이 교회와 사회 속에서 지켜질 것이다. 단 2:37, "왕이여 왕은 열왕의 왕이시라. 하늘의 하나님이 나라와 권세와 능력과 영광을 왕에게 주셨나이다." 이런 까닭에 통치자를 신들이라고 부른다(시 81:1). 노인에게는 하나님의 불멸의 형상이 있다. 아버지에게는 하나님의 부성애에 속한 것이 있다. 마 23:9, "땅에 있는 자를 아비라 하지 말라. 너희 아버지는 하나이시니 곧 하늘에 계신 자시니라." 남자에게는 하나님의 섭리와 주권의 형상이 있다. 고전 11:7, "남자는 하나님의 영광의 형상이니 그 머리에 마땅히 쓰지 않거니와 여자는 남자의 영광이니라." 마지막으로 많이 배운 자에게는 하나님의 지식과 지혜의 형상이 있다. 그리고 이로써 그 안에 하나님의 형상의 불꽃이 빛나는 자는 항상 영예롭게 되고 존중받아야 한다.

아버지. 대유법적인 표현으로 모든 연장자들을 말하는 것이다. 부모, 친척, 부모의 위치에 있는 인척, 세속 권력자, 사역자, 연상자, 뛰어난 은사를 가진 자이다. 그랄 왕의 이름은 아비멜렉(내 아버지는 왕이다라는 뜻: 역자 주)이었다(창 20장). 창 45:8, "하나님이 나로 바로의 아비를 삼으시며 그 온 집의 주로 삼으시며"; 고전 4:15, "그리스도 안에서 일만 스승이 있으되 아비는 많지 아니하니 그리스도 예수 안에서 복음으로써 내가 너희를 낳았음이라"; 왕하 5:13, "그 종들이 나아와서 말하여 가로되 내 아버지여 선지자가 당신을 명하여 큰 일을 행하라 하였더면 행치 아니하였으리이까?"; 왕하 2:12, "엘리사가 보고 소리 지르되 내 아버지여 내 아버지여 이스라엘의 병거와 그 마병이여."

어머니. 어머니가 연약하다고 하여 무시하지 않도록 이것을 덧붙였다. 잠 23:22, "너 낳은 아비에게 청종하고 네 늙은 어미를 경히 여기지 말지니라."

여기서 또한 배우자의 어머니와 아버지에게도, 마치 자신의 부모님들인 것처럼 마땅한 존경을 행해야 함을 권고하는 것이다. 룻 3:1, "룻의 시모 나오미가 그에게 이르되 내 딸아 내가 너를 위하여 안식할 곳을 구하여 너로 복되게 하여야 하지 않겠느냐?"; 5절, "룻이 시모에게 이르되 어머니의 말씀대로 내가 다 행하리이다 하니라"; 출 18:17, "모세의 장인이 그에게 이르되 그대의 하는 것이 선하지 못하도다"; 19절. "이제 내 말을 들으라. 내가 그대에게 한 방침을 가르치리니 하나님이 그대와 함께 계실지로다"; 24절, "이에 모세가 자기 장인의 말을 듣고 그 모든 말대로 하여"; 미 7:6, "아들이 아비를 멸시하며 딸이 어미를 대적하며 며느리가 시어미를 대적하리니."

길리라. 복종하는 자들은 생명이 길리라고 말씀하신다. 왜냐하면 그것이(이 계명에 대한 복종: 역자 주) 장수하게 하는 하나님의 도구이기 때문이다. 종종 행위의 명칭을 도구에 붙인다. 눅 16:9, "불의의 재물로 친구를 사귀라. 그리하면 없어질 때에 저희가 영원한 처소로 너희를 영접하리라"; 딤전 4:16, "이것을 행함으로 네 자신과 네게 듣는 자를 구원하리라." 그리고 부모들은 자녀들에게 의와 판단을 행하여 여호와의 길을 순종하도록 교육함으로 그들이 장수하게 한다(창 18:19). 경건을 행하는 곳에서 현세와 앞으로의 생명의 약속을 받는다(딤전 4:8).

이 밖에 부모들은 자녀들에 대한 호의를 품고 거룩한 기도를 한다. 여기에서 다음의 전통이 나타난다. 부모를 보살피는 자녀들이 부모들에게 복을 빌어줄 것을 간청하는 것인데, 이것은 헛된 일이 아니다.

이 밖에도 이 말씀을 보면 목적에서부터 계명의 근거가 나온다. 그것은 근거, 약속인데, 아주 특별하다. 엡 6:2, "네 아버지와 어머니를 공경하라 이것이 약속 있는 첫 계명이니." 내가 특별하다고 말했는데, 왜냐하면 두 번째 계명에 있는 약속은 보편적인 것이고, 다른 계명들과 관계된 것이기 때문이다.

참으로 하나님은 완전한 의미에서가 아니라, 그것이 복이라는 면에서 생명이 길리라고 약속하신다. 엡 6:3, "이는 네가 잘되고 땅에서 장수하리라." 긴 생명이 항상 복이 아니며, 때때로 진실로 죽는 것이 사는 것보다 낫다는 것을 생각해야 한다. 사 57:1, "의인이 죽을지라도 마음에 두는 자가 없고 자비한 자들이 취하여감을 입을지라도 그 의인은 화액 전에 취하여 감을 입은 것인 줄로 깨닫는 자가 없도다."

만약 하나님께서 때때로 순종하는 자녀들에게 짧은 생을 주신다면, 반대로 하늘에서 영원한 생명으로 갚으신다. 이처럼 약속은 떨어지지 않고 더 나은 것으로 바뀐다.

권장하는 명령: 이웃의 품위를 보존해주라.

여기에서 다음을 명령하는 것이다. 1. 모든 윗사람들에 대한 존경에는 다음의 행위들이 있다:

① (그들이) 지나갈 때 일어서는 것이다. 레 19:32, "너는 센 머리 앞에 일어서고 노인의 얼굴을 공경하며 네 하나님을 공경하라. 나는 여호와니라."

② (윗사람들이) 올 때 마중 나가는 것이다. 창 18:2, "눈을 들어 본즉 사람 셋이 맞은 편에 섰는지라 그가 그들을 보자 곧 장막 문으로 달려나가 영접하며"; 왕상 2:19, "밧세바가 이에 아도니아를 위하여 말하려고 솔로몬 왕에게 이르니 왕이 일어나 영접하여 절한 후에."

③ 무릎을 꿇는 것이다. 막 10:17, "그가 길에 나가실새 한 사람이 달려와서 꿇어앉아"; 창 18:2, "그들에게 달려나가 영접하며 몸을 땅에 굽혀."

④ (그들이) 앉아 있는 자리 옆에 서는 것이다. 창 18:8, "뻐터와 우유와 하인이 요리한 송아지를 가져다가 그들의 앞에 진설하고 나무 아래 모셔 서매 그들이 먹으니라"; 출 18:13, "이튿날에 모세가 백성을 재판하느라고 앉았고 백성은 아침부터 저녁까지 모세의 곁에 섰는지라."

⑤ 상석을 주는 것이다. 왕상 2:19, "다시 위에 앉고 그 모친을 위하여 자리를 베풀게 하고 그 우편에 앉게 하는지라"; 눅 14:7-9, "청함을 받은 사람들의 상좌 택함을 보시고 저희에게 비유로 말씀하여 가라사대 네가 누구에게나 혼인 잔치에 청함을 받았을 때에 상좌에 앉지 말라. 그렇지 않으면 너보다 더 높은 사람이 청함을 받은 경우에 너와 저를 청한 자가 와서 너더러 이 사람에게 자리를 내어 주라 하리니 그 때에 네가 부끄러워 말석으로 가게 되리라"; 창 43:33, "그들이 요셉의 앞에 앉되 그 장유의 차서대로 앉히운 바 되니 그들이 서로 이상히 여겼더라."

⑥ 윗사람이 먼저 말할 수 있도록 허락해주는 것이다. 욥 32:6, 7, "부스 사람 바라겔의 아들 엘리후가 발언하여 가로되 나는 연소하고 당신들은 연로하므로 참고 나의 의견을 감히 진술치 못하였노라. 내가 말하기를 날이 많은 자가 말을 낼 것이요 해가 오랜 자가 지혜를 가르칠 것이라 하였으나"; 16, 17절, "그들이 말이 없이 가만히 서서 다시 대답지 아니한즉 내가 어찌 더 기다리랴 나도 내 본분대로 대답하고 나도 내 의향을 보이리니."

⑦ 법정과 회의에서 말하는 것을 허락받을 때까지 침묵하는 것이다. 행 24:1, 2, "닷새 후에 대제사장 아나니아가 어떤 장로들과 한 변사 더둘로와 함께 내려와서 총독 앞에서 바울을 고소하니라. 바울을 부르매 더둘로가 송사하여 가로되"; 10절, "총독이 표시하여 말하라 하니 바울이 대답하되."

⑧ 그들과 대화할 때에 마땅한 칭호들을 사용하여 존경을 드러내는 것이다. 벧전 3:6, "사라가 아브라함을 주라 칭하여 복종한 것 같이 너희가 선을 행하므로 그의 딸이 되었느니라"; 막 10:17, "묻자오되 선한 선생님이여 내가 무엇을 하여야 영생을 얻으리이까"; 20절, "여짜오되 선생님이여 이것은 내가 어려서부터 다 지키었나이다"; 삼상 1:14, 15, "엘리가 그에게 이르되 네가 언제까지 취하여 있겠느냐? 포도주를 끊으라. 한나가 대답하여 가로되 나의 주여 그렇지 아니하니이다. 나는 마음이 슬픈 여자라 포도주나 독주를 마신 것이 아니요."

2. 윗사람들에 대한 권위에서. 첫 번째로 그들의 명령에 대한 순종이다. 롬 13:1, "각 사람은 위에 있는 권세들에게 굴복하라."

우리는 순종으로 나아가야 한다. 왜냐하면 위에 있는 모든 권세는 하나님께서 정하신 것이기 때문이다. 그리고 우리가 그에게 하는 순종을 하나님은 마치 그분 자신과 그리스도께 한 것처럼 받으신다. 롬 13:2, "그러므로 권세를 거스리는 자는 하나님의 명을 거스림이니 거스리는 자들은 심판을 자취하리라"; 골 3:23, 24, "무슨 일이든지 마음을 다하여 주께 하듯 하고 사람에게 하듯 하지 말라 이는 유업의 상을 주께 받을 줄 앎이니 너희는 주 그리스도를 섬기느니라." 순종은 부지런함과 윗사람에 대한 신뢰를 가지고 행해야 한다. 창 24:2, 3, "아브라함이 자기 집 모든 소유를 맡은 늙은 종에게 이르되 청컨대 네 손을 내 환도뼈 밑에 넣으라. 내가 너로 하늘의 하나님 땅의 하나님이신 여호와를 가리켜 맹세하게 하노니 너는 나의 거하는 이 지방 가나안 족속의 딸 중에서 내 아들을 위하여 아내를 택하지 말고"; 10절, "이에 종이 그 주인의 약대 중 열필을 취하고 떠났는데"; 12절, "그가 가로되 우리 주인 아브라함의 하나님 여호와여 원컨대 오늘날 나로 순적히 만나게 하사 나의 주인 아브라함에게 은혜를 베푸소서"; 33절, "그 앞에 식물을 베푸니 그 사람이 가로되 내가 내 일을 진술하기 전에는 먹지 아니하겠나이다. 라반이 가로되 말하소서"; 56절, "그 사람이 그들에게 이르되 나를 만류치 마소서. 여호와께서 내게 형통한 길을 주셨으니 나를 보내어 내 주인에게로 돌아가게 하소서"; 창 31:38-40절, "내가 이 이십년에 외삼촌과 함께 하였거니와 외삼촌의 암양들이나 암염소들이 낙태하지 아니하였고 또 외삼촌의 양떼의 수양을 내가 먹지 아니하였으며 물려 찢긴 것은 내가 외삼촌에게로 가져가지 아니하고 스스로 그것을 보충하였으며 낮에 도적을 맞았던지 밤에 도적을 맞았던지 내가 외삼촌에게 물어 내었으며 내가 이와 같이 낮에는 더위를 무릅쓰고 밤에는 추위를 당하며 눈붙일 겨를도 없이 지내었나이다."

이 밖에도 완고한 사람들과 악한 사람들에게도 순종해야 한다. 그러나 악한 일에 순종해서는 안 된다. 벧전 2:18, "사환들아, 범사에 두려워함으로 주인들에게 순복하되 선하고 관용하는 자들에게만 아니라 또한 까다로운 자들에게도 그리하라"; 행 4:19, "하나님 앞에서 너희 말 듣는 것이 하나님 말씀 듣는 것보다 옳은가 판단하라."

두 번째로 그들이 내리는 벌을 달게 받는 것이다. 창 16:6, "아브람이 사래에게 이르되 그대의 여종은 그대의 수중에 있으니 그대의 눈에 좋은대로 그에게 행하라 하매 사래가 하갈을 학대하였더니 하갈이 사래의 앞에서 도망하였더라"; 9절. "여호와의 사자가 그에게 이르되 네 여주인에게로 돌아가서 그 수하에 복종하라."

그리고 만약 벌이 불의하다고 할지라도, 당신이 합법적인 대응책을 가질 때까지는 감당해야 한다. 벧전 2:19, 20, "애매히 고난을 받아도 하나님을 생각함으로 슬픔을 참으면 이는 아름다우니 죄가 있어 매를 맞고 참으면 무슨 칭찬이 있으리요? 오직 선을 행함으로 고난을 받고 참으면 이는 하나님 앞에 아름다우니라."

세 번째는 감사하는 것이다:

① 기도로 감사하는 것이다. 딤전 2:1, 2, "그러므로 내가 첫째로 권하노니 모든 사람을 위하여 간구와 기도와 도고와 감사를 하되 임금들과 높은 지위에 있는 모든 사람을 위하여 하라. 이는 우리가 모든 경건과 단정한 중에 고요하고 평안한 생활을 하려 함이라." ② 외적인 도움으로 감사하는 것이다. 딤전 5:17, "잘 다스리는 장로들을 배나 존경할 자로 알되"; 창 45:9-11, "당신들은 속히 아버지께로 올라가서 고하기를 아버지의 아들 요셉의 말에 하나님이 나를 애굽 전국의 주로 세우셨으니 내게로 지체말고 내려오사 당신이 고센 땅에 거하리이다. 흉년이 아직 다섯 해가 있으니 내가 거기서 아버지를 봉양하리이

다. 아버지와 아버지의 가속과 아버지의 모든 소속이 결핍할까 하나이다 하더라 하소서."

3. 윗사람들에 대한 은사들에 대해서. 그것을 인정하고 영예와 함께 칭찬하는 것이 본분이다(고후 8:22, 23).

4. 모든 동년배의 사람들에 대해서.

① 그들을 영예롭게 생각하는 것이다. 빌 2:3, "아무 일에든지 다툼이나 허영으로 하지 말고 오직 겸손한 마음으로 각각 자기보다 남을 낮게 여기고."

② 영예를 줄 때에는 서로를 앞세우나, 영예를 받을 때는 그렇지 않은 것이다. 롬 12:10, "존경하기를 서로 먼저 하며"; 엡 5:21, "그리스도를 경외함으로 피차 복종하라."

③ 서로 서로 거룩한 표로 인사하는 것인데, 그 안에서 그리스도로 인한 사랑이 빛난다. 벧전 5:14, "너희는 사랑의 입맞춤으로 피차 문안하라"; 롬 16:16, "너희가 거룩하게 입맞춤으로 서로 문안하라"; 출 18:7, "모세가 나가서 그 장인을 맞아 절하고 그에게 입맞추고 그들이 서로 문안하고 (그리고 서로 서로 행복을 기원해주고: 본문 직역) 함께 장막에 들어가서"; 룻 2:4, "마침 보아스가 베들레헴에서부터 와서 베는 자들에게 이르되 여호와께서 너희와 함께 하시기를 원하노라. 그들이 대답하되 여호와께서 당신에게 복 주시기를 원하나이다."

5. 모든 아랫 사람들에 대한 윗사람의 의무에서.

① 품위를 지킴으로 스스로 형제와 같이 처신하는 것이다. 신 17:20, "그리하면 그의 마음이 그 형제 위에 교만하지 아니하고 이 명령에서 떠나 좌로나 우로나 치우치지 아니하리니"; 욥 31:13, "만약 내가 내 남종과 여종의 이유를 멸시하였다면"; 왕하 5:13, 14, "그 종

들이 나아와서 말하여 가로되 내 아버지여 선지자가 당신을 명하여 큰 일을 행하라 하였더면 행치 아니하였으리이까? 하물며 당신에게 이르기를 씻어 깨끗하게 하라 함이리이까? 나아만이 이에 내려가서 하나님의 사람의 말씀대로 요단강에 일곱 번 몸을 잠그니 그 살이 여전하여 어린아이의 살 같아서 깨끗하게 되었더라."

② 흠 없는 삶의 모범으로 아랫사람들의 본이 되는 것이다. 딛 2:2, 3, "늙은 남자로는 절제하며 경건하며 근신하며 믿음과 사랑과 인내함에 온전케 하고 늙은 여자로는 이와 같이 행실이 거룩하며 참소치 말며 많은 술의 종이 되지 말며 선한 것을 가르치는 자들이 되고"; 벧전 5:3, "맡기운 자들에게 주장하는 자세를 하지 말고 오직 양 무리의 본이 되라"; 빌 4:9, "너희는 내게 배우고 받고 듣고 본 바를 행하라 그리하면 평강의 하나님이 너희와 함께 계시리라."

③ 표정, 행동, 행위, 말에서 품위와 함께 위엄을 보이는 것이다. 이러한 것들에서 나타나는 하나님의 형상은 칭찬을 받아야 한다. 이 형상은 윗사람들이 아랫 사람들 앞에서 보이는 것들이다. 욥 29:8, "나를 보고 소년들은 숨으며 노인들은 일어나 서며."

6. 아랫 사람들에 대한 순종에서. 다시 말하면 그들의 수하에 대한 것이다.

① 그들을 주 안에서 다스리므로 범죄하지 않게 하는 것이다. 벧전 2:13, 14, "인간이 세운 모든 제도를 주를 위하여 순복하되 혹은 위에 있는 왕이나 혹은 악행하는 자를 징벌하고 선행하는 자를 포상하기 위하여 그의 보낸 방백에게 하라"; 신 17:19, "평생에 (즉 율법책을) 자기 옆에 두고 읽어서 그 하나님 여호와 경외하기를 배우며 이 율법의 모든 말과 이 규례를 지켜 행할 것이라"; 골 4:1, "상전들아 의와 공평

을 종들에게 베풀지니 너희에게도 하늘에 상전이 계심을 알지어다."

② 육체에 속한 것이든, 영혼에 속한 것이든 수하들의 소유를 염려하고 보살피는 것이다. 롬 13:4, "하나님의 사자가 되어 네게 선을 이루는 자니라"; 사 49:23, "열왕은 네 양부가 되며 왕비들은 네 유모가 될 것이며"; 시 132:1-5, "여호와여 다윗을 위하여 그의 모든 근심한 것을 기억하소서. 저가 여호와께 맹세하며 야곱의 전능자에게 서원하기를 내가 실로 나의 거하는 장막에 들어가지 아니하며 내 침상에 오르지 아니하며 내 눈으로 잠들게 아니하며 내 눈꺼풀로 졸게 아니하기를 여호와의 처소 곧 야곱의 전능자의 성막을 발견하기까지 하리라 하였나이다."

③ 경박한 자를 책망하고 가혹한 자들을 징계함으로, 다시 말하면 실제적인 벌을 부과함으로써 징벌하는 것이다.

죄인들을 징벌하는 방식이 거룩한 것이다. 이것을 위해서 다음이 요구된다.

첫 번째로 신중하게 살펴서 범한 죄에 대해서 확정하는 것이다.

두 번째로 하나님의 말씀을 바탕으로 죄의 위법성을 보여주어, 양심이 판단하게 한다.

세 번째로 만약 적절하다면 징벌을 미루거나 생략한다. 그리고 어떤 방법으로 개선하고자 하는 소망을 가지게 한다. 잠 7:21, 22, "무릇 사람의 말을 들으려고 마음을 두지 말라 염려컨대 네 종이 너를 저주하는 것을 들으리라. 너도 가끔 사람을 저주한 것을 네 마음이 아느니라"; 삼상 10:27, "어떤 비류는 가로되 이 사람이 어떻게 우리를 구원하겠느냐 하고 멸시하며 예물을 드리지 아니하니라. 그러나 그는 잠잠하였더라."

네 번째로 마땅한 징벌을 자신의 이름이 아니라, 거룩하게 개입하시는 하나님의 이름으로 부과하는 것이다. 수 7:19, 20, "여호수아가 아간에게 이르되 내 아들아 청하노라 이스라엘의 하나님의 여호와께 영광을 돌려 그 앞에 자복하고 네 행한 일을 내게 고하라. 그 일을 내게 숨기지 말라. 아간이 여호수아에게 대답하여 가로되 참으로 나는 이스라엘 하나님 여호와께 범죄하여 여차 여차히 행하였나이다"; 25절, "여호수아가 가로되 네가 어찌하여 우리를 괴롭게 하였느뇨? 여호와께서 오늘날 너를 괴롭게 하시리라 하니 온 이스라엘이 그를 돌로 치고 그것들도 돌로 치고 불사르고."

마지막으로 형벌을 받을 때에, 죄를 깨끗케 하고 피고가 슬퍼하며 영혼으로부터 죄를 회개하게 하기 위해서 하나의 징벌의 방식을 정하는 것이다. 잠 20:30, "상하게 때리는 것이 악을 없이 하나니 매는 사람 속에 깊이 들어가느니라."

7. 마지막으로 사람의 어떤 임무는 그 자신에 대한 것이다. 각 개인이 가지는 합당한 품위는 하나님께서 주신 것이며, 신중하게 보호하고 지키는 것이 옳다. 빌 4:8, "종말로 형제들아 무엇에든지 참되며 무엇에든지 경건하며 무엇에든지 옳으며 무엇에든지 정결하며 무엇에든지 사랑할 만하며 무엇에든지 칭찬할 만하며 무슨 덕이 있든지 무슨 기림이 있든지 이것들을 생각하라."

금지하는 명령: 이웃에게 있는 탁월함과 품위를 깎아내리지 말라.

이것은 다음의 죄들을 포함한다. 1. 윗사람에 대하여:

첫 번째로 무례한 것과 업신여기는 것이다. 이러한 행위에는 윗사람을 조롱하는 것이 있다. 창 9:22, 23, "가나안의 아비 함이 그 아비의 하체를 보고 밖으로 나가서 두 형제에게 고하매 셈과 야벳이 옷을 취하여 자기들의 어깨에 메고 뒷걸음질쳐 들어가서 아비의 하체에 덮었으며 그들이 얼굴을 돌이키고 그 아비의 하체를 보지 아니하였더라"; 잠 30:17, "아비를 조롱하며 어미 순종하기를 싫어하는 자의 눈은 골짜기의 까마귀에게 쪼이고 독수리 새끼에게 먹히리라." 윗사람을 저주하는 것이다. 출 21:17, "그 아비나 어미를 저주하는 자는 반드시 죽일지니라."

두 번째로 불순종인데, 그들의 정당한 명령을 무시하는 것이다. 롬 1:30, "자랑하는 자요 악을 도모하는 자요 부모를 거역하는 자요"; 딤후 3:2. 이 죄에는 다음의 많은 것들이 있다:

① 부모와 의논하거나 동의를 얻지 않고 결혼을 약속하는 것이다. 창 6:2, "하나님의 아들들이 사람의 딸들의 아름다움을 보고 자기들이 좋아하는 모든 여자를 아내로 삼는지라"; 창 28:6-9, "에서가 본즉 이삭이 야곱에게 축복하고 그를 밧단아람으로 보내어 거기서 아내를 취하게 하였고 또 그에게 축복하고 명하기를 너를 가나안 사람의 딸들 중에서 아내를 취하지 말라 하였고 또 야곱이 부모의 명을 좇아 밧단아람으로 갔으며 에서가 또 본즉 가나안 사람의 딸들이 아비 이삭을 기쁘게 못하는지라. 이에 에서가 이스마엘에게 가서 그 본처들 외에 아브라함의 아들 이스마엘의 딸이요 느바욧의 누이인 마할랏을 아내로 취하였더라."

② 종들이 눈가림식으로 봉사하는 것이다. 골 3:22, "종들아 모든 일에 육신의 상전들에게 순종하되 사람을 기쁘게 하는 자와 같이 눈

가림만 하지 말고 오직 주를 두려워하여 성실한 마음으로 하라"; 엡 6:6, "눈가림만 하여 사람을 기쁘게 하는 자처럼 하지 말고 그리스도의 종들처럼 마음으로 하나님의 뜻을 행하고."

③ 꾸중을 들었을 때에 맞서 싸우는 것이다. 딛 2:9, "종들로는 자기 상전들에게 범사에 순종하여 기쁘게 하고 거스려 말하지 말며."

④ 속이는 것과 주인의 재산을 횡령하는 것이다. 딛 2:10, "떼어 먹지 말고 오직 충성을 다하게 하라."

⑤ 주인의 권세로부터 마음대로 도망하는 것이다. 창 16:6, "아브람이 사래에게 이르되 그대의 여종은 그대의 수중에 있으니 그대의 눈에 좋은대로 그에게 행하라 하매 사래가 하갈을 학대하였더니 하갈이 사래의 앞에서 도망하였더라."

⑥ 윗사람들의 의로운 권위에 저항하는 것이다(벧전 2:20).

⑦ 불법한 일들에 순종하는 것이다(행 4:19).

⑧ 자신의 상관보다 스스로 더 높아지는 것이다. 이것은 적그리스도의 죄이다. 살후 2:3,4, "누가 아무렇게 하여도 너희가 미혹하지 말라 먼저 배도하는 일이 있고 저 불법의 사람 곧 멸망의 아들이 나타나기 전에는 이르지 아니하리니, 그는 대적하는 자라 신이라고 불리는 모든 것과 숭배함을 받는 것에 대항하여 그 위에 자기를 높이고 하나님의 성전에 앉아 자기를 하나님이라고 내세우느니라."

⑨ 마지막으로 교황주의자들의 면제 특권이다. 그들은 부모의 권위에서 자녀를, 왕들의 권세에서부터 신하들을 자유롭게 하는데, 그들을 자유롭게 하기 위해서 부모와 왕을 살해할 계획을 세운다. 삼상 26:8, 9, "아비새가 다윗에게 이르되 하나님이 오늘날 당신의 원수를 당신의 손에 붙이셨나이다. 그러므로 청하오니 나로 창으로 그를 찔

러서 단번에 땅에 꽂게 하소서 내가 그를 두 번 찌를 것이 없으리이다. 다윗이 아비새에게 이르되 죽이지 말라. 누구든지 손을 들어 여호와의 기름 부음을 받은 자를 치면 죄가 없겠느냐?"

세 번째로 부모에 대하여 배은망덕한 것과 그들을 돌보지 않는 것이다. 마 15:5, "너희는 가로되 누구든지 아비에게나 어미에게 말하기를 내가 드려 유익하게 할 것이 하나님께 드림이 되었다고 하기만 하면"; 딤전 5:4, "만일 어떤 과부에게 자녀나 손자들이 있거든 그들로 먼저 자기 집에서 효를 행하여 부모에게 보답하기를 배우게 하라. 이것이 하나님 앞에 받으실 만한 것이니라."

2. 동료들에게 범하는 죄가 있는데, 언행에서 스스로를 그들보다 앞세우는 것이다(롬 12:10). 마 20:20, 21, "그 때에 세베대의 아들의 어미가 그 아들들을 데리고 예수께 와서 절하며 무엇을 구하니 예수께서 가라사대 무엇을 원하느뇨 가로되 이 나의 두 아들을 주의 나라에서 하나는 주의 우편에 하나는 주의 좌편에 앉게 명하소서"; 24절. "열 제자가 그 말을 듣고 그 두 형제에 대하여 분히 여기거늘."

3. 아랫 사람들에게 범하는 죄가 있다:

첫 번째로 그들을 다스리고, 그들의 재산(급여)을 보살피는 데 무심한 것이다. 학 1:4, "이 전이 황무하였거늘 너희가 이 때에 판벽한 집에 거하는 것이 가하냐?"; 단 3:28, "느부갓네살이 말하여 이르되 사드락과 메삭과 아벳느고의 하나님을 찬송할지로다. 그가 그의 천사를 보내사 자기를 의뢰하고 그들의 몸을 바쳐 왕의 명령을 거역하고 그 하나님 밖에는 다른 신을 섬기지 아니하며 그에게 절하지 아니한 종들을 구원하셨도다." 여기에는 어머니들의 죄도 포함되는데, 젖먹이를 먹일 젖과 양육능력이 충분함에도 불구하고, 젖을 떼고 유모들에게 자녀를 맡기는 것이다(딤전 5:10).

두 번째로 그들에게 지나치게 관용하여 꾸짖지 않는 것이다. 왕상 1:5, 6, "때에 학깃의 아들 아도니야가 스스로 높여서 이르기를 내가 왕이 되리라 하고 자기를 위하여 병거와 기병과 전배 오십인을 예비하니 저는 압살롬의 다음에 난 자요 체용이 심히 준수한 자라. 그 부친이 네가 어찌하여 그리하였느냐 하는 말로 한번도 저를 섭섭하게 한 일이 없었더라"; 삼상 2:22-25, "엘리가 매우 늙었더니 그 아들들이 온 이스라엘에게 행한 모든 일과 회막문에서 수종드는 여인과 동침하였음을 듣고 그들에게 이르되 너희가 어찌하여 이런 일을 하느냐. 내가 너희의 악행을 이 모든 백성에게서 듣노라. 내 아들아 그리 말라. 내게 들리는 소문이 좋지 아니하니라. 너희가 여호와의 백성으로 범과케 하는도. 그들이 아비의 말을 듣지 아니하였으니 이는 여호와께서 그들을 죽이기로 뜻하셨음이었더라."

세 번째로 지나치게 엄격한 것과 협박하는 것이다. 엡 6:4, "또 아비들아 너희 자녀를 노엽게 하지 말고 오직 주의 교양과 훈계로 양육하라"; 9절, "상전들아 너희도 저희에게 이와 같이 하고 공갈을 그치라."

4. 마지막으로 사람이 자기 자신을 해하는 것인데, 그가 비천하게 처신하여 하나님께서 주신 재능들을 숨기고 거의 소멸시키는 것이다. 또는 반대로 교만하게 뽐내며, 합당한 것 이상으로 높이 평가하는 것이다. 롬 12:3, "내게 주신 은혜로 말미암아 너희 중 각 사람에게 말하노니 마땅히 생각할 그 이상의 생각을 품지말고 오직 하나님께서 각 사람에게 나눠주신 믿음의 분량대로 지혜롭게 생각하라."

제 2 6 장

여섯 번째 계명에 대하여

여섯 번째 계명은 이웃의 생명을 보존하는 것에 대한 것이다. 말씀은 다음과 같다: "살인하지 말찌니라."

분석

살인하지. 대유법으로서 어떤 방법으로든지 이웃을 해하는 것을 의미한다.

계명의 정당성은 사람이 하나님의 형상에 따라서 창조되었다는 사실에 있다. 창 9:6, "무릇 사람의 피를 흘리면 사람이 그 피를 흘릴 것이니 이는 하나님이 자기 형상대로 사람을 지었음이니라"; 사 58:7, "벗은 자를 보면 입히며 또 네 골육을 피하여 스스로 숨지 아니하는 것이 아니겠느냐?"

이 밖에도 어느 누구에게도 살인이 허용될 수 없다는 것을 생각해야 하는데, 당연히 사적으로도 안 되고, (살인에 대한 일로 부름을 받지

않은: 역자 주) 소명을 받은 자도 그렇다. 그럼에도 불구하고 공적인 사람들과 하나님으로부터 (그 일로) 소명을 받은 사람들에게는 허락된다. 예를 들면 모세이다. 출 2:12, "좌우로 살펴 사람이 없음을 보고 그 애굽 사람을 쳐죽여 모래에 감추니라"; 행 7:25, "저는 그 형제들이 하나님께서 자기의 손을 빌어 구원하여 주시는 것을 깨달으리라고 생각하였으나 저희가 깨닫지 못하였더라." 비느하스가 있다. 민 25:8, "그 이스라엘 남자를 따라 그의 막에 들어가서 이스라엘 남자와 그 여인을 배를 꿰뚫어서 두 사람을 죽이니 염병이 이스라엘 자손에게서 그쳤더라"; 11절. "제사장 아론의 손자 엘르아살의 아들 비느하스가 나의 질투심으로 질투하여 이스라엘 자손 중에서 나의 노를 돌이켜서 나의 질투심으로 그들을 진멸하지 않게 하였도다." 엘리야가 있다. 왕상 18:40, "엘리야가 저희에게 이르되 바알의 선지자를 잡되 하나도 도망하지 못하게 하라 하매 곧 잡은지라 엘리야가 저희를 기손 시내로 내려다가 거기서 죽이니라." 의로운 전쟁에 참여한 군인들이다. 대하 20:15, "여호와께서 너희에게 말씀하시기를 이 큰 무리로 인하여 두려워하거나 놀라지 말라. 이 전쟁이 너희에게 속한 것이 아니요 하나님께 속한 것이니라."

금지하는 명령: 너와 이웃의 생명을 해하거나 등한히 하지 말라.

그러므로 이와 관련된 죄에는 이웃에 대한 것과 자기 자신에 대한 것이 있다. 이웃과 관련된 죄는 다음의 자세를 갖는 것이다.

1. 마음에서. 이웃에 대한 미움을 갖는 것이다. 요일 3:15, "형제를 미워하는 자마다 살인하는 자니." 경솔한 분노. 마 5:22, "나는 너희에

게 이르노니 형제에게 노하는 자마다(형제에게 경솔하게 화내는 자마다: 본문 직역) 심판을 받게 되고." 시기. 롬 1:29, "시기 살인 분쟁이 가득한 자요." 다툼. 약 3:14, "그러나 너희 마음 속에 독한 시기와 다툼이 있으면 자랑하지 말라." 이웃의 비참에 대해서 무감각한 것. 암 6:6, "대접으로 포도주를 마시며 귀한 기름을 몸에 바르면서 요셉의 환난에 대하여는 근심하지 아니하는 자로다." 화해하지 않음. 롬 1:31, "배약하는 자요 무정한 자요 무자비한 자라." 복수에 대한 열망. 시 5:6, "거짓말하는 자를 멸하시리이다. 여호와께서는 피 흘리기를 즐기고 속이는 자를 싫어하시나이다."

2. 말에서. 가혹하게 말하는 것이다. 잠 12:18, "혹은 칼로 찌름 같이 함부로 말하거니와 지혜로운 자의 혀는 양약 같으니라."

저주인데, 이미 사함 받은 죄, 또는 천성적인 결점을 비난하는 것이다. 마 5:22, "형제를 대하여 라가라 하는 자는 공회에 잡히게 되고 미련한 놈이라 하는 자는 지옥 불에 들어가게 되리라"; 삼하 6:16, "여호와의 궤가 다윗성으로 들어올 때에 사울의 딸 미갈이 창으로 내다보다가 다윗왕이 여호와 앞에서 뛰놀며 춤추는 것을 보고 심중에 저를 업신여기니라"; 20절, "다윗이 자기의 가족에게 축복하러 돌아오매 사울의 딸 미갈이 나와서 다윗을 맞으며 가로되 이스라엘 왕이 오늘날 어떻게 영화로우신지 방탕한 자가 염치없이 자기의 몸을 드러내는 것처럼 오늘날 그 신복의 계집종의 눈 앞에서 몸을 드러내셨도다."

경쟁인데, 둘, 또는 더 많은 사람들 사이에서 상전이 되려고 논쟁하여 다투는 것이다. 대화에서 논쟁하는 것이다. 고함, 다시 말하면 다른 사람을 향하여 꼴사납게 목소리를 높이는 것이다. 갈 5:19, 20, "육체의 일은 현저하니 원수를 맺는 것과 분쟁과 시기와 분냄과 당 짓는 것"; 엡 4:31, "너희는 모든 악독과 노함과 분냄과 떠드는 것과 훼방하는 것을 모든 악의와 함께 버리고"; 창 16:12, "그가 곧 이스마엘이 사람 중에 들나귀 같이(사나운 사람이) 되리니 그 손이 모든 사람을 치겠고 모든 사람의 손이 그를 칠지며."

어떤 사람이 행한 불법에 대하여 다른 모든 사람에게 원망하는 것이다. 약 5:7, "형제들아 서로 원망하지 말라 그리하여야 심판을 면하리라."

3. 표정과 행동에서. 어떤 마음의 악의가 눈짓과 손짓으로 드러나는 것이다. 창 4:6, "여호와께서 가인에게 이르시되 네가 분하여 함은 어찜이며 안색이 변함은 어찜이뇨"; 마 27:39, "지나가는 자들은 자기 머리를 흔들며 예수를 모욕하여."

이러므로 비웃음을 핍박이라고 말한다. 창 21:9, "사라가 본즉 아브라함에게 아이를 낳아준 애굽 여인 하갈의 소생이 이삭을 희롱하는지라. 그가 아브라함에게 이르되 여종을 내어 쫓으라"; 갈 4:29, "그러나 그 때에 육체를 따라 난 자가 성령을 따라 난 자를 핍박한 것 같이 이제도 그러하도다."

4. 행위에서. ① 이웃과 싸우고 살해하고 그의 신체를 상해하는 것이다. 레 24:20, 21, "파상은 파상으로 눈은 눈으로 이는 이로 갚을지라. 남에게 손상을 입힌대로 그에게 그렇게 할것이며 짐승을 죽인 자는 그것을 물어 줄 것이요 사람을 죽인 자는 죽일지니." 어떤 방식으로든지, 즉 칼이든, 굶주림이든, 독이든 사용하여 이웃을 죽이는 것이다 (창 4:8).

잔혹하게 형벌을 가하는 것이다. 신 25:2, 3, "사십까지는 때리려니와 그것을 넘기지는 못할지니, 만일 그것을 넘겨 과다히 때리면 네가 네 형제로 천히 여김을 받게 할까 하노라"; 고후 11:24, "유대인들에게 사십에 하나 감한 매를 다섯 번 맞았으며."

피조물을 냉혹하게 다루는 것이다. 잠 12:10, "의인은 그 육축의 생명을 돌아보나 악인의 긍휼은 잔인이니라"; 신 22:6, 7, "노중에서 나무에나 땅에 있는 새의 보금자리에 새 새끼나 알이 있고 어미새가 그 새끼나 알을 품은 것을 만나거든 그 어미새와 새끼를 아울러 취하지 말고 어미는 반드시 놓아 줄 것이요, 새끼는 취하여도 가하니 그리하면 네가 복을 누리고 장수하리라."

연약한 이웃이 겪은 일을 무례하게 다루어 유흥거리나 익살거리로 만드는 것이다. 레 19:14, "너는 귀먹은 자를 저주하지 말며 소경 앞에 장애물을 놓지말고."

무력한 자들과 연약한 자들, 어린애들, 나그네들, 어린 여자아이들, 과부들에게 불의를 행하는 것이다. 출 22:21-24, "너는 이방 나그네를 압제하지 말며 그들을 학대하지 말라. 너희도 애굽 땅에서 나그네 이었었음이니라. 너는 과부나 고아를 해롭게 하지 말라. 네가 만일 그들을 해롭게 하므로 그들이 내게 부르짖으면 내가 반드시 그 부르짖음을 들을지라. 나의 노가 맹렬하므로 내가 칼로 너희를 죽이리니."

(다음 경우에는) 진실로 그들을 불의하게 대하는 것이다: 일한 대가를 주지 않는 것이다. 신 24:14,15, "곤궁하고 빈한한 품군은 너의 형제든지 네 땅 성문 안에 우거하는 객이든지 그를 학대하지 말며 그 품삯을 당일에 주고 해진 후까지 끌지 말라. 이는 그가 빈궁하므로 마음에 품삯을 사모함이라 두렵건대 그가 너를 여호와께 호소하면 죄가 네게로 돌아갈까 하노라." 가난한 자에게 담보물을 돌려주지 않는 것이다. 출 22:26, "네가 만일 이웃의 옷을 저당잡거든 해가 지기 전에

그에게 돌려보내라. 그 몸을 가릴 것이 이뿐이라. 이는 그 살의 옷인즉 그가 무엇을 입고 자겠느냐? 사람들에게서 곡식을 감추어 놓고 지키는 것이다"; 잠 11:26, "곡식을 내지 아니하는 자는 백성에게 저주를 받을 것이나 파는 자는 그 머리에 복이 임하리라."

이 밖에도 불의하게 살인하는 것 뿐만 아니라, 법이 판단하였음에도 불구하고 사형을 실행하지 않으며, 사형을 받아 마땅한 형을 용서해 주는 것 역시 이 율법을 범하는 것이다. 민 35:16, "만일 철 연장으로 사람을 쳐죽이면 그는 살인자니 그 살인자를 반드시 죽일 것이요"; 33절, "너희는 너희가 거주하는 땅을 더럽히지 말라. 피는 땅을 더럽히나니 피 흘림을 받은 땅은 그 피를 흘리게 한 자의 피가 아니면 속함을 받을 수 없느니라."

또한 결투가 있다. 이것은 둘 사이의 언쟁을 끝내려는 목적으로 하는 싸움인데, 전적으로 비난받아 마땅하다. 왜냐하면 이것은 의롭지 못하며, 하나님께서 언쟁을 끝내는 방식으로 허락하신 것이 아니기 때문이다. 그리고 종종 결투에서 반대자, 즉 참으로 하나님 앞에서 죄인인 사람이 살아남기 때문이다.

마지막으로 이 주제에서의 흉악한 죄는 교황주의자들이 범하는 것이다. 그들은 살인자들에게 소위 성전과 거룩한 장소라고 말하는 곳을 피난처로 내준다. 그러나 주님께서는 그분의 제단으로부터 살인자를 끌어내어 형벌로 끌어갈 것을 분명하게 명하셨다(출 21:14). 요압은 성전의 제단 뿔을 잡고 있음에도 죽었다(왕상 2:34).

여기에는 심지어 이웃의 영혼과 관련되어 있는 것들도 있다:
① 모범에서, 또는 교리에서 이웃에게 걸림돌이 되는 것이다. 마

18:7, "실족하게 하는 일들이 있음으로 말미암아 세상에 화가 있도다. 실족하게 하는 일이 없을 수는 없으나 실족하게 하는 그 사람에게는 화가 있도다."

② 미움과 분쟁의 사건들을 일으키는 것이다. 이것은 자신들의 권리에 속한 어떤 것을 전혀 양보하지 않음으로, 악의를 가지고 고집스럽게 반응함으로, 어떤 말과 행위들을 더 나쁜 의도로 받아들임으로 일어난다. 삼상 25:25, "그 곧, 나발은 그에 대해서 말하는 것보다 더 악한 자니이다"; 삼하 10:3, 4, "암몬 자손의 방백들이 그 주 하눈에게 고하되 왕은 다윗이 조객을 보낸 것이 왕의 부친을 공경함인 줄로 여기시나이까? 다윗이 그 신복을 보내어 이 성을 엿보고 탐지하여 함락시키고자 함이 아니니이까? 이에 하눈이 다윗의 신복들을 잡아 그 수염 절반을 깍고 그 의복의 중동 볼기까지 자르고 돌려보내매."

③ 사역자들의 죄는 백성의 구원을 위한 하나님의 말씀을 가르치지 않는 것이다. 잠 29:18, "묵시가 없으면 백성이 방자히 행하거니와"; 사 56:10, 11, "그 파숫군들은 소경이요 다 무지하며 벙어리 개라 능히 짖지 못하며 다 꿈꾸는 자요 누운 자요 잠자기를 좋아하는 자니, 이 개들은 탐욕이 심하여 족한 줄을 알지 못하는 자요." 이러므로 그들은 자기 이득만 도모하며 가르치는 것을 할 줄 모른다. 또한 말씀의 사역에 태만한 것은 정죄받아야 한다(렘 48:10, 계 3:15, 16). 여기에서 양떼와 함께 거주하지 않는 것, 다시 말하면 사역자에게 맡겨진 특정한 교회에서 정기적으로 자리를 비우는 것도 비난받아야 한다. 사 62:6, 7, "내가 너의 성벽 위에 파숫군을 세우고 그들로 종일 종야에 잠잠치 않게 하였느니라. 너희 여호와로 기억하시게 하는 자들아 너희는 쉬지 말며 또 예루살렘을 세워 세상에서 찬송을 받게 하시기까지 그로

쉬지 못하시게 하라"; 행 20:28, "너희는 자기를 위하여 또는 온 양떼를 위하여 삼가라 성령을 저들 가운데 너희로 감독자를 삼고 하나님이 자기 피로 사신 교회를 치게 하셨느니라"; 벧전 5:3, "맡기운 자들에게 주장하는 자세를 하지 말고 오직 양 무리의 본이 되라"; 겔 34:4, "너희가 그 연약한 자를 강하게 아니하며 병든 자를 고치지 아니하며 상한 자를 싸매어 주지 아니하며 쫓긴 자를 돌아오게 아니하며 잃어버린 자를 찾지 아니하고 다만 강포로 그것들을 다스렸도다."

『안디옥 공의회』, 17장: "만약 어떤 감독이 안수를 통하여 감독직을 받고, 백성을 감독할 것으로 세움을 받은 후에, 사역을 감당하는 것을 등한히 하고, 자기에게 맡겨진 교회에 가는 것을 즐겨하지 않으면, 그가 정해진 직분을 받아들이고, 그 지역의 성직자 회의가 그에게 다른 것을 확실히 결정할 때까지, 공동체에서 그의 직분을 박탈하는 것이 마땅하다."

『사르디스(Sardis) 공의회』, 14장: "상급 회의에서 우리의 형제들을 세웠던 것을 기억한다. 이것은 만약 어떤 평신도가 도시 안에 머물러 있음에도 불구하고 세 번의 주님의 날, 다시 말하면 세 번의 일곱 번째 날 동안에 집회에 참여하지 않았다면 공동체로부터 쫓아내기 위한 것이었다. 그러므로 만약 평신도에게 이러한 법들이 제정되었다면, 감독에게는 더욱 허락되지 않으며 합당하지도 않다. 만약 더 중요한 일이 아니라면, 그것은 앞에서 언급한 시대보다 더욱 더 교회를 비워서는 안 된다. 보편적으로 사람들은 이것이 적절하다고 말하였다."

『콘스탄티노플 공의회』, 8, 24장: 사역자는 자신의 자리에 다른 사람들을 대신 세워서는 안 되며, 오히려 스스로 하나님의 예배에 포함되는 모든 것을 두려움과 열심히 가지고 섬겨야 한다고 결정한다." 바로 이것이 교회법의 판결문이다. 만약 누군가 사역자가 되기를 원한다면 다음을 생각해야 한다. 교회법 36: "주님의 감독들은 장막 안에 계속해서 있어야 하는데, 성경을 읽고, 항상 묵상하므로 그들이 하나님으로부터 무엇인가를 배우고, 그들이 백성들을 가르치기 위해서이다." 만약 어떤 사람이 성직에 들어오기를 원한다면 다음을 알아야 한다. 교회법 79.1: "주님의 양떼들을 돌보는 감독들은 관리하는 데 있어서 걱정과 근심을 덜어서는 안 되는데, 받은 바 재능의 아름다움이 사라지지 않고, 오히려 그들의 노고로써 재능이 더 유익해지며, 열매를 맺게 하기 위함이다." 그리고 사도들에게서 나온 교회법들에 의해서. 교회법. 80: "누구든지 감독과 장로로서 교회에서 직분을 행하는 않는 자는 거기에서부터 쫓아낼 것을 명하였다."

『칼케돈 공의회』. 10장: "한 성직자가 두 개의 교회를 다스리는 것이 허락되지 않는다. 오히려 먼저 결정한 교회를 다스리며, 그의 소망은 피난처 앞에 있어야 한다. 그리고 만약 헛된 영광에 대한 욕망 때문에 후에 더 큰 교회로 가기 위해서 나왔다면, 의심할 바 없이 그는 처음에 정해진 바 된 자신의 교회로 소환되어 다만 거기서 사역하는 것이 마땅하다. 만약 어떤 사람이 참으로 한 교회에서 다른 교회로 옮겼다면 첫 교회와는 교류해서는 안 된다."

다마스의 결정에 대하여 이것을 보라. 그리고 『트리덴트(Trident) 공회의』. 일곱 번째 부분, 8.

그럼에도 불구하고 교회가 손해를 무릅쓰지 않는 방식으로, 합법적으로 자리를 비우는 일이 있다.

① 병에 걸린 경우. 『모군트(Mogunt) 공의회(주후 813년)』, 25: "설

교의 직분에 대해서. 만약 감독이 그의 거주지에 계속해서 머무르지 못하거나 몸이 약하거나, 또 다른 어쩔 수 없는 일에 의해서 할 수 없는 상태라고 할지라도, 하나님의 말씀을 전하는 자가 주일과 축일을 등한히 해서는 안 된다." 그리고 아우구스티누스도 이러한 이유로 한 동안 자리를 비웠다는 사실을 스스로 증거한다. 편지. 138.

② 필요한 업무와 공적인 선한 일로 인해서 교회가 일정 기간 동안을 동의한 경우이다(골 4:13과 함께 골 1:7). 암브로시우스는 비록 메디올라눔(밀라노)의 감독이었음에도 불구하고, 사절의 임무를 띄고 두 번 갈리아(프랑스)를 방문하였는데, 막시무스와 발렌티니아누스의 사이의 평화를 협의하려는 이유였다. 암브로시우스, 5권,『발렌티니아누스 황제에게 보내는 편지』, 27.

③ 박해로 인하여 양떼를 돌볼 소망이 더 이상 남아 있지 않아서 어쩔 수 없이 피신할 때이다. 키프리아누스가 이러한 이유로 인하여 한 동안 카르타고에서 자리를 비웠다는 사실을 그의 편지가 증거한다.

이상은 이웃에게 범하는 죄에 대한 것이었다. 다음은 사람이 스스로에게 범하는 죄악을 다룰 것이다. 이러한 것들은 어떤 사람이 스스로에게 상처를 입히거나, 또는 알면서도 스스로를 어떤 고난과 위험에 내던지는 것이다. 마 16:24, "아무든지 나를 따라오려거든 자기를 부인하고 자기 십자가를 지고 나를 좇을 것이니라"; 마 4:6, 7, "가로되 네가 만일 하나님의 아들이어든 뛰어내리라. 기록하였으되 저가 너를 위하여 그 사자들을 명하시리니 저희가 손으로 너를 받들어 발이 돌에 부딪히지 않게 하리로다 하였느니라. 예수께서 이르시되 또 기록되었으되 주 너의 하나님을 시험치 말라 하였느니라 하신대." 그러므로 사람이 죄나 더러움을 피하기 위해서 자살하는 것은 허락되지 않는다.

권장하는 명령: 이웃의 생명(삶)을 보존하라.

여기에 관련된 의무들이 있는데, 1. 이것은 이웃에 대한 것이며, 그들에 대한 다음의 내용들을 살펴보는 것이다:

영혼과 육체에 속한 선한 일들(소유들)이다. 즐거워하는 자들과 함께 즐거워하는 것이다(롬 12:15). 막 10:20, 21, "여짜오되 선생님이여 이것은 내가 어려서부터 다 지키었나이다. 예수께서 그를 보시고 사랑하여."

비참이다. 이러한 일들로 인하여 슬퍼하는 것이다. 롬 12:15, "우는 자들로 함께 울라"; 사 24:16, "그러나 나는 이르기를 나는 쇠잔하였고 나는 쇠잔하였으니 내게 화가 있도다. 궤휼자가 궤휼을 행하도다. 궤휼자가 심히 궤휼을 행하도다 하였도다"; 시 119:136, "저희가 주의 법을 지키지 아니하므로 내 눈물이 시냇물 같이 흐르나이다." 일을 감당하는 것이다. 욥 29:15, "나는 소경의 눈도 되고 절뚝발이의 발도 되고." 당신이 할 수 있는 한 하는 것이다. 고후 8:3, "내가 증거하노니 힘에 지나도록 자원하여." 지체 없이 즉시 하는 것이다. 잠 3:28, "네게 있거든 이웃에게 이르기를 갔다가 다시 오라 내일 주겠노라 하지 말며"; 레 19:17, "이웃을 인하여 죄를 당치 않도록 그를 반드시 책선하라."

이웃에게 받은 불의한 일들이다. 작은 불의한 일로 인해서는 분노하지 않는 것이다. 민 12:3, "이 사람 모세는 온유함이 지면의 모든 사람보다 승하더라"; 잠 19:11, "노하기를 더디하는 것이 사람의 슬기요,

허물을 용서하는 것이 자기의 영광이니라." 화를 내는 데에 더딘 것이다. 다만 아주 의로운 이유로만 분노하는 것이다. 막 3:5, "저희 마음의 완악함을 근심하사 노하심으로 저희를 둘러보시고 그 사람에게 이르시되 네 손을 내밀라"; 잠 14:29, "노하기를 더디하는 자는 크게 명철하여도 마음이 조급한 자는 어리석음을 나타내느니라." 즉시 분노하지 않는 것이다. 엡 4:26, "분을 내어도 죄를 짓지 말며 해가 지도록 분을 품지 말고." 복수하지 않고 거저 불의를 용서하는 것이다. 엡 4:32, "서로 인자하게 하며 불쌍히 여기며 서로 용서하기를 하나님이 그리스도 안에서 너희를 용서하심과 같이 하라."

결점과 연약함들이다. ① 격동시키는 원인들과 기회들을 피하는 것이다. 창 13:8, 9, "아브람이 롯에게 이르되 우리는 한 골육이라. 나나 너나 내 목자나 네 목자나 서로 다투게 말자 앞에 온 땅이 있지 아니하냐. 나를 떠나라. 네가 좌하면 나는 우하고 네가 우하면 나는 좌하리라"; 창 27:42-44, "네 형 에서가 너를 죽여 그 한을 풀려하나니 내 아들아 내 말을 좇아 일어나 하란으로 가서 내 오라버니 라반에게 피하여 네 형의 노가 풀리기 까지 몇날 동안 그와 함께 거하라"; 마 17:26, 27, "시몬아 네 생각은 어떠하뇨? 세상 임금들이 뉘게 관세와 정세를 받느냐? 자기 아들에게냐 타인에게냐? 베드로가 가로되 타인에게니이다. 예수께서 가라사대 그러하면 아들들은 세를 면하리라. 그러나 우리로 저희가 오해케 하지 않기 위하여 네가 바다에 가서 낚시를 던져 먼저 오르는 고기를 가져 입을 열면 돈 한 세겔을 얻을 것이니 가져다가 나와 너를 위하여 주라 하시니라."

② 선으로 악을 갚음으로써 격렬한 분노를 누그러뜨리는 것이다. 롬 12:21, "악에게 지지 말고 선으로 악을 이기라."

③ 평화를 구함으로써 분노를 누그러뜨리는 것이다. 벧전 3:11, "악에서 떠나 선을 행하고 화평을 구하여 이를 좇으라."

④ 부드러운 대답으로 노를 진정시키는 것이다. 잠 15:1, "유순한 대답은 분노를 쉽게 하여도 과격한 말은 노를 격동하느니라"; 삼상 1:14, 15, "엘리가 그에게 이르되 네가 언제까지 취하여 있겠느냐 포도주를 끊으라. 한나가 대답하여 가로되 나의 주여 그렇지 아니하니이다. 나는 마음이 슬픈 여자라 포도주나 독주를 마신 것이 아니요. 여호와 앞에 나의 심정을 통한 것 뿐이니"; 몬 15, "아마 그가 잠시 떠나게 된 것은 너로 하여금 그를 영원히 두게 함이리니."

⑤ 말과 행위에 있는 연약함과 결점을 덮어주는 것이다. 잠 19:11, "허물을 용서(간과)하는 것이 자기의 영광이니라."

⑥ 침묵함으로 덮어주는 것이다. 벧전 4:8, "무엇보다 열심으로 서로 사랑할지니 사랑은 허다한 죄를 덮느니라"; 잠 17:9, "허물을 덮어주는 자는 사랑을 구하는 자요, 그것을 거듭 말하는 자는 친한 벗을 이간하는 자니라."

⑦ 마지막으로 만약 더 나은 부분으로 될 수 있다면, 그 나은 것을 받아들이는 것이다. 고전 13:5, "사랑은 악한 것을 생각지 아니하며."

그러므로 여기에서 '평화의 언약'(foedus pacis)을 살펴봐야 한다. 이것은 평화와 평화에 속한 모든 의무들에 대한 언약인데, 피해야 하는 쌍방 간의 불의한 일, 목적을 살피는 것, 계약들의 확실함, 재산들의 확실함, 통행의 보장, 확실한 이자, 식량, 사냥, 어업, 재목, 사람의 공공의 삶에 필요한 물건들에 대한 것이다. 그리고 여기에 어떤 불법한 조건이 없어야 한다. 이 언약은 믿는 자들뿐만 아니라, 화목의 이유로 인하여 불신자하고 맺는 것도 허락된다. 행위에서 경건해야 하는 것처럼 약속을 할 때에도 경건해야 한다. 그리고 경건한 자는 할 수 있는 한 모든 사람들 속에서 평화를 존중해야 한다. 이것이 성도들의 예로 확증된다. 창 21:22-24, "때에 아비멜렉과 그 군대 장관 비골이 아브라함에게 말하여 가로되 네가 무슨 일을 하든지 하나님이 너와 함께 계시도다. 그런즉 너는 나와 내 아들과 내 손자에게 거짓되이 행치 않기를 이제 여기서 하나님을 가리켜 내게 맹세하라 내가 네게 후대한 대로 너도 나와 너의 머무는 이 땅에 행할 것이니라. 아브라함이 가로되 내가 맹세하리라 하고"; 27절, "아브라함이 양과 소를 취하여 아비멜렉에게 주고 두 사람이 서로 언약을 세우니라"; 창 31:44, 45, "이제 오라 너와 내가 언약을 세워 그것으로 너와 나 사이에 증거를 삼을 것이니라 이에 야곱이 돌을 가져 기둥으로 세우고"; 51절, "라반이 또 야곱에게 이르되 내가 너와 나 사이에 둔 이 무더기를 보라 또 이 기둥을 보라"; 53절, "아브라함의 하나님 나홀의 하나님 그들의 조상의 하나님은 우리 사이에 판단하옵소서 하매 야곱이 그 아비 이삭의 경외하는 이를 가리켜 맹세하고."

  2. 이웃의 몸을 보존하는 것이다. 서로 먹이고 입히는 것이다. 마 25:41-45, "저주를 받은 자들아, 나를 떠나 마귀와 그 사자들을 위하여 예비된 영영한 불에 들어가라. 내가 주릴 때에 너희가 먹을 것을 주지 아니하였고 목마를 때 마시게 하지 아니하였고 나그네 되었을 때에 영접하지 아니하였고 벗었을 때에 옷 입히지 아니하였고 병들었을 때와 옥에 갇혔을 때에 돌아보지 아니하였느니라 하시니, 저희가 대답하여 가로되 주여 우리가 어느 때에 주의 주리신 것을 보고 등등. 이에 그가 대답하여 가라사대 내가 진실로 너희에게 이르노니 이 지극히 작은 자 하나에게 하지 아니한 것이 곧 내게 하지 아니한 것이니라

하시니라." 위험을 무릅쓰고 일을 감당하는 것이다. 요일 3:16, "그가 우리를 위하여 목숨을 버리셨으니 우리가 이로써 사랑을 알고 우리도 형제들을 위하여 목숨을 버리는 것이 마땅하니라." 죽은 자를 명예롭게 매장해 주는 것이다. 사람의 주검을 매장하는 것은 영예로운 일이기 때문이다. (다음과 같은) 근거들이 있다:

① (죽은 사람을 매장해 주는 것은) 본성적인 것이다.

② 조상들과 성도들의 예들이 있다. 행 8:2, "경건한 사람들이 스데반을 장사하고 위하여 크게 울더라."

③ 하나님께서 인정하신 것인데, 그분은 매장하는 것을 축복할 만한 일로 여기신다. 매장하지 않는 것은 죄이다. 렘 22:18, 19, "그러므로 나 여호와가 유다 왕 요시야의 아들 여호야김에 대하여 이같이 말하노라 무리가 그를 위하여 슬프다. 내 형제여 슬프다. 내 자매여 하며 통곡하지 아니할 것이며 그를 위하여 슬프다 주여 슬프다 그 영광이여 하며 통곡하지도 아니할 것이라. 그가 끌려 예루살렘을 문 밖에 던지우고 나귀 같이 매장함을 당하리라." 그러므로 하나님 그분도 모세를 매장하셨다. 신 34:5, 6, "이에 여호와의 종 모세가 여호와의 말씀대로 모압 땅에서 죽어 벧브올 맞은편 모압 땅에 있는 골짜기에 장사되었고 오늘까지 그 묘를 아는 자가 없으니라."

④ 인간의 시체가 어떤 피조물의 시체보다도 흉측하다. 이것은 우리가 죄로 인하여 하나님이 보시기에 흉측하다는 것을 보여주는 것이다.

⑤ 육체는 다시 일어나야 하는데, 영원히 영혼이 거할 거처가 되기 위해서이다.

⑥ 믿는 자들의 육체는 성령의 전이다. 그러므로 영광으로 다시 부

활한다.

⑦ 마지막으로 죽은 사람에 대한 애정과 존중의 증거이다.

매장의 방식은 명예로워야 한다. 다시 말하면 사람들, 즉 살아있는 사람들뿐만 아니라 죽은 사람들의 본성과 예의에 적합해야 한다. 그러므로 살아있는 사람들이 슬퍼할 때에도 절제가 있어야 한다. 다시 말하면 그러한 방법으로 죽은 사람들에 대한 그리움과 사랑을 표현해야 한다. 요 11:34-36, "가라사대 그를 어디에 두었느냐 가로되 주여 와서 보옵소서 하니 예수께서 눈물을 흘리시더라. 이에 유대인들이 말하되 보라. 그를 어떻게 사랑하였는가 하며." 마치 죽은 사람들이 장례 의식으로 인하여 기뻐할 것이라고 생각하는 미신이 있어서는 안 된다. 그것은 마치 교황권에서 하는 것과 같다. 거기에서는 죽은 사람들이 수도원에 거하게 하기 위해서 교회당 안에 있는 제단 밑에 묻는다. 이 밖에도 사치나 지나친 행렬이 없어야 한다. 죽어서 추한 주검을 가지고 교만을 드러내는 것은 어리석은 일이다. 사 22:15, 16, "주 만군의 여호와께서 가라사대 너는 가서 그 국고를 맡고 궁을 차지한 셉나를 보고 이르기를 네가 여기 무슨 관계가 있느냐. 여기 누가 있기에 여기서 너를 위하여 묘실을 팠느냐. 높은 곳에 자기를 위하여 묘실을 팠고 반석에 자기를 위하여 처소를 쪼아 내었도다."

이 계명에 추가된 내용이 있다. 포도를 수확하고 추수하기 전에 굶주림을 해결하기 위해서 이삭과 포도송이를 밭에서 모으는 것이 허락된다. 신 23:24, 25, "네 이웃의 포도원에 들어갈 때에 마음대로 그 포도를 배불리 먹어도 가하니라. 그러나 그릇에 담지 말것이요. 네 이웃의 곡식밭에 들어갈 때에 네가 그 손으로 이삭을 따도 가하니라. 그러나 이웃의 곡식 밭에 낫을 대지 말지니라"; 마 12:1, 2, "그 때에 예수께서 안식일에 밀밭 사이로 가실새 제자들이 시장하여 이삭을 잘라 먹으니 바리새인들이 보고 예수께 고하되 보시오, 당신의 제자들이 안식일에 하지 못할 일을 하나이다." 포도를 수확하고 추수할 때에 가난한 자들을 위하여 포도와 이삭을 남기는 것이다. 레 23:22, "너희 땅의 곡물을 벨 때에 밭 모퉁이까지 다 베지 말며 떨어진 것을 줍지 말고 너는 그것을 가난한 자와 객을 위하여 버려 두라. 나는 너의 하나님 여호와니라"; 룻 2:8, 9, "보아스라 룻에게 이르되 내 딸아 들으라 이삭을 주우러 다른 밭으로 가지 말며 여기서 떠나지 말고 나의 소녀들과 함께 있으라. 그들의 베는 밭을 보고 그들을 따르라 내가 그 소년들을 명하여 너를 건드리지 말라 하였느니라. 목이 마르거든 그릇에 가서 소년들의 길어 온 것을 마실지니라"; 15, 16절, "룻이 이삭을 주우러 일어날 때에 보아스가 자기 소년들에게 명하여 가로되 그로 곡식 단 사이에서 줍게 하고 책망하지 말며 또 그를 위하여 줌에서 조금씩 뽑아 버려서 그로 줍게 하고 꾸짖지 말라 하니라."

3. 이웃의 영혼을 보존하는 것이다.

① 기독교 신앙에 따라서 이웃을 유익하게 하기 위하여 모든 기회를 활용하는 것이다. 고전 10:33, "나와 같이 모든 일에 모든 사람을 기쁘게 하여 나의 유익을 구치 아니하고 많은 사람의 유익을 구하여 저희로 구원을 얻게 하라"; 히 10:24, "서로 돌아보아 사랑과 선행을 격려하며."

② (이웃을 유혹하는) 악한 행위가 없는 삶을 사는 것이다. 고전 10:32, "유대인에게나 헬라인에게나 하나님의 교회에나 거치는 자가 되지 말고"; 고전 8:13, "그러므로 만일 식물이 내 형제로 실족케 하면 나는 영원히 고기를 먹지 아니하여 내 형제를 실족치 않게 하리라."

③ 이 밖에도 거룩함의 모범으로 다른 사람에게 빛을 비추어 주는 것이다. 행 24:14-16, "그러나 이것을 당신께 고백하리이다. 나는 저희가 이단이라 하는 도를 좇아 조상의 하나님을 섬기고 율법과 및 선지자들의 글에 기록된 것을 다 믿으며 저희의 기다리는 바 하나님께 향한 소망을 나도 가졌으니 곧 의인과 악인의 부활이 있으리라 함이라. 이것을 인하여 나도 하나님과 사람을 대하여 항상 양심에 거리낌이 없기를 힘쓰노라."

④ 넘어진 자를 권고하는 것이다. 살전 5:14, "또 형제들아 너희를 권면하노니 규모없는 자들을 권계하며 마음이 약한 자들을 안위하고 힘이 없는 자들을 붙들어 주며 모든 사람을 대하여 오래 참으라"; 히 3:12, "형제들아 너희는 삼가 혹 너희 중에 누가 믿지 아니하는 악한 마음을 품고 살아 계신 하나님에게서 떨어질까 조심할 것이요."

4. 이것은 개인의 삶을 보존하는 데에 필요한 것들과도 관련되어 있다.

첫 번째로 휴식이다. 이것은 하나님을 향한 경외와 연결되어 있는 행위이며, 육체의 힘과 영혼의 거룩함을 견고하게 하기 위한 실제적인 수단이다. 전 2:3, "내가 웃음을 논하여 미친 것이라 하였고 희락을 논하여 이르기를 저가 무엇을 하는가 하였노라"; 사 5:12, "그들이 연회에는 수금과 비파와 소고와 저와 포도주를 갖추었어도 여호와의 행하심을 관심치 아니하며 그의 손으로 하신 일을 생각지 아니하는도다"; 고전 10:7, "저희 중에 어떤 이들과 같이 너희는 우상 숭배하는 자가 되지 말라 기록된 바 백성이 앉아서 먹고 마시며 일어나서 뛰논다 함과 같으니라"; 눅 6:25, "화 있을진저 너희 이제 웃는 자여 너희가 애통하며 울리로다"; 신 12:7, "거기 곧 너희 하나님 여호와 앞에서 먹고 너희 하나님 여호와께서 너희 손으로 수고한 일에 복 주심을 인하여 너희와 너희 가족이 즐거워할지니라."

이런 까닭에 성경은 활의 사용을 허락한다. 삼하 1:17, 18, "다윗이 이 슬픈 노래로 사울과 그 아들 요나단을 조상하고 명하여 그것을 유다 족속에게 가르치라 하였으니 곧 활의 노래라 야살의 책에 기록되었으되" 합창단을 허락한다. 느 7:67, "그 외에 노비가 칠천 삼백 삼십 칠명이요 노래하는 남녀가 이백 사십 오명이오." 수수께끼를 이야기하는 것이다. 삿 14:12-14, "삼손이 그들에게 이르되 이제 내가 너희에게 수수께끼를 하리니 잔치하는 칠일 동안 너희가 능히 그것을 풀어서 내게 고하면 내가 베옷 삼십 벌과 겉옷 삼십 벌을 너희에게 주리라. 그러나 그것을 능히 내게 고하지 못하면 등등. 삼손이 그들에게 이르되 먹는 자에게서 먹는 것이 나오고 강한 자에게서 단 것이 나왔느니라. 그들이 삼일이 되도록 수수께끼를 풀지 못하였더라." 맹수를 사냥하는 것이다. 아 2:17, "우리를 위하여 여우 곧 포도원을 허는 작은 여우를 잡으라. 우리의 포도원에 꽃이 피었음이니라(첫 열매가 맺혔음이니라)." 마지막으로 하나님께서 하신 일을 찾아보고 생각하는 것이다. 왕상 4:33, "저가 또 초목을 논하되 레바논 백향목으로부터 담에 나는 우슬초까지 하고 저가 또 짐승과 새와 기어 다니는 것과 물고기를 논한지라."

두 번째로 치료약인데, 만약 먼저 죄 사함을 구하고, 약을 믿는 것이 아니라 하나님의 사역에 대한 믿음을 구한 후에 먹는다면, 거룩하게 사용한 것이다. 마 9:2, "침상에 누운 중풍병자를 사람들이 데리고 오거늘 예수께서 저희의 믿음을 보시고 중풍병자에게 이르시되 소자야 안심하라. 네 죄 사함을 받았느니라"; 요 5:5-8, "거기 서른여덟 해된 병자가 있더라 예수께서 그 누운 것을 보시고 병이 벌써 오래된 줄 아시고 이르시되 네가 낫고자 하느냐 병자가 대답하되 주여 물이 움직일 때에 나를 못에 넣어 주는 사람이 없어 내가 가는 동안에 다른 사람이 먼저 내려가나이다. 예수께서 이르시되 일어나 네 자리를 들고 걸어가라 하시니"; 14절, "그 후에 예수께서 성전에서 그 사람을 만나 이르시되 보라 네가 나았으니 더 심한 것이 생기지 않게 다시는 죄를 범치 말라 하시니"; 대하 16:12, "아사가 왕이 된지 삼십 구년에 그 발이 병들어 심히 중하나 병이 있을 때에 저가 여호와께 구하지 아니하고 의원들에게 구하였더라."

세 번째로 불의를 물리치는 것이다. 이것은 개인이 하는 것인데, 만약 즉각적으로, 그리고 정당한 방어의 방법으로 이루어진다면 합법적이다. 그러나 의로운 방어만큼 사적인 복수가 옳지는 않다. 어떤 사람이 적에게 공격을 행할 때, 복수를 행하고 상해를 하려는 마음이 아니라, 오직 불의로부터 보존하고 막으려는 의지와 의도를 가지고 있다면 진실로 정당한 방어이다.

질문. 전염병에서 도망가는 것이 허락되는가?
대답. 장관이나 목사들 같이 소명을 받아서 의무를 가진 자들은 할 수 없다. 책임이 없는 사람들은 할 수 있다.
근거. 1. 다른 사람에게 해를 끼치지 않고 할 수 있다면, 개인의 안전을 돌보는 것이 허락된다. 2. 전쟁, 기근, 재난, 위험들을 피하는 것이 허락된다. 그러므로 전염병도 그렇다. 3. 사람이 (피신하여) 줄어든다면 위험도 줄어든다.
반대. 1. 피하는 것은 불신을 가중시킨다.

대답. 불신은 (전염병이라는) 사건에 속한 것이 아니라, 인간의 악행에 속한 것이다.

반대 2. 나쁜 모범이다.

대답. 받는 것이지, 주는 것이 아니다.

반대 3. 버려두는 것은 사랑과 충돌하는 것이다.

대답. 만약 친구들과 관리가 있다면 그렇지 않다.

반대 4. 병자들을 방문하는 것은 하나님께서 세우신 것이다.

대답. 유대인들에게서 나병 환자들은 제외되었다. 그리고 나병과 같은 것, 즉 전염의 위험의 질병을 가진 자들은 지금도 그렇다.

제 2 7 장

일곱 번째 계명에 대하여

일곱 번째 계명은 우리와 이웃의 정절을 지키는 것에 대한 내용이다. 말씀은 이렇다: "간음하지 말라"

분석

간음. 간음은 어떤 방식으로든지, 우리들, 또는 심지어 이웃의 정절을 더럽히는 행위를 의미한다(마 5:28).

금지하는 명령: 이웃의 정절을 해하거나, 등한히 하지 말라.

여기서 다음의 것들을 금지한다.
1. 마음의 방종, 또는 육체의 악한 탐욕이다. 마 5:28, "나는 너희에게 이르노니 여자를 보고 음욕을 품는 자마다 마음에 이미 간음하였느니라"; 골 3:5, "그러므로 땅에 있는 지체를 죽이라 곧 음란과 부정

과 사욕과 악한 정욕이다."

2. 육체의 정욕이 불타오르는 것이다. 이것은 방종의 내적인 격정인데, 마음의 경건을 방해하고 억압하며 정욕적인 생활방식으로 쇠약하게 만든다. 고전 7:9, "만일 절제할 수 없거든 혼인하라 정욕이 불같이 타는 것보다 혼인하는 것이 나으니라."

3. 자손을 낳으려는 것 외에 다른 쾌락인데, 하나님께서는 이것을 말씀에서 금하셨다. 여기에는 다양한 것들이 있다:

첫 번째로 짐승과 하는 것이다. 레 18:23, "너는 짐승과 교합하여 자기를 더럽히지 말며 여자가 된 자는 짐승 앞에 서서 그것과 교접하지 말라 이는 문란한 일이니라."

두 번째로 마귀와 하는 것이다. 이와 같은 것에는 마녀들의 증언이 있다. 동일하게 영이 자신을 마녀(여자 괴물)와 섞을 수 있고, 교제할 수 있다.

세 번째로 동성과 하는 것이다. 레 18:22, "너는 여자와 교합함 같이 남자와 교합하지 말라 이는 가증한 일이니라." 이러한 죄는 버림받았다고 스스로 느끼는 사람들이 하는 행위들이다. 롬 1:26, 27, "이를 인하여 하나님께서 저희를 부끄러운 욕심에 내어 버려 두셨으니 곧 저희 여인들도 순리대로 쓸 것을 바꾸어 역리로 쓰며 이와 같이 남자들도 순리대로 여인 쓰기를 버리고 서로 향하여 음욕이 불 일듯하매 남자가 남자로 더불어 부끄러운 일을 행하여 저희의 그릇됨에 상당한 보응을 그 자신에 받았느니라." 그리고 이것은 소돔의 죄였다(창 19장). 그러므로 남색(sodomia)이라고 부른다.

네 번째로 하나님의 말씀이 금지하신 혈족, 인척들과 하는 것이다. 레 18:6, "너희는 골육지친을 가까이 하지 말라."

다섯 번째로 법적인 책임이 없는 사람들(결혼이라는 법적 굴레가 없는 관계를 말한다: 역자 주) 간에 하는 것이다. 이 죄를 (미혼자의) 간음이라고 부른다. 신 22:28, 29, "만일 남자가 어떤 약혼하지 아니한 처녀를 만나 그를 붙들고 통간하는 중 그 두 사람이 발견되거든 그 통간한 남자는 그 처녀의 아비에게 은 오십 세겔을 주고 그 처녀로 아내를 삼을 것이라 그가 그 처녀를 욕보였은즉 평생에 그를 버리지 못하리라"; 고전 10:8, "저희 중에 어떤 이들이 간음하다가 하루에 이만 삼천 명이 죽었나니."

여섯 번째로 다른 사람과 결혼을 하였거나 최소한 약혼한 사람과 하는 것이다. 이 죄를 간통이라고 부른다. 이것은 죄임이 분명한데, 하나님께서 약혼한 방탕자들이나 결혼한 방탕자들에게 동일한 형벌을 정하셨기 때문이다. 신 22:22-24, "남자가 유부녀와 통간함을 보거든 그 통간한 남자와 그 여자를 둘 다 죽여 이스라엘 중에 악을 제할지니라. 처녀인 여자가 남자와 약혼한 후에 어떤 남자가 그를 성읍 중에서 만나 통간하면 너희는 그들을 둘 다 성읍 문으로 끌어내고 그들을 돌로 쳐 죽일 것이니 등등." 이 죄는 어떤 표이다. 우상 숭배에 대한 벌이다. 롬 1:23, 24, "썩어지지 아니하는 하나님의 영광을 썩어질 사람과 금수와 버러지 형상의 우상으로 바꾸었느니라. 그러므로 하나님께서 저희를 마음의 정욕대로 더러움에 내어 버려두사 저희 몸을 서로 욕되게 하셨으니." 또한 도적질 보다 더 큰 죄이다. 잠 6:30-33, "도적이 만일 주릴 때에 배를 채우려고 도적질하면 사람이 그를 멸시치는 아니하려니와 들키면 칠 배를 갚아야 하리니 심지어 자기 집에 있는 것을 다 내어주게 되리라. 부녀와 간음하는 자는 무지한 자라. 이것을 행하는 자는 자기의 영혼을 망하게 하며 상함과 능욕을 받고 부끄러움을 씻을 수 없게 되나니."

　이 밖에도 간음하는 것은 하나님의 언약을 파기하는 것이다. 잠 2:17, "너를 이방 계집에게서 구원하리니 그는 소시의 짝을 버리며 그 하나님의 언약을 잊어버린 자라." 그의 육체를 치욕스럽게 하는 것이다. 고전 6:18, 19, "음행을 피하라 사람이 범하는 죄마다 몸 밖에 있거니와 음행하는 자는 자기 몸에게 죄를 범하느니라. 너희 몸은 너희가 하나님께로부터 받은 바 너희 가운데 계신 성령의 전인 줄을 알지 못하느냐." 이웃에게서 회복할 수 없는 큰 재산인 정절을 빼앗는 것이다. 심지어 아직 태어나지 않은 자녀들의 품위까지도 박탈하는 것이다. 신 23:2, "사생자는 여호와의 총회에 들어오지 못하리니 십대까지라도 여호와의 총회에 들어오지 못할지라."

　다윗에게서 나타나는 것과 같이 자신의 가족을 짐승으로 만든다. 다윗의 간음의 형벌은 압살롬이 그의 아버지의 첩들과 관계를 갖는 것이었다. 삼하 16:21, "아히도벨이 압살롬에게 이르되 왕의 아버지가 머물러 두어 궁을 지키게 한 후궁들로 더불어 동침하소서. 그리하면 왕께서 왕의 부친의 미워하는 바 됨을 온 이스라엘이 들으리니 왕과 함께 있는 모든 사람의 힘이 더욱 강하여지리이다"; 욥 31:9, 10, "언제 내 마음이 여인에게 유혹되어 이웃의 문을 엿보아 기다렸던가 그리하면 내 처가 타인의 매를 돌리며 타인이 더불어 동침하는 것이 마땅하니라." 이 죄의 벌은 후손들에게 돌아간다. 욥 31:12, "이는 중죄라 재판장에게 벌받을 악이요 멸망하도록 사르는 불이라 나의 모든 소산을 뿌리까지 없이할 것이니라." 마지막으로 몰래 저지른 이 악행을 하나님께서 드러내신다(민 5:12, 22). 그 배우자는 마음이 혼란스러워지고 큰 두려움을 당하게 된다. 호 4:11, "음행과 묵은 포도주와 새 포도주가 마음을 빼앗느니라."

어떠하든 간에 족장들의 일부다처제를 찬성해서는 안 되나, 그럼에도 불구하고 변명할 수는 있다. 왜냐하면 인류의 확산, 또는 적어도 교회의 확산을 위한 것이었기 때문이다.

일곱 번째로 남편과 아내 간에 (다음의 경우에) 하는 것이다. 먼저 이것이 합법적이기는 하지만 부인병이 있을 때에 남용한다면 죄가 된다. 레 18:19, "너는 여인이 경도로 불결할 동안에 그에게 가까이 하여 그 하체를 범치 말지니라"; 겔 18:5, 6, "사람이 만일 의로워서 법과 의를 따라 행하며 산 위에서 제물을 먹지 아니하며 이웃의 아내를 더럽히지 아니하며 월경 중에 있는 여인을 가까이 하지 아니하며." 심지어 부부가 살아가면서 그들 사이에 방탕하게 부부 생활을 한다면, 그들도 범죄하는 것이다. 아우구스티누스가 율리아누스를 반박하는 두 번째 책에서 인용한 바, 암브로시우스는 작품『철학에 대하여』에서 말하기를 남편이 부부 관계를 하는 데 있어서 신중하거나 적절하지 않은 것에 대하여 염려하지 않는다면, 아내의 정부가 되는 것이라고 했다. 히에로니무스는『요비니아누스에 대한 첫 번째 반박서』에서, 지혜로운 남자는 욕정이 아니라, 판단력을 가지고 배우자를 사랑해야 한다고 말했다. 욕망의 충동이 지배하고 있을 때, 급격하게 관계로 가서는 안 된다. 아내를 정부처럼 사랑하는 것보다 더 추한 것은 없다.

여덟 번째로 몽정인데, 이것은 방종한 언어, 또는 더러움이 앞서는 생각이 일으키는 것이다. 이것과 유사한 것이 오난의 죄이다(창 38:8).

4. 음탕함인데, 이로써 욕망을 일으킬 기회들을 찾아다닌다. 갈 5:19, "육체의 일은 현저하니 곧 음행과 더러운 것과 호색한 것과" 기회들은 다양하다:

① 부정이 가득한 눈들이다. 벧후 2:14, "음심이 가득한 눈을 가지고 범죄하기를 쉬지 아니하고."

② 한가로움이다. 삼하 11:2-4, "저녁 때에 다윗이 그 침상에서 일어나 왕궁 지붕 위에서 거닐다가 그 곳에서 보니 한 여인이 목욕을 하는데 심히 아름다워 보이는지라. 다윗이 보내어 그 여인을 알아보게 하였더니 다윗이 사자를 보내어 저를 자기에게로 데려 오게 하고 저가 그 부정함을 깨끗케 하였으므로 더불어 동침하매 저가 자기 집으로 돌아가니라."

③ 의상이 화려하고 방종한 것이다. 딤전 2:9, "또 이와 같이 여자들도 아담한 옷을 입으며 염치와 정절로 자기를 단장하고 땋은 머리와 금이나 진주나 값진 옷으로 하지 말고"; 사 3:16-24, "여호와께서 또 말씀하시되 시온의 딸들이 교만하여 늘인 목, 정을 통하는 눈으로 다니며 아기작거려 걸으며 발로는 쟁쟁한 소리를 낸다 하시도다. 그러므로 주께서 시온의 딸들의 정수리에 딱지가 생기게 하시며 여호와께서 그들의 하체가 드러나게 하시리라. 주께서 그 날에 그들이 장식한 발목 고리와 머리의 망사와 반달 장식과 귀 고리와 팔목 고리와 얼굴 가리개와 화관과 발목 사슬과 띠와 향합과 호신부와 반지와 코 고리와 예복과 겉옷과 목도리와 손 주머니와 손 거울과 세마포 옷과 머리 수건과 너울을 제하시리니 그 때에 썩은 냄새가 향기를 대신하고 노끈이 띠를 대신하고 대머리가 숱한 머리털을 대신하고 굵은 베 옷이 화려한 옷을 대신하고 수치스러운 흔적이 아름다움을 대신할 것이며."

선지자가 지나친 의상과 방자함을 혹독하게 꾸짖은 것에 놀라서는 안 된다. 왜냐하면 a. 그것은 다른 선한 일에 사용할 수 있는 하나님의 선물을 낭비하는 것이며, b. 교만에 대한 기준과 상징물 같은 것이기 때문인데, 사람들은 이것으로 다른 사람들보다 나아보이고자 한다. c. 한가함과 게으름의 표이기 때문이다. 다시 말하면 그들은 몸을 가꾸는데 많은 노력을 하며, 다른 많은 일들을 무시하고 수고하는 것을 참지 못한다. d. 경솔하다는 증거이다. 그들은 매일 어떤 새로운 것들을 발견하거나, 또는 하다 못해 따라한다. e. 하나님께서 삶에 주신 질서와 의무를 혼란스럽게 한다. 왜냐하면 일반 사람들도 고상한 몸가짐으로 치장을 하기 때문이다.

④ 빵을 배부르게 먹고 탐식하는 것이다. 겔 16:49, "네 아우 소돔의 죄악은 이러하니 그와 그 딸들에게 교만함과 식물의 풍족함과 태평함이 있음이여. 또 그가 가난하고 궁핍한 자를 도와주지 아니하며"; 눅 16:19, "한 부자가 있어 자색 옷과 고운 베옷을 입고 날마다 호화로이 연락하는데"; 롬 13:13, "낮에와 같이 단정히 행하고 방탕과 술 취하지 말며 음란과 호색하지 말며 등등."

⑤ 타락하고 불건전하며 불결한 언어이다. 고전 15:33, "속지 말라. 악한 동무들은 선한 행실을 더럽히나니." 많은 노래와 연애서적들이 이러한 종류의 말들을 담고 있다. 그러므로 마치 선원들이 항해하면서 바다를 포기하지는 않지만, 방향을 돌려 암초를 피하는 것과 같이, 우리는 시를 읽으면서 불결한 언어들을 열심히 피해야 한다.

⑥ 오락과 희극물에 있는 방종한 표현들이다. 엡 5:3, "음행과 온갖 더러운 것과 탐욕은 너희 중에서 그 이름이라도 부르지 말라. 이는 성도의 마땅한 바니라."

⑦ 불미스럽고 단정하지 못한 그림들이다. 살전 5:22, "악은 모든 모양이라도 버리라."

⑧ 춤인데, 남자와 여자의 방종한 춤이다. 막 6:21-24, "마침 기회 좋은 날이 왔으니 곧 헤롯이 자기 생일에 대신들과 천부장들과 갈릴리의 귀인들로 더불어 잔치할새 헤로디아의 딸이 친히 들어와 춤을 추어 헤롯과 및 함께 앉은 자들을 기쁘게 한지라. 왕이 그 여아에게 이르되 무엇이든지 너 원하는 것을 내게 구하라 내가 주리라 하고 또 맹세하되 무엇이든지 네가 내게 구하면 내 나라의 절반까지라도 주리라 하거늘 저가 나가서 그 어미에게 말하되 내가 무엇을 구하리이까? 그 어미가 가로되 세례 요한의 머리를 구하라 하니."

⑨ 여성화된 남자들, 그리고 호색하는 자들과 어울리는 것이다. 잠 7:24, 25, "아들들아, 나를 듣고 내 입의 말에 주의하라. 네 마음이 음녀의 길로 치우치지 말며 그 길에 미혹지 말지어다."

5. 로마 교회가 제정한 바와 같이 간음한 자들에게 가벼운 벌을 내리는 것이다. 왜냐하면 이것은 다른 사람들에게 범죄할 기회를 주는 것이기 때문이다.

권장하는 명령: 이웃의 정절을 보존하라.

정절은 영혼과 육체의 정결함인데, 이것은 출생과 관련되어 있다. 영혼의 정절은 정욕으로부터 자유하거나, 또는 최소한 자유로워진 것이다. 육체의 정절은 육체의 정욕과 함께 행하지 않는 것이다. 살전 4:3, 4, "하나님의 뜻은 이것이니 너희의 거룩함이라. 곧 음란을 버리고 각각 거룩함과 존귀함으로 자기의 아내 취할 줄을 알고 하나님을 모르는 이방인과 같이 색욕을 좇지 말고"; 고전 7:34, "시집가지 않은 자는 주의 일을 염려하여 몸과 영을 다 거룩하게 하려 하되."

정절을 보존하는 덕성은 먼저 두 가지이다. 중용과 절제이다. 중용은 모든 행위에서 예의를 지키는 거룩한 덕성이다:

1. 표정과 눈에서 중용을 지키는 것인데, 왜냐하면 이러한 행위들이 영혼의 정욕을 드러내거나 일으키지 않게 되기 때문이다. 욥 31:1, "내가 내 눈과 언약을 세웠나니 어찌 처녀에게 주목하랴"; 창 24:64, 65, "리브가가 눈을 들어 이삭을 바라보고 약대에서 내려 종에게 말하되 들에서 배회하다가 우리에게로 마주 오는 자가 누구뇨. 종이 가로되 이는 내 주인이니이다 리브가가 면박을 취하여 스스로를 가리우더라"; 잠 7:13-15, "그 계집이 그를 붙잡고 입을 맞추며 부끄러움을 모르는 얼굴로 말하되 내가 화목제를 드려서 서원한 것을 오늘날 갚았도다. 이러므로 내가 너를 맞으려고 나와서 네 얼굴을 찾다가 너를 만났도다."

2. 말에서 중용을 지키는 것인데, 우리들의 죄로 인하여 부끄러워해야 하는 일에 대해서 단정한 말을 쓰는 것이다. 창 4:1, "아담이 그 아내 하와를 알았다"; 시 51:1, "다윗의 시 다윗이 밧세바에게 들어간 후 선지자 나단이 저에게 온 때에"; 사 7:20, "그 날에는 주께서 하수 저편에서 세내어 온 삭도 곧 앗수르 왕으로 네 백성의 머리털과 발털을 미실 것이오"; 삿 3:24, "에훗이 나간 후에 왕의 신하들이 와서 다락문이 잠겼음을 보고 가로되 왕이 필연 다락방에서 그의 발을 가리우신다(다시 말하면 용변을 본다) 하고." 이 밖에도 말은 적고 차분해야 한다. 마 12:19, "보라 나의 택한 종 등등 그가 다투지도 아니하며 들레지도 아니하리니 아무도 길에서 그 소리를 듣지 못하리라"; 잠 10:19, "말이 많으면 허물을 면키 어려우나 그 입술을 제어하는 자는 지혜가 있느니라." 소란스러운 목소리는 또한 윤락녀의 표이다(잠 7:11).

3. 의상에서 아름답고 거룩해야 한다. 딛 2:3, "늙은 여자로는 이와 같이 행실이 거룩하며." 거룩한 아름다움이란 남자와 여자의 거룩함, 다시 말하면 경건, 중용, 엄숙함 등등을 나타내는 것이다. 바로 이 아름다움은 옷의 목적을 잘 드러낼 때 나타나게 되는데, 이 목적은 다섯 가지이다.

첫 번째로 필요성인데, 더위와 추위로 인한 손상으로부터 몸을 보호하기 위한 것이다. 두 번째로 품위인데, 죄로 말미암아 초래된 벌거벗은 몸의 수치를 가리기 위한 것이다. 세 번째로 적합성인데, 이로써 소명과 직업에 따라서, 그리고 삶의 방식에 어울리는 의상들을 입는 것이다. 사람은 서로 다른 품위를 가지고 있다. 네 번째로 검소함인데, 재력에 맞추어 옷을 입는 것이다. 다섯 번째로 사람들의 차이인데, 다시 말하면 성별, 나이, 직분, 시대, 활동의 차이이다. 왜냐하면 남자에게는 어떤 복장이 어울리고, 여자에게는 다른 것이 어울리며, 젊은이에게는 어떤 옷이, 노인에게는 또 다른 옷이 어울리기 때문이다. 그러므로 남자가 여자의 옷을 입는 것은 망신스러운 일이며 그 반대도 그렇다. 신 22:5, "여자는 남자의 의복을 입지 말 것이요. 남자는 여자의 의복을 입지 말 것이라. 이같이 하는 자는 네 하나님 여호와께 가증한 자니라."

이 밖에도 무엇이 아름다운 옷인가 하는 것은 모든 지위에서 사람들의 판단과 예에 따라서 절제있고 신중하며 소박한 옷으로 정의해야 한다. 시대에 앞서는 특별한 옷보다는 중용 가운데 머물러야 한다.

4. 청결을 위해서 또 다른 것에 마음을 써야 한다. 배설물은 구별되고 은밀한 곳에 버려야 하고, 또한 배설한 것을 잘 덮어야 한다. 신 23:12-14, "너의 진 밖에 변소를 베풀고 그리로 나가되 너의 기구에

작은 삽을 더하여 밖에 나가서 대변을 통할 때에 그것으로 땅을 팔 것이요. 몸을 돌이켜 그 배설물을 덮을지니 이는 네 하나님 여호와께서 너를 구원하시고 적군을 네게 붙이시려고 네 진중에 행하심이라. 그러므로 네 진을 거룩히 하라. 그리하면 네게서 불합리한 것을 보시지 않으므로 너를 떠나지 아니하시리라"; 삼상 24:3, "길 가 양의 우리에 이른즉 굴이 있는지라. 사울이 그 발을 가리우러 들어가니라. 다윗과 그의 사람들이 그 굴 깊은 곳에 있더니."

단정함은 위에서 언급한 거룩하게 사는 품성이다. 여기에서 다음과 같은 규범들을 지켜야 한다. 잔치에서 지켜야 하는 특별한 단정함은 식탁에서 감사함으로써 거룩하게 하는 것이다. 삼상 9:12, 13, "그들이 대답하여 가로되 있나이다. 보소서, 그가 당신보다 앞섰으니 빨리 가소서. 백성이 오늘 산당에서 제사를 드리므로 그가 오늘 성에 들어오셨나이다. 당신들이 성으로 들어가면 그가 먹으러 산당에 올라가기 전에 곧 만나리이다. 그가 오기 전에는 백성들이 먹지 아니하나니 이는 그가 (즉 사무엘이) 연회를 축사한 후에야 청함을 받은 자가 먹음이라. 그러므로 지금 올라가소서, 금시로 만나리이다, 하는지라"; 막 6:39-41, "제자들을 명하사 그 모든 사람으로 떼를 지어 푸른 잔디 위에 앉게 하시니 떼로 혹 백씩 혹 오십씩 앉은지라. 예수께서 떡 다섯 개와 물고기 두 마리를 가지사 하늘을 우러러 축사하시고 떡을 떼어 제자들에게 주어 사람들 앞에 놓게 하시고"; 행 27:33, "날이 새어 가매 바울이 여러 사람을 음식 먹으라 권하여 등등", 35절, "떡을 가져다가 모든 사람 앞에서 하나님 앞에서 축사하고 떼어 먹기를 시작하매."

반드시 있어야 하는 것을 갖출 뿐만 아니라, 친구를 존중하고 사랑하여 연회를 장식하는 것도 허락된다. 눅 5:29, "레위가 예수를 위하여 자기 집에서 큰 잔치를 하니 세리와 다른 사람이 많이 함께 앉았는지라"; 시 104:15, "사람의 마음을 기쁘게 하는 포도주와 사람의 얼굴을 윤택케 하는 기름과 사람의 마음을 힘있게 하는 양식을 주셨도다"; 요 12:2, 3, "거기서 예수를 위하여 잔치할 새 마르다는 일을 보고 나사로는 예수와 함께 앉은 자 중에 있더라. 마리아는 지극히 비싼 향유 곧 순전한 나드 한근을 가져다가 예수의 발에 붓고 자기 머리털로 그의 발을 씻으니 향유 냄새가 집에 가득하더라."

연회에서 낮은 자리를 잡으라. 그리하여 집주인이 당신의 자리를 정하게 하라. 눅 14:7-10, "청함을 받은 사람들이 상좌 택함을 보시고 저희에게 비유로 말씀하여 가라사대 네가 누구에게나 혼인 잔치에 청함을 받았을 때에 상좌에 앉지 말라. 그렇지 않으면 너보다 더 높은 사람이 청함을 받은 경우에 너와 저를 청한 자가 너더러 이 사람에게 자리를 내어 주라 하리니 그 때에 네가 부끄러워 말석으로 가게 되리라. 청함을 받았을 때에 차라리 말석에 가서 앉으라. 그러면 너를 청한 자가 와서 너더러 벗이여 올라 앉으라 하리니 그 때에야 함께 앉은 모든 사람 앞에 영광이 있으리라."

필요할 때에 먹는 것이다. 전 10:16, 17, "왕은 어리고 대신들은 아침에 연락하는 이 나라여 화가 있도다. 왕은 귀족의 아들이요 대신들은 취하려 함이 아니라 기력을 보하려고 마땅한 때에 먹는 이 나라여 복이 있도다."

절제하며 먹고 마시는 것인데, 이러한 방법으로 육체의 힘과 영혼의 경건에 힘과 활기를 불어 넣어주며, 정신이 없거나 취하지 않게 된다. 살전 5:6, 7, "그러므로 우리는 다른 이들과 같이 자지말고 오직 깨어 근신할지니라 자는 자들은 밤에 자고"; 눅 21:34, "너희는 스스로 조심하라. 그렇지 않으면 방탕함과 술취함과 생활의 염려로 마음이 둔하여지고 뜻 밖에 그 날이 덫과 같이 너희에게 임하리라"; 잠 23:29-35, "재앙이 뉘게 있느뇨 근심이 뉘게 있느뇨 분쟁이 뉘게 있느뇨 원망이 뉘게 있느뇨 까닭없는 창상이 뉘게 있느뇨 붉은 눈이 뉘게 있느뇨 술에 잠긴 자에게 있고 혼합한 술을 구하러 다니는 자에게 있느니라. 포도주는 붉고 잔에서 번쩍이며 순하게 내려가나니 너는 그것을 보지도 말지어다. 이것이 마침내 뱀 같이 물 것이요 독사 같이 쏠 것이며 또 네 눈에는 괴이한 것이 보일 것이요 네 마음은 망령된 것을 발할 것이며 너는 바다 가운데 누운 자 같을 것이요 돛대 위에 누운 자 같을 것이며 네가 스스로 말하기를 사람이 나를 때려도 나는 아프지 아니하고 나를 상하게 하여도 내게 감각이 없도다. 내가 언제나 깰까 다시 술을 찾겠다 하리라"; 잠 25:16, "너는 꿀을 만나거든 족하리만큼 먹으라. 과식하므로 토할까 두려우니라"; 잠 31:4-7, "르무엘아 포도주를 마시는 것이 왕에게 마땅치 아니하고 왕에게 마땅치 아니하며 독주를 찾는 것이 주권자에게 마땅치 않도다. 술을 마시다가 법을 잊어버리고 모든 간곤한 백성에게 공의를 굽게 할까 두려우니라. 독주는 죽게된 자에게 포도주는 마음에 근심하는 자에게 줄지어다. 그는 마시고 빈궁한 것을 잊어버리겠고 다시 그 고통을 기억지 아니하리라."

당신이 주권자들과 함께 앉았을 때에, 이 위에서 살펴 본 것들을 행해야 한다. 잠 23:1-3, "네가 관원과 함께 앉아 음식을 먹게 되거든 삼가 네 앞에 있는 자가 누구인지 생각하며 네가 만약 탐식자여든 네 목에 칼을 둘 것이니라. 그 진찬을 탐하지 말라. 그것은 간사하게 베푼

식물이니라."

연회를 할 때에 기쁘게 하는 것이다. 행 2:46, 47, "날마다 마음을 같이하여 성전에 모이기를 힘쓰고 집에서 떡을 떼며 기쁨과 순전한 마음으로 음식을 먹고 하나님을 찬미하며 또 온 백성에게 칭송을 받으니."

잔치에서 하는 대화는 제시된 경우에서와 같이 경건을 세우기 위한 것이어야 한다(눅 14:1-16). 잔치가 완전해지기 위해서는 남는 것들을 주의하여 살펴 보아 버리는 것이 없게 해야 한다. 요 6:12, "그들이 배부른 후에 예수께서 제자들에게 이르시되 남은 조각을 거두고 버리는 것이 없게 하라 하시므로." 먹을 때에 어떤 것을 남기라. 룻 2:14, "식사할 때에 보아스가 룻에게 이르되 이리로 와서 떡을 먹으며 네 떡 조각을 초에 찍으라 하므로 룻이 곡식 베는 자 곁에 앉으니 그가 볶은 곡식을 주매 룻이 배불리 먹고 남았더라."

정절은 이중적이다. 아직 결혼하지 않은 사람에게 있는 것과 부부관계에 있는 것이다. 아직 결혼하지 않은 사람의 정절을 지키기 위해서 부지런히 감정과 육체의 거룩함에 마음쓰는 것이다. 시 119:9, "청년이 무엇으로 그 행실을 깨끗케 하리이까 주의 말씀을 따라 삼갈 것이니이다"; 요일 2:13, "내가 너희에게 쓰는 것은 너희가 태초부터 계신 이를 앎이요 청년들아 내가 너희에게 쓰는 것은 너희가 악한 자를 이기었음이니라. 아이들아, 내가 너희에게 쓴 것은 너희가 아버지를 알았음이요", 전 12:3, "너는 청년의 때 곧 곤고한 날이 이르기 전 나는 아무 낙이 없다고 할 해가 가깝기 전에 너의 창조자를 기억하라." 잦은 금식을 하는 것이다. 고전 9:27, "내가 내 몸을 쳐 복종하게 함은 내가 남에게 전파한 후에 자기가 도리어 버림이 될까 두려워함이로다." 마지막으로 불타는 정욕을 피해야 한다(고전 7:9).

부부 관계의 정절이란 거룩하고 순전하게 부부 관계를 가지는 것이다. 히 13:4, "모든 사람은 혼인을 귀히 여기고 침소를 더럽히지 않게 하라. 음행하는 자들과 간음하는 자들을 하나님이 심판하시리라." 순전한 부부 생활을 위해서 다음의 것들이 도움이 된다:

첫 번째로 믿는 자와 주 안에서 결혼하는 것이다. 말 2:11, "유다는 궤사를 행하였고 이스라엘과 예루살렘 중에서 가증한 일을 행하였으며 유다는 여호와의 사랑하시는 그 성결을 욕되게 하여 이방신의 딸과 결혼하였으니"; 고전 7:39, "남편이 죽으면 자유하여 자기 뜻대로 시집 갈 것이나 주 안에서만 할 것이니라."

두 번째로 아내와 별거 중에, 또는 금식을 하는 중에는 부부 관계를 하지 않는 것이다(겔 18:6). 고전 7:6, "서로 분방하지 말라. 금식과 기도에 전념하기 위하여 합의상 얼마 동안은 하되 다시 합하라. 이는 너희의 절제 못함을 인하여 사탄으로 너희를 시험하지 못하게 하려 함이라." 이 밖에도 육체의 일그러진 욕망을 충족하기 위해서가 아니라 복종시키기 위해서, 그리고 (거룩한 씨로) 교회를 확장하기 위해서 사용해야 한다. 롬 13:14, "오직 주 예수 그리스도로 옷입고 정욕을 위하여 육신의 일을 도모하지 말라"; 말 2:15, "오직 하나를 만들지 아니하셨느냐 어찌하여 하나만 만드셨느냐? 이는 경건한 자손을 얻고자 하심이라. 그러므로 네 심령을 삼가 지켜 어려서 맞이한 아내에게 거짓을 행하지 말지니라." 마지막으로 기도, 그리고 감사의 행위와 함께 해야 한다. 딤전 4:3, "혼인을 금하고 식물을 폐하라 할것이나 그것들은 하나님이 지으신 바니 믿는 자들과 진리를 아는 자들이 감사함으로 받을 것이니라."

제 2 8 장
여덟 번째 계명에 대하여

여덟 번째 계명은 이웃의 재산을 보존하는 것이다. 말씀은 이와 같다: "도적질하지 말지니라."

분석

도적질. 도적질은 특별히 어떤 것을 몰래 훔치는 것을 의미한다(창 31:20). 이것은 대유법적인 표현으로 다른 사람의 물건을 거짓으로 차지하려고 하고, 어떤 근거에서든지 침해하고자 노리는 것이다.

금지하는 명령: 이웃의 재산을 해하거나 등한히 하지 말라.

여기에서 다음을 금한다.
1. 방종한 삶, 즉 직업을 등한히 하는 삶, 또는 게으른 삶인데, 선한 직무를 포기하고, 벌어들인 것을 악하게 사용하는 것이다. 살후 3:11,

"우리가 들은즉 너희 가운데 규모 없이 행하여 도무지 일하지 아니하고 일만 만드는 자들이 있다 하니"; 창 3:19, "네가 얼굴에 땀이 흘러야 식물을 먹고 필경은 흙으로 돌아가리니"; 딤전 5:8, "누구든지 자기 친족 특히 자기 가족을 돌아보지 아니하면 믿음을 배반한 자요 불신자보다 더 악한 자니라."

2. 불의함인데, 이것은 마음에 속한 것과 행위에 속한 것이 있다. 마음의 불의함은 탐욕이다. 마 15:19, "마음에서 나오는 것은 악한 생각과 살인과 간음과 음란과 도적질과 거짓 증거와 훼방이니." 이것은 우상 숭배이다. 엡 5:5, "너희도 이것을 정녕히 알거니와 음행하는 자나 더러운 자나 탐하는 자 곧 우상 숭배자는 다 그리스도와 하나님 나라에서 기업을 얻지 못하리니." 그리고 모든 악의 뿌리인데, 악을 만들어 내는 것이 아니라, 모든 죄의 종류를 조장한다. 딤전 6:9,10, "부하려 하는 자들은 시험과 올무와 여러 가지 어리석고 해로운 정욕에 떨어지나니 곧 사람으로 침륜과 멸망에 빠지게 하는 것이라. 돈을 사랑함이 일만 악의 뿌리가 되나니 이것을 사모하는 자들이 미혹을 받아 믿음에서 떠나 많은 근심으로 자기를 찔렀도다."

첫 번째로 행위의 불의함인데, 계약 관계에서 범하는 것이 있고, 계약 없이 범하는 것이 있다. 계약 관계에서 저지르는 불의함에는 여러 가지가 있다. 살전 4:6, "이 일에 분수를 넘어서 형제를 해하지 말라. 이는 우리가 너희에게 미리 말하고 증언한 것과 같이 이 모든 일에 주께서 신원하여 주심이라.":

① 팔 수 없는 것들을 가지고 계약하는 것이다. 팔 수 없는 것에는 성령의 은사가 있다. 행 8:18-20, "시몬이 사도들의 안수함으로 성령 받는 것을 보고 돈을 드려 가로되 이 권능을 내게도 주어 누구든지 내

가 안수하는 사람은 성령을 받게 하여 주소서 하니 베드로가 가로되 네가 하나님의 선물을 돈 주고 살 줄로 생각하였으니 네 은과 네가 함께 망할지어다"

② 교회의 재산들은 팔 수가 없는 물건이다. 그러므로 교회의 재산을 사고 파는 것은 허락되지 않는다. 잠 20:25, "함부로 이 물건을 거룩하다 하여 서원하고 그 후에 살피면 그것이 그물이 되느니라"; 말 3:8, "사람이 어찌 하나님의 것을 도둑질하겠느냐? 그러나 너희는 나의 것을 도둑질하고도 말하기를 우리가 어떻게 주의 것을 도둑질하였나이까 하는도다. 이는 곧 십일조와 봉헌물이라." 교회의 재산들은 주님이신 여호와께 속한 것으로 선언한 것이다.

③ 무엇이든지 공적으로 아무 쓸모없거나, 혹은 교회에서 쓸모없는 것은 팔 수 없다.

두 번째로 계약을 이행하는 데 있어서 잘못된 방식을 쓰는 것이다:

① 속임수를 쓰는 것이다. 눅 19:8, "삭개오가 서서 주께 여짜오되 주여 보시옵소서 내 소유의 절반을 가난한 자들에게 주겠사오며 만일 뉘 것을 토색한 일이 있으면 사 배나 갚겠나이다"

② 그러므로 부패한 것을 좋은 것이라고 속여 파는 것이다. 암 8:4-6, "궁핍한 자를 삼키며 땅의 가난한 자를 망케 하려는 자들아, 이 말을 들으라. 너희가 이르기를 월삭이 언제나 지나서 우리로 곡식을 팔게 하며 은으로 가난한 자를 사며 신 한 켤레로 궁핍한 자를 사며 잿밀을 팔자 하는도다." 불의한 측량 도구들과 저울추들을 사용하는 것이다. 신 25:13, 14, "너는 주머니에 같지 않은 저울추 곧 큰 것과 작은 것을 넣지 말 것이며 네 집에 같지 않은 되 곧 큰 것과 작은 것을 두지 말 것이요"; 레 19:35,36, "너희는 재판에든지 도량형에든지 불의를

행치 말고 공평한 저울과 공평한 추와 공평한 에바와 공평한 힌을 사용하라. 나는 너희 하나님 여호와니라"; 암 8:5, "너희가 이르기를 월삭이 언제나 지나서 우리로 곡식을 팔게 하며 안식일이 언제나 지나서 우리로 밀을 내게 할꼬. 에바를 작게하여 세겔을 크게 하며 거짓 저울로 속이며."

세 번째로 물건의 나쁜 점을 숨기고 꾸미는 말로 위장하는 것이다. 마 7:12, "그러므로 무엇이든지 남에게 대접을 받고자 하는대로 너희도 남을 대접하라. 이것이 율법이요 선지자니라"; 잠 20:14, "사는 자가 물건이 좋지 못하다 좋지 못하다 하다가 돌아간 후에는 자랑하느니라."

네 번째로 백성이 계약으로 인하여 억압을 당하는 것인데, 이렇게 이루어진다:

① 물건의 정당한 가격을 올리는 것이다. 계약에서 이익, 또는 돈을 무가치하게 하는 것은 옳지 않다.

② 지불 날짜를 미루어서 더 비싸게 파는 것이다. 다시 말하면 시간을 늦추어 팔아서, 이웃에게 적절하게 받아야 하는 것보다 더 비싸게 받는 것이다.

③ 한 종류의 물품을 매점매석하여 마음대로 물건 값을 매기는 것이다.

④ 다른 사람들의 손해와 재산으로 치부하기 위해서 법정에 넘기는 것이다.

⑤ 빌려주었거나 위탁했거나, 또는 저당잡은 담보물을 돌려주지 않는 것이다. 겔 18:7, "사람이 학대하지 아니하며 빚진 자의 전당물을 도로 주며 억탈하지 아니하며."

⑥ 전담물을 가지고 가버리는 것이다. 잠 3:28, "네게 있거든 이웃에게 이르기를 갔다가 다시 오라 내일 주겠노라 하지 말며"; 시 37:21, "악인은 꾸고 갚지 아니하나 의인은 은혜를 베풀고 주는도다."

⑦ 이자를 받는 것이다. 시 15:5, "변리로 대금치 아니하며 등등", 출 22:25, "네가 만일 너와 함께한 나의 백성 중 가난한 자에게 돈을 꾸이거든 너는 그에게 채주같이 하지 말며 변리를 받지 말 것이며."

참으로 이자는 규정 외에 계약에서 발생하는 특정한 이익인데, 상호 간의 직무로 인한 것이다. 이것이 하나님의 말씀과는 상충되는 것으로 분명히 기록되어 있다. 그리고 이웃을 상해하는 이자라고 할 수 있다. 출 22:14, 15, "만일 이웃에게 빌어온 것이 그 임자가 함께 있지 아니할 때에 상하거나 죽으면 반드시 배상하려니와 그 임자가 그것과 함께 하였으면 배상하지 않을지며 세 낸 것도 세를 위하여 왔은즉 배상하지 않을지니라"; 겔 18:8, "변을 위하여 꾸이지 아니하며 이식을 받지 아니하며"; 고후 8:13, "이는 다른 사람들을 평안하게 하고 너희는 곤고하게 하려는 것이 아니요 평균케 하려 함이니."

실정법들이 이러한 이자를 금지한다는 것을 증명하지는 않는다.

질문. 규정을 넘어서서 어떤 것을 받는 것이 가끔 허락되지 않는가?

대답. 조건들을 지키는 한에서 허락된다. 1. 정당한 근거들에 근거하여 벌 수 있는 것보다 더 요구하지 않도록 지켜봐야 한다. 2. 이득을 본 것보다 더 받아서는 안 되는데, 전체 이득을 요구해서는 안 되며, 이득의 부분이라고 할지라도 상대방이 소진되는 정도는 안 된다. 3. 근면하게 일함으로 이자가 발생한 것이 아닐 때에는 이자를 받지 않아야 한다. 더 나아가서 (능력이 안 되어) 정당하게 면제받아야 할 필요성이 요구된다면, 원금도 안 된다.

근거. 첫째로, 어떤 손해를 보지 않고 채무자가 이익을 볼 때, 채권자는 채무자가 주는 것을 전적으로 받을 수 있다. 둘째로, 대금을 빌리는 자는 돈을 돌려 줄 때 감사해야 할 의무를 지고 있다. 세 번째, 종종 돈을 빌려 준 사람에게는 그 돈을 가지고 있는 것이 중요한 일이었을 것이다(즉 자신이 필요함에도 불구하고 빌려준 것일 수도 있다: 역자 주).

반대. 돈은 열매를 낼 수 없다.

대답. 돈 자체로는 어떠하든지 간에 그렇다. 그럼에도 불구하고 돈을 받아서 하는 일은 열매를 낼 수 있다. 더 나아가서 경작하지 않는다면, 땅은 열매를 주지 않는다.

마지막으로 일의 보수를 늦게 지불하는 것이다. 약 5:4, "보라 너희 밭에서 추수한 품꾼에게 주지 아니한 삯이 소리 지르며 그 추수한 자의 우는 소리가 만군의 주의 귀에 들렸느니라."

계약 없이 저지르는 많은 불의한 일들이 있다:

첫 번째로 직분을 맡은 자들이 판결 때에 잘못된 결정을 내리는 것이다. 사 1:23, "네 고관들은 패역하여 도둑과 짝하며 다 뇌물을 사랑하며 예물을 구하며 고아를 위하여 신원하지 아니하며 과부의 송사를 수리하지 아니하는도다." 이것은 다스리는 자들과 재판장들이 범하는 범죄이다(시 82편).

두 번째로 건장한 거지들에게 먹을 것과 옷을 주는 것이다.[10] 살후 3:10, "우리가 너희와 함께 있을 때에도 너희에게 명하기를 누구든지 일하기 싫어하거든 먹지도 말게 하라 하였더니." 그러므로 게으른 수도승들이나 사제들이 무엇을 하는가? 소크라테스(Socrates, 대략 380-440, 교회사가)가 역사서 『세 갈래의 역사』에서 말한 것처럼 수도승은 손으로 일을 하지 않는다. 이와 비슷한 사람들에는 강도가 있다.

세 번째로 다만 이자를 목적으로 한 계획된 이자 놀이이다. 다시 말하면 이웃의 손해를 가지고 당신의 이익을 불리는 것은 허락되지 않는다. 또한 고리는 더 나쁜 것이며, 사람으로 하여금 더 치부하게 하는 것이다.

네 번째로 불법적인 기술들, 마술, 재판에서의 천문학, 오락들을 가지고 치부하는 것이다. 엡 4:28, "도둑질하는 자는 다시 도둑질하지 말고 돌이켜 가난한 자에게 구제할 수 있도록 자기 손으로 수고하여 선한 일을 하라"; 신 18:11, "진언자나 신접자나 박수나 초혼자를 너희 가운데에 용납하지 말라"; 엡 5:3, "음행과 온갖 더러운 것과 탐욕은 너희 중에서 그 이름조차도 부르지 말라 이는 성도에게 마땅한 바니라"; 살전 5:22, "악은 어떤 모양이라도 버리라."

다섯 번째로 선이나 큰 일을 위해서 이웃에게서 아주 작은 물건을 빼앗는 것이다. 막 10:19, "살인하지 말라, 간음하지 말라, 도둑질하지 말라, 거짓 증언 하지 말라, 속여 빼앗지 말라, 네 부모를 공경하라 하였느니라"; 롬 3:8, "또는 그러면 선을 이루기 위하여 악을 행하자 하지 않겠느냐, 어떤 이들이 이렇게 비방하여 우리가 이런 말을 한다고 하니 그들은 정죄 받는 것이 마땅하니라."

---

10 이것은 구제를 금하는 것이 아니라 사람들을 게으름으로 몰아넣는 잘못된 행위를 의미한다.

여섯 번째로 목축을 위해서 정해놓은 땅의 옛 경계를 옮기는 것이다. 잠 22:28, "네 선조가 세운 옛 지계석을 옮기지 말지니라"; 호 5:6, "유다 지도자들은 경계표를 옮기는 자 같으니."

일곱 번째로 인신매매, 신성모독, 약탈을 하는 것이다. 딤전 1:10, "음행하는 자와 남색하는 자와 인신 매매를 하는 자와 거짓말하는 자와 거짓맹세하는 자"; 고전 6:10, "도적이나 탐욕을 부리는 자나 술 취하는 자나 모욕하는 자나 속여 빼앗는 자들은 하나님의 나라를 유업으로 받지 못하리라." 약탈은 강도들, 해적들, 자신의 급료에 만족하지 않는 군인들에게 두드러지게 나타난다. 그리고 다른 사람의 물건을 억지로 자기 것으로 움켜쥐는 자들이다. 눅 3:14, "군인들도 물어 이르되 우리는 무엇을 하리이까 하매 이르되 사람에게서 강탈하지 말며 거짓으로 고발하지 말고 받는 급료를 족한 줄로 알라 하니라."

여덟 번째는 도둑과 음모를 꾸미는 것인데, 의논을 하거나 저지른 일을 좋은 일로 치장한다. 잠 29:24, "도둑과 짝하는 자는 자기의 영혼을 미워하는 자라. 그는 저주를 들어도 진술하지 아니하느니라."

도적질에 대한 징벌은 범죄의 중대함에 따라서 재판장들이 결정해야 한다. 그러므로 도적들은 지극히 중한 형벌을 받을 수 있다. 하나님의 재판법이 벌금으로 네 배를 되갚아야 한다고 말할 때, 이 권세가 관리에게 있다는 것을 알아야 한다. 그러므로 범죄가 커질 때, 형벌도 커진다. 실로 우리의 사회 사건 중에서 도둑질의 범죄가 커지고 있다. 첫 번째, 우리의 백성은 유대의 백성들보다 더 가난하다. 그러므로 도적질이 실로 더 큰 손해를 끼친다. 두 번째, 우리의 백성은 천성적으로 더 난폭하다. 이런 까닭에 도둑들은 몰염치하고, 도둑질을 할 때에 폭력적이며, 사회의 평온함을 혼란시킨다. 이것이 가지는 근거는 한 개인의 구원이라는 근거보다 더 크다.

권장하는 명령: 이웃의 재산을 보존하고 유익을 주라.

이웃의 재산을 보존하기 위해서는 다음을 해야 한다.

1. 소명(직업을 가지는 것)인데, 사람이 자신의 재능에 따라서, 자신과 이웃의 유익을 위해서 정직한 일에 힘쓰는 것이다. 고전 7:24, "형제들아 각각 부르심을 받은 그대로 하나님과 함께 거하라"; 엡 4:28, "도둑질하는 자는 다시 도둑질하지 말고 돌이켜 가난한 자에게 구제할 수 있도록 자기 손으로 수고하여 선한 일을 하라"; 벧전 4:10, "각각 은사를 받은 대로 하나님의 각양 은혜를 맡은 선한 청지기 같이 서로 봉사하라"; 갈 5:13, "오직 사랑으로 서로 종노릇하라."

2. 모든 재물들과 재산들을 바르게 사용하는 것이다. 여기에는 두 가지 덕성이 있다. 자족한 것과 검소한 것이다. 자족이란 사람이 그의 상태에 만족하는 것이다. 딤전 6:6-8, "그러나 지족하는 마음이 있으면 경건이 큰 이익이 되느니라. 우리가 세상에 아무것도 가지고 온 것이 없으매 또한 아무것도 가지고 가지 못하리니 우리가 먹을 것과 입을 것이 있은즉 족한 줄로 알 것이니라"; 빌 4:11, 12, "내가 궁핍하므로 말하는 것이 아니라 어떠한 형편에든지 내가 자족하기를 배웠노니 내가 비천에 처할 줄도 알고 풍부에 처할 줄도 알아 모든 일에 배부르며 배고픔과 풍부와 궁핍에도 일체의 비결을 배웠노라"; 마 6:11, "오늘날 우리에게 일용할 양식을 주옵시고"; 히 13:5, "돈을 사랑하지 말고 있는 바를 족한 줄로 알라 그가 친히 말씀하시기를 내가 결코 너희를 버리지 아니하고 너희를 떠나지 아니하리라 하셨느니라."

검소함이란 재산을 부지런히 보존하며, 좋은 결과를 낼 수 있는 필요한 일에 사용하는 것이다. 잠 5:15-17, "너는 네 우물에서 물을 마시며 네 샘에서 흐르는 물을 마시라. 어찌하여 네 샘물을 집 밖으로 넘치게 하며 네 도랑물을 거리로 흘러가게 하겠느냐? 그 물이 네게만 있게 하고 타인과 더불어 그것을 나누지 말라"; 잠 21:5, "부지런한 자의 경영은 풍부함에 이를 것이나 조급한 자는 궁핍함에 이를 따름이니라"; 17절, "연락을 좋아하는 자는 가난하게 되고 술과 기름을 좋아하는 자는 부하게 되지 못하느니라"; 잠 12:26, "의인은 그 이웃의 인도자가 되나 악인의 소행은 자신을 미혹하느니라"; 요 6:12, "그들이 배부른 후에 예수께서 제자들에게 이르시되 남은 조각을 거두고 버리는 것이 없게 하라 하시므로."

3. 대화에서 진실한 것인데, 이것은 모든 업무에서 악의가 없는 소박함이 있는 것이다. 시 15:2, "정직하게 행하며 공의를 일삼으며 그 마음에 진실을 말하며", 창 23:13-18, "그 땅의 백성의 듣는 데 에브론에게 말하여 가로되 당신이 합당히 여기면 청컨대 내 말을 들으시오. 내가 그 밭값을 당신에게 주리니 당신은 내게서 받으시오. 내가 나의 죽은 자를 거기 장사하겠노라. 에브론이 아브라함에게 대답하여 가로되 내 주여 내게 들으소서. 땅값은 은 사백 세겔이나 나와 당신 사이에 어찌 교계하리이까? 당신의 죽은 자를 장사하소서. 아브라함이 에브론의 말을 좇아 에브론의 헷 족속의 듣는 데서 말한 대로 상고의 통용하는 은 사백 세겔을 달아 에브론에게 주었더니 마므레 앞 막벨라에 있는 에브론의 밭을 바꾸어 그 속의 굴과 그 사방에 둘린 수목을 다 성문에 들어온 헷족속 앞에서 아브라함의 소유로 정한지라."

4. 행동에서 의로운 것이다(살전 4:6). 여기에는 여러 가지가 있다:

① 토지, 농지, 물품 그리고 물건을 사고 팔며, 세를 주고 빌릴 때에 적절한 가격을 정하는 것이다. 적절한 가격은 물건의 가치와 최대로 오를 수 있는 가격이 동등한 것이다. 이렇게 되기 위해서는 분명한 네 가지 법칙이 항상 있어야 하는데, 모든 계약을 다음의 법칙으로 검토해야 한다:

a. 모든 계약을 평등하게 하는 것이다. 만약 판매자인 당신이 이웃의 이익과 필요성을 마치 당신의 일과 지출인 것처럼 생각하고 있다면, 평등하게 하는 것이다. 레 25:14-16, "네 이웃에게 팔던지 네 이웃의 손에서 사거든 너희는 서로 속이지 말라. 희년 후의 연수를 따라서 너는 이웃에게 살 것이요, 그도 그 열매를 얻을 연수를 따라서 네게 팔 것인즉 연수가 많으면 너는 그 값을 많게 하고 연수가 적으면 너는 그 값을 적게 할지니 곧 그가 그 열매의 다소를 따라서 네게 팔 것이라."

b. 자연법에 따라서 확정하는 것이다. 이 자연법의 핵심을 그리스도께서는 이 말씀으로 담으셨다. "사람들이 너희에게 해주기를 원하는 그것을 그들에게 해주라."

c. 본성적인 의무를 지는 것이다. 이 의무는 명령하기를, 어떤 사람이 다른 사람의 돈으로 불어난 이윤을 얻을 때에는 부유하게 된 자가 (돈을 빌려준 사람에게: 역자 주) 동일한 보상을 해주어야 하는데, 정해진 규칙을 넘어서라도 해주어야 한다고 한다.

d. 상호 교류와 대출의 방식을 지켜야 한다. 이것을 바울이 규정하였다. 고후 8:13, "이는 다른 사람들은 평안하게 하고 너희는 곤고하게 하려는 것이 아니요."

② 팔려고 하는 물건이 어떠한 것인지, 정확한 용도가 무엇인지 보여주는 것이다.

③ 정확한 저울추와 저울을 사용하는 것이다. 신 25:13, "너는 주머니에 같지 않은 저울추 곧 큰 것과 작은 것을 넣지 말것이며 네 집에 같지 않은 되 곧 큰 것과 작은 것을 두지 말 것이요, 오직 십분 공정한 저울추를 두며 십분 공정한 되를 둘 것이라. 그리하면 네 하나님 여호와께서 네게 주시는 땅에서 네 날이 장구하리라"; 겔 45:10, "너희는 공평한 저울과 공평한 에바와 공평한 밧을 쓸지니"; 미 6:11, "내가 만일 부정한 저울을 썼거나 주머니에 거짓 저울추를 두었으면 깨끗하겠느냐?"

④ 빌린 물건에 대해서 마땅한 대가와 이 외의 (사용하면서 생긴: 역자 주) 문제를 사용자가 해결해 주어야 한다(출 22:14,15).

⑤ 담보를 잡는 데 있어서, 만약 (담보물이) 생명을 위해서 꼭 필요한 것이라면, 즉시 돌려주어야 한다. 출 22:26, 27, "네가 만일 이웃의 옷을 전당잡거든 해가 지기 전에 그에게 돌려보내라 그 몸을 가릴 것이 이뿐이라"; 신 24:6, "사람의 맷돌의 전부나 그 윗짝만으로 전집하지 말지니 이는 그 생명을 전집함이니라." (담보를 취하는 사람이 담보물을) 선택해서는 안 되고, 주는 것을 받아야만 한다. 신 24:10-13, "무릇 네 이웃에게 꾸어줄 때에 네가 그 집에 들어가서 전집물을 취하지 말고 너는 밖에 섰고 네게 꾸는 자가 전집물을 가지고 나와서 네게 줄 것이며 그가 가난한 자여든 너는 그의 전집물을 가지고 자지 말고 해질 때에 전집물을 반드시 그에게 돌릴 것이라. 그리하면 그가 그 옷을 입고 자며 너를 위하여 축복하리니 그 일이 네 하나님 여호와 앞에서 네 의로움이 되리라."

⑥ 심사숙고하여 정직하고 확실한 사람들을 위해서 보증을 서주는 것이다. 잠 11:15, "타인을 위하여 보증이 되는 자는 손해를 당하여도

보증이 되기를 싫어하는 자는 평안하니라"; 잠 17:18, "지혜없는 자는 남의 손을 잡고 그 이웃 앞에서 보증이 되느니라"; 잠 22:26, 27, "너는 사람으로 더불어 손을 잡지 말며 남의 빚에 보증이 되지 말라 만일 갚을 것이 없으면 네 누은 침상도 빼앗길 것이라 네가 어찌 그리하겠느냐?" 만약 어떤 자가 보증선 것으로 인하여 올무에 걸렸다면, 친구들이 채무자에게 겸손하게 간청하여 자유를 구해야 한다. 잠 6:1-5, "내 아들아, 네가 만일 이웃을 위하여 담보하며 타인을 위하여 보증하였으면 네 입의 말로 네가 얽혔으면 네 입의 말로 인하여 잡히게 되었느니라. 내 아들아 네가 이웃의 손에 빠졌은즉 이같이 하라. 너는 곧 가서 겸손히 네 이웃에게 간구하여 스스로 구원하되 네 눈으로 잠들게 하지 말며 눈꺼풀로 감기게 하지 말고 노루가 사냥군의 손에서 벗어나는 것 같이 새가 그물 치는 자의 손에서 벗어나는 것 같이 스스로 구원하라."

⑦ 정당한 계약은 심지어 손해를 감수하는 것까지 포함한다. 만약 정당하다면, 약속된 것은 우리가 계약을 맺은 그 의지로 인해서 의무를 져야 한다. 시 15:4, "서원한 것은 해로울지라도 변치 아니하며", 잠 25:14, "선물한다고 거짓 자랑하는 자는 비 없는 구름과 바람 같으니라"; 삿 1:24, 25, "탐정이 그 성읍에서 한 사람의 나오는 것을 보고 그에게 이르되 청하노니 이 성읍의 입구를 우리에게 가르치라 그리하면 너를 선대하리라 하매 그 사람이 성읍의 입구를 가르친지라. 이에 칼날로 그 성읍을 쳤으되 오직 그 사람과 그 가족을 놓아 보내매."

⑧ 재산을 거저 빌려주는 것이다. 눅 6:35, "오직 너희는 원수를 사랑하고 선대하며 아무것도 바라지 말고 빌리라. 그리하면 너희의 상이 클 것이요 또 지극히 높으신 이의 아들이 되리니 그는 은혜를 모르

는 자와 악한 자에게도 인자로우시니라." 그리고 빌린 것을 최대한 부지런하게 갚는 것이다. 그러므로 만약 불법이 되지 않는다면, 재산들을 내다 팔아 갚아야 한다. 왕하 4:1-7, "선지자의 생도의 아내 중에 한 여인이 엘리사에게 부르짖어 가로되 당신의 종 나의 남편이 죽었는데 당신의 종이 여호와를 경외한 줄은 당신이 아시는 바니이다. 이제 채주가 이르러 나의 두 아이를 취하여 그 종을 삼고자 하나이다. 엘리사가 저에게 이르되 내가 너를 위하여 어떻게 하랴 네 집에 무엇이 있는지 내게 고하라. 저가 가로되 계집종의 집에 한 병 기름 외에는 아무것도 없나이다. 가로되 너는 밖에 나가서 모든 이웃에게 그릇을 빌라 빈 그릇을 빌되 조금 빌지 말고 너는 네 두 아들과 함께 들어가서 문을 닫고 그 모든 그릇에 기름을 부어서 차는 대로 옮겨 놓으라. 여인이 물러가서 그 두 아들과 함께 문을 닫은 후에 저희는 그릇을 그에게로 가져오고 그는 부었더니 그릇에 다 찬지라. 여인이 아들에게 이르되 또 그릇을 내게로 가져오라 아들이 가로되 다른 그릇이 없나이다 하니 기름이 곧 그쳤더라. 그 여인이 하나님의 사람에게 나아가서 고한대 저가 가로되 너는 가서 기름을 팔아 빚을 갚고 남은 것으로 너와 네 두 아들이 생활하라 하였더라."

⑨ 보관하고 있는 물건을 지체하지 않고 돌려주는 것이다. 마 21:41, "저희가 말하되 이 악한 자들을 진멸하고 포도원은 제 때에 실과를 바칠만한 다른 농부들에게 세로 줄지니라"; 잠 3:28, "네게 있거든 이웃에게 이르기를 갔다가 다시 오라 내일 주겠노라 하지 말며." 보관자가 잘못한 것이 없이 보관물이 없어진 경우, 손해 배상을 강요해서는 안 된다. 출 22:7, 8, "사람의 돈이나 물품을 이웃에게 맡겨 지키게 하였다가 그 이웃의 집에서 봉적하였는데 그 도적이 잡히면 갑절

을 배상할 것이요, 도적이 잡히지 아니하면 그 집 주인이 재판장 앞에 가서 자기가 그 이웃의 물품에 손 댄 여부의 조사를 받을 것이며."

⑩ 습득물이 누구 소유인지 알지 못한다면 보관해야 한다. 그리고 알았다면 즉시 돌려줘야 한다. 신 22:1-3, "네 형제의 우양의 길 잃은 것을 보거든 못 본 체 하지 말고 너는 반드시 끌어다가 네 형제에게 돌릴 것이요, 네 형제가 네게서 멀거나 네가 혹 그를 알지 못하거든 그 짐승을 네 집으로 끌고 와서 네 형제가 찾기까지 네게 두었다가 그에게 돌릴지니 나귀라도 그리하고 의복이라도 그리하고 무릇 형제의 잃은 아무것이든지 네가 얻거든 다 그리하고 못 본 체 하지 말것이며."

⑪ 평등과 의무를 지키기 위해서 이웃을 재판정에 소환할 수 있다. 그러나 재판을 진행하는 데 있어서 거룩한 방식을 따라야 하는데, 조심할 것들에 대해서 다음과 같이 기록되어 있다:

a. 재판에서 기독교를 모독하는 일이 일어나서는 안 된다. 그러므로 하나님보다 사람을 더 신뢰하는 것은 죄이며, 한편으로 다루어야 하는 문제를 논하지 않거나, 또 다른 한편 화해를 받아들이지 않아서 기독교를 불신자들의 조롱거리가 되게 하는 것 또한 재판 중에 범하는 죄이다. 고전 6:1, 2, "너희 중에 누가 다른 이로 더불어 일이 있는데 구태여 불의한 자들 앞에서 송사하고 성도 앞에서 하지 아니하느냐? 성도가 세상을 판단할 것을 너희가 알지 못하느냐. 세상도 너희에게 판단을 받겠거든 지극히 작은 일 판단하기를 감당치 못하겠느냐?"

b. 법정에서 재판을 하는 것은 최후의 대책이어야 한다. 형제된 자와 재판을 하기 전에 먼저 모든 것을 시도해봐야 한다. 고전 6:7, "너희가 피차 송사함으로 너희 가운데 이미 완연한 허물이 있나니 차라리 불의를 당하는 것이 낫지 아니하며 차라리 속는 것이 낫지 아니하냐?"

c. 재판 중에도 사랑을 기억하라. 그리고 너의 권한을 찾으려고 하기 보다는 불의한 형제가 돌이키도록 노력하라.

제 2 9 장
아홉 번째 계명에 대하여

아홉 번째 계명은 이웃의 명예를 보존하는 것이다. 말씀은 다음과 같다: "네 이웃에 대하여 거짓 증거하지 말지니라(거짓 증거를 퍼뜨리지 말라: 직역)."

분석

증거하라(퍼뜨리라). 다시 말하면 네가 재판장에게 질문을 받았을 때에 대답하라. 신 19:17, 18, "그 논쟁하는 쌍방이 같이 하나님 앞에 나아가 그 당시의 제사장과 재판장 앞에 설 것이요, 재판장은 자세히 조사하여 그 증인이 거짓 증거하여 그 형제를 거짓으로 모함한 것이 판명되면."

증거. 대유법적인 표현으로 이웃에 대한 평가를 해하거나 떨어뜨리는 모든 말을 가르킨다.

금지하는 명령: 너는 이웃에 대한 평가를 해하거나 등한히 하지 말라.

여기서 다음을 금지하신다.

1. 영광에 대한 시기, 질투, 욕망이다. 딤전 6:4, "저는 교만하여 아무것도 알지 못하고 변론과 언쟁을 좋아하는 자니 이로써 투기와 분쟁과 훼방과 악한 생각이 나며"; 벧전 2:1, "그러므로 모든 악독과 모든 궤휼과 외식과 시기와 모든 비방하는 말을 버리고"; 마 21:15, "대제사장들과 서기관들이 예수의 하시는 이상한 일과 또 성전에서 소리질러 호산나 다윗의 자손이여 하는 아이들을 보고 분하여."

2. 악한 의심이다(딤전 6:4). 삼상 17:28, "장형 엘리압이 다윗이 사람에게 하는 말을 들은지라 그가 다윗에게 노를 발하여 가로되 네가 어찌하여 이리로 내려왔느냐 들에 있는 몇 양을 뉘게 맡겼느냐 나는 네 교만과 네 마음의 완악함을 아노니 네가 전쟁을 구경하러 왔도다"; 행 28:4, "토인들이 이 짐승이 그 손에 달림을 보고 서로 말하되 진실로 이 사람은 살인한 자로다 바다에서는 구원을 얻었으나 공의가 살지 못하게 하심이로다 하더니." 여기에 이웃에 대한 냉혹하고 악의에 찬 판단이 들어간다. 마 7:1, 2, "비판을 받지 아니하려거든 비판하지 말라. 너희의 비판하는 그 비판으로 너희가 비판을 받을 것이요, 너희의 헤아리는 그 헤아림으로 너희가 헤아림을 받을 것이니라."

그리스도께서 금지하시는 것은 일그러지고 부당한 판단인데, 이미 행한 선한 일 또는 확실치 않은 것을 더 악한 쪽으로 해석하고, 가벼운 잘못을 악의를 가지고 부풀리며, 바로 잡아 주거나 덮어주려고 하지 않는 것이다. 행 2:13-15, "또 어떤 이들은 조롱하여 가로되 저희가 새 술이 취하였다 하더라. 베드로가 열 한 사도와 같이 서서 소리를 높여 가로되 유대인들과 예루살렘에 사는 모든 사람들아 이 일을 너희로 알게 할 것이니 내 말에 귀를 기울이라 때가 제 삼시니 너희 생각과 같이 이 사람들이 취한 것이 아니라"; 삼상 1:13, "한나가 속으로 말하매 입술만 동하고 음성은 들리지 아니하므로 엘리는 그가 취한 줄로 생각한지라." 이 계명에서 그리스도께서 금지하지 않으신 판단에는 세 종류가 있다는 것을 알아야 한다. 첫 번째로 복음 사역인데, 죄를 판단하고 견책하는 것이다. 두 번째로 장관(고위공직자)의 판단이다. 세 번째로 권고하는 친구의 판단이다. 다시 말하면 친구가 술주정뱅이라는 것을 당신이 알기 때문에 그에게 그 습관과 거리를 두라고 말하는 것이다.

3. 심지어 이웃이 의미하거나 의도하지 않은 악한 말들을 덮어씌우는 것이다. 마 26:59-61, "대제사장들과 온 공회가 예수를 죽이려고 그를 칠 거짓 증거를 찾으매 거짓 증인이 많이 왔으나 얻지 못하더니 후에 두 거짓 증인이 와서 가로되 이 사람의 말이 내가 하나님의 성전을 헐고 사흘에 지을 수 있다 하더라 하더니" 그리스도께서는 어떤 비슷한 말씀을 하셨을 뿐이다. 요 2:19, "예수께서 대답하여 가라사대 너희가 이 성전을 헐라 내가 사흘 동안에 일으키리라."

4. 거짓말이란 속이려는 마음으로 인해서 말에서, 행위에서, 참된 것을 침묵함으로, 또는 다른 모든 방식에 의해서 거짓을 표현하는 것이다. 비록 이웃에게 어떤 선한 일이 된다고 할지라도 악한 것이다.

5. 재판에서 불의한 판결을 내리는 것이다. 한쪽의 증언만 듣는 것, 근거 없이 다른 사람을 고발하는 것, (원고가 피고와) 공모하여 원인을 누설하는 것이다. 왕상 21:12, 13, "금식을 선포하고 나봇을 백성 가

운데 높이 앉히매 때에 비류 두 사람이 들어와서 그 앞에 앉고 백성 앞에서 나봇에 대하여 증거를 지어 이르기를 나봇이 하나님과 왕을 저주하였다 하매 무리가 저를 성 밖으로 끌고 나가서 돌로 쳐 죽이고"; 신 17:6, "죽일 자를 두 사람이나 세 사람의 증거로 죽일 것이요 한 사람의 증거로는 죽이지 말 것이며."

6. 이웃에 대하여 해로운 말들을 지어내는 것인데, 공공연하게 만들어 내거나 몰래 암시하는 것이다. 롬 1:29, "수군수군하는 자요 비방하는 자요 하나님의 미워하시는 자요 능욕하는 자요 교만한 자요 자랑하는 자요 악을 도모하는 자요"; 레 19:16, "너는 네 백성 중에 돌아다니며 사람을 논단하지 말며 네 이웃을 대적하여 죽을 지경에 이르게 하지 말라 나는 여호와니라"; 딤전 5:13, "또 저희가 게으름을 익혀 집집에 돌아다니고 게으를 뿐 아니라 망령된 폄론을 하며 일을 만들며 마땅히 아니할 말을 하나니." 그들에 대한 풍문을 퍼뜨리거나, 어떤 것을 표현하는 것이다. 잠 26:20-22, "나무가 다하면 불이 꺼지고 말장이가 없어지면 다툼이 쉬느니라 숯불 위에 숯을 더하는 것과 타는 불에 나무를 더하는 것 같이 다툼을 좋아하는 자는 시비를 일으키느니라. 남의 말 하기를 좋아하는 자의 말은 별식과 같아서 뱃속 깊은 데로 내려가느니라"; 고후 12:20, "내가 갈 때에 너희를 나의 원하는 것과 같이 보지 못하고 또 내가 너희에게 너희의 원치 않는 것과 같이 보일까 두려워하며 또 다툼과 시기와 분냄과 당 짓는 것과 중상함과 수군수군하는 것과 거만함과 어지러운 것이 있을까 두려워하고." 다른 사람들에게서 들은 왜곡된 내용을 받아들이는 것이다. 출 23:1, "너는 허망한 풍설을 전파하지 말며 악인과 연합하여 모함하는 증인이 되지 말며"; 삼상 24:10, "다윗이 사울에게 이르되 다윗이 왕을 해

하려 한다고 하는 사람들의 말을 왕은 어찌하여 들으시나이까?"

7. 확실하고 진실한 일임에도 불구하고, 분노와 해하려는 마음으로 인하여 이웃을 고발하는 것이다. 삼상 22:9, 10, "때에 에돔 사람 도엑이 사울의 신하 중에 섰더니 대답하여 가로되 이새의 아들이 놉에 와서 아히둡의 아들 아히멜렉에게 이른 것을 내가 보았었는데 아히멜렉이 그를 위하여 여호와께 묻고 그에게 식물도 주고 불레셋 사람 골리앗의 칼도 주더이다." 이 된 일에 대해서 시편 기자는 다음과 같이 말했다. 시 52:1-4, "강포한 자여 네가 어찌하여 악한 계획을 스스로 자랑하는고 하나님의 인자하심은 항상 있도다. 네 혀가 심한 악을 꾀하여 날카로운 삭도같이 간사를 행하는도다. 네가 선보다 악을 사랑하며 의를 말함보다 거짓을 사랑하는도다. 간사한 혀여 네가 잡아 먹는 모든 말을 좋아하는도다."

8. 다른 사람의 비밀을, 특별히 약점이 드러남에도 불구하고, 사람들에게 밝히는 것이다. 마 18:15, "네 형제가 죄를 범하거든 가서 너와 그 사람과만 상대하여 권고하라. 만일 들으면 네가 네 형제를 얻은 것이요", 잠 11:13, "두루 다니며 한담하는 자는 남의 비밀을 누설하나 마음이 신실한 자는 그런 것을 숨기느니라."

9. 빈정거리거나 가시돋힌 말이다. 엡 5:3, 4, "음행과 온갖 더러운 것과 탐욕은 너희 중에서 그 이름이라도 부르지 말라. 누추함과 어리석은 말이나 희롱의 말이 합당치 아니하니 돌이켜 감사하는 말을 하라"; 요 9:34, "저희가 대답하여 가로되 네가 온전히 죄 가운데서 나서 우리를 가르치느냐 하고 이에 쫓아내어 보내니라." 여기에 재치라는 것이 있다. 이것은 아리스토텔레스의 덕성인데, 바울은 악한 것으로 생각하였다. 바울의 생각이 확실히 옳은데, 이유는 다음과 같다. 첫째,

다른 사람들에게 하는 농담들은 그들을 모욕하는 것으로 즐거움을 얻으려고 하는 것이다. 둘째, 그것은 그리스도인다운 경건과 신중에 합당한 것을 이루기가 어렵다.

반대. 재치있게 말하는 것은 성경에서도 발견된다(왕상 18:27, 왕하 2:23, 사 14:11). 대답. 그것들은 다른 사람들의 즐거움을 위해서 말한 것이 아니고, 오히려 하나님의 영광을 위하여 원수들에게 신중하고 날카롭게 선포하는 것이다.

10. 아첨이란 합당한 것보다 더 많은 것을 이웃에게 돌리는 것이다. 잠 27:6, "친구의 통책은 충성에서 말미암은 것이나 원수의 자주 입맞춤은 거짓에서 난 것이니라"; 14절, "이른 아침에 큰 소리로 그 이웃을 축복하면 도리어 저주같이 여기게 되리라"; 행 12:22, "백성들이 크게 부르되 이것은 신의 소리요 사람의 소리는 아니라 하거늘." 사역자들은 말로 범죄하는 것을 두려워해야 한다. 살전 2:5, "너희도 알거니와 우리가 아무 때에도 아첨의 말이나 탐심의 탈을 쓰지 아니한 것을 하나님이 증거하시느니라"; 렘 6:13, 14, "이는 그들이 가장 작은 자로부터 큰 자까지 다 탐남하며 선지자로부터 제사장까지 다 거짓을 행함이라. 그들이 내 백성의 상처를 심상히 고쳐주며 말하기를 평강하다 평강하다 하나 평강이 없도다"; 롬 16:18, "이같은 자들은 우리 주 그리스도를 섬기지 아니하고 다만 자기의 배만 섬기나니 공교하고 아첨하는 말로 순진한 자들의 마음을 미혹하느니라."

11. 자신만만하고 우매한 자랑이다. 잠 27:1, 2, "너는 내일 일을 자랑하지 말라. 하루 동안에 무슨 일이 날는지 네가 알 수 없음이니라.

타인으로는 너를 칭찬하게 하고 네 입으로는 말며 외인으로 너를 칭찬하게 하고 네 입술로는 말지니라."

권장하는 명령: 이웃의 선한 이름을 보존해주라.

전 7:1, "아름다운 이름이 보배로운 기름보다 낫고." 여기에서 다음의 것들을 명령한다.

1. 이웃에 대한 좋은 평가를 기뻐하는 것이다. 갈 5:22, "성령이 열매는 사랑과 희락과 화평과 오래참음과"; 롬 1:8, "첫째는 내가 예수 그리스도로 말미암아 너희 모든 사람을 인하여 내 하나님께 감사함은 너희 믿음이 온 세상에 전파됨이라."

2. 누구든지 그에게 있는 선한 것을 기꺼이 인정해주며, 또한 말로서 칭찬하는 것이다. 딛 3:2, "아무도 훼방하지 말며 다투지 말며 관용하며 범사에 온유함을 모든 사람에게 나타낼 것을 기억하게 하라." 이 밖에도 이웃의 선함에 대한 이야기를 아주 기꺼이 받아들이는 것이다. 행 16:1-3, "바울이 더베와 루스드라에도 이르매 거기 디모데라 하는 제자가 있으니 그 모친은 유대 여자요 부친은 헬라인이라 디모데는 루스드라와 이고니온에 있는 형제들에게 칭찬받는 자니 바울이 그를 데리고 떠나고자 할 새 그를 데려다가 할례를 행하니 등등." 때때로 사람의 결점을 시험하지 않기 위해서 진실로 이것(이웃의 선함을 인정하는 것: 역자 주)을 해야 한다. 대하 25:2, "그가 여호와가 보시기에 정직히 행하기는 하였으나 온전한 마음을 행치 아니하였더라"; 대하 27:2, "그가 그 부친 웃시야의 모든 행위대로 여호와 보시기에 정직히 행하였으나 여호와의 전에는 들어가지 아니하였고 백성은 오히려 사

악을 행하였더라."

3. 불확실한 나쁜 일은 더 나은 방향으로 진술하는 것이다. 고전 13:5, "사랑은 악한 것을 생각지 않으며"; 7절, "모든 것을 믿으며 모든 것을 바라며"; 창 37:31-33, "그들이 요셉의 옷을 취하고 수염소를 죽여 그 옷을 피에 적시고 그 채색옷을 보내어 그 아비에게로 가져다가 이르기를 우리가 이것을 얻었으니 아버지의 아들의 옷인가 아닌가 보소서 하매 아비가 그것을 알아보고 가로되 내 아들의 옷이라 악한 짐승이 그를 먹었도다 요셉이 정녕 찢겼도다 하고." 또한 요셉의 경건을 생각해야 하는데, 그는 마리아가 임신한 것을 볼 때에, 약혼 후에 간통함으로 임신했다고 생각하기 보다는, 그녀가 약혼 전에 간음함으로 임신하였다고 생각하였다(마 1:19). 때때로 지나친 신뢰는 피해야 한다. 요 2:24, "예수는 그 몸을 저희에게 의탁지 아니하셨으니 이는 친히 모든 사람을 아심이요."

4. 마치 물길과 같이 사람들의 수다를 통하여 전파되는 악한 소문을 받아들이지 않는 것이다. 시 15:3, "그 혀로 참소치 아니하고 그 이웃을 훼방치 아니하며"; 렘 40:14, "그에게 이르되 암몬 자손의 왕 바알리스가 네 생명을 취하려 하여 느다냐의 아들 이스마엘을 보낸 줄 네가 아느냐 하되 아히야의 아들 그다랴가 믿지 아니한지라"; 16절. "그러나 아히감의 아들 그다랴가 가레아의 아들 요하난에게 이르되 네가 이 일을 행치 말 것이니라. 너의 이스마엘에 대한 말은 진정이 아니니라 하니라"; 잠 25:23, "북풍이 비를 일으킴 같이 참소하는 혀는 사람의 얼굴에 분을 일으키느니라."

5. 꼭 말할 필요가 없는 것이라면, 이웃의 비밀한 잘못들을 숨겨주는 것이다. 잠 10:12, "미움은 다툼을 일으켜도 사랑은 모든 허물을 가

리느니라"; 마 1:19, "그의 남편 요셉은 의로운 사람이라. 그를 드러내지 아니하고 가만히 끊고자 하여."

만일 어떤 사람이 이러한 이유로 우리가 또 다른 죄를 범하고 있다고 생각한다면(잘못을 그냥 눈감아 주는 죄를 범하고 있다고 생각한다면: 역자 주), 이웃을 자극하지 않기 위해서 그의 잘못을 숨겨야 한다는 것을 알아야 한다. 그러나 때때로 교정하기 위해서 권면해야 한다(갈 6:1). 약 5:9, "형제들아 서로 원망하지 말라. 그리하여야 심판을 면하리라 보라 심판주가 문 밖에 서 계시니라"; 20절. "너희가 알 것은 죄인을 미혹된 길에서 돌아서게 하는 자가 그의 영혼을 사망에서 구원할 것이며 허다한 죄를 덮을 것임이라."

만약 숨겨놓은 악을 제거할 수 없다면, 그들에게 사랑의 권면을 하여 제거해야 한다. 창 37:2, "야곱의 족보는 이러하니라 요셉이 십칠 세의 소년으로서 그의 형들과 함께 양을 칠 때에 그의 아버지의 아내들 빌하와 실바의 아들들과 더불어 함께 있었더니 그가 그들의 잘못을 아버지에게 말하더라"; 고전 1:11, "내 형제들아 글로에의 집 편으로 너희에 대한 말이 내게 들리니 곧 너희 가운데 분쟁이 있다는 것이라"; 마 18:16, "만일 듣지 않거든 한두 사람을 데리고 가서 두세 증인의 입으로 말마다 확증하게 하라."

6. 사람들에게서 좋은 평가를 받고, 또한 그 받은 평가를 지키는 것이다. 빌 4:8, "끝으로 형제들아 무엇에든지 참되며 무엇에든지 경건하며 무엇에든지 옳으며 무엇에든지 정결하며 무엇에든지 사랑 받을 만하며 무엇에든지 칭찬 받을 만하며 무슨 덕이 있든지 무슨 기림이 있든지 이것들을 생각하라." (다음과 같은 경우) 좋은 평가를 받게 된다:

① 만약 우리가 무엇보다 하나님의 나라를 구하면서, 모든 죄에 대해서 회개하고, 경건에 대한 진지한 열정을 귀하게 여긴다면, 좋은 평가를 받을 것이다. 잠 10:7, "의인을 기념할 때에는 칭찬하거니와 악인의 이름은 썩게 되느니라"; 막 14:9, "내가 진실로 너희에게 이르노니 온 천하에 어디서든지 복음이 전파되는 곳에는 이 여자가 행한 일도 말하여 그를 기억하리라 하시니라."

② 다른 사람에 대해서 선하게 생각하고 말하기 위해서 마음을 써야 한다. 마 7:2, "너희가 비판하는 그 비판으로 너희가 비판을 받을 것이요"; 전 7:23, "내가 이 모든 것을 지혜로 시험하며 스스로 이르기를 내가 지혜자가 되리라 하였으나 지혜가 나를 멀리 하였도다."

③ 모든 종류의 악을 멀리해야 한다. 범죄는 자신의 선한 명예에 먹칠하는 것이기 때문이다. 전 10:1, "죽은 파리들이 향기름을 악취가 나게 만드는 것 같이 적은 우매가 지혜와 존귀를 난처하게 만드느니라."

④ 모든 일에서 완고하게 우리의 영광을 구해서는 안 되며, 단지 하나님의 영광을 구해야 한다. 마 6:5, 6, "또 너희는 기도할 때에 외식하는 자와 같이 하지 말라. 그들은 사람에게 보이려고 회당과 큰 거리 어귀에 서서 기도하기를 좋아하느니라. 내가 진실로 너희에게 이르노니 그들은 자기 상을 이미 받았느니라. 너는 기도할 때에 네 골방에 들어가 문을 닫고 은밀한 중에 계신 네 아버지께 기도하라. 은밀한 중에 보시는 네 아버지께서 갚으시리라." 그러나 우리가 하나님의 영광을 추구할 때, 만약 정직하고 현명한 사람들이 우리의 행위에 대해서 칭찬과 지지를 보낸다면 그것을 무시해서는 안 된다. 만약 칭찬이 없다고 할지라도, 동일하게 감당해야 한다. 고후 1:12, "우리가 세상에서 특별히 너희에 대하여 하나님의 거룩함과 진실함으로 행하되 육체의 지혜

로 하지 아니하고 하나님의 은혜로 행함은 우리 양심이 증언하는 바니 이것이 우리의 자랑이라"; 고후 10:13, "그러나 우리는 분수 이상의 자랑을 하지 않고 오직 하나님이 우리에게 나누어 주신 그 범위의 한계를 따라 하노니 곧 너희에게까지 이른 것이라"; 시 16:5, "여호와는 나의 산업과 나의 잔의 소득이시니 나의 분깃을 지키시나이다 내게 줄로 재어 준 구역은 아름다운 곳에 있음이여"; 고전 1:31, "자랑하는 자는 주 안에서 자랑하라."

제 3 0 장
열 번째 계명에 대하여

열 번째 계명은 이웃을 해하는 탐욕에 대한 것이다. 말씀은 다음과 같다: "네 이웃의 집을 탐내지 말라. 네 이웃의 아내나 그의 남종이나 그의 여종이나 그의 소나 그의 나귀나 무릇 네 이웃의 소유를 탐내지 말라."

분석

탐내지 말라. 마음의 인식, 또는 마음의 움직임은 삼중적이다. 첫 번째는 즉흥적인 것인데, 사탄이 우리 마음에 집어 넣은 것을 지나쳐 버리고 받아들이지 않은 것이다. 이것은 우리 안에서 아직 죄가 아니다. 이것은 그리스도께도 있었던 것인데, 사탄이 그분을 유혹하였다(마 4:1). 두 번째는 마음에 꽤 오랜 시간 머무는 움직임 또는 인식이다. 이것은 내적인 기쁨으로 마음을 즐겁게 하고 유혹한다. 세 번째는 의지의 충분한 동의를 끌어내는 인식이다. 인식의 두 번째 종류에 대해서 말하는 것이 이 계명이다. 참으로 세 번째와 관련된 것은 위에서 살펴본 다섯 번째 계명이다.

그러므로 탐욕은 이웃에게 해로운 것을 속으로 알면서도 원하는 것이다. 그러나 이처럼 의지의 동의를 통하여 악을 저지르는 데로 나가서는 안 된다. 심지어 철학자들도 마음의 탐욕과 시민법의 입법자들, 그리고 공공연하게 논의하여 세워진 악한 결정을 비난한다. 참으로 여기서 금지하는 탐욕은 더 크게 숨겨진 것이며, 감추어진 것이다. 왜냐하면 바울도 율법의 교사였을 때에는 전혀 몰랐던 것이기 때문이다(롬 7:7). 두 번째로 마음의 동의에 선행하는 탐욕을 이 계명에서 금지하지 않았다면, 십계명이 더 혼란스러웠을 것이다. 왜냐하면 칠 계명 또한 이웃의 아내를 욕심내는 것을 꾸짖고 있기 때문이다(마 5:28).

집. 대상을 분류하여 계명을 설명하고 있는데, 이 분류에서부터 악한 탐욕은 정죄 받는 것이 마땅하다는 결론이 나온다(골 3:5). 왜냐하면 이 욕구들, 즉 음식과 음료에 대한 욕구와 영적인 욕구 같은 것들은 허용된 것이고, 그 자체로는 선한 것이기 때문이다. 갈 5:17, "육체의 소욕은 성령을 거스르고."

금지하는 명령: 이웃의 물건을 탐내지 말라.

여기서 다음을 금지하는 것이다.
1. 탐욕 자체, 다시 말하면 근원적인 타락으로서, 이웃에게 해가 되기 때문이다(약 1:14).
2. 어떤 악하고 갑작스러운 마음의 인식과 격정인데, 이것은 탐욕에서 나오는 것이다. 갈 5:17, "육체의 소욕은 성령을 거스르고"; 눅

10:27, "하나님을 마음을 다하여 사랑하라." 여기에 사탄의 암시가 포함되어 있는데, 만약 사람이 그 암시를 받아들이고 집착한다면 그렇다.

3. 인식과 감정은 어떤 것을 즐거워하게 하고 마음을 기쁘게 해주나, 동의를 끌어내지는 않는다. 여기에는 어리석은 맹세들이 연관되어 있다. 원컨대 이 집이 내 집이 되었으면 좋겠다 등등과 같은 것이다. 만약 이러한 것들이 어떤 방식이든 탐욕의 충동에서부터 나온 것이라면, 이것의 장소들은 탐욕스러운 꿈들이다.

권장하는 명령: 이웃에게 유익이 되는 것을 소원하라.

여기서 다음의 내용을 명령하는 것이다.

1. 이웃에 대한 순전한 마음이다. 딤전 1:5, "이 교훈의 목적은 청결한 마음과 선한 양심과 거짓이 없는 믿음에서 나오는 사랑이거늘."

2. 거룩한 인식과 영적인 감정이다. 살전 5:23, "평강의 하나님이 친히 너희를 온전히 거룩하게 하시고 또 너희의 온 영과 혼과 몸이 우리 주 예수 그리스도께서 강림하실 때에 흠 없게 보전되기를 원하노라"; 엡 4:23, "오직 너희의 심령이 새롭게 되어."

3. 잘못된 욕망과의 싸움이다. 롬 7:22-24, "내 속사람으로는 하나님의 법을 즐거워하되 내 지체 속에서 한 다른 법이 내 마음의 법과 싸워 내 지체 속에 있는 죄의 법으로 나를 사로잡는 것을 보는도다. 오호라 나는 곤고한 사람이로다. 이 사망의 몸에서 누가 나를 건져내랴"; 고후 12:7-9, "여러 계시를 받은 것이 지극히 크므로 너무 자만하지 않게 하시려고 내 육체에 가시 곧 사탄의 사자를 주셨으니 이는 나를

쳐서 너무 자만하지 않게 하려 하심이라. 이것이 내게서 떠나가게 하기 위하여 내가 세 번 주께 간구하였더니 나에게 이르시기를 내 은혜가 네게 족하도다. 이는 내 능력이 약한 데서 온전하여짐이라 하신지라. 그러므로 도리어 크게 기뻐함으로 나의 여러 약한 것들에 대하여 자랑하리니 이는 그리스도의 능력이 내게 머물게 하려 함이라."

제 31 장
율법의 유용성에 대하여

중생되지 않은 사람에게 율법의 유용성은 삼중적이다: 첫 번째로 죄를 보여준다. 롬 3:20, "그러므로 율법의 행위로 그의 앞에 의롭다 하심을 얻을 육체가 없나니 율법으로는 죄를 깨달음이니라."

두 번째로 우연적으로는(per accidens) 육체로 인하여 죄를 행하게 하고 (죄를) 크게 하는데, 이 육체로 인하여 우리는 항상 금지된 것을 얻으려 하고, 금지된 것들을 원한다. 롬 7:8-10, "그러나 죄가 기회를 타서 계명으로 말미암아 내 속에서 온갖 탐심을 이루었나니 이는 율법이 없으면 죄가 죽은 것임이라. 전에 율법을 깨닫지 못했을 때에는 내가 살았더니 계명이 이르매 죄는 살아나고 나는 죽었도다. 생명에 이르게 할 그 계명이 내게 대하여 도리어 사망에 이르게 하는 것이 되었도다."

세 번째로 작은 불순종만 있어도 영원한 정죄를 선포하며, 구원에 대한 모든 소망을 빼앗아간다. 이것이 율법의 의도인데, 이를 통하여 위협하고 협박하여 사람을 지배한다. 롬 3:19, "우리가 알거니와 무룻 율법이 말하는 바는 율법 아래에 있는 자들에게 말하는 것이니 이는 모든 입을 막고 온 세상으로 하나님의 심판 아래에 있게 하려 함이라"; 갈 3:10, "무릇 율법 행위에 속한 자들은 저주 아래에 있나니 기록된 바 누구든지 율법 책에 기록된 대로 모든 일을 항상 행하지 아니하는 자는 저주 아래에 있는 자라 하였음이라"; 고후 3:7-9, "돌에 써서 새긴 죽게 하는 율법 조문의 직분도 영광이 있어서 등등 하물며 영의 직분은 더욱 영광이 있지 아니하겠느냐 정죄의 직분도 영광이 있은즉."

율법에는 사람을 중생시키고자 하는 목적이 있다. 다시 말해서 죄인이 그리스도께 도망가게 한다. 갈 3:22, "그러나 성경이 모든 것을 죄 아래에 가두었으니 이는 예수 그리스도를 믿음으로 말미암는 약속을 믿는 자들에게 주려 함이라"; 24절, "이같이 율법이 우리를 그리스도께로 인도하는 초등교사가 되어"(cf. 히 12:18-20).

만약 이 생에서 죄인이 회개하지 않는다면 죄의 지배의 기간은 영원하다. 그 지배는 죄인의 첫 번째 행위(회개)로 인해서 끝난다. 그가 더 이상 율법 아래 있지 않고 은혜 아래 있기 때문이다. 삼하 12:13, "다윗이 나단에게 이르되 내가 여호와께 범죄하였노라 하매 나단이 다윗에게 말하되 여호와께서도 당신의 죄를 사하셨나니 당신이 죽지 아니하려니와"; 롬 6:14, "죄가 너희를 주장하지 못하리니 이는 너희가 법 아래에 있지 아니하고 은혜 아래에 있음이라." 그러므로 만약 당신이 영생을 간절히 원한다면, 먼저 율법의 계명을 가지고 당신 자신과 당신이 행하는 길을 살펴봐야 한다. 또한 당신이 죄를 알 때에, 죄인들이 당해야 하는 저주를 눈으로 보아야 하는데, 당신의 비참을 슬퍼하고, (구원과 관련된 것에서) 사람에게 소망을 두지 않고 전심으로 자신을 포기하게 하기 위한 것이다. 또한 그리스도 예수를 찾으며 갈구하게 하기 위한 것이다.

중생된 자들에게 율법의 용도는 전혀 다른 것이다. 그들이 전 생애에서 새로운 순종으로 나아가게 하기 위한 것인데, 이 순종은 그리스도를 통하여 하나님께로부터 받은 것이다. 롬 3:31, "그런즉 우리가 믿음으로 말미암아 율법을 파기하느냐 그럴 수 없느니라 도리어 율법을 굳게 세우느니라"; 시 119:24, "주의 증거들은 나의 즐거움이요, 나의 충고자니이다"; 105절. "주의 말씀은 내 발에 등이요 내 길에 빛이니이다."

제 3 2 장
은혜 언약에 대하여

이상은 행위 언약과 율법에 대한 것이었다. 이제 은혜 언약을 다룰 것이다.

은혜 언약이란 하나님께서 그리스도와 그분의 값없는 은총을 약속하시며, 또한 언약을 맺은 사람에게는 믿음으로 그리스도를 받고, 회개할 것을 요구하시는 것이다. 호 2:18-20, "그 날에는 내가 그들을 위하여 들짐승과 공중의 새와 땅의 곤충과 더불어 언약을 맺으며 또 이 땅에서 활과 칼을 꺾어 전쟁을 없이하고 그들로 평안히 눕게 하리라. 내가 네게 장가들어 영원히 살되 공의와 정의와 은총과 긍휼히 여김으로 네게 장가 들며 진실함으로 네게 장가 들리니 네가 여호와를 알리라"; 겔 36:25-27, "맑은 물을 너희에게 뿌려서 너희로 정결하게 하되 곧 너희 모든 더러운 것에서와 모든 우상 숭배에서 너희에게 정결하게 할 것이며 또 새 영을 너희 속에 두고 새 마음을 너희에게 주되 너희 육신에서 굳은 마음을 제거하고 부드러운 마음을 줄 것이며 또 내 영을 너희 속에 두어 너희로 내 율례를 행하게 하리니 너희가 내 규례를 지켜 행할지라"; 마 3:1, "만군의 여호와가 이르노라. 보라 내가 내 사자를 보내리니 그가 내 앞에서 길을 준비할 것이요, 또 너희가 구하는 바 주가 갑자기 그의 성전에 임하시리니 곧 너희가 사모하는 바 언약의 사자가 임하실 것이라."

이 언약을 또한 유언이라고도 부른다. 왜냐하면 이것은 부분적으로 유언의 본성과 특성을 가지고 있기 때문이다. 다시 말하면:

1. 이것은 유언자의 죽음으로 증명된다. 히 9:16, 17, "유언은 유언한 자가 죽어야 되나니 유언은 그 사람이 죽은 후에야 유효한즉 유언한 자가 살아 있는 동안에는 효력이 없느니라"; 22절, "율법을 따라 거의 모든 물건이 피로써 정결하게 되나니 피흘림이 없은즉 사함이 없느니라."

2. 우리는 이 언약에 따라서 하나님께 때때로 우리 자신을 바치고, 우리가 약속한 소중한 것을 드릴 뿐만 아니라, 그분으로부터 거의 전부를 받는다. 마치 유언에서 유언자가 아니라 상속자가 혜택을 입는 것과 같다.

언약은 본질에 따라서는 하나임에도 불구하고, 구약과 신약으로 구별된다. 옛유언, 또는 옛언약에서는 그리스도께서 모형으로 나타나셨으며 명확하지 않게 제시되셨다. 새언약은 육체로 나타나신 그리스도에 대한 것인데, 복음 안에서 아주 명확하게 설명하였다.

복음은 하나님 말씀의 한 부분으로서, 가장 복된 소식을 내용으로 한다. 인류가 육체 안에서 나타나신 하나님의 독생자, 예수 그리스도의 죽음을 통하여 분명하게 구원받았으며, 이로 인해서 온 인류에게 (그들이 회개하고 예수 그리스도를 믿을 때) 모든 죄악에 대한 완전한 죄사함, 구원, 영원한 생명이 준비되었다는 것이다. 요 3:14-16, "모세가 광야에서 뱀을 든 것 같이 인자도 들려야 하리니 이는 그를 믿는 자마다 영생을 얻게 하려 하심이니라. 하나님이 세상을 이처럼 사랑하사 독생자를 주셨으니 이는 그를 믿는 자마다 멸망하지 않고 영생을 얻게 하려 하심이라"; 행 10:43, "그에 대하여 모든 선지자도 증언하되 그를 믿는 사람들이 다 그의 이름을 힘입어 죄 사함을 받는다 하였느니라."

복음의 목적과 유용성은 이것이다:

1. 그리스도 안에서 의를 나타내는데, 이 의가 율법을 완전히 만족시켜줄 뿐 아니라, 구원을 이룬다.

2. 복음은 성령의 기관(도구)인데, 마치 수도관과 같다. 이로써 성령은 열매를 맺는 믿음 안에서 그분의 역사를 이루신다. 믿는 자들은 이 믿음을 통하여 그리스도의 의를 붙잡는다. 롬 1:16, 17, "내가 그리스도의 복음을 부끄러워하지 아니하노니 믿는 자에게 구원을 주시는 하나님의 능력이 됨이라. 먼저는 유대인에게요, 그리고 헬라인에게로다. 하나님의 의가 복음을 통하여 믿음으로 믿음에 이르게 한다"; 사 53:1, "우리가 전한 것을 누가 믿었느냐 여호와의 팔이 누구에게 나타났느냐?"; 요 6:63, "살리는 것은 영이니 육은 무익하니라. 내가 너희에게 이른 말은 영이요 생명이라"; 고전 1:21, "하나님께서 전도의 미련한 것으로 믿는 자들을 구원하기를 기뻐하셨도다."

부흥하는 교회 안에서는 복음이 선포되었었다. 참으로 보편적인 배교로 인해서 교회는 타락하였고 복음을 포기하였으나, 복음을 설명하고 낭독할 때, 그 교훈과 소리가 성령의 사역으로 말미암아 특별한 효과를 낸다. 롬 10:14, "그런즉 그들이 믿지 아니하는 이를 어찌 부르리요 듣지도 못한 이를 어찌 믿으리요, 전파하는 자가 없이 어찌 들으리요"; 행 11:19-21, "그 때에 스데반의 일로 일어난 환난으로 말미암아 흩어진 자들이 베니게와 구브로와 안디옥까지 이르러 유대인에게만 말씀을 전하는데 그 중에 구브로와 구레네 몇 사람이 안디옥에 이르러 헬라인에게도 말하여 주 예수를 전파하니 주의 손이 그들과 함께 하시매 수많은 사람들이 믿고 주께 돌아오더라"; 요 4:28-30, "여자가 물동이를 버려 두고 동네로 들어가서 사람들에게 이르되 내가 행한 모든 일을 내게 말한 사람을 와서 보라 이는 그리스도가 아니냐 하니 그들이 동네에서 나와 예수께로 오더라"; 42절, "그 여자에게 말하되 이제 우리가 믿는 것은 네 말로 인함이 아니니 이는 우리가 친히 듣고 그가 참으로 세상의 구주신 줄 앎이라 하였더라"; 롬 10:18, "그러나 내가 말하노니 그들이 듣지 아니하였느냐 그렇지 아니하니 그 소리가 온 땅에 퍼졌고 그 말씀이 땅 끝까지 이르렀도다 하였느니라."

여기에서 우리 조상 중 많은 사람들이 교황주의의 한 가운데에서도 구원을 얻었다는 것이 분명하게 나타난다. 계 12:17, "용이 여자에게 분노하여 돌아가서 그 여자의 남은 자손 곧 하나님의 계명을 지키며 예수의 증거를 가진 자들과 더불어 싸우려고 바다 모래 위에 서 있더라"; 롬 11:4, "그에게 하신 대답이 무엇이냐 내가 나를 위하여 바알에게 무릎을 꿇지 아니한 사람 칠천 명을 남겨 두었다 하셨으니."

제 33 장
성례에 대하여

　이제까지 말씀의 설교에 대한 것이었다. 이제 말씀에 덧붙여진 것, 성례를 다룰 것이다. 성례란 그리스도와 그분의 구원에 이르는 은혜를 특정한 외적인 의식을 통하여 그리스도인에게 나타내며 드러내고 인을 치는 것이다. 롬 4:11, "그가 할례의 표를 받은 것은 무할례시에 믿음으로 된 의를 인친 것이니"; 창 17:11, "너희는 너희의 포피를 베어라 이것이 나와 너희 사이의 언약의 표징이니라."

　성례를 세우신 분은 오직 하나님이시다. 그분의 동의하심과 약속으로부터 나오지 않는다면, 상징은 어떠한 것도 확증할 수 없다. 이 상징에서부터 선한 약속을 받는다. 그러므로 하나님은 은혜의 표를 세우시고, 그분의 권세 안에서 은혜를 주신다.

　그리고 하나님은 성례의 말씀으로 성례를 세우셨다. 아우구스티누스가 "말씀이 물질에 임해서 성례가 된다"고 말한 것과 같다. 성례의 말씀은 성례를 제정하시는 말씀인데, 주님께서 서로 다른 방식으로 성례에서 제시하셨다. 말씀은 두 부분으로 되어 있다. 명령과 약속이다. 명령은 하나님께서 성례를 집례하고 받으라고 명하신는 것이다. 세례에서는 "전세계에 가서 이름으로 세례를 주라."고 하셨고, 성찬에서는 "받으라, 먹으라, 마시라, 이것을 행하라."고 하셨다. 약속은 제정의 또 다른 부분인데, 하나님은 요소들을 정하셔서, 은혜의 수단들과 표가 되게 하셨다. 세례에서는 '내가 성부와 성자와 성령의 이름으로 세례를 준다'고 하고, 성찬에서는 '이것은 너희를 위하여 주는 내 몸이다 이것은 나의 새 언약의 피다'라고 한다. 그러므로 집례할 때 이 거룩한 말씀을 분명한 목소리로 선포하고, 매 순서 마다 설명을 해야 한다. 그러므로 모든 사람이 그들이 받아야 하는 하나님의 명령과 약속을 알고 이해할 수 있게 된다.

그리고 여기에서 또한 사역자가 저지를 수 있는 불경건이 있다. 잘못된 성례는 성례를 유익하게 받지 못하게 하고 오히려 방해한다. 그러므로 사역자의 경건은 제대로 성례를 받게 하기 위해서 필요하다. 왜냐하면 성례의 모든 가치와 능력은 하나님의 제정하심에 달려있고, 그 방법에 의해서 유익하게 되기 때문이다. 성례의 구성 부분에는 상징과 성례의 실체가 있다. 상징에는 감각할 수 있는 물질, 또는 이것에 대한 행위가 있다.

감각할 수 있는 물질을 일반적으로 표라고 부른다. 표의 변화는 그 대상의 본체에 따라서 물질적으로 변하는 것이 아니라, 사용에 따라서 관계적으로 변하는 것이다. 다시 말하면 일반적인 사용으로부터 거룩한 목적을 위해서 구별되는 것이다. 그러므로 마치 온천물에는 깨끗하게 하는 능력이 있는 것과 같이, 어떤 거룩하게 하는 능력이나 효과가 내재하거나, 또는 외적인 표에 묶여 있는 것이 아니다. 오히려 (성례의) 능력은 성령께 있는 것이다. 그리고 참된 믿음과 회개가 반드시 함께 따라오며, 회개가 하나의 표와 함께 나타난다. 이로부터 은혜의 의미와 하나님께서 정하신 인치심이 표와 만난다.

성례의 실체는 그리스도와 우리를 위한 그분의 은혜, 또는 그리스도에 대한 행위이다. 나는 먼저 그리스도에 대해서 말하고, 그 후에 그분의 은혜에 대해서 다룰 것이다. 왜냐하면 참으로 그리스도의 몸과 피의 참여자가 되지 않고는 누구도 그리스도로부터 은혜를 받지 못하기 때문이다. 마치 누구든지 농지 자체에 대한 권한을 갖지 못하면, 농지에서 나는 열매에 대한 권한이 없는 것과 같다.

그리스도에 대한 행위는 영적인 것인데, 이것은 하나님께 속한 것과 믿음에 속한 것이 있다. 하나님의 행위는 그리스도를 선물하는 것, 또는 그리스도를 적용하는 것과 그분의 은혜를 믿는 자에게 적용하는 것이다. 믿음의 행위는 성례를 적법하게 사용하면서 그리스도를 깊이 생각하고 구하며 이해하고 받는 것이다.

이상은 성례를 이루는 부분에 대한 것이었다. 이제 이 부분들을 하나로 연합시키는 것이다. 성례전적인 연합은 ① 장소에 따른 물질적인 연합이 아니며, 표의 어떤 것이 그 표가 의미하는 실체로 변하는 것도 아니다. 또는 의미하는 내용이 표에 포함되거나 표와 결합되는 것도 아니다.

② 오히려 관계적인 것이다. 왜냐하면 외적인 것과 내적인 것, 다시 말하면 실체에 속한 것에 실체가, 행위에 속한 것에 행위가 연합되며 균형을 가지기 때문이다. 이를 통하여 표가 외적인 감각에서 보이는 말씀과 같이 그리스도인의 마음을 이끌어 유비적으로 그 표가 의미하는 실체를 생각하고 적용하게 한다.

이 성례적인 관계에서 자주 환유법적인 언급들이 나온다. 이 환유

법적 언급들은 성례 안에 있는 어떤 내용물을 다른 것을 가지고 설명한다:

① 표지의 이름은 의미하는 실체를 설명한다. 출 12:11, "너희는 그것을 급하게 먹을지니 여호와의 유월절이니라"; 요 6:51, "나는 하늘에서 내려온 살아 있는 떡이니 사람이 이 떡을 먹으면 영생하리라. 내가 줄 떡은 곧 세상의 생명을 위한 내 살이니라." 우리의 유월절은 우리를 위한 성례인데, 그리스도이시다(고전 5:7). 고전 10:17, "떡이 하나요 많은 무리가 한 몸이니 이는 우리가 다 한 떡에 참여함이라."

② 내적인 실체의 이름은 표지에 대해서 설명한다. 떡은 그리스도의 몸이며, 잔은 그리스도의 피다(고전 11:24, 마 26:28).

③ 표지는 실체가 이루는 효과와 관련되어 있다. 예를 들어서 할례는 언약이다(창 17:10, 행 7:8). 잔은 그리스도의 피로 이루어진 새 언약이다(눅 22:16). 세례는 씻음이다(딛 3:5).

④ 표지의 특성을 그 표지가 의미하는 실체에 돌린다. 신 10:16, "너희는 마음에 할례를 행하라"; 요 6:53, "인자의 살을 먹지 아니하고 인자의 피를 마시지 아니하면 너희 속에 생명이 없느니라."

성례의 제정의 목적은 다음을 이루기 위한 것이다:

① 믿음의 확증이다. 이것은 긍휼로 말미암아 이미 주신 보증물과 같이 하나님을 우리와 잡아 묶는다. 참으로 성례는 믿음을 견고하게 하는데, 먹은 치료약과 같이, 또는 잠을 자거나 잠을 자지 않는 것이 건강을 확보해주는 것같이, 내재하여 있는 능력에 의한 것이 아니다. 오히려 깊은 숙고에 의해서, 또는 표를 사용하는 동안 성령께서 마음에 그러한 추론을 하게 하심으로서 믿음을 견고하게 하신다: '성례를 바르게 사용하는 모든 회개한 자들은 하나님의 약속으로부터 그리스

도와 그분의 은혜를 받는다. 회개한 나는 이것들을 정당하게 사용하고 있고, 또한 사용했다. 그러므로 나는 그리스도와 그분의 은혜를 받을 것이다.'

② 고백의 증명과 표이다. 이것으로 하나님의 참된 교회가 다른 단체와 구별된다.

③ 복음 교리를 보존하고 전파하는 수단이다.

④ 하나님을 향한 믿음과 감사를 드러내는 신실한 의무이다.

⑤ 믿는 자들을 서로 묶어주는 사랑의 끈이다.

성례의 필요성이다. 은혜 언약은 구원을 위해서 전적으로 필요하다. 이것을 이해함으로 언약의 본체이신 예수 그리스도를 받아들이는 것이 필요하다. 그렇지 않으면 멸망한다. 성례가 꼭 있어야 하는 것은 아니다. 그러나 부분적으로 믿음의 받침대와 지지대이다. 영생의 법이 언약과 같이 우리에게 주는 것이 아니라, 이미 앞서 주신 믿음으로 인하여 받은 것을 인치는 것이다. 사람의 계약 속에서 양 진영의 동의에서 의무가 나오는 것과 같다. 참으로 계약의 도구와 계약의 부속물은 책임을 만들지는 않으나 확정한다. 계속 지속되는 계약의 상호 동의는 아무리 수단과 인장이 없다고 할지라도 유효하며 확고하다.

그러므로 성례를 안 하는 것이 정죄되지는 않으나 업신여기는 것은 정죄된다. 성례를 안 하는 것은 정당한 금지로 우리가 성례를 사용하지 못하도록 배제하는 것이다. 다시 말하면 만약 어떤 사람이 죽게 되어 성례에 참여하지 못할 때, 또는 그들(죽음에 임박한 자들)이 있는 그 장소에서 성례를 할 수 없다(성례는 사적으로 행할 수 없다는 것이다: 역자 주). 성례를 소홀히 하는 것에 대해서는 매번 무거운 죄가 될 것이다. 만약 회개에 이른다면, 호의를 기대할 수 있다.

성례의 거룩한 사용은 참으로 회심한 자들이 하나님께서 명하신 의식들을 그 참된 목적으로 사용하는 것이다.

그러므로 ① 유기자들은 하나님께서 온전한 성례를 주실 때, 그것을 표로는 받지만 표가 의미하는 실체로는 받지 않는다. 왜냐하면 표를 합법적으로 사용하지 않을 때는 성례를 받는 근거를 갖지 못하기 때문이다. 이처럼 바울은 "네가 율법을 지킨다면 할례가 유익하나, 만약 네가 율법을 범한다면 너의 할례는 무할례가 될 것이다"라고 말하였다. 이와 비슷하게 아우구스티누스는 "만약 당신이 육적으로 받는다면, 영적인 것이 없지는 않을 것이다. 그러나 당신에게는 없다."고 하였다.

② 아직 회개하지 않은 택자들은 표를 실체로는 받지 않는다. 그럼에도 불구하고 성례의 열매는 따라온다. 회심 전에 성례를 받았다면, 그 후에 회개가 행한 자들에게 유효하고 유익하다. 그리고 처음에 불법적이었던 성례의 사용은 그 다음에 마침내 합법적인 것이 된다.

③ 회심한 택자들은 표와 실체를 구원을 위하여 동시에 받는다. 그럼에도 불구하고 다양한 부족함들과 타락으로 인하여 가치 없이 받는 일이 발생하기 때문에, 그들은 현세에서 심판을 받는다.

제사와 성례는 구별된다. 성례에서는 하나님께서 우리에게 그분의 은혜를 주신다. 제사에서는 우리가 하나님께 우리 자신과 믿음과 순종을 보답해 드린다. 구약과 신약에서의 성례의 차이가 있다: ① 구약에서는 (성례가 더) 많으나, 신약에서는 더 적다. ② 구약에서는 나타나실 그리스도를 의미하였으나, 신약에서는 나타나신 그리스도를 의미한다. ③ 전자는 아브라함의 후손들에게만 있는 것이었으나, 후자는 유대인과 이방인들에서 모인 모든 교회 공동체에게 속한다.

제 3 4 장
세례에 대하여

성례는 두 가지이다. 고전 10:1-4, "형제들아, 나는 너희가 알지 못하기를 원하지 아니하노니 우리 조상들이 다 구름 아래에 있고 바다 가운데로 지나며 모세에게 속하여 다 구름과 바다에서 세례를 받고 다 같은 신령한 음식을 먹으며 다 같은 신령한 음료를 마셨으니 이는 그들을 따르는 신령한 반석으로부터 마셨으매 그 반석은 곧 그리스도시라." 터툴리아누스, 4권, 『마르시온 반박문』; 아우구스티누스, 『상징에 대한 교리』, 4권, 6장.

첫 번째는 세례인데, 이것으로 하나님의 교회 안에 들어오도록 허락받았음을 인친다. 두 번째는 주의 만찬인데, 이로써 교회 안에서 지속적으로 보존되고 양육받는다.

세례는 성례인데, 성부와 성자와 성령의 이름으로 언약을 맺은 자들을 물로 씻는 것이다. 이를 통하여 그리스도께 접붙여진 자들이 그리스도와 함께 영원히 교제하게 하기 위한 것이다. 마 28:19, "그러므로 너희는 가서 모든 민족을 제자로 삼아 아버지와 아들과 성령의 이름으로 세례를 베풀고"; 막 16:16, "믿고 세례를 받는 사람은 구원을 얻을 것이요 믿지 않는 사람은 정죄를 받으리라"; 고전 1:13-15, "그리스도께서 어찌 나뉘었느냐 바울이 너희를 위하여 십자가에 못 박혔으며 바울의 이름으로 너희가 세례를 받았느냐? 나는 그리스도와 가이오 외에는 너희 중 아무에게도 내가 세례를 베풀지 아니한 것을 감사하노니 이는 아무도 나의 이름으로 세례를 받았다 말하지 못하게 하려 함이라."

언약을 맺은 자들은 모두 아브라함에게 속한 자들이며 믿음의 씨이다. 이들에는 성인과 유아가 있다. 성인은 하나님의 보이는 교회와 스스로 연합하는 이로써 회개를 증거로 내보이며, 교회의 기초적인 교리를 받아들인다. 마 3:6, "자기들의 죄를 자복하고 요단 강에서 그에게 세례를 받더니"; 행 8:35-37, "빌립이 입을 열어 이 글에서 시작하여 예수를 가르쳐 복음을 전하니 길 가다가 물 있는 곳에 이르러 그 내시가 말하되 보라 물이 있으니 내가 세례를 받음에 무슨 거리낌이 있느냐(37절: 빌립이 참으로 말하되 당신이 전심으로 믿는다면 가하다 그가 대답하여 말하되 내가 예수 그리스도가 하나님의 아들임을 믿노라)", 출 12:48, "너희와 함께 거류하는 타국인이 여호와의 유월절을 지키고자 하거든 그 모든 남자는 할례를 받은 후에야 가까이 하여 지킬지니 곧 그는 본토인과 같이 될 것이나 할례 받지 못한 자는 먹지 못할 것이니라."

언약 안에 있는 유아들은 최소한 한편이 믿는 자인 부모로부터 나온다. 고전 7:14, "믿지 아니하는 남편이 아내로 말미암아 거룩하게 되고 믿지 아니하는 아내가 남편으로 말미암아 거룩하게 되나니 그렇지 아니하면 너희 자녀도 깨끗하지 못하니라. 그러나 이제 거룩하니라"; 롬 11:16, "곡식 가루가 거룩한 즉 떡덩이도 그러하고 뿌리가 거룩한 즉 가지도 그러하니라"; 창 17:7, "내가 내 언약을 나와 너 및 네 대대 후손 사이에 세워서 영원한 언약을 삼고 너와 네 후손의 하나님이 되리라"; 13절. "너희 집에서 난 자든지 너희 돈으로 산 자든지 할례를 받아야 하리니 이에 내 언약이 너희 살에 있어 영원한 언약이 되려니와"; 행 16:31, "이르되 주 예수를 믿으라. 그러하면 너와 네 집이 구원을 받으리라."

질문. 어떻게 언약 안에 있는 유아들이 믿음을 가질 수 있는가?

대답. 거룩한 부모를 두 가지 방식으로 이해해야 한다. 1. 아담의 자손이라는 측면에서 그들은 여전히 부분적으로 육적이다. 그들은 이 상태에서 자녀들을 낳으며, 그 자녀들은 심지어 진노의 자녀들이다. 부모는 선한 사람이라는 측면에서가 아니라, 그저 사람이라는 측면에서 자녀를 낳는 것이다. 그러므로 더러운 것에서부터 더러운 것이 나온다.

2. 부모들을 두 번째 아담 안에 심기워진 하나님의 자녀들로서 생각해 보자. 이 상태에서는 그들이 아무리 믿음을 번식시킬 수 없다고 할지라도 – 하나님의 자녀들은 그렇게 태어나는 것이 아니라, 아버지 하나님의 은혜로 양자가 되는 것이기 때문에 –, 그들은 은혜 언약의 형태로 인하여 스스로를 위해서, 그리고 다른 사람을 위해서 믿을 수 있다. 마치 아담이 스스로 범죄하고 다른 사람에까지 죄를 범하는 것과 같다. 심지어 마치 사람간의 언약 속에서 부모들이 스스로, 그리고 상속자인 아들과 협약을 맺는 것과 같다. 여기에서부터 바울은 말하기를 부모들은 전체 집단(가족: 역자 주)을 거룩하게 하는 마치 첫 열

매와 같다고 한다. 그러므로 부모들의 믿음은 시간 속에서 행동을 취하여 자녀들을 믿는 자들로 인도하여 언약의 법이 준수되도록 한다.

성부와 성자와 성령의 이름으로 세례를 받는 것은 물로 씻는 외적 상징을 사용함으로써 하나님의 가족, 즉 교회에 들어가며 그분의 특권을 선물받는 것이다. 창 48:16, "나를 모든 환란에서 건지신 여호와의 사자께서 이 아이들에게 복을 주시오며 이들로 내 이름과 내 조상 아브라함과 이삭의 이름으로 칭하게 하시오며 이들이 세상에서 번식되게 하시기를 원하나이다"; 사 4:1, "그 날에 일곱 여자가 한 남자를 붙잡고 말하기를 우리가 우리 떡을 먹으며 우리 옷을 입으리니 다만 당신의 이름으로 우리를 부르게 하여 우리가 수치를 면하게 하라 하리라."

여기에서 드러나는 것은 세례의 씻음 안에서 나타나고 인친 바 된 언약의 내용이 놀라운 것이라는 사실이다. 첫 번째로 세례받은 자와 함께 맺은 하나님의 언약의 내용은 성부께서 그를 은혜 안에 받으시며, 성자께서는 구속하시고, 성령께서는 깨끗하게 하며 중생시키기를 원하신다는 것이다. 두 번째는 하나님과 함께 언약을 맺은 세례 받은 자의 언약의 내용인데, 성부, 성자, 성령이신 참된 여호와 외에 어떤 다른 신을 인정하거나 기도하거나 경배하지 않는 것이다.

외적인 세례의 질료는 물이다. 어떤 특별한 액체가 아니라, 순수한 자연의 물로 세례를 받아야 한다. 이것이 옛 교회의 결정이다. (세례는 물로 주는 것임을 기억해야 하는데 왜냐하면: 역자 주) 어떤 사역자는 물이 모자라게 되자 모래를 취하여 그것으로 세례를 주었기 때문이다. 그 후에 마치 그 전에 다른 방식이 없었던 것처럼 이 세례가 반복되었다. 니케포로스(Nicephorus Callistos, 14세기경 활동), 『교회사』, 3권, 33장.

세례의 외적인 형태는 세례받는 자를 씻는 것인데, 기록된 하나님의 말씀에 따라서 말씀의 사역자를 통하여 이루어진다(롬 10:14).

물로 씻는 옛 방법은 물에 담그는 의식을 통하여 이루어지는 것이었다. 이에 대해서는 바울이 로마서 6장에서, 라이디게아 회의(주후 363-364), 그리고 네오케사리아 회의(약 314년 또는 315년)에서 가르쳤다. 참으로 특별히 추운 지역, 침수 지역에 있는 기독 교회에서는 허약하여 건강이 좋지 않은 유아들로 인하여 물을 뿌렸었다. 지금은 아주 적은 성인들만이 침례를 받는다. 이와 같이 성례 의식이 변한 것을 이상하게 보아서는 안 된다. 왜냐하면 그들은 의식에서 사랑과 반드시 필요한 것들을 나누어 주고 관용으로 (의식을) 조절하기 때문이다.

세례를 이루는 부분들의 성례적 연합은 이와 같다. 신체의 더러움을 깨끗하게 하는 물이라는 요소는 가장 적절한 유비에 의해서 그리스도의 피를 희미하게 보여주며, 대유법적으로는 전체 그리스도를 보여준다. 요일 1:7, "그 아들 예수의 피가 우리를 모든 죄에서 깨끗하게 하실 것이요."

사역자의 행위는 물이라는 요소를 가지고 세례를 받는 자를 씻는 것이다. 이것은 이중적인 하나님의 사역을 인치는 것이다. ① 그리스도 안에 접붙임, 또는 지체가 됨. 갈 3:27, "누구든지 그리스도와 합하기 위하여 세례를 받은 자는 그리스도로 옷 입었느니라"; 고전 12:13, "한 영을 통하여 우리 모두가 한 몸 안에서 세례를 받았다." ② 영적인 중생. 딛 3:5, "우리를 구원하시되 우리가 행한 바 의로운 행위로 말미암지 아니하고 오직 그의 긍휼하심을 따라 중생의 씻음과 성령의 새롭게 하심으로 하셨나니."

씻음은 세 부분으로 이루어져 있다: 침수(물에 넣음), 물 속에서 머묾, 물에서 나옴.

침수, 또는 물을 뿌림은 다음의 내용을 인치는 것이다. ① 모든 죄를 사하기 위해서 피를 뿌리는 것과 그리스도의 의의 전가이다. 행 22:16, "일어나 주의 이름을 불러 세례를 받고 너의 죄를 씻으라 하더라"; 고전 6:11, "너희 중에 이와 같은 자들이 있더니 주 예수 그리스도의 이름과 우리 하나님의 성령 안에서 씻음과 거룩함과 의롭다 하심을 받았느니라." ② 그리스도의 죽음의 능력으로 죄가 죽는 것이다. 롬 6:3, "무릇 그리스도 예수와 합하여 세례를 받은 우리는 그의 죽으심과 합하여 세례를 받은 줄을 알지 못하느냐?"; 6절. "우리가 알거니와 우리의 옛 사람이 예수와 함께 십자가에 못 박힌 것은 죄의 몸이 죽어 다시는 우리가 죄에게 종 노릇 하지 아니하려 함이니."

물 속에서 머무는 것은 죄를 매장하였음을 인치는 것이다. 다시 말하면 그리스도의 죽으심과 매장되심의 능력으로 계속적으로 죄의 죽음이 확장되는 것이다. 롬 6:4, "그러므로 우리가 그의 죽으심과 합하여 세례를 받음으로 그와 함께 장사되었나니."

물에서 나오는 것은 영적으로 모든 거룩과 의를 향한 새생명으로 살아나는 것을 인치는 것이다. 이것은 그리스도의 부활의 능력으로 일어나는 것이다. 롬 6:4, 5, "이는 아버지의 영광으로 말미암아 그리스도를 죽은 자 가운데서 살리심과 같이 우리로 또한 새 생명 가운데서 행하게 하려 함이라. 만일 우리가 그의 죽으심과 같은 모양으로 연합한 자가 되었으면 또한 그의 부활과 같은 모양으로 연합한 자도 되리라."

표지와 표지가 의미하는 실체와의 연합

외적인 세례	감각할 수 있는 물질	물		세례의 연합 또는 함께함	그리스도의 피, 대유법으로 전체 그리스도를 의미	영적인 실제들	내적인 세례
	감각할 수 있는 외적인 행위들	명칭에서 육체의 더러움을 사역자가 씻는 행위	물을 뿌리거나 물 속에 넣음		1. 죄 사함과 그리스도의 의의 주입 2. 그리스도의 죽음의 능력에 의해서 죄가 죽음	하나님의 사역, 영적으로 깨끗해짐, 즉 중생	영적이며 내적인 행위들
			물 속에서 잠시 머뭄		죽음의 진행과 확대됨		
			물에서 나옴		그리스도의 부활의 능력에 의하여 사는 것과 거룩해 짐		
		세례를 받는 사람의 행위	물로 씻는 일에 자신을 맡김		하나님께 헌신함과 마귀, 육체, 세상과는 단절됨	세례를 받는 자들의 행위	
			깨끗해짐		영적으로 깨끗해짐을 느낌		

　　세례를 받는 자의 행위는 이중적이다. 첫 번째는 물로 씻기 위해서 사역자와 교회 앞에 서는 것이다. 이것은 그가 하나님을 향하여 스스로 거룩하게 되며, 육과 마귀, 그리고 세상을 끊는 것을 의미한다. 벧전 3:21, "물은 예수 그리스도께서 부활하심으로 말미암아 이제 너희

를 구원하는 표니 곧 세례라. 이는 육체의 더러운 것을 제하여 버림이 아니요, 하나님을 향한 선한 양심의 간구니라."

또 다른 것은 외적으로 물로 씻음받는 것이다. 이것은 세례받는 자가 내적인 씻음을 받는 것을 의미하는데, 그리스도의 피로 이루어지는 것이다. 또한 적어도 자신을 드리는 것을 의미한다.

재세례(세례 의식을 반복하는 것)는 어떠한 방식으로도 허락해서는 안 된다. 마치 우리가 육체적인 출생에서 한 번 태어나는 것처럼, 또한 한 번 중생되기 때문이다. 그러므로 어떤 사람이 완고한 이단의 목사에게서 세례를 받았다고 할지라도, 하나님의 교회에서 다시 세례 받아서는 안 된다. 특별히 (이단으로부터 세례를 받은) 후에 거룩한 교제에 참여한다면, 오히려 참된 믿음을 교육받아야 한다. 유세비우스, 『교회사』, 7권, 8장:

> 오래 전에 우리와 함께 어떤 믿음의 형제가 있었다. 그는 내가 감독으로 정해지기 전에, 심지어 내 전임자 헤라크라스 이전부터 있었다. 그는 세례받는 자들과 함께 있었고 질문을 받았다. 그리고 대답을 하고 눈물을 흘리면서 나에게 왔다. 내 발 앞에 와서는 다른 이단자로부터 세례를 받았음을 고백하였다. 그의 가르침은 잘못된 가르침으로 가득했을 것이지만, 그럼에도 불구하고 우리가 행하는 방식으로 다시 세례를 주지 않았다. 그리고 동시에 그는 자신이 이 잘못된 가르침 때문에 고통을 당하고 있어서 감히 하나님께 눈을 들 수가 없다고 덧붙였다. 이 때문에 그는 성령께서 은혜를 베푸실 수 있도록 공교회적인 세례로서 자신을 깨끗하게 성결하게 해달라고 요청하였다. 나는 감히 할 수 없었고, 오히려 나는 그에게 교회

에서 행하는 바 성찬의 은혜를 통하여 이루어지는 교제의 시간을 갖는 것으로 충분하다고 말하였다. 한번의 성찬을 통하여서도 성례의 능력으로 그가 정결해 질 수 있다는 것에 대하여 그는 아멘으로 대답하였다. 나는 그가 믿음과 깨끗한 양심으로 확신을 가져야 한다고 격려하였다. 그리고 그는 모든 사람들 앞에서 한동안 우리와 함께 성례에 참여하였다.

아우구스티누스, 3권, 『도나투스파 페틸리아누스의 편지 반박문』.
올바른 세례의 사용 방법은 다음과 같다: 첫 번째, 당신이 내적으로 마음에 있는 거칠고 일그러진 탐욕으로 인하여 죄로 끌려가는 것을 느낄 때, 당신이 세례를 받으면서 하나님께 약속하였던 경건한 서약을 거룩하게 묵상해야 한다.

두 번째, 만약 당신이 실족하여 연약해져 있다면, 또는 심지어 다시 타락했다면, 마음을 다잡고 한숨 돌리기 위해서 세례를 회상해야 한다. 왜냐하면 이전에 행한 그 의식 속에서 죄 사함이 이미 지나간 일일 뿐만 아니라, 또한 현재와 앞으로의 모든 삶을 통하여 받기 때문이다 (벧전 3:20, 엡 5:25-27). 이로부터 세례는 진실로 죄 사함의 성례라고 할 수 있으며, 파선을 두려워하는 자에게는 믿음의 노이다(막 1:4, 딤전 1:19, 롬 6:4, 6).

세 번째, 보라! 당신이 세례의 중생의 능력, 다시 말하면 죄를 죽이시는 그리스도의 죽으심의 효과, 부활의 능력, 영의 새롭게 하심을 깨닫기 전에는 당신의 영혼은 안식하지 못한다.

제 3 5 장
주님의 만찬에 대하여

주님의 만찬은 성례인데, 여기에서 그리스도께 심겨진 자들이 떡과 포도주를 사용하여 그분 안에서 계속하여 영생으로 양육받는다(고전 11:23-25, 롬 6:5). 주님의 만찬을 이루는 부분들의 유비는 다음과 같다. 빵과 포도주는 표인데, 그리스도의 몸과 피의 상징이다.

사역자의 행위는 하나님의 행위의 상징이다. 사역자의 행위는 네 가지이다:

1. 그의 손으로 빵과 포도주를 잡는 것이다. 이것은 성부 하나님의 행위를 인친다. 이것은 성자를 영원부터 구별하고, 하나님과 사람 사이에서 행해야 하는 중보자의 직분을 위해서 선택하는 것을 의미한다(요 6:27). 이것을 아버지, 다시 말하면 하나님께서 인치셨다.

2. 축복이다. 이것은 잡은 빵과 포도주를 위한 약속을 낭송하고, 성례의 목적으로 받는 기도를 함으로써, (빵과 포도주를) 일반적인 용도에서 거룩한 목적을 위하여 구별하는 행위를 하는 것이다. 이것은 중보자로 작정되신 그리스도를 때가 충만해졌을 때, 중보직을 행하게

하기 위해서 보내신 하나님의 행위를 인치는 것이다.

3. 빵을 찢고 포도주를 붓는 것이다. 이것은 그리스도의 고난을 상징한다. 이 고난은 우리의 죄를 위해서 십자가 위에서 그분의 영혼과 육체가 부서지신 것이다.

4. 참여자들의 손에 빵과 포도주를 나누어 주는 것이다. 이것은 그리스도를 모든 자들, 심지어 위선자들에게도 주시며, 또한 참으로 믿음과 회개가 자라게 하기 위해서 그리스도를 그분의 지체인 믿는 자들에게 보여주시는 하나님의 행위를 인치는 것이다.

받는 자의 행위는 이중적이다. 첫 번째는 손으로 빵과 포도주를 받는 것이다. 이것은 받는 자의 영적인 행위를 인치는 것이다. 다시 말하면 그리스도를 잡는 것인데, 이것은 믿음의 손으로 이루어지는 것이다(요 1:12).

두 번째는 빵을 먹고 포도주를 마시는 것인데, 이로써 육체가 영양 공급을 받기 위한 것이다. 이것은 믿음을 통하여 그리스도를 적용하는 것을 인치는 것인데, 참된 그분과 함께 하는 연합과 교통의 감각이 이 때에 더 커지게 된다. 고전 10:16, "우리가 축복하는 바 축복의 잔은 그리스도의 피에 참여함이 아니며 우리가 떼는 떡은 그리스도의 몸에 참여함이 아니냐"

화체설 교리는 빵이 그리스도의 몸으로 바뀌고, 포도주는 피로 바뀐다고 날조하는 것이다. 이것은 분명한 허구이다. 근거는 다음과 같다:

① 제자들은 그리스도께서 고난을 당하시기 전에 처음 만찬을 제정하실 때에 그리스도의 몸을 십자가에 달린 분으로서 먹었다. (화체설에 따르면: 역자 주) 아직 그리스도께서 고난을 아직 받지 못하셨음에

도 불구하고, 어떻게 십자가에 달리신 그분을 육체적인 방법으로 먹을 수 있었는지 이해할 수가 없다.

② 거룩하게 한 후에 빵은 부분으로 나누어진다. 그러나 그리스도의 온전한 육체를 개개인이 받는 것이다.

③ 빵은 그리스도의 몸과 교통하는 것이다. 그러므로 그것이 몸 자체는 아니다.

④ 이 방식으로는 그리스도의 몸은 처녀 마리아의 본체로부터 생겼을 뿐만 아니라, 제빵사의 빵에서부터 생겨난다.

⑤ 요소들은 정해진 시간까지만 보존된다. 빵에는 곰팡이가 피고, 포도주는 시어진다. 이 논증에 의해서 거기에 참된 빵과 포도주의 실체가 있었다는 것이 우리에게는 분명하다.

⑥ 이 견해에 의하면 성례적 연합, 다시 말하면 표와 의미 사이의 유비가 사라진다.

또한 공재설에 대해서 다음을 생각해야 하는데, 공재설은 그리스도의 육체가 공재를 통해서 빵 안에, 빵과 함께, 빵 아래에 함께 있다고 날조하는 것이다.

근거. ① 만찬의 모든 행동은 그리스도의 기억 안에서 이루어진다. 만약 육체적으로 부재하지 않는다면 기억이란 것은 없다.

② 하늘이 그분을 모든 것이 회복되는 때까지 받아둔다는 것이 분명하다(행 3:21).

③ 본질적인 특성은 그분의 크기, 그러니까 심지어 그리스도의 육체의 어떠한 자리와 제한이 있는 것이다.

④ 만약 육체적으로 먹는 것이라면, 불경건한 자들도 믿는 자들과 마찬가지로 비슷하게 그리스도의 몸을 먹게 된다. 그의 육체를 먹는

다는 것은 그를 믿는 것이고, 영생을 소유하는 것이다.

⑤ 제자들 사이에 앉아계신 그리스도가 자신의 육체를 그의 손으로 잡고, 온전한 몸을 빵 속에서 그들에게 나누어 주셨다고 생각하는 것은 헛된 일이다.

성례적 관계, 이것이 주의 만찬 안에 있는 것이다

		감각적 대상들	1. 빵, 2. 포도주		1. 그리스도의 몸, 2. 그리스도의 피	영적인 대상들	
감각적이고 외적인 행위들	사역자에게 속한 것		손에 빵과 포도주를 받음	성례적 관계	중보의 직분에 따라서 그리스도를 인치심 요6:17	하나님께 속한 대상들	영적이고 내적인 행위들
			약속을 낭독하고 그 목적으로 받고자 하는 기도를 드림으로 빵과 포도주를 거룩하게 함		중보를 실행하기 위해서 그리스도를 보내시는데, 영원 전부터 이 중보로 인치심		
			빵을 찢고 포도주를 부음		저주스러운 주님의 고통과 피를 쏟으심		
			받는 사람의 손에 빵과 포도주를 줌		가정적으로 모든 사람을 위해서 그리스도를 제시하고, 그리스도인들에게 드러냄		
	받는 그리스도인에게 속한 것		빵과 포도주를 받음		믿음을 통하여 그리스도를 붙잡음	받는 그리스도인들에게 속한 대상들	
			빵을 먹고 포도주를 마셔서, 몸이 양육되게 함		그리스도를 자신에게 적용하여, 그리스도와의 연합과 교통을 더 크게 함		

주님의 만찬을 거룩하게 준비하기 위해서 다음의 것이 필요하다:

1. 특별히 우리의 타락에 대한 지식과 그리스도를 통하여 약속하신 언약 안에 있는 회복에 대한 지식이다. 고전 11:26, "너희가 이 떡을

먹으며 이 잔을 마실 때마다 주의 죽으심을 그가 오실 때까지 전하는 것이니라."

2. 그리스도를 향한 참된 믿음이다. 왜냐하면 사람이 성례에서 받을 것이라고 믿는 만큼 받기 때문이다. 히 4:2, "그들과 같이 우리도 복음 전함을 받은 자이나 들은 바 그 말씀이 그들에게 유익하지 못한 것은 듣는 자가 믿음과 결부시키지 아니함이라." 다음으로 죄에 대한 참된 회개이다. 사 66:3, "소를 잡아 드리는 것은 살인함과 다름이 없이 하고 어린 양으로 제사드리는 것은 개의 목을 꺾음과 다름이 없이 하며 드리는 예물은 돼지의 피와 다름이 없이 하고 분향하는 것은 우상을 찬송함과 다름이 없이 행하는 그들은 자기의 길을 택하며 그들의 마음은 가증한 것을 기뻐한즉"; 시 26:6, "여호와여 내가 무죄하므로 손을 씻고 주의 제단에 두루 다니며."

3. 새로운 믿음을 가지며, 연약함으로 인하여 저지른 최근의 범죄에 대하여 새롭게 회개하는 것이다. 왜냐하면 어떤 새로운 죄는 새로운 믿음과 회개의 행위를 요구하기 때문이다. 그러므로 이웃을 향한 불법과 상해에 대하여 그들과 화해함으로 새롭게 됨을 증명해야 한다. 마 5:23, 24, "그러므로 예물을 제단에 드리려다가 거기서 네 형제에게 원망들을 만한 일이 있는 것이 생각나거든 예물을 제단 앞에 두고 먼저 가서 형제와 화목하고 그 후에 와서 예물을 드리라." 만약 당신이 이렇게 죄를 범하였다고 할지라도, 빈번한 연약함들로 인해서

---

11 성례에 참여하는 사람의 상태가 스스로의 기대에 미치지 못한다고 하여도 그것이 성례에 참여하는 것을 방해하지 않는다. 오히려 성례는 죄인을 위한 것임을 잊지 말아야 한다: 역자 주

성례를 멀리 해서는 안 된다.

　만약 당신의 마음이 악하고 반역을 하고 있다고 느낀다면, 이 잘못된 상태에 대한 감각이 (성례에 참여하기 위한) 최고의 상태임을 알아야 한다. 눅 4:18, "주의 성령이 내게 임하셨으니 이는 가난한 자에게 복음을 전하게 하시려고 내게 기름을 부으시고 나를 보내사 포로 된 자에게 자유를, 눈 먼 자에게 다시 보게 함을 전파하며 눌린 자를 자유롭게 하고"; 마 15:24, "예수께서 대답하여 이르시되 나는 이스라엘 집의 잃어버린 양 외에는 다른 데로 보내심을 받지 아니하였노라 하시니." 성찬은 병들고 지친 영혼의 치료제이다. 그러므로 참여자는 기대하는 것만큼 깨끗한 마음을 가지고 올 수는 없다.[11]

　만약 믿음이 크게 잘못되었다는 것을 느낀다면, 믿음을 크게 하기 위해서 하나님께 간절히 구해야 한다. 막 9:24, "곧 그 아이의 아버지가 소리를 질러 이르되 내가 믿나이다. 나의 믿음 없는 것을 도와 주소서 하더라."

　만약 자신이 보잘 것 없다는 것이 드러난다면, 동료 신앙인들의 도움을 구하라. 그들은 마치 중풍병자를 지붕에서 옮겨준 것처럼 당신을 그리스도 앞에 세워줄 것이다. 막 2:3, 4, "사람들이 한 중풍병자를 네 사람에게 메워 가지고 예수께로 올새 무리들 때문에 예수께 데려갈 수 없으므로 그 계신 곳의 지붕을 뜯어 구멍을 내고 중풍병자가 누운 상을 달아내리니."

　만약 부족함을 자각하지 않는다면, 당신은 그리스도의 몸과 피를 범하는 범죄자이다. 이와 같은 근거로 마치 왕의 왕관 또는 주화를 모독한다면, 왕의 위엄을 비방한 범죄자인 것과 같다. 고전 11:27, "그러므로 누구든지 주의 떡이나 잔을 합당하지 않게 먹고 마시는 자는 주의 몸과 피에 대하여 죄를 짓는 것이니라."

참으로 스스로 회개하지 않았다고 느끼는 자들은 회개 없이 성찬에 와서는 안 되는데, 이들이 스스로 심판을 먹고 마시지 않기 위해서이다. 그리고 성찬에 올 때에는 회개를 늦추지 말아야 하는데, 스스로 정죄를 초래하지 않기 위해서이다.

제 36 장
선택의 작정의 실행 단계에 대하여

선택의 작정을 실행하는 외적인 수단들에 대해서 설명하였다. 다음으로 실행의 단계를 다룰 것이다. 두 단계로 이루어져 있다. 하나님의 사랑과 사랑의 선언이다. 엡 1:6, "이는 그가 사랑하시는 자 안에서 우리에게 거저 주시는 바 그의 은혜의 영광을 찬송하게 하려는 것이라"; 9절, "그 뜻의 비밀을 우리에게 알리신 것이요 그의 기뻐하심을 따라 그리스도 안에서 때가 찬 경륜을 위하여 예정하신 것이니."

하나님의 사랑이란 하나님께서, 타락하였으나 그리스도 안에서 선택하신 사람들을 값없이 사랑하시는 것이다. 요일 4:19, "우리가 그분을 사랑함은 그가 먼저 우리를 사랑하셨음이니라"; 롬 5:8, "우리가 아직 죄인 되었을 때에 그리스도께서 우리를 위하여 죽으심으로 하나님께서 우리에 대한 자기의 사랑을 확증하셨느니라"; 10절, "곧 우리가 원수 되었을 때에 그의 아들의 죽으심으로 말미암아 하나님과 화목하게 되었은즉 화목하게 된 자로서는 더욱 그의 살아나심으로 말미암아 구원을 받을 것이니라."

사랑의 선언은 이중적이다. 첫 번째로 선택받은 유아들을 향한 것이고, 두 번째는 선택받은 성인들을 향한 것이다.

유아들을 향한 하나님의 사랑의 선언은 이와 같다. 모태 속에 있는 선택된 유아들과 갓 태어난 유아들은 비밀하고 설명할 수 없는 근거에 의해서 하나님의 영을 통하여 그리스도께 접붙여져서 출생하며, 죽은 유아들도 구원을 받는다. 고전 12:13, "우리가 유대인이나 헬라인이나 종이나 자유인이나 다 한 성령으로 세례를 받아 한 몸이 되었고 또 다 한 성령을 마시게 하셨느니라"; 눅 1:35, "천사가 대답하여 이르되 성령이 네게 임하시고 지극히 높으신 이의 능력이 너를 덮으시리니 이러므로 나실 바 거룩한 이는 하나님의 아들이라 일컬어지리라"; 41절. "엘리사벳이 마리아가 문안함을 들으매 아이가 복중에서 뛰노는지라. 엘리자벳이 성령의 충만함을 받아"; 64절, "이에 그 입이 열리고 혀가 풀리며 말을 하여 하나님을 찬송하니"; 80절, "아이가 자라며 심령이 강하여지며 이스라엘에게 나타나는 날까지 빈 들에 있으니라."

유아의 구원에 관한 비밀하고 말로 형용할 수 없는 근거를 말하고자 한다.

왜냐하면 1. 그들은 그리스도를 받아들이는 실제적인 믿음을 가지고 있지 않기 때문이다. 이것(믿음을 가지는 것)은 필연적으로 은혜 언약에 대한 지식을 전제로 한다. 스스로 믿는 자는 언약을 자신에게 적용하는데, 유아들은 분명히 어떤 방식으로도 여기에 이르지 못한다. 그리고 만약 유아들이 믿음을 가진다면, 그들이 모두 성장하였을 때, 그들이 모두 믿음을 잃어버리거나, 믿음을 보이지 못한다는 말이 된다.[12] 만약 어떻게든 그들의 믿음이 참으로 있다면 둘 다(믿음을 잃어

버리거나 보이지 못하는 것) 잘못된 것이다. 더 나아가서 그들에게 복음 설교를 듣고 난 후에 부름을 받지 않는다면, 그들에게는 성인들과 같은 어떤 믿음에 대한 판단이 없는 것이다.

    2. 그들에게 심지어 중생이 있는데, 마음, 의지, 감정의 충동이나 움직임이라는 측면에서가 아니라, 내적인 질과 의향에서 중생이 있다. 그러므로 그들에게는 양심의 두려움이 없다. 이것은 성인에게 먼저 있는데, 어떤 회개의 기회를 위한 것이다. (유아들에게는) 심지어 육체와 영혼의 투쟁이 없는데, 성인인 성도들은 이것을 신비한 방법으로 훈련받는다.

---

12 유아들이 어느 정도 성장하면 믿음에 대한 교육을 받아야 한다. 그렇다면 유아 때 가진 믿음을 다 잃어 버렸다는 말이 된다는 것이다. 만약 유아 때에 믿음을 가졌다면 다시 교육받을 필요가 없어야 된다. 역자 주.

제 3 7 장

하나님 사랑의 선언의 첫 번째 단계에 대하여

　성인을 향한 하나님의 사랑의 선언은 특별히 네 단계로 이루어져 있다(롬 8:30. 고전 1:30).

　첫 번째 단계는 유효한 소명인데, 이로써 세상에서 구별된 죄인들을 하나님의 가족으로 받아들이신다. 엡 2:17, "또 오셔서 먼 데 있는 너희에게 평안을 전하시고"; 19절, "그러므로 이제부터 너희는 외인도 아니요 나그네도 아니요 오직 성도들과 동일한 시민이요 하나님의 권속이라." 이 소명은 두 부분으로 되어 있다. 첫 번째로 선택이다. 이것은 죄인을 인류의 타락한 덩어리에서 구별하시는 것이다. 요 15:19, "너희가 세상에 속하였으면 세상이 자기의 것을 사랑할 것이나 너희는 세상에 속한 자가 아니요, 도리어 내가 너희를 세상에서 택하였기 때문에 세상이 너희를 미워하느니라."

　두 번째로 상호 간에 선물을 주시는 것인데, 하나님은 구원될 죄인들을 그리스도에게, 또한 반대로 그리스도를 죄인에게 실제적으로, 그리고 가장 효력있게 선물하신다. 이것은 그로 다음과 같이 말하게

하기 위해서이다: '신인이신 그리스도가 내 것이어서, 내가 그분을 누릴 수 있다.' 이와 유사하게 결혼에서 남편은 말하기를, '저 여인은 나의 아내이며, 그녀의 아버지가 나에게 주어서 그녀가 참으로 나의 것이 되며, 내가 다스린다'고 하는 것과 같다. 참으로 아내는 '저 남자는 내 남편이며, 그는 스스로를 나에게 주어서, 그가 나를 돌봐준다'고 말한다. 롬 8:32, "자기 아들을 아끼지 아니하시고 우리 모든 사람을 위하여 내주셨다"; 사 9:6, "한 아기가 우리에게 났고 한 아들을 우리에게 주신 바 되었는데 등등"; 요 17:2, "모든 사람에게 영생을 주게 하시려고 만민을 다스리는 권세를 아들에게 주셨음이로소이다"; 6, 7절, "세상 중에서 내게 주신 사람들에게 내가 아버지의 이름을 나타내었나이다. 그들은 아버지의 것이었는데 내게 주셨으며 그들은 아버지의 말씀을 지키었나이다. 지금 그들은 아버지께서 내게 주신 것이 다 아버지로부터 온 것인 줄 알았나이다"; 요 10:29, "그들을 주신 내 아버지는 만물보다 크시매 아무도 아버지 손에서 빼앗을 수 없느니라."

그리고 또한 여기에서 놀랄만한 연합이 나온다. 이것은 그리스도 안에 접붙여지는 것이며, 그분과 하나되는 것이다. 특별한 방식으로 그리스도께서 머리가 되시고, 죄인이 그 지체가 되기 위한 것이다. 요 17:20, 21, "내가 비옵는 것은 이 사람들만 위함이 아니요, 또 그들의 말로 말미암아 나를 믿는 사람들로 위함이니 아버지께서 내 안에, 내가 아버지 안에 있는 것 같이 그들도 다 하나가 되어 우리 안에 있게 하사 세상으로 아버지께서 나를 보내신 것을 믿게 하옵소서"; 엡 5:30, "우리는 그분의 살과 그분의 뼈로 말미암은 그 몸의 지체임이라"; 요 15:1, 2, "나는 참포도나무요 내 아버지는 농부라. 무릇 내게 붙어 있어 열매를 맺지 아니하는 가지는 아버지께서 그것을 제거해 버리시고 무릇 열매를 맺는 가지는 더 열매를 맺게 하려 하여 그것을 깨끗하게 하시느니라"; 엡 2:20-22, "너희는 사도들과 선지자들의 터 위에 세우심을 입은 자라. 그리스도 예수께서 친히 모퉁이돌이 되셨느니라. 그의 안에서 건물마다 서로 연결하여 주 안에서 성전이 되어 가고 너희도 성령 안에서 하나님이 거하실 처소가 되기 위하여 그리스도 예수 안에서 함께 지어져 가느니라."

이 연합은 실제적이며 아주 밀접한 것이다. 그럼에도 불구하고 영혼과 영혼을 접촉시키거나, 혼합시키거나, 혹은 붙이는 것이거나, 또는 영혼의 전적인 동의를 통해서 이루어지는 것이 아니다. 오히려 그분의 영의 교통하심과 효과를 통하여 이루신다. 그분은 무한하시며, 가장 멀리 떨어져 있는 존재를 하나로 연합시키실 수 있으신데, 마치 영혼이 머리와 발을 연결시키는 것과 같다(엡 2:22). 벧후 1:4, "이로써 그 보배롭고 지극히 큰 약속을 우리에게 주사 이 약속으로 말미암아 너희가 정욕 때문에 세상에서 썩어질 것을 피하여 신성한 성품에 참여하는 자가 되게 하려 하셨느니라"; 빌 2:1, "그러므로 그리스도 안에 무슨 권면이나 사랑의 무슨 위로나 성령의 무슨 교제나 긍휼이나 자비가 있거든."

연합된 실체: 이 연합 안에서 우리의 영혼이 그리스도의 영혼과 연합되거나, 혹은 육체와 육체가 연합된 것은 아니다. 오히려 그 믿는 자의 전체 인격과 신인이신 그리스도의 전체 인격이 참으로 연결되는 것이다.

연합의 방식: 믿는 사람이 먼저, 그리고 즉각적으로 그리스도의 육체, 또는 인성과 연합된다. 그 다음에 (그리스도의) 육체의 중재에 의해서 말씀, 또는 로고스와의 연합이 이루어진다. 구원과 생명은 그리스

도 안에 있는 신성의 충만에 달려 있다. 그러나 그리스도의 육체 안에서, 그리고 그분의 육체를 통해서가 아니라면 우리와 교통되지 않는다. 요 6:53, "인자의 살을 먹지 아니하고 인자의 피를 마시지 아니하면 너희 속에 생명이 없느니라"; 56절, "내 살을 먹고 내 피를 마시는 자는 내 안에 거하고 나도 그의 안에 거하나니."

묶임: 이 연합은 하나님의 영을 통하여 이루어지며, 이를 통하여 그리스도가 우리에게 적용되신다. 우리의 관점에서 그리스도는 믿음을 통하여 받는 자에게 제시되신다. 그리고 이러한 이유로 영적이라고 부른다.

믿는 자들의 머리이신 그리스도가 마치 통치자와 같이 모든 택자들의 인격을 돌보신다는 것을 생각해야 한다. 여기서 믿는 자들은 그리스도와 하나가 되어 십자가에 못박히고 죽고 매장되었으며(롬 6:4-6), 함께 살아났고(엡 2:5), 깨어날 것이며 하늘에 모일 것이라고 말하는데(엡 2:6, 골 3:1), 이것이 소망일 뿐만 아니라, 참으로 이미 이 모든 것이 그리스도 안에서 이루어졌기 때문임을 숙고해야 한다. 마치 처음에 범죄한 아담으로 인하여 그의 모든 후손이 동일한 범죄로 타락한 것과 같다.

그리스도의 지체는 다양하게 구별된다. 그들은 사람 앞에서의 지체들과 하나님 앞에서의 지체들로 구별된다. 사람 앞에서 지체들인 자들은 외적으로 믿음을 고백한 자들로서, 교회가 그리스도의 지체들이라고 평가한다. 참으로 자기 스스로를 속이며, 교회를 속이는 자들, 즉 유기자들이 있을 수 있다. 그러므로 그들은 하나님 앞에서 그리스도의 지체된 자들이 아니며, 사람 몸에 있는 나쁜 혈액, 또는 신체에 붙어있는 의족(나무다리)과 같다. 반면에 하나님 앞에서 지체된 자들은 작정하심에 의한 지체들, 혹은 실제적인 지체들이다.

작정하심으로 되었다는 것은 그들이 영원부터 선택된 자들인데, 아직 태어나지 않았거나, 태어났거나, 또는 부름받은 자들이다. 요 10:16, "또 이 우리에 들지 아니한 다른 양들이 내게 있어 내가 인도하여야 할 터이니."

실제적인 그리스도의 지체들에는 살아있는 자들, 또는 죽은 자들이 있다. 살아있다는 것은 택함받은 자로서 믿음과 영을 통하여 그리스도에게 접붙인 바 되었고, 그분의 역사를 느끼며 나타난다.

죽은 자들은 그리스도께 참으로 접붙인 바 되었으나, 성령의 능력과 유효케 함으로 살아나게 하심을 전혀 느끼지 못한다. 유사한 경우가 참으로 사람의 일부분이지만, 감각이 없이 마비된 다리 뼈와 같다. 이러한 자들에는 믿는 자들이 있는데, 이들은 유혹과 더 무거운 죄에 한동안 압박당한다. 또한 이러한 자들에는 출교당한 자들이 있다. 이들은 접목되었다는 면에서는 지체로 남아있다. 교회의 외적인 교통이라는 측면에서, 영의 효력이라는 측면에서는 지체가 아닌데, 회개에 의해서 감동 받은 자들이 다시 살아날 때까지 그러한 상태이다.

그분의 소명의 실행은 다음의 수단들로 이루어진다:

첫 번째는 구원의 말씀을 듣는 것이다. 죄 가운데서 죽음에 처했으며 구원에 대해서 전혀 알지 못하는 사람에게 하나님의 말씀을 외적으로 선포하기 때문이다. 먼저 율법은 죄를 보여주며, 죄에 대한 형벌의 정죄를 보여준다. 그 다음에 복음은 믿음이라는 조건과 함께 그리스도 안에 있는 구원을 보여준다. 그리고 내적으로 눈이 밝아지고, 마음과 귀가 열려서 선포된 하나님 말씀을 듣고 참으로 이해하게 된다.

겔 16:6, "내가 네 곁으로 지나갈 때에 네가 피투성이가 되어 발짓하는 것을 보고 네게 이르기를 너는 피투성이라도 살아 있으라. 다시 이르기를 너는 피투성이라도 살아 있으라"; 사 55:1, "오호라 너희 목마른 자들아 물로 나아오라. 돈 없는 자도 오라. 너희는 와서 사먹되 돈 없이, 값없이 와서 포도주와 젖을 사라 등등"; 요 1:12, "영접하는 자 곧 그 이름을 믿는 자들에게는 하나님의 자녀가 되는 권세를 주셨으니"; 롬 7:7, "그런즉 우리가 무슨 말을 하리요. 율법이 죄냐 그럴 수 없느니라. 율법으로 말미암지 않고는 내가 죄를 알지 못하였으니 곧 율법이 탐내지 말라 하지 아니하였더라면 내가 탐심을 알지 못하였으리라"; 요일 2:27, "너희는 주께 받은 바 기름 부음이 너희 안에 거하나니 아무도 너희를 가르칠 필요가 없고 오직 그의 기름 부음이 모든 것을 너희에게 가르치며 또 참되고 거짓이 없으니 너희를 가르치신 그대로 주 안에 거하라"; 행 16:14, "두아디라 시에 있는 자색 옷감 장사로서 하나님을 섬기는 루디아라 하는 한 여자가 말을 듣고 있을 때 주께서 그 마음을 열어 바울의 말을 따르게 하신지라"; 시 40:6, "주께서 내 귀를 통하여 내게 들려 주시기를 제사와 예물을 기뻐하지 아니하시며 번제와 속죄제를 요구하지 아니하신다 하신지라"; 요 6:44, "나를 보내신 아버지께서 이끌지 아니하시면 아무도 내게 올 수 없으니 오는 그를 내가 마지막 날에 다시 살리리라"; 사 54:6, "여호와께서 너를 부르시되 마치 버림을 받아 마음에 근심하는 아내 곧 어릴 때에 아내가 되었다가 버림을 받은 자에게 함과 같이 하실 것임이라. 네 하나님께서 말씀하셨느니라."

두 번째로 마음이 부드러워지는 것이다. 다시 말하면 마음이 구원의 은혜를 받는 데에 적합하게 되기 위해서 깊이 깨져야 한다. 겔

11:29, "내가 그들에게 한 마음을 주고 그 속에 새 영을 주며 그 몸에서 돌 같은 마음을 제거하고 살처럼 부드러운 마음을 주어."

마음을 부드럽게 하는 데에 네 가지가 유익하다:

① 하나님의 율법을 아는 것이다.

② 원죄와 자범죄를 알며, 죄의 형벌을 아는 것이다.

③ 자신의 죄로 인해서 하나님의 진노를 느끼는 마음의 가책이다.

④ 자신의 능력에 대한 거룩한 절망인데, 이것이 구원에 유용하다.

행 2:37, 38, "그들이 이 말을 듣고 마음에 찔려 베드로와 다른 사도들에게 물어 이르되 형제들아, 우리가 어찌할꼬 하거늘 베드로가 이르되 너희가 회개하여 각각 예수 그리스도의 이름으로 세례를 받고 죄사함을 받으라. 그리하면 성령의 선물을 받으리니"; 눅 15:14-18, "다 없앤 후 그 나라에 크게 흉년이 들어 그가 비로소 궁핍한지라. 가서 그 나라 백성 중 한 사람에게 붙어 사니 그가 그를 들로 보내어 돼지를 치게 하였는데 그가 돼지 먹는 쥐엄 열매로 배를 채우고자 하되 주는 자가 없는지라. 이에 스스로 돌이켜 이르되 내 아버지에게는 양식이 풍족한 품꾼이 얼마나 많은가 나는 여기서 주려 죽는구나. 내가 일어나 아버지께 가서 이르기를 아버지 내가 하늘과 아버지께 죄를 지었사오니"; 마 15:24, "예수께서 대답하여 이르시되 나는 이스라엘 집의 잃어버린 양 외에는 다른 데로 보내심을 받지 아니하였노라."

세 번째는 믿음이다. 이것은 마음에 일어나는 놀랍고 초자연적인 능력인데, 성령께서 제시하신 그리스도를 이해하며 그분께로 돌이키는 능력이다(요 1:12). 요 6:35, "예수께서 그들에게 이르시되 나는 생명의 떡이니 내게 오는 자는 결코 주리지 아니할 터이요, 나를 믿는 자는 영원히 목마르지 아니하리라"; 롬 9:30, "그런즉 우리가 무슨 말을 하리요? 의를 따르지 아니한 이방인들이 의를 얻었으니 곧 믿음에서 난 의요."

그리스도를 받는 것이란 사람이 특별히 그리스도와 그분의 공로를 스스로에게 적용하되, 마음의 내적인 확신을 통하여 하는 것이다. 이것은 다른 방법으로는 일어나지 않으며, 예수 그리스도 안에 있는 하나님의 긍휼에 대하여 성령께서 유효하게 확증하심으로 생긴다. 고전 2:12, "우리가 세상의 영을 받지 아니하고 오직 하나님으로부터 온 영을 받았으니 이는 우리로 하여금 하나님께서 우리에게 은혜로 주신 것들을 알게 하려 하심이라"; 겔 12:10, "너는 그들에게 말하기를 주 여호와의 말씀에 이것은 예루살렘 왕과 그 가운데에 있는 이스라엘 온 족속에 대한 묵시라 하셨다 하고"; 롬 8:16, "성령이 친히 우리의 영과 더불어 우리가 하나님의 자녀인 것을 증언하시나니"; 엡 1:13, "그 안에서 너희도 진리의 말씀 곧 너희의 구원의 복음을 듣고 그 안에서 또한 믿어 약속의 성령으로 인치심을 받았으니"; 고후 1:22, "그가 또한 우리에게 인치시고 보증으로 우리 마음에 성령을 주셨느니라."

믿음의 발생에는 다섯 개의 마음의 단계, 또는 움직임이 있는데, 이것들은 서로 연결되어 있으며, 기독교인들이 특별히 알아야 한다:

① 성령의 조명을 통해서 복음을 아는 것이다. 사 53:11, "나의 종이 자기 지식으로 많은 사람을 의롭게 하며"; 요 17:3, "영생은 곧 유일하신 참 하나님과 그가 보내신 자 예수 그리스도를 아는 것이니이다."

이와 관련하여 겸손한 자들은 복음의 약속을 깊이 생각하는데, 이것은 자신의 결핍에 대한 깊은 통감에서 나오는 것이다. 그리고 이것이 모든 조명받는 자에게 보편적인 믿음이 생겨나게 하며, 이 믿음으로 그들은 복음에 동의를 표한다. 히 4:2, "그들과 같이 우리도 복음 전함을 받은 자이나 들은 바 그 말씀이 그들에게 유익하지 못한 것은 듣는 자가 믿음과 결부시키지 아니함이라"; 딤전 1:19, "믿음과 착한 양심을 가지라 어떤 이들은 이 양심을 버렸고 그 믿음에 관하여는 파선하였느니라"; 딤전 2:4, "하나님은 모든 사람이 구원을 받으며 진리를 아는 데에 이르기를 원하시느니라."

이것이 더 충만하고 완전하게 될 때, 이해의 충만함이라고 부른다. 골 2:2, "이는 그들로 마음에 위안을 받고 사랑 안에서 연합하여 확실한 이해의 모든 풍성함과 하나님의 비밀인 그리스도를 깨닫게 하려 함이니"; 롬 14:14, "내가 주 예수 안에서 알고 확신하노니 무엇이든지 스스로 속된 것이 없으되 다만 속되게 여기는 그 사람에게는 속되니라"; 눅 1:1, 2, "우리 중에 이루어진 사실에 대하여 내력을 저술하려고 붓을 든 사람이 많은지라"; 살전 1:5, "이는 우리 복음이 너희에게 말로만 이른 것이 아니라 또한 능력과 성령과 큰 확신으로 된 것임이라. 우리가 너희 가운데서 너희를 위하여 어떤 사람이 된 것은 너희가 아는 바와 같으니라."

② 죄사함에 대한 소망이다. 이로써 죄인이 비록 아직 죄 사함받았다는 것을 느끼지 못한다고 할지라도, 사함받을 수 있음을 믿는다. 눅 15:18, 19, "내가 일어나 아버지께 가서 이르기를 아버지 내가 하늘과 아버지께 죄를 지었사오니 지금부터는 아버지의 아들이라 일컬음을 감당하지 못하겠나이다. 나를 품꾼의 하나로 보소서 하리라 하고."

③ 은혜에 대한 갈망과 강렬한 열망인데, 이 은혜는 그리스도 예수 안에서 나타난 것이다(요 6:35, 7:37). 계 21:6, "또 내게 말씀하시되 이루었도다 나는 알파와 오메가요 처음과 마지막이라 내가 생명수 샘물을 목마른 자에게 값없이 주리니"; 마 5:6, "의에 주리고 목마른 자는

복이 있나니 그들이 배부를 것임이요."

④ 은혜의 보좌로 나아가는 것인데, (믿음으로) 붙잡은 그리스도 그분으로 인하여 우리가 하나님의 긍휼을 발견하기 위한 것이다. 히 4:16, "그러므로 우리는 긍휼하심을 받고 때를 따라 돕는 은혜를 얻기 위하여 은혜의 보좌 앞에 담대히 나아갈 것이니라."

이것은 두 부분으로 되어 있다:

a. 겸손히 죄를 고백하는 것이다. 만약 생각나는 죄가 있다면, 개별적으로 해야 한다. 그리고 만약 생각이 나지 않는다면, 보편적인 고백을 한다. 이 행위 후에 직접적으로 하나님 앞에서 죄 사함을 받는다. 시 32:5, "내가 이르기를 내 허물을 여호와께 자복하리라 하고 주께 내 죄를 아뢰고 내 죄악을 숨기지 아니하였더니 곧 주께서 내 죄악을 사하셨나이다"; 삼하 12:13, "다윗이 나단에게 이르되 내가 여호와께 죄를 범하였노라 하매 나단이 다윗에게 말하되 여호와께서도 당신의 죄를 사하셨나니 당신이 죽지 아니하려니와"; 눅 15:2, "아들이 이르되 아버지 내가 하늘과 아버지께 죄를 지었사오니 지금부터는 아버지의 아들이라 일컬음을 감당하지 못하겠나이다 하나."

b. 죄 사함을 구하는 탄원인데, 이것은 말할 수 없는 탄식과 함께 하는 것이며, 꾸준하게 계속하여 행하는 것이다(눅 15:21). 행 8:22, "그러므로 너의 이 악함을 회개하고 주께 기도하라 혹 마음에 품은 것을 사하여 주시리라"; 롬 8:26, "이와 같이 성령도 우리의 연약함을 도우시나니 우리는 마땅히 기도할 바를 알지 못하나 오직 성령이 말할 수 없는 탄식으로 우리를 위하여 친히 간구하시느니라"; 호 14:1, 2, "이스라엘아 네 하나님 여호와께로 돌아오라 네가 불의함으로 말미암아 엎드러졌느니라. 너는 말씀을 가지고 여호와께로 돌아와서 아뢰기

를 모든 불의를 제거하시고 선한 바를 받으소서."

⑤ 성령께서 특별한 마음의 확신을 주시는 것이다. 사람은 이 확신을 통하여 복음의 약속들을 자신에게 확실하게 적용한다. 마 9:2, "침상에 누운 중풍병자를 사람들이 데리고 오거늘 예수께서 그들의 믿음을 보시고 중풍병자에게 이르시되 작은 자야 안심하라 네 죄 사함을 받았느니라"; 마 15:28, "여자여 네 믿음이 크도다. 네 소원대로 되리라"; 마 15:28, "여자여 네 믿음이 크도다 네 소원대로 되리라 하시니"; 갈 2:20, "나를 사랑하사 나를 위하여 자기 자신을 버리신 하나님의 아들을 믿는 믿음 안에서 사는 것이라."

이 확신은 심지어 경험을 앞서는 것이고, 앞서야 한다. 마 15:22-27, "가나안 여자 하나가 그 지경에서 나와서 소리 질러 이르되 주 다윗의 자손이여 나를 불쌍히 여기소서. 내 딸이 흉악하게 귀신 들렸나이다 하되 예수는 한 말씀도 대답하지 아니하시니 제자들이 와서 청하여 말하되 그 여자가 우리 뒤에서 소리를 지르오니 그를 보내소서. 예수께서 대답하여 이르시되 나는 이스라엘 집의 잃어버린 양 외에는 다른 데로 보내심을 받지 아니하였노라 하시니 여자가 와서 예수께 절하며 이르되 주여 저를 도우소서. 대답하여 이르시되 자녀의 떡을 취하여 개들에게 던짐이 마땅하지 아니하니라. 여자가 이르되 주여 옳소이다마는 개들도 제 주인의 상에서 떨어지는 부스러기를 먹나이다 하니"; 요 20:29, "예수께서 이르시되 너는 나를 본 고로 믿느냐 보지 못하고 믿는 자들은 복되도다 하시니라"; 히 11:1, "믿음은 바라는 것들의 실상이요 보이지 않는 것들의 증거니."

철학에서 우리는 경험으로부터 확신을 산출해 낸다. 물리학에서는 '나는 물이 더운 물이라는 것을 믿는다, 왜냐하면 (물에 손을 담가봤더

니: 역자 주) 경험적으로 손이 뜨겁다는 것을 느꼈기 때문이다'라고 한다. 그러나 믿음의 실행에서는 반대이다. 먼저 하나님의 말씀에 동의를 보이고, 의심과 불신에 저항한다. 그 후에 경험이 따라오고 기쁨을 느낀다. 대하 20:20, "이에 백성들이 아침에 일찍이 일어나서 드고아 들로 나가니라. 나갈 때에 여호사밧이 서서 이르되 유다와 예루살렘 주민들아 내 말을 들을지어다. 너희는 너희 하나님 여호와를 신뢰하라. 그리하면 견고히 서리라. 그의 선지자들을 신뢰하라. 그리하면 형통하리라 하고." 그러므로 의심에 빠지는 자들은 악하게 행하는 것이다. 왜냐하면 신적인 것들을 보여주는 징표들을 전혀 받아들이지 않기 때문이다.

이상은 믿음의 발생에 대한 것이었다. 이 밖에도 이와 관련해서 두 드러진 두 가지 단계가 있다. 가장 낮은 단계와 가장 높은 단계이다.

가장 낮은 단계는 작은 믿음이다. 이것은 왜곡되고 약한 믿음인데, 마치 겨자씨, 그리고 연기나는 삼과 같다. 연약하기 때문에 열기도 불꽃도 없이 그저 연기가 날 뿐이다. 마 8:25, 26, "그 제자들이 나아와 깨우며 이르되 주여 구원하소서. 우리가 죽겠나이다. 예수께서 이르시되 어찌하여 무서워하느냐. 믿음이 작은 자들아 하시고 곧 일어나사 바람과 바다를 꾸짖으시니 아주 잔잔하게 되거늘"; 마 7:20, "진실로 너희에게 이르노니 만일 너희에게 믿음이 겨자씨 한 알 만큼만 있어도 이 산을 명하여 여기서 저기로 옮겨지라 하면 옮겨질 것이요 또 너희가 못할 것이 없으리라"; 사 42:3, "상한 갈대를 꺾지 아니하며 꺼져가는 등불을 끄지 아니하고 진실로 정의를 시행할 것이며."

약한 믿음이 있는 것은 이 다섯 가지 단계에서 약속에 대한 지식,

또는 적용이 대단히 약하기 때문이다. 그 외의 것들은 견고하다. 롬 14:2, 3, "어떤 사람은 모든 것을 먹을 만한 믿음이 있고 믿음이 연약한 자는 채소만 먹느니라. 먹는 자는 먹지 않는 자를 업신여기지 말고 먹지 않는 자는 먹는 자를 비판하지 말라. 이는 하나님이 그를 받으셨음이라." 사도들은 그리스도가 살아계신 하나님의 아들임을 믿었다. 그럼에도 불구하고 그들은 죽음과 부활을 알지 못했다(마 16:16, 요 6:69, 마 17:23, 요 24:11). 눅 9:45, "그들이 이 말씀을 알지 못하니 이는 그들로 깨닫지 못하게 숨긴 바 되었음이라. 또 그들은 이 말씀을 묻기도 두려워 하더라"; 행 1:6, "그들이 모였을 때에 예수께 여쭈어 이르되 주께서 이스라엘 나라를 회복하심이 이 때니이까 하니"; 막 9:24, "곧 그 아이의 아버지가 소리를 질러 이르되 내가 믿나이다 나의 믿음 없는 것을 도와 주소서 하더라."

이와 관련하여 두 가지 규칙을 알아야 한다.

1. 진지하게 믿으려고 노력하는 것과 하나님과 화해하기 위해서 갈망하는 것은 믿음을 낳는 씨앗이다. 마 5:6, "의에 주리고 목마른 자는 복이 있나니 그들이 배부를 것임이요"; 계 21:6, "또 내게 말씀하시되 이루었도다. 나는 알파와 오메가요 처음과 마지막이라. 내가 생명수 샘물을 목마른 자에게 값없이 주리니"; 시 145:19, "그는 자기를 경외하는 자들의 소원을 이루시며 또 그들의 부르짖음을 들으사 구원하시리로다." 처음 중생을 시작한 자들의 의지는 한가하게 쉬지 못한다. 오히려 성령께서 움직이시는 의지는 의심, 불신과 싸운다. 그리고 복음의 약속에 동의하고, 자신에게 견고히 적용하려고 애쓴다. 연약함을 느끼면서도 하나님의 도움을 받고자 탄원한다. 이러한 순서에 의해서 믿음을 선물받는다.

2. 하나님은 작은 믿음을 무시하지 않으신다. 믿음을 점차로 자라게 하시며 성장하게 하는 도구들을 거절하지 않으신다. 눅 17:5, 6, "사도들이 주께 여짜오되 우리에게 믿음을 더하소서 하니 주께서 이르시되 너희에게 겨자씨 한 알만한 믿음이 있었더라면 이 뽕나무더러 뿌리가 뽑혀 바다에 심기어라 하였을 것이요, 그것이 너희에게 순종하였으리라." 그러므로 믿음은 말씀을 묵상하고, 뜨겁게 간구하며, 또 다른 믿음의 연습을 통하여 자극받는다.

믿음의 최고의 단계는 충만한 확신이다. 이 믿음은 참되고 확실할 뿐만 아니라, 마음에 충만한 확신을 가진다. 이로써 그리스도를 더 견고하게 붙잡은 그리스도인은 하나님께서 자신을 사랑하시며, 특별히 그리스도와 함께 구원을 위해서 필요한 그리스도의 모든 은총들을 주기를 원하신다는 것을 확신한다. 롬 4:20, 21, "믿음이 없어 하나님의 약속을 의심하지 않고 믿음으로 견고하여져서 하나님께 영광을 돌리며 약속하신 그것을 또한 능히 이루실 줄을 확신하였으니"; 롬 8:38, 39, "내가 확신하노니 사망이나 생명이나 천사들이나 권세자들이나 현재 일이나 장래 일이나 능력이나 높음이나 깊음이나 다른 어떤 피조물이라도 우리를 우리 주 그리스도 예수 안에 있는 하나님의 사랑에서 끊을 수 없으리라."

이 단계는 하나님의 사랑에 대해서 느끼고 깨닫고 경험한 후에 따라온다. 시 1:2-5과 함께 시 23:6, "내 평생에 선하심과 인자하심이 반드시 나를 따르리니 내가 여호와의 집에 영원히 살리로다"; 삼상 17:32-36, "다윗이 사울에게 말하되 그로 말미암아 사람이 낙담하지 말 것이라 주의 종이 가서 저 블레셋 사람과 싸우리이다 하니 사울이 다윗에게 이르되 네가 가서 저 블레셋 사람과 싸울 수 없으리니 너는 소년이요 그는 어려서부터 용사임이니라. 다윗이 사울에게 말하되 주의 종이 아버지의 양을 지킬 때에 사자나 곰이 와서 양 떼에서 새끼를 물어가면 내가 따라가서 그것을 치고 그 입에서 새끼를 건져내었고 그것이 일어나 나를 해하고자 하면 내가 그 수염을 잡고 그것을 쳐 죽였나이다. 주의 종이 사자와 곰도 쳤은즉 살아 계시는 하나님의 군대를 모욕한 이 할례 받지 않은 블레셋 사람이리이까? 그가 그 짐승의 하나와 같이 되리이다."

질문. 의롭다하는 믿음은 십계명을 명하는가?

대답. 믿음의 율법, 다시 말하면 복음을 명한다. 행위의 율법, 다시 말하면 도덕적인 율법을 명하지 않는다(롬 3:27).

근거. 1. 율법이 보여주지 않는 것을 명하지는 않는다. 율법은 의롭다하는 믿음을 알지 못하며, 더 나아가서 보여주지도 않는다. 2. 도덕법은 타락 전에 아담에게 분명히 심겨져 있었다. 그럼에도 불구하고 의롭다 하는 믿음, 또는 그리스도를 이해하는 것은 있지 않았다

반대. 1. 불신은 율법에 의해서 정죄받는다.

대답. 하나님에 대한 불신은 율법으로 정죄된다. 그러나 메시야에 반대하는 불신은 복음에 의해서 정죄받는다. 이와 같이 율법이 아니라, 복음에서 성자이신 메시야를 향한 불신이 죄라는 것이 드러난다. 심지어 메시아에 대한 불신은 율법을 통하여서가 아니라, 복음을 통하여서 비난받는다. 이로 인해서 우리는 그분의 말씀을 듣고, 그분을 믿을 것을 명령받는다(마 17:5, 요일 3:23). 그 다음에 그리스도를 믿지 않는 죄는 분명히 복음에서 설명하고 있고, 복음으로 인하여 정죄된다는 것이 명백하다. 그리고 율법을 통하여 죄를 깨닫는다는 것이 인

정되지만, 어떤 죄를 증명하고 드러내는 모든 것이 행위의 법이거나, 행위의 법에 연관되어 있는 것은 아니다.

 반대. 2. 의식이 십계명에 포함된다.

 대답. 의식은 예로서 율법에 속할 수 있다. 그럼에도 불구하고 참으로 복음에 부가되어 있는 것이다.

제 38 장
하나님 사랑의 선언의 두 번째 단계에 대하여

두 번째 단계는 칭의이다. 이로써 하나님은 그리스도의 순종을 통하여 그분 앞에서 의롭다함을 받은 믿는 자들을 용납하신다. 고후 5:21, "하나님이 죄를 알지도 못하신 이를 우리를 대신하여 죄로 삼으신 것은 우리로 하여금 그 안에서 하나님의 의가 되게 하려 하심이라"; 고전 1:30, "너희는 하나님으로부터 나서 그리스도 예수 안에 있고 예수는 하나님으로부터 나와서 우리에게 지혜와 의로움과 거룩함과 구원함이 되셨으니"; 롬 5:17-19, "한 사람의 범죄로 말미암아 사망이 그 한 사람을 통하여 왕 노릇 하였은즉 더욱 은혜와 의의 선물을 넘치게 받는 자들은 한 분 예수 그리스도를 통하여 생명 안에서 왕 노릇 하리로다. 그런즉 한 범죄로 많은 사람이 정죄에 이른 것 같이 한 의로운 행위로 말미암아 많은 사람이 의롭다 하심을 받아 생명에 이르렀느니라. 한 사람이 순종하지 아니함으로 많은 사람이 죄인 된 것 같이 한 사람이 순종하심으로 많은 사람이 의인이 되리라."

질문. 그리스도는 자신을 위해서 율법을 순종하였는가? 또는 우리를 위해서 순종하였는가?

대답. 1. 그분 자신을 위해서 하신 것이 아닌데, 왜냐하면 율법이 그분을 원하지 않기 때문이다. 로고스와 위격적으로 연합되어 있는 그리스도의 육체는 그 자체로 충분히 거룩하시다. 잉태의 첫 번째 순간에 영생으로 가장 존귀하게 되셨다. 그러므로 잉태 뒤에 오는 모든 순종은 그리스도 자신을 위한 어떤 공로가 되지 않는다. 2. 우리를 위해서, 다시 말하면 믿는 자를 위해서 모든 율법의 의를 이루셨다. 그러므로 "모든 믿는 자에게 의를 이루기 위하여 율법의 마침이 되시니라."고 하였다(롬 10:4).

반대. 1. 그리스도는 자신을 위해서 율법을 수행할 의무를 지고 계시다. 이것은 그분이 사람이시라는 데서 나오는 것이다.

대답. 그분은 본성에 의해서가 아니라, 자신의 의지에 의해서 의무를 지셨다. 왜냐하면 그분은 순전한 사람이 아니시며, 하나님이시면서 동시에 사람이시기 때문이다. 그리스도는 다만 취하신 육체 안에서 고난을 당하셨고, 율법을 성취하셨다는 것이 옳다. 그럼에도 불구하고 위격적 연합으로 인하여 이 고난과 순종은 말씀이신 전체 인격에 관계된다. 그러므로 그분은 순종의 의무가 없었던 것이다. 더 나아가서 그리스도의 육체를 말씀의 인격의 연합 안으로 받아들이셨다는 측면에서, 그 육체는 가치와 거룩함에서 모든 천사를 능가하여 높아지셨다. 이 본성의 의무로부터는 면죄되신 것으로 보인다.

반대. 2. 만약 그리스도께서 우리를 위하여 율법의 순종을 이루셨다면, 우리는 그 율법의 순종에 더 이상 얽매여 있지 않다. 마치 우리가 죄를 위한 영원한 형벌을 지고 있지 않은 것과 같다. 이 형벌은 그리스도께서 십자가 위에서 제거하셨다.

대답. 율법의 순종에 대한 동일한 관점을 지킨다면 결과는 참되다. 다른 것은 옳지 않다. 단지 율법의 만족이라는 측면에서 그리스도는 우리를 위하여 율법을 순종하셨다. 그리고 믿는 자들은 속죄라는 측면에서가 아니라, 믿음의 본보기요, 하나님께 대한 감사의 증거라는 측면에서, 또한 이웃을 세워준다는 측면에서 순종에 대한 의무를 지고 있다. 마치 그리스도께서 우리의 죄를 위하여 영원한 형벌을 감당하신 것과 같이, 우리는 고난, 또는 징벌이라는 측면에서 형벌을 감당한다.

반대. 3. 율법, 또는 하나님의 의는 두 가지, 즉 순종과 형벌을 동시에 요구하지 않는다.

대답. 순전한 상태의 사람에게는 하나님의 의가 순종을 요구한다. 그러나 타락의 상태에서는 형벌과 순종을 요구한다. 형벌은 법을 위반한 것에 대한 것이고, 순종은 법적인 의를 성취하기 위한 것이다(갈 3:10).

이것은 두 부분으로 되어 있다. 죄를 사하시는 것과 의를 전가하시는 것이다. 죄 사함이란 죄의 책임과 형벌이 그리스도의 고난을 통하여 믿는 자에게서 제거되는 것이다. 골 1:22, "이제는 그의 육체의 죽음으로 말미암아 화목하게 하사 너희를 거룩하고 흠 없고 책망할 것이 없는 자로 그 앞에 세우고자 하셨으니"; 벧전 2:24, "친히 나무에 달려 그 몸으로 우리 죄를 담당하셨으니 이는 우리로 죄에 대하여 죽고 의에 대하여 살게 하려 하심이라. 저가 채찍에 맞음으로 너희는 나음을 얻었으니."

의의 전가란 그리스도의 의를 통하여 죄의 과실이 가리워진 믿는 자들을 의인으로 간주하시는 것이다(고후 5:21). 시 32:1, "허물의 사함을 받고 자신의 죄가 가려진 자는 복이 있도다." (로마서 4장 전체) 여기서 사도는 전가를 열한 번 반복하여 가르친다. 빌 3:9, "그 안에서 발견되려 함이니 내가 가진 의는 율법에서 난 것이 아니요 오직 그리스도를 믿음으로 말미암은 것이니 곧 믿음으로 하나님께로부터 난 의라."

칭의의 형태는 믿는 자의 죄들이 그리스도께 옮겨지고, 반대로 그리스도의 의가 믿는 자 안에 옮겨지는 것인데, 상호 전가를 통해서 이루어지는 것이다. 다음의 도표에서 나타나는 바와 같다.

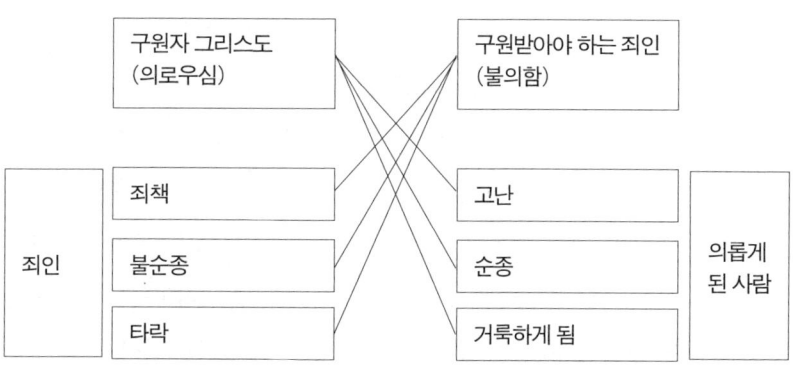

이 그리스도의 순종을 하나님과 그리스도의 의라고 부른다. 하나님의 의라고 하는데, 1. 하나님께 내재해 있는 것은 아니지만, 하나님으로부터 나오는 것이기 때문이다. 성자의 신성으로부터 그분의 효력과 공로를 받는다. 이로부터 예레미야 선지자는 "여호와 우리의 의"라고 한다. 2. 하나님은 우리를 위해서 오직 (그리스도의) 순종을 받아들이신다. 왜냐하면 이 순종만이 우리를 하나님의 법정에 참석하게 만들기 때문인데, 우리가 죄에서 완전하게 벗어나며 영생을 얻게 위한 것이다. 그리스도의 의라고 하는 것은 우리가 아닌 그리스도의 인성에 주체적으로 존재하는 것이다.

반대. 1. 다른 사람의 의에 의해서 의롭게 된 사람은 없다.
대답. 이 의는 다른 사람에게서 온 의이지만 우리의 것이다. 다른 사람에게서 온 의인데, 왜냐하면 주체적으로 그리스도에게 있는 것이었기 때문이다. 우리의 것이다. 왜냐하면 앞에서 설명한 연합의 기초로부터 그리스도께서 그분의 모든 선한 것과 함께 우리의 것이 되셨기 때문이다.

반대. 2. 조상들에게는 의의 전가가 일어나지 않았다. 이것(의의 전가)은 오십년 이상의 연속성이 없었던 것으로 보인다.
대답. 잘못되고 불경한 생각이다. 아우구스티누스『철회서』. 3, 요한에게: "그리스도를 통하여 의롭게 된 모든 사람들은 스스로에 의해서가 아니라, 그분 안에서 의롭게 된 것이다"; 베르나르두스, 『성전기사단에게 하는 설교』, 11장: "어떻게 그 사람의 죽음이 다른 사람을 위하여 가치가 있게 되는가? 왜냐하면 그가 의롭기 때문이다. 그리스도의 죽음 안에서 죽음은 쫓겨나고, 그리스도의 의는 우리에게 전가된다"; 그리고 『아가서 설교』, 62번:

> 구원자의 고난 속에서가 아니라면 당신은 어디에서 안식하겠는가? 도대체 내가 영원 속에서 나의 의를 노래한다는 말인가? 주여, 나는 오직 당신의 의를 기억할 것입니다. 그 의가 곧 나의 의입니

다. 즉 당신은 하나님으로부터 나온 당신의 의로 나에게 행하셨습니다. 하나가 둘에게 충분하다는 것이 어찌 나에게 놀라운 일이 아니겠습니까? 그것은 두 명을 덮을 수 없는 짧은 망토가 아닙니다. 당신의 의는 영원한 의이며, 넓고 영원한 의로 나와 당신을 동시에 덮습니다. 내 안에서 그 많은 죄를 덮습니다.

아우구스티누스, 『영과 의문에 대하여』, 9장, 26절: "이와 같이 율법을 행한 자는 의롭게 될 것임을 알아야 한다. 왜냐하면 의롭게 되지 않는다면, 다른 방법으로는 율법을 행하는 자가 될 수 없다는 것을 알기 때문이다. 즉 칭의는 행하는 자에게 이루어지는 것이 아니다. 오히려 칭의는 율법의 성취를 앞선다 등등. 그러므로 그들이 의롭게 될 것이라는 것은 마치 의인이 될 것이고, 의인으로 여김을 받을 것이라고 말하는 것과 같다."

칭의와 묶여 있는 것이 양자됨이다. 이것을 통하여 양자됨으로 예정된 모든 자들이 권세를 받아서, 실제적으로 예수 그리스도를 통한 하나님의 자녀들로 간주된다. 엡 1:5, "그 기쁘신 뜻대로 우리를 예정하사 예수 그리스도로 말미암아 자기의 아들들이 되게 하셨으니"; 요 1:12, "영접하는 자 곧 그 이름을 믿는 자들에게는 하나님의 자녀가 되는 권세를 주셨으니."

여기에서 많은 특권들을 선물 받는다: 1. 그들은 하나님의 상속자이다. 롬 8:17, "자녀이면 또한 상속자 곧 하나님의 상속자요 그리스도와 함께 한 상속자니 우리가 그와 함께 영광을 받기 위하여 고난도 함께 받아야 할 것이니라."

2. 그들은 그리스도의 공동상속자와 왕들이다. 계 1:6, "그의 아버지 하나님을 위하여 우리를 나라와 제사장으로 삼으신 그에게 영광과 능력이 세세토록 있기를 원하노라."

3. 모든 고난들, 심지어 부족함과 타락들로 인한 고난들조차도 그들의 선을 이루기 위한 부성적인 시험과 징계가 된다. 롬 8:28, "우리가 알거니와 하나님을 사랑하는 자 곧 그의 뜻대로 부르심을 입은 자들에게는 모든 것이 합력하여 선을 이루느니라"; 36, 37절, "기록된 바 우리가 종일 주를 위하여 죽임을 당하게 되며 도살당할 양 같이 여김을 받았나이다 함과 같으니라. 그러나 이 모든 일에 우리를 사랑하시는 이로 말미암아 우리가 넉넉히 이기느니라"; 시 89:32, 33, "내가 회초리로 그들의 죄를 다스리며 채찍으로 그들의 죄악을 벌하리로다. 그러나 나의 인자함을 그에게서 다 거두지는 아니하며 나의 성실함도 폐하지 아니하며"; 고후 12:7, "여러 계시를 받은 것이 지극히 크므로 너무 자만하지 않게 하시려고 내 육체에 가시 곧 사탄의 사자를 주셨으니 이는 나를 쳐서 너무 자만하지 않게 하려 하심이라"; 삼하 7:14, "나는 그에게 아버지가 되고 그는 내게 아들이 되리니 그가 만일 죄를 범하면 내가 사람의 매와 인생의 채찍으로 징계하려니와."

4. 그들은 이 땅의 모든 피조물들에 대한 통치권을 가진다. 그럼에도 불구하고 이생에서 또한 피조물에 대한 권세를 가지기 위한 것일 뿐만 아니라, 이생 후에 또한 피조물에 대한 권세를 갖게 하기 위한 것이다. 고전 3:22, 23, "바울이나 아볼로나 게바나 세계나 생명이나 사망이나 지금 것이나 장래 것이나 다 너희의 것이요 너희는 그리스도의 것이요 그리스도는 하나님의 것이니라"; 히 2:7, 8, "그를 잠시 동안 천사보다 못하게 하시며 영광과 존귀로 관을 씌우시며 만물을 그 발

아래에 복종하게 하셨느니라 하였으니 만물로 그에게 복종하게 하셨은즉 복종하지 않은 것이 하나도 없어야 하겠으나 지금 우리가 만물이 아직 그에게 복종하고 있는 것을 보지 못하고"; 딤전 4:2-4, "자기 양심이 화인을 맞아서 외식함으로 거짓말하는 자들이라 혼인을 금하고 어떤 음식물은 먹지 말라고 할 터이나 음식물은 하나님이 지으신 바니 믿는 자들과 진리를 아는 자들이 감사함으로 받을 것이니라. 하나님께서 지으신 모든 것이 선하매 감사함으로 받으면 버릴 것이 없나니."

    5. 그들은 천사들을 자신들의 유익을 위한 사역자들로 가진다. 히 1:14, "모든 천사들은 섬기는 영으로서 구원 받을 상속자들을 위하여 섬기라고 보내심이 아니냐?"; 시 34:7, "여호와의 천사가 주를 경외하는 자를 둘러 진 치고 그들을 건지시는도." 이 사실로부터 믿는 자들은 하나님께서 주신 선한 것들을 거룩하게 사용한다는 것 또한 분명하다. 왜냐하면 ① 그들의 인격이 그리스도 안에서 하나님을 기쁘시게 하기 때문이다. 그들은 그리스도 안에서 생명을 소유하며, 아담을 통하여 잃어버린 선한 것들을 회복하는데, 구원받은 양심들이 그 선한 것들을 사용할 수 있게 하기 위해서이다. ② 또한 그들은 감사의 행위와 함께 그것들을 하나님께서 정하신 목적으로 사용한다.

제 3 9 장
하나님 사랑의 선언의 세 번째 단계에 대하여

세 번째 단계는 성화이다. 이를 통하여 죄의 폭정으로부터 자유하게 된 믿는 자들은 점차 내면에서 거룩과 의로움으로 새롭게 된다. 요일 3:9, "하나님께로부터 난 자마다 죄를 짓지 아니하나니 이는 하나님의 씨가 그의 속에 거함이요 그도 범죄하지 못하는 것은 하나님께로부터 났음이라"; 롬 8:1, 4, "그러므로 이제 그리스도 예수 안에 있는 자에게는 결코 정죄함이 없나니 그들은 육신을 좇지 않고 그 영을 좇아 행한다." 성화는 다음의 부분들로 이루어져 있다. 죽는 것과 사는 것이다.

죄의 죽음이란 죄의 힘이 점차로 쇠약해지며 죽어가는 것이다. 롬 6:2-5, "그럴 수 없느니라. 죄에 대하여 죽은 우리가 어찌 그 가운데 더 살리요. 무릇 그리스도 예수와 합하여 세례를 받은 우리는 그의 죽으심과 합하여 세례를 받은 줄을 알지 못하느냐? 그러므로 우리가 그의 죽으심과 합하여 세례를 받음으로 그와 함께 장사되었나니 이는 아버지의 영광으로 말미암아 그리스도를 죽은 자 가운데서 살리심과 같이 우리로 또한 새 생명 가운데서 행하게 하려 함이라. 만일 우리가 그의 죽으심과 같은 모양으로 연합한 자가 되었으면 또한 그의 부활과 같은 모양으로 연합한 자도 되리라"; 갈 5:24, "그리스도 예수의 사람들은 육체와 함께 그 정욕과 탐심을 십자가에 못 박았느니라."

(죄가 죽게 만드는) 치료약은 그리스도의 죽으심과 장사되심이다. 여기에서부터 능력이 나온다. 다시 말하면 처음에 폭주하는 죄에게 치명적인 부상을 입혀서 능력을 빼앗는다. 마치 무덤 속에서 죽어 부패해가는 것과 같이 만든다.

그리스도의 죽으심의 능력은 그리스도의 신성에서 나와서 그분의 죽으시는 인성에까지 미친다. 이로써 우리의 죄는 우리를 위한 보증인(그리스도)에게 전가되었는데, 형벌과 죄책을 그분의 인성 안에서 정복할 때까지이다. 이것은 그분의 능력으로 그분의 지체이신 우리에게서 죄의 타락을 제거하기 위한 것이다.

사는 것이란 내적으로 시작된 거룩함이 지속적으로, 그리고 점차적으로 커지는 것이다. 먼저 우리는 영의 첫 열매들을 받게 되고, 그 다음에 그 열매들이 계속하여 커진다. 엡 4:23, 24, "오직 너희의 심령이 새롭게 되어 하나님을 따라 의와 진리의 거룩함으로 지으심을 받은 새 사람을 입으라"; 엡 2:1, "그는 허물과 죄로 죽었던 너희를 살리셨도다"; 갈 2:20, "내가 그리스도와 함께 십자가에 못 박혔나니 그런즉 이제는 내가 사는 것이 아니요 오직 내 안에 그리스도께서 사시는 것이라. 이제 내가 육체 가운데 사는 것은 나를 사랑하사 나를 위하여 자기 자신을 버리신 하나님의 아들을 믿는 믿음 안에서 사는 것이라"; 롬 8:23, "그뿐 아니라 또한 우리 곧 성령의 처음 익은 열매를 받은 우리까지도 속으로 탄식하여 양자 될 것 곧 우리 몸의 속량을 기다리느니라"; 고전 15:45, "기록된 바 첫 사람 아담은 생령이 되었다 함과 같이 마지막 아담은 살려 주는 영이 되었나니."

(살게 만드는) 치료약은 그리스도의 부활에서부터 믿는 자들 안에 흘러들어가는 능력이며, 이 능력은 그들을 새로운 생명으로 다시 부활하게 한다. 빌 3:10, "내가 그리스도와 그 부활의 권능과 그 고난에 참여함을 알고자 하여 그의 죽으심을 본받아."

그리스도의 부활의 능력이란, 첫째로 그분의 육체 안에서 죽음과 죄의 승리자이신 그분이 하나님을 향하여 살기 시작하며, 모든 이름 위에 높아지기 시작하신 것이다. 둘째로 그리스도께서 지체(성도들) 안에서 죄를 죽이고 매장하는 일을 하심으로써, 하나님의 의지에 따라서 살고자 하는 열정과 결정이 일어나게 하시는 것이다.

이 사는 것의 효과는 이것이다. 성령께서 믿는 자들 안에 능력있게 거하시며, 그들 안에 그리스도의 죽음과 부활하심의 능력을 적용하심으로 거룩을 창조하시는 것이다. 롬 8:9, 10, "만일 너희 속에 하나님의 영이 거하시면 너희가 육신에 있지 아니하고 영에 있나니 누구든지 그리스도의 영이 없으면 그리스도의 사람이 아니라. 또 그리스도께서 너희 안에 계시면 몸은 죄로 말미암아 죽은 것이나 영은 의로 말미암아 살아 있는 것이니라" 또한 거룩은 사람의 능력의 다양함에 따라 여러 가지가 있다. 살전 5:23, "평강의 하나님이 친히 너희를 온전히 거룩하게 하시고 또 너희의 온 영과 혼과 몸이 우리 주 예수 그리스도께서 강림하실 때에 흠 없게 보전되기를 원하노라."

1. 마음의 거룩, 또는 새롭게 되는 것은 하나님의 뜻을 깨닫게 하기 위해서 마음을 밝히 비추시는 것(조명)이다. 골 1:9, "이로써 우리도 듣

던 날부터 너희를 위하여 기도하기를 그치지 아니하고 구하노니 너희로 하여금 모든 신령한 지혜와 총명에 하나님의 뜻을 아는 것으로 채우게 하시고"; 고전 12:8, "어떤 사람에게는 성령으로 말미암아 지혜의 말씀을, 어떤 사람에게는 같은 성령을 따라 지식의 말씀을."

그리고 영적인 지식, 또는 영적인 지혜가 있다. 영적인 지식이란 하나님 말씀의 드러난 진리를 깨달아 아는 것이다. 지혜란 특정한 일과 행위를 적절하게 이루어 나가기 위해서 진리를 사람과 장소, 기간의 환경에 따라서 적용하는 것이다.

둘의 결과는 이것이다:

① 선과 악을 구별한다. 히 5:14, "단단한 음식은 장성한 자의 것이니 그들은 지각을 사용함으로 연단을 받아 선악을 분별하는 자들이니라"; 빌 1:10, "너희로 지극히 선한 것을 분별하며 또 진실하여 허물 없이 그리스도의 날까지 이르고."

② 영들을 분별한다. 요일 4:1, "사랑하는 자들아 영을 다 믿지 말고 오직 영들이 하나님께 속하였나 분별하라 많은 거짓 선지자가 세상에 나왔음이라"; 살전 5:21, "범사에 헤아려 좋은 것을 취하고"; 행 17:11, "베뢰아에 있는 사람들은 데살로니가에 있는 사람들보다 더 너그러워서 간절한 마음으로 말씀을 받고 이것이 그러한가 하여 날마다 성경을 상고하므로."

③ 하나님의 말씀과 사역을 묵상한다. 시 1:2, "오직 여호와의 율법을 즐거워하여 그의 율법을 주야로 묵상하는도다"; 시 119:15, "내가 주의 법도들을 작은 소리로 읊조리며 주의 길들에 주의하며"(cf. 시편 107편 전체).

④ 내적으로 눈이 멀었음을 깨닫는다. 시 119:33, "여호와여 주의

율례들의 도를 내게 가르치소서 내가 끝까지 지키리이다."

2. 기억의 거룩함은 마음이 가지고 있는 선한 것과 선한 것에 대한 기억을 지키는 능력이다. 시 119:11, "내가 주께 범죄하지 아니하려 하여 주의 말씀을 내 마음에 두었나이다"; 시 16:7, "나를 훈계하신 여호와를 송축할지라. 밤마다 내 양심이 나를 교훈하도다"; 눅 2:51, "그 어머니는 이 모든 말을 마음에 두니라."

3. 양심의 거룩함은 사람이 그리스도 안에서 사함받은 모든 죄들에 대하여 변호하며, 또한 순전한 삶의 행위에 대하여 변호하는 능력이다. 딤전 1:19, "믿음과 착한 양심을 가지라 어떤 이들은 이 양심을 버렸고 그 믿음에 관하여는 파선하였느니라"; 고전 4:4, "내가 자책할 아무것도 깨닫지 못하나 이로 말미암아 의롭다 함을 얻지 못하노라. 다만 나를 심판하실 이는 주시니라"; 행 23:1, "바울이 공회를 주목하여 이르되 여러분 형제들아 오늘까지 나는 범사에 양심을 따라 하나님을 섬겼노라 하거늘"; 행 24:16, "이것으로 말미암아 나도 하나님과 사람에 대하여 항상 양심에 거리낌이 없기를 힘쓰나이다"; 시 26:1-3, "내가 나의 완전함에 행하였사오며 흔들리지 아니하고 여호와를 의지하였사오니 여호와여 나를 판단하소서. 여호와여 나를 살피시고 시험하사 내 뜻과 내 양심을 단련하소서. 주의 인자하심이 내 목전에 있나이다. 내가 주의 진리 중에 행하여."

여기에서부터 하나님께서 주시는 내적인 평화와 외적으로 밝은 표정이 나온다. 빌 4:7, "그리하면 모든 지각에 뛰어난 하나님의 평강이 그리스도 예수 안에서 너희 마음과 생각을 지키시리라"; 잠 28:1, "악인은 쫓아오는 자가 없어도 도망하나 의인은 사자 같이 담대하니라."

4. 의지의 거룩함이란 선한 것을 원하며, 악한 것을 원하지 않기 시

작하는 것이다. 그러므로 의지는 부분적으로는 죄로부터 자유로우며, 부분적으로는 죄에 매어있다. 빌 2:13, "너희 안에서 행하시는 이는 하나님이시니 자기의 기쁘신 뜻을 위하여 너희에게 소원을 두고 행하게 하시나니"; 롬 7:18, "내 속 곧 내 육신에 선한 것이 거하지 아니하는 줄을 아노니 원함은 내게 있으나 선을 행하는 것은 없노라."

5. 정서의 거룩함이란 정서들이 적절하게 움직이는 것이다(살전 5:23). 주로 이것은 다음을 찬양함으로써 분명해진다:

① 소망. 이로써 우리는 탄식과 함께 구원의 완성을 갈망한다(롬 8:23). 또한 확정되고 살아있는 소망에 속한 것이 확신이다. 히 6:11, "우리가 간절히 원하는 것은 너희 각 사람이 동일한 부지런을 나타내어 끝까지 소망의 풍성함에 이르러"; 벧전 1:3, "우리 주 예수 그리스도의 아버지 하나님을 찬송하리로다. 그의 많으신 긍휼대로 예수 그리스도를 죽은 자 가운데서 부활하게 하심으로 말미암아 우리를 거듭나게 하사 산 소망이 있게 하시며."

② 긍휼을 베푸신 하나님께서 불쾌해하시는 것에 대한 두려움. 벧전 1:17, "외모로 보시지 않고 각 사람의 행위대로 심판하시는 이를 너희가 아버지라 부른즉 너희가 나그네로 있을 때를 두려움으로 지내라."

③ 예수 그리스도 외에 다른 모든 것을 무가치한 것으로 여김. 빌 3:7, 8, "그러나 무엇이든지 내게 유익하던 것을 내가 그리스도를 위하여 다 해로 여길뿐더러 또한 모든 것을 해로 여김은 내 주 그리스도 예수를 아는 지식이 가장 고상하기 때문이라. 내가 그를 위하여 모든 것을 잃어버리고 배설물로 여김은 그리스도를 얻고."

④ 그리스도 안에서 하나님을 향한 사랑. 그 사랑은 죽음 같으며,

결코 꺼질 수 없는 불과 같다. 아 8:6, 7, "너는 나를 도장 같이 마음에 품고 도장 같이 팔에 두라. 사랑은 죽음 같이 강하고 질투는 스올 같이 잔인하며 불길 같이 일어나니 그 기세가 여호와의 불과 같으니라. 많은 물도 이 사랑을 끄지 못하겠고 홍수라도 삼키지 못하나니 사람이 그의 온 가산을 다 주고 사랑과 바꾸려 할지라도 오히려 멸시를 받으리라."

⑤ 하나님의 영광을 향한 열망. 롬 9:3, "나의 형제 곧 골육의 친척을 위하여 내 자신이 저주를 받아 그리스도에게서 끊어질지라도 원하는 바로라."

⑥ 자신과 다른 사람들의 죄로 인하여 영혼이 질식당하는 고통. 시 119:136, "그들이 주의 법을 지키지 아니하므로 내 눈물이 시냇물 같이 흐르나이다"; 벧후 2:7, 8, "무법한 자들의 음란한 행실로 말미암아 고통당하는 의로운 롯을 건지셨으니 이는 이 의인이 그들 중에 거하여 날마다 저 불법한 행실을 보고 들음으로 그 의로운 심령이 상함이라."

⑦ 성령이 주시는 큰 기쁨. 롬 14:17, "하나님의 나라는 먹는 것과 마시는 것이 아니요 오직 성령 안에 있는 의와 평강과 희락이라."

6. 육체의 거룩은 영혼의 도구들(육체의 지체들을 말함: 역자 주)이 선을 행하기에 적합하게 되는 것이다. 롬 6:19, "너희 육신이 연약하므로 내가 사람의 예대로 말하노니 전에 너희가 너희 지체를 부정과 불법에 내주어 불법에 이른 것 같이 이제는 너희 지체를 의에게 종으로 내주어 거룩함에 이르라."

제 40 장
회개와 회개의 열매에 대하여

회개는 성화로부터 나온다. 자기 부인을 하는 사람이 영혼으로부터 죄를 미워하고, 의를 받아들이지 않는다면 회개를 할 수 없다. 그리고 사람이 중생되고 하나님 앞에서 의롭다함을 받고 참된 믿음으로 가르침을 받지 않는다면, 어떤 사람도 회개 중에서 한 부분이라도 이루기를 원하거나 성취할 수 없다. 그러므로 매번 돌이킨 자들에게서 (회개가) 첫 번째로 드러난다. 그럼에도 불구하고 본성의 질서라는 측면에서는 믿음과 성화 다음에 온다. 여기에서부터 분명하게 나타나는 것은 법적인 회개가 회심의 참된 기회와 준비를 할 때, 복음의 설교로 말미암아 온전한 회개가 발생한다는 것이다.

회개는 사람이 하나님께로 스스로 돌이키는 것이다. 행 26:20, "먼저 다메섹과 예루살렘에 있는 사람과 유대 온 땅과 이방인에게까지 회개하고 하나님께로 돌아와서 회개에 합당한 일을 하라 전하므로"; 요일 3:3, "주를 향하여 이 소망을 가진 자마다 그의 깨끗하심과 같이 자기를 깨끗하게 하느니라."

이것은 모든 행위를 성령으로 말미암아 행하고 원하며 열망하고 자신의 죄를 버리고, 새로운 삶을 살기를 애쓰는 것으로 이루어진다. 시 119:112, "내가 주의 율례들을 영원히 행하려고 내 마음을 기울였나이다"; 요일 3:3, "주를 향하여 이 소망을 가진 자마다 그의 깨끗하심과 같이 자기를 깨끗하게 하느니라"; 행 11:23, "그가 이르러 하나님의 은혜를 보고 기뻐하여 모든 사람에게 굳건한 마음으로 주와 함께 머물러 있으라 권하니"; 요일 5:1, "중생한 자는 자기 자신을 지킨다."

회개의 열매는 기독교적인 생활 방식(회심)인데, 회개한 자들이 생활 방식에서 가치 있는 행위를 내는 것이다. 마 3:8, "그러므로 회개에 합당한 열매를 맺고."

기독교적인 생활 방식(회심)이란 그리스도를 본받는 우리들이 그분을 통하여 하나님께 새롭게 순종하는 것이다. 마 11:29, "나는 마음이 온유하고 겸손하니 나의 멍에를 메고 내게 배우라 그러면 너희 마음이 쉼을 얻으리니"; 벧전 4:1, "그러므로 그리스도께서 우리를 위하여 육체에 고난을 받으셨으니 너희도 같은 마음으로 갑옷을 삼으라. 이는 육체의 고난을 받은 자가 죄를 그쳤음이니"; 벧전 2:21, "이를 위하여 너희가 부르심을 입었으니 그리스도도 너희를 위하여 고난을 받으사 너희에게 본을 끼쳐 그 자취를 따라오게 하려 하셨느니라"; 벧전 3:10, 11, "그러므로 생명을 사랑하고 좋은 날 보기를 원하는 자는 혀를 금하여 악한 말을 그치며 그 입술로 궤휼을 말하지 말고 악에서 떠나 선을 행하고 화평을 구하여 이를 좇으라."

새로운 순종은 다음의 부분으로 이루어진다. 자기 부인과 그리스도에 대한 순종이다(마 16:24). 자기 부인에는 그리스도인의 싸움, 또는 십자가를 인내하는 것이 있다.

제 4 1 장
그리스도인의 싸움에 대하여

    그리스도인의 싸움은 영적인 방식으로 수행하는 전투에 대한 것이다. 이것은 (전투를) 준비하는 것과 대항하는 것으로 이루어져 있다. (전투를) 준비하기 위해서는 하나님의 갑주를 사용해야 한다. 엡 6:13, "그러므로 하나님의 전신 갑주를 취하라. 이는 악한 날에 너희가 능히 대적하고 모든 일을 행한 후에 서기 위함이라."

    이것은 특히 여섯 부분으로 되어 있다. ① 진리, ② 의, ③ 복음적인 순종, ④ 믿음, ⑤ 하나님의 말씀, ⑥ 계속적인 기도와 깨어서 살피는 것이다. 엡 6:14-18, "그런즉 서서 진리로 너희 허리 띠를 띠고 의의 호심경을 붙이고 평안의 복음이 준비된 것으로 신을 신고 모든 것 위에 믿음의 방패를 가지고 이로써 능히 악한 자의 모든 불화살을 소멸하고 구원의 투구와 성령의 검 곧 하나님의 말씀을 가지라. 모든 기도와 간구로 하되 무시로 성령 안에서 기도하고 이를 위하여 깨어 구하기를 항상 힘쓰며 여러 성도를 위하여 구하고"; 벧전 5:8,9, "근신하라 깨어라 너희 대적 마귀가 우는 사자 같이 두루 다니며 삼킬 자를 찾나니"

　대항하는 것은 영적으로 투쟁하는 행위이다. 서로 대적하여 싸우는 자들은 유혹자와 그리스도의 군사들이다. 엡 6:12, "우리의 씨름은 혈과 육을 상대하는 것이 아니요, 통치자들과 권세들과 이 어둠의 세상 주관자들과 하늘에 있는 악의 영들을 상대함이라."

　유혹자에는 군주와 그 군주를 돕는 자가 있다. 군주는 자신의 사자(천사)들을 거느리고 있는 사탄인데, 이 사자들은 하늘에 있는 악한 영들이다. 돕는 자는 육과 세상이다.

　이들의 행위는 유혹이다. 이 유혹으로 사람을 도발하여 영혼의 구원을 방해하는 악을 범하게 한다. 벧전 2:11, "사랑하는 자들아, 거류민과 나그네 같은 너희를 권하노니 영혼을 거슬러 싸우는 육체의 정욕을 제어하라."

　싸움에서 두 가지를 생각해야 한다. 대적과 넘어짐이다(엡 6:13).

　대적이란 내적으로 주시는 은혜를 통하여 군사가 유혹에 저항하는 것이다. 요일 2:14, "아비들아 내가 너희에게 쓴 것은 너희가 태초부터 계신 이를 알았음이요 청년들아 내가 너희에게 쓴 것은 너희가 강하고 하나님의 말씀이 너희 안에 거하시며 너희가 흉악한 자를 이기었음이라"; 벧전 5:8, "근신하라. 깨어라. 너희 대적 마귀가 우는 사자 같이 두루 다니며 삼킬 자를 찾나니"; 엡 6:16, "모든 것 위에 믿음의 방패를 가지고 이로써 능히 악한 자의 모든 불화살을 소멸하고"; 시 91:13, "네가 사자와 독사를 밟으며 젊은 사자와 뱀을 발로 누르리로다."

　이것을 확고히 하기 위한 예방법들이 있다: ① 죄의 유혹을 멀리할 뿐 아니라, 부지런히 선을 행하는 것이다(요 8:44).

② 사탄의 주장에 전혀 동의하지 않는 것인데, 그가 참된 것을 말하거나, 또는 잘못을 비난하거나, 또는 유혹을 할지라도 듣지 않는 것이다. 요 8:44, "너희는 너희 아비 마귀에게서 났으니 너희 아비의 욕심대로 너희도 행하고자 하느니라. 그는 처음부터 살인한 자요 진리가 그 속에 없으므로 진리에 서지 못하고 거짓을 말할 때마다 제 것으로 말하나니 이는 그가 거짓말쟁이요 거짓의 아비가 되었음이라"; 막 11:24, "그러므로 내가 너희에게 말하노니 무엇이든지 기도하고 구하는 것은 받은 줄로 믿으라. 그리하면 너희에게 그대로 되리라"; 행 16:17, "그가 바울과 우리를 따라와 소리 질러 이르되 이 사람들은 지극히 높은 하나님의 종으로서 구원의 길을 너희에게 전하는 자라"(cf. 아우구스티누스, 241번째 설교).

③ 하나의 유혹에서부터 또 다른 유혹이 올 것을 예상해야 한다, 심지어 가장 확실하게 예상할 수 있다. 왜냐하면 적은 마치 휴전을 하는 것처럼 잠잠해 보이지만, 마귀는 결단코 전투를 쉬지 않기 때문이다 (벧전 5:8).

넘어짐이란 연약해진 군사가 적의 공격을 받고 제압되어 물러서는 것이다. 갈 6:1, "형제들아 사람이 만일 무슨 범죄한 일이 드러나거든 신령한 너희는 온유한 심령으로 그러한 자를 바로잡고 너 자신을 살펴보아 너도 시험을 받을까 두려워하라."

여기에 영적인 치료약이 있다. 온전하게 행하는 데에 합당한 것인데, 여기서 항상 두 가지를 생각해야 한다(갈 6:1). ① 만약 준비된 마음을 가지고 있다면, 누구든지 그에 따라서 받으실 것이며, 가지고 있지 않다면 그에 따라서 받지 않으실 것이다. 고후 8:12, "할 마음만 있으면 있는 대로 받으실 터이요 없는 것은 받지 아니하시리라."

② 그리스도 안에서 경건하게 살고자 하는 모든 자들에게는 연약함을 통하여 하나님의 능력이 성취될 수 있다는 것이다. 고후 12:9, 10, "나에게 이르시기를 내 은혜가 네게 족하도다 이는 내 능력이 약한 데서 온전하여짐이라 하신지라. 그러므로 도리어 크게 기뻐함으로 나의 여러 약한 것들에 대하여 자랑하리니 이는 그리스도의 능력이 내게 머물게 하려 함이라. 그러므로 내가 그리스도를 위하여 약한 것들과 능욕과 궁핍과 박해와 곤고를 기뻐하노니 이는 내가 약한 그 때에 강함이라."

제 4 2 장
첫 번째 투쟁에 대하여

투쟁은 삼중적이다. 1. 첫 번째 투쟁은 소명을 받을 때에 있다.

여기서 유혹은 마귀가 생각을 눈 멀게 하고, 마음을 강퍅케 하고자 노력하는 것인데, 하나님의 말씀이 구원의 효과를 내지 못하게 하기 위한 것이다. 마 13:4-7, "뿌릴새 더러는 길 가에 떨어지매 새들이 와서 먹어버렸고 더러는 흙이 얇은 돌밭에 떨어지매 흙이 깊지 아니하므로 곧 싹이 나오나 해가 돋은 후에 타져서 뿌리가 없으므로 말랐고 더러는 가시떨기 위에 떨어지매 가시가 자라서 기운을 막았고"; 19절, "아무나 천국 말씀을 듣고 깨닫지 못할 때는 악한 자가 와서 그 마음에 뿌리는 것을 빼앗나니 이는 곧 길가에 뿌리운 자요."

부름을 받을 때에 (미혹에) 저항하는 것은 하나님의 영을 통해서 이루어지는데, 그분은 귀를 주심으로 그들이 듣게 하시고, 마음에 말씀을 뿌리심으로 불멸의 중생의 씨앗이 되게 하신다(시 40:6, 요 6:44, 행 16:14). 약 1:21, "그러므로 모든 더러운 것과 넘치는 악을 내어 버리고 능히 너희 영혼을 구원할 바 마음에 심긴 도를 온유함으로 받으라"; 벧전 1:22, "너희가 진리를 순종함으로 너희 영혼을 깨끗하게 하여 거짓이 없이 형제를 사랑하기에 이르렀으니 마음으로 뜨겁게 피차 사랑하라"; 요일 3:9, "하나님께로 난 자마다 죄를 짓지 아니하나니 이는 하나님의 씨가 그의 속에 거함이요, 저도 범죄치 못하는 것은 하나님께로 났음이라."

부름 받은 자들에게 (미혹에 대한) 저항이 있는데, 왜냐하면 그들은 들은 말씀을 마음 속에서 고결한 믿음과 합하기 때문이다. 눅 8:15, "좋은 땅에 있다는 것은 착하고 좋은 마음으로 말씀을 듣고 지키어 인내로 결실하는 자니라"; 히 4:2, "그들과 같이 우리도 복음 전함을 받은 자이나 들은 바 그 말씀이 그들에게 유익하지 못한 것은 듣는 자가 믿음과 결부시키지 아니함이라."

여기서 다음과 같이 미리 예방할 수 있다:

① 말의 의미와 용도를 미리 생각하여 준비하는 것이다. 전 5:1, 2, "너는 하나님의 전에 들어갈 때에 네 발을 삼갈지어다 가까이 하여 말씀을 듣는 것이 우매자가 선물을 드리고 제사드리는 것보다 나으니 저희는 악을 행하면서도 깨닫지 못함이라. 너는 하나님 앞에서 함부로 입을 열지 말며 급한 마음으로 말을 내지 말라. 하나님은 하늘에 계시고 너는 땅에 있음이니라 그런즉 마땅히 말을 적게 할 것이라."

② 생각에 주의를 기울이는 것이다(행 16:14).

③ 마음이 가난한 것이다. 요 7:37, "명절 끝날 곧 큰 날에 예수께서 서서 외쳐 이르시되 누구든지 목마르거든 내게로 와서 마시라."

④ 삶의 순전함이다(시 26:6).

⑤ 뒤틀린 감정을 버리는 것이다. 약 1:22, "너희는 말씀을 행하는 자가 되고 듣기만 하여 자신을 속이는 자가 되지 말라."

⑥ 들은 말씀에 마음으로 내적인 동의를 하는 것이다(행 2:37).

⑦ 마음에 말씀을 새김으로 죄를 짓지 않는 것이다. 시 119:11, "내가 주께 범죄하지 아니하려 하여 주의 말씀을 내 마음에 두었나이다."

⑧ 교회의 모임에서 이루어지는 하나님의 임재에 대하여 경외하는 것이다. 사 66:2, "나 여호와가 말하노라. 내 손이 이 모든 것을 지었으므로 그들이 생겼느니라. 무릇 마음이 가난하고 심령에 통회하며 내 말을 듣고 떠는 자 그 사람은 내가 돌보려니와"; 행 10:33, "내가 곧 당신에게 사람을 보내었는데 오셨으니 잘하였나이다. 이제 우리는 주께서 당신에게 명하신 모든 것을 듣고자 하여 다 하나님 앞에 있나이다."

넘어지는 것은 말씀을 받는 데 있어서 미적지근하고 태만한 것이다. 또는 잘못된 가르침으로 이탈해 나가는 것이다. 이에 대한 치료약은 형제들과 사역자들이 행하는 징계에 복종하는 것이다. 계 3:15, "내가 네 행위를 아노니 네가 차지도 아니하고 뜨겁지도 아니하도다 네가 차든지 뜨겁든지 하기를 원하노라"; 갈 6:2, "너희가 짐을 서로 지라. 그리하여 그리스도의 법을 성취하라"; 딤전 1:20, "그 가운데 후메내오와 알렉산더가 있으니 내가 사탄에게 내준 것은 그들로 훈계를 받아 신성을 모독하지 못하게 하려 함이라."

제 4 3 장
두 번째 투쟁에 대하여

두 번째 투쟁은 믿을 때에 벌어진다. 유혹은 마귀가 마음에 속임수를 집어넣는 것이다. 즉 '너는 선택받지 못했다.', '너는 의롭게 되지 못했다.', '너는 믿음을 가지고 있지 않다.', '너는 죄로 인해서 정죄받아야 한다.' 등이다. 마 4:3, "시험하는 자가 그분에게 나와서 이르되 네가 만일 하나님의 아들이어든 명하여 이 돌들로 떡덩이가 되게 하라."

또한 그러한 뻔뻔스러운 속임수에는 다음과 같은 것들이 있다:

① 위험, 손해, 학대, 흉악한 죄악들과 같은 역경들이다. 시편 73:12, 13, "볼지어다 이들은 악인들이라도 항상 평안하고 재물은 더욱 불어나도다. 내가 내 마음을 깨끗하게 하며 내 손을 씻어 무죄하다 한 것이 실로 헛되도다"; 욥 13:23-25, "나의 죄악이 얼마나 많으니이까 나의 허물과 죄를 내게 알게 하옵소서. 주께서 어찌하여 얼굴을 가리시고 나를 주의 원수로 여기시나이까. 주께서 어찌하여 날리는 낙엽을 놀라게 하시며 마른 검불을 뒤쫓으시나이까 주께서 어찌하여 날리는 낙엽을 놀라게 하시며 마른 검불을 뒤쫓으시나이까?"

② 지나간 죄를 생각나게 하는 것이다. 욥 13:26, "나는 썩은 물건의 낡아짐 같으며 좀먹는 의복 같으니이다."

③ 죽음이 이미 함께 있다는 느낌이다.

이에 대한 저항은 참된 믿음, 다시 말하면 그리스도와 그분의 공로를 특별히 적용하는 믿음을 통하여 이루어지는데 그 방법은 다음과 같다: '나는 정죄받지 않을 것이며, 오히려 그리스도 안에서 선택되었고 의롭게 되었음을 믿는다.' 사 53:11, "그가 자기 영혼의 수고한 것을 보고 만족하게 여길 것이라. 나의 의로운 종이 자기 지식으로 많은 사람을 의롭게 하며 또 그들의 죄악을 친히 담당하리로다"; 롬 8:38, 39, "내가 확신하노니 사망이나 생명이나 천사들이나 권세자들이나 현재 일이나 장래 일이나 능력이나 높음이나 깊음이나 다른 어떤 피조물이라도 우리를 우리 주 그리스도 예수 안에 있는 하나님의 사랑에서 끊을 수 없으리라."

예방법은 유혹 속에서 믿음(자체)이 아니라, 믿음의 대상, 그리스도를 바라보는 것이다. 빌 3:12, "내가 이미 얻었다 함도 아니요 온전히 이루었다 함도 아니라 오직 내가 그리스도 예수께 잡힌 바 된 그것을 잡으려고 달려가노라"; 14절, "푯대를 향하여 그리스도 예수 안에서 하나님이 위에서 부르신 부름의 상을 위하여 달려가노라"; 요 3:14, "모세가 광야에서 뱀을 든 것 같이 인자도 들려야 하리니."

넘어짐은 선택에 대하여, 그리고 하나님의 긍휼에 대하여 의심하고 절망하는 것이다. 시 77:6-8, "밤에 부른 노래를 내가 기억하여 내 심령으로, 내가 내 마음으로 간구하기를 주께서 영원히 버리실까, 다시는 은혜를 베풀지 아니하실까, 그의 인자하심은 영원히 끝났는가, 그의 약속하심도 영구히 폐하였는가?" 이처럼 다윗 또한 자신에 대해서 다음과 같이 말했다. 시 22:1, "내 하나님이여 내 하나님이여 어찌 나를 버리셨나이까? 어찌 나를 멀리하여 돕지 아니하시며 내 신음 소리를 듣지 아니하시나이까?"

치료법은 이중적이다. 첫째, 믿음을 일깨우고 크게 하시는 성령의 사역이다. 빌 1:6, "너희 안에 착한 일을 시작하신 이가 그리스도 예수의 날까지 이루실 줄을 우리가 확신하노라"; 눅 17:5, "사도들이 주께 여짜오되 우리에게 믿음을 더하소서 하니."

또 다른 것은 거룩한 묵상인데, 여기에는 여러 가지가 있다:

① 그리스도를 믿으라는 하나님의 명령이다. 요일 3:23, "그의 계명은 이것이니, 곧 그 아들 예수 그리스도의 이름을 믿고 그가 우리에게 주신 계명대로 서로 사랑할 것이니라."

② 사람이 스스로를 제외시키지 않는다면, 복음의 약속은 무한하며 아무도 제외시키지 않는다. 사 55:1, "오호라 너희 모든 목마른 자들아 물로 나아오라. 돈 없는 자도 오라. 너희는 와서 사 먹되 돈 없이, 값 없이 와서 포도주와 젖을 사라"; 마 11:28, "수고하고 무거운 짐 진 자들아 다 내게로 오라. 내가 너희를 쉬게 하리라"; 요 3:15, "이는 그를 믿는 자마다 영생을 얻게 하려 하심이니라." 그리고 세례와 주의 만찬의 성례는 제한 없는 약속들을 개인들에게 각각 적용한다. 그러므로 성례는 많은 자들에게 특정한 확신을 준다.

③ 의심과 절망은 가장 무거운 죄이다.

④ 소망이 없는 중에도 아브라함과 함께 믿음의 소망 안에 거하는 것이다. 롬 4:18, "아브라함이 바랄 수 없는 중에 바라고 믿었으니 이는 네 후손이 이같으리라 하신 말씀대로 많은 민족의 조상이 되게 하려 하심이라."

⑤ 그리고 하나님의 긍휼과 그리스도의 순종의 효력은 무한하다. 사 54:10, "산들이 떠나며 언덕들은 옮겨질지라도 나의 자비는 네게서 떠나지 아니하며 나의 화평의 언약은 흔들리지 아니하리라. 너를 긍휼히 여기시는 여호와께서 말씀하셨느니라"; 시 103:11, "이는 하늘이 땅에서 높음 같이 그를 경외하는 자에게 그의 인자하심이 크심이로다"; 요일 2:1, 2, "나의 자녀들아, 내가 이것을 너희에게 씀은 너희로 죄를 범하지 않게 하려 함이라. 만일 누가 죄를 범하여도 아버지 앞에서 우리에게 대언자가 있으니 곧 의로우신 예수 그리스도시라. 그는 우리 죄를 위한 화목 제물이니 우리만 위할 뿐 아니요 온 세상의 죄를 위하심이라"; 시 130:7, "이스라엘아 여호와를 바랄지어다. 여호와께서는 인자하심과 풍성한 속량이 있음이라."

⑥ 하나님께 마땅히 드려야 하는 순종은 결과보다는 열정을 가지고 평가해야 한다. 롬 8:5, 7, "육신을 따르는 자는 육신의 일을, 영을 따르는 자는 영의 일을 생각하나니 육신의 생각은 하나님과 원수가 되나니 이는 하나님의 법에 굴복하지 아니할 뿐 아니라 할 수도 없음이라"; 롬 7:20-22, "만일 내가 원하지 아니하는 그것을 하면 이를 행하는 자는 내가 아니요 내 속에 거하는 죄니라. 그러므로 내가 한 법을 깨달았노니 곧 선을 행하기 원하는 나에게 악이 함께 있는 것이로다. 내 속사람으로는 하나님의 법을 즐거워하되"; 말 3:17, "그들로 나의 특별한 소유를 삼을 것이요. 또 사람이 자기를 섬기는 아들을 아낌 같이 내가 그들을 아끼리니."

⑦ 하나의 죄가 용서받을 때, 모든 죄가 용서받았다. 왜냐하면 한 번 받은 죄 사함은 어떤 시간의 시효 없이 영원히 받은 것이기 때문이다. 롬 11:29, "하나님의 은사와 부르심에는 후회하심이 없느니라"; 행

10:43, "그에 대하여 모든 선지자도 증언하되 그를 믿는 사람들이 다 그의 이름을 힘입어 죄 사함을 받는다 하였느니라."

⑧ 넘어짐으로 인해서 은혜와 믿음이 사라지지 않으며, 오히려 밝게 빛나게 된다. 롬 5:20, "율법이 들어온 것은 범죄를 더하게 하려 함이라. 그러나 죄가 더한 곳에 은혜가 더욱 넘쳤나니"; 고후 12:7, "여러 계시를 받은 것이 지극히 크므로 너무 자고하지 않게 하시려고 내 육체에 가시 곧 사탄의 사자를 주셨으니 이는 나를 쳐서 너무 자고하지 않게 하려 하심이니라."

⑨ 하나님의 모든 사역이 (나를) 대적하는 도구들에도 있다. 고후 12:9, "하나님의 능력이 약한 데서 온전하여짐이라."

제 44 장
세 번째 투쟁에 대하여

세 번째 투쟁은 성화 때에 있는 것이다. 유혹은 자신의 본성과 기회에 따라서 죄를 범하도록 미혹하는 것이다. 대상 21:1, "사탄이 일어나 이스라엘을 대적하고 다윗을 충동하여 이스라엘을 계수하게 하니라"; 요 13:2, "마귀가 벌써 시몬의 아들 가룟 유다의 마음에 예수를 팔려는 생각을 넣었더라."

이 유혹 속에서 마귀는 기묘한 방법으로 죄를 허용하도록 약화시키는데, 부분적으로는 하나님의 긍휼을 반박하고, 부분적으로는 죄의 형벌을 숨긴다.

다음으로 마귀를 돕는 것들이 있다. 첫째로 육인데, 이 육은 영을 거스리기를 갈망하되, 잘못된 행위와 감정을 만들어 내며 선한 것을 짓밟는다. 갈 5:17, "육체의 소욕은 성령을 거스르고 성령은 육체를 거스르나니 이 둘이 서로 대적함으로 너희가 원하는 것을 하지 못하게 하려 함이니라"; 19-21절, "육체의 일은 분명하니 곧 음행과 더러운 것과 호색과 우상 숭배와 주술과 원수 맺는 것과 분쟁과 시기와 분냄과 당 짓는 것과 분열함과 이단과 투기와 술 취함과 방탕함과 또 그와 같은 것들이라. 전에 너희에게 경계한 것 같이 경계하노니 이런 일을 하는 자들은 하나님의 나라를 유업으로 받지 못할 것이요"; 약 1:14, "오직 각 사람이 시험을 받는 것은 자기 욕심에 끌려 미혹됨이니."

둘째로 세상인데, 세상은 쾌락, 이익, 영광, 그리고 잘못된 본보기들을 보여주어 불순종으로 이끈다. 엡 2:3, "전에는 우리도 다 그 가운데서 우리 육체의 욕심을 따라 지내며 육체와 마음의 원하는 것을 하여 다른 이들과 같이 본질상 진노의 자녀이었더니"; 요일 2:16, "이는 세상에 있는 모든 것이 육신의 정욕과 안목의 정욕과 이생의 자랑이니 다 아버지께로부터 온 것이 아니요 세상으로부터 온 것이라."

이들에 대한 저항은 선한 행위와 감정을 만들어 내고 자극하며, 잘못된 것을 멀리하는 영의 간절함을 통하여 이루어진다. 갈 5:22-24, "오직 성령의 열매는 사랑과 희락과 화평과 오래 참음과 자비와 양선과 충성과 온유와 절제니 이같은 것을 금지할 법이 없느니라. 그리스도 예수의 사람들은 육체와 함께 그 정욕과 탐심을 십자가에 못 박았느니라"; 26절, "헛된 영광을 구하여 서로 노엽게 하거나 서로 투기하지 말지니라."

1. 예방법은 이것이다.

① 죄를 가볍게 평가하지 않는 것이다. 갈 5:9, "적은 누룩이 온 덩이에 퍼지느니라"; 롬 6:23, "죄의 삯은 사망이요 하나님의 은사는 그리스도 예수 우리 주 안에 있는 영생이니라." ② 죄를 범할 기회들을 피하는 것이다. 그것들에 대해서 길게 천천히 반응하며, 민첩하게 피

하는 것이다. 살전 5:22, "악은 어떤 모양이라도 버리라"; 유 23절. "또 어떤 자를 불에서 끌어내어 구원하라. 또 어떤 자를 그 육체로 더럽힌 옷까지도 미워하되 두려움으로 긍휼히 여기라." ③ 일그러진 죄악들을 굴복시키는 데 익숙하게 되어 최대한 죄를 정복하는 것이다(롬 13:4). ④ 부르심 받은 일에 힘쓰며, 그 안에서 항상 근면하게 행하는 것이다. ⑤ 방종하는 육에게 율법과 하나님의 심판, 최종적인 심판과 하나님의 임재의 영광 등등을 보여주는 것이다. 잠 28:14, "항상 경외하는 자는 복되거니와 마음을 완악하게 하는 자는 재앙에 빠지리라"; 창 39:9, "이 집에는 나보다 큰 이가 없으며 주인이 아무것도 내게 금하지 아니하였어도 금한 것은 당신뿐이니 당신은 그의 아내임이라. 그런즉 내가 어찌 이 큰 악을 행하여 하나님께 죄를 지으리이까?"

2. 이 주제에 대해서는 다음과 같은 예방법이 있다. 불의한 분노, 또는 복수하고자 하는 개인적인 욕망에 반하여 다음을 숙고하는 것이다:

① 하나님의 섭리는 불법한 일이 우리에게 선이 되게 하신다(삼하 16:10). ② 하나님의 선하심은 우리가 사람들에게 용서할 수 있는 것보다, 더 많은 우리의 죄를 사하신다. ③ 그리스도인의 사랑의 직분은 다른 사람을 용서하는 것이다. ④ 우리는 그리스도께서 그분의 죽으심으로 죄를 용서하신 그들이 멸망하는 것을 원해서는 안 된다. ⑤ 우리가 다른 사람을 용서하지 않으면 (우리에게) 하나님의 진노의 재판이 있다: "용서하라, 그러면 사함받을 것이다." ⑥ 우리를 불쾌하게 하는 사건들의 상황, 그리고 그들의 마음과 의논에 마음쓰지 않는 것이다.

3. 외적인 억제 수단, 또는 치료약은 다음과 같다:

① 악한 자들을 오랫동안 인내하시는 하나님의 자비하심을 닮는 것이다. "나는 온유하니 나에게서 배우라" ② 진노와 진노의 행동 사이에 잠시 시간을 두는 것이다. 아덴도루스(Athendorus, 스토아 철학자)가 아우구스투스에게 가르치기를, 화가 났을 때 다른 사람에게 어떤 말을 하거나 행동하기 전에 알파벳을 소리내어 외우라고 하였다. ③ 우리를 화나게 만드는 사람이 있는 장소에서 떠나는 것이다. ④ 말과 행위에 대한 논쟁을 피하는 것이다. "그 무엇도 논쟁을 통하여 하지 말라."

4. 재물과 명예에 대한 잘못된 욕망에 저항하는 치료약은 이것이다:

① 하나님은 그분을 두려워하는 자를 기근 때에 살려주신다(시 33:18,19). ② 그의 영혼이 경건을 추구한다면 경건은 큰 유익이 된다(딤전 6:6). ③ 우리는 육체의 부활과 영생을 갈구한다. 그러므로 우리는 현재의 삶에 대한 두려움으로 너무 불안해하지 말아야 한다. ④ 우리는 아버지의 집에서는 종들이다. 그러므로 그분이 우리에게 풍성함으로 나누어 주시는 것이 합당하다. ⑤ 교만한 마음은 눈이 멀어 높아지기를 열망하지만 결국 크게 추락하게 된다. 비참해지는 것을 두려워한다면 높아질 수가 없다. ⑥ 아담은 하나님과 같이 되려고 욕심을 내어 자신과 후손들을 멸망으로 몰아넣었다. ⑦ 야심만만한 자는 하나님께만 돌려야 하는 찬양을 스스로 강탈하기를 애쓰는 약탈자이다.

5. 육체의 욕망에 저항하는 치료약은 이것이다:

① 그리스도의 제자가 되기를 원하는 자는 매일 자신의 십자가를 져야 한다(눅 9:23). ② 영을 따라서 사는 것인데, 영에 속한 자들은 지혜롭다(롬 8:5). ③ 육체를 따라서 사는 자들은 죽게 될 것이다(롬

8:13). ④ 우리는 하늘 시민으로서 행해야 한다(빌 3:20). ⑤ 우리는 하나님의 전이다(고전 3:16). 우리의 지체들은 그리스도의 지체들이다(고전 6:15). 그리고 우리 안에 거하시는 성령을 가지고 있는 우리는 그분을 상심케 해서는 안 된다(엡 4:30). (십계명 중) 제 칠 계명의 해석에 있는 많은 내용들을 참조하라.

넘어짐은 죄에 마음을 빼앗긴 사람이 어떤 범죄를 하여 떨어져 나가는 것이다(갈 6:1). 여기에서 사탄은 이미 받아들인 죄를 기묘하게 과장하며, 하나님께서 이미 보여주신 판결들로 죄인을 고발하고 무서움에 떨게 한다. 마 27:3-5, "그 때에 예수를 판 유다가 그의 정죄됨을 보고 스스로 뉘우쳐 그 은 삼십을 대제사장들과 장로들에게 도로 갖다 주며 이르되 내가 무죄한 피를 팔고 죄를 범하였도다 하니 그들이 이르되 그것이 우리에게 무슨 상관이냐 네가 당하라 하거늘 유다가 은을 성소에 던져 넣고 물러가서 스스로 목매어 죽은지라."

치료약은 새롭게 회개하는 것이다. 이 새로운 회개는 하나님께 순종하여 죄로 인하여 슬퍼할 때 시작되며, 그 열매는 특별히 일곱 가지이다. 고후 7:9-11, "내가 지금 기뻐함은 너희로 근심하게 한 까닭이 아니요, 도리어 너희가 근심함으로 회개함에 이른 까닭이라. 너희가 하나님의 뜻대로 근심하게 된 것은 우리에게서 아무 해도 받지 않게 하려 함이라. 하나님의 뜻대로 하는 근심은 후회할 것이 없는 구원에 이르게 하는 회개를 이루는 것이요, 세상 근심은 사망을 이루는 것이니라. 보라 하나님의 뜻대로 하게 된 이 근심이 너희로 얼마나 간절하게 하며 얼마나 변증하게 하며 얼마나 분하게 하며 얼마나 두렵게 하며 얼마나 사모하게 하며 얼마나 열심 있게 하며 얼마나 벌하게 하였는가 너희가 그 일에 대하여 일체 너희 자신의 깨끗함을 나타내었느니라."

(일곱 가지 열매는) ① 하나님 말씀의 교훈이 가르쳐주는 선행을 행하고자 하는 열심. ② 변호, 다시 말하면 잘못을 멀리하고 하나님 앞에서 죄를 고백하는 것. 시 32:5, "내가 이르기를 내 허물을 여호와께 자복하리라 하고 주께 내 죄를 아뢰고 내 죄악을 숨기지 아니하였더니 곧 주께서 내 죄악을 사하셨나이다"; 삼하 12:13, "다윗이 나단에게 이르되 내가 여호와께 죄를 범하였노라 하매 나단이 다윗에게 말하되 여호와께서도 당신의 죄를 사하셨나니 당신이 죽지 아니하려니와."

③ 잘못을 범한 것으로 인하여 스스로에게 분노하는 것.

④ 하나님의 형벌에 대한 것뿐만 아니라 하나님께 저항하였다는 것에 대하여 두려워함. 시 130:3, "여호와여 주께서 죄악을 지켜보실진대 주여 누가 서리이까?"

⑤ 죄를 멀리하고 새롭게 되려는 분명한 욕구.

⑥ 하나님을 사랑하며, 그분의 교훈들을 받아들이고자 하는 열망.

⑦ 육을 길들이는 치리를 하여, 앞으로 그러한 잘못이 일어나지 않도록 하는 것이다.

제 4 5 장
십자가의 인내에 대하여

십자가의 인내란 십자가를 정당하게 감당하는 것이다. 십자가는 확실한 분량의 고난인데, 이것은 하나님께서 믿는 자에게 정해 놓으신 것이다. 마 16:24, "이에 예수께서 제자들에게 이르시되 누구든지 나를 따라오려거든 자기를 부인하고 자기 십자가를 지고 나를 따를 것이니라"; 골 1:24, "나는 이제 너희를 위하여 받는 괴로움을 기뻐하고 그리스도의 남은 고난을 그의 몸된 교회를 위하여 내 육체에 채우노라." 하나님께서 십자가를 지우셨을 때, 준비된 영혼은 그것을 짊어져야 한다.

또한 인내와 견인(견고하게 참는 것)으로 이겨내야 한다. 골 1:11, "그의 영광의 힘을 따라 모든 능력으로 능하게 하시며 기쁨으로 모든 견딤과 오래 참음에 이르게 하시고"; 눅 21:19, "너희의 인내로 너희 영혼을 얻으리라."

인내를 위한 예방법은 다음과 같다: 1. 성령의 강하게 하심. 빌 4:13, "내게 능력 주시는 그리스도를 통하여 모든 것을 할 수 있느니라"; 빌 1:29, "그리스도를 위하여 너희에게 은혜를 주신 것은 다만 그를 믿을 뿐 아니라 또한 그를 위하여 고난도 받게 하려 하심이라."

2. 거룩한 묵상인데, 여기에는 여러 가지가 있다:

① 믿는 자들은 우연히 고난을 당하는 것이 아니라, 만물을 최고의 방법으로 정하시는 하나님의 의논과 섭리에 의하여 고난을 받는 것이다(창 45:4, 5, 삼하 16:10). 시 119:71, "고난당한 것이 내게 유익이라 이로 말미암아 내가 주의 율례들을 배우게 되었나이다." 이로써 고난들은 경건한 자들에게 불가피한 일임이 분명하다. 행 14:22, "우리가 하나님의 나라에 들어가려면 많은 환난을 겪어야 할 것이라"; 마 7:14, "생명으로 인도하는 문은 좁고 길이 협착하여 찾는 자가 적음이라"; 요 16:33, "세상에서는 너희가 환난을 당하나."

② 어떤 가혹한 일이건 간에 고난들은 유익하고 선한 일들이다. 왜냐하면 그것들이 하나님 앞에서 죄로 인하여 겸손해진 우리를 평안과 구속함에 이르게 하기 때문이다. 고후 1:9, "우리는 우리 자신이 사형 선고를 받은 줄 알았으니 이는 우리로 자기를 의지하지 말고 오직 죽은 자를 다시 살리시는 하나님만 의지하게 하심이라"; 사 26:16, "여호와여 그들이 환난 중에 주를 앙모하였사오며 주의 징벌이 그들에게 임할 때에 그들이 간절히 주께 기도하였나이다"; 호 5:15, "그들이 그 죄를 뉘우치고 내 얼굴을 구하기까지 내가 내 곳으로 돌아가리라 그들이 고난 받을 때에 나를 간절히 구하리라"; 시 78:34, "하나님이 그들을 죽이실 때에 그들이 그에게 구하며 돌이켜 하나님을 간절히 찾았고", 렘 31:18, "에브라임이 스스로 탄식함을 내가 분명히 들었노니 주께서 나를 징벌하시매 멍에에 익숙하지 못한 송아지 같은 내가 징벌을 받았나이다. 주는 나의 하나님 여호와이시니 나를 이끌어 돌이

키소서 그리하시면 내가 돌아오겠나이다"; 히 12:11, "무릇 징계가 당시에는 즐거워 보이지 않고 슬퍼 보이나 후에 그로 말미암아 연단 받은 자들은 의와 평강의 열매를 맺느니라"; 시 30:5, "그의 노염은 잠깐이요 그의 은총은 평생이로다. 저녁에는 울음이 깃들일지라도 아침에는 기쁨이 오리로다"; 고후 12:8, "이것이 내게서 떠나가게 하기 위하여 내가 세 번 주께 간구하였더니 나에게 이르시기를 내 은혜가 네게 족하도다. 이는 내 능력이 약한 데서 온전하여짐이라"; 욥 42:6, "그러므로 내가 스스로 거두어들이고 티끌과 재 가운데에서 회개하나이다"; 요 15:2, "무릇 열매를 맺는 가지는 더 열매를 맺게 하려 하여 그것을 깨끗하게 하시느니라"; 벧전 1:6, "그러므로 너희가 이제 여러 가지 시험으로 말미암아 잠깐 근심하게 되지 않을 수 없으나 오히려 크게 기뻐하는도다"; 고후 1:4, "우리의 모든 환난 중에서 우리를 위로하사 우리로 하여금 하나님께 받는 위로로써 모든 환난 중에 있는 자들을 능히 위로하게 하시는 이시로다"; 롬 5:3, "다만 이뿐 아니라 우리가 환난 중에도 즐거워하나니 이는 환난은 인내를 이루는 줄을 앎이니라"; 히 2:10, "그들의 구원의 창시자를 고난을 통하여 온전하게 하심이 합당하도다."

우리는 죽어갈 때, 외과의사들에게 우리를 침대 위에 눕히고 잡아묶고, 인두로 지지며, 예리한 칼로 몸을 찢는 것을 허락한다. 그럼에도 나중에는 심지어 그들에게 감사의 말과 종종 대가로 많은 액수의 돈을 준다. 그런데 어찌 우리가 고난으로 영혼의 가장 흉악한 질병들을 치료하시는 하나님을 (외과 의사보다) 더 공평한 마음으로 인내하지 않겠는가?

이러한 사실들로부터 경건한 자들의 고난이 자녀의 표라는 것이 확실히 드러난다. 히 12:6, 7, "주께서 그 사랑하시는 자를 징계하시고 그가 받아들이시는 아들마다 채찍질하심이라 하였으니 너희가 참음은 징계를 받기 위함이라. 하나님이 아들과 같이 너희를 대우하시나니." 그러므로 이들에게는 (고난이) 하나님의 나라로 가는 왕도이다. 약 1:12, "시험을 참는 자는 복이 있나니 이는 시련을 견디어 낸 자가 주께서 자기를 사랑하는 자들에게 약속하신 생명의 면류관을 얻을 것이기 때문이라"; 고후 4:17, "우리가 잠시 받는 환난의 경한 것이 지극히 크고 영원한 영광의 중한 것을 우리에게 이루게 함이니."

③ 하나님은 도움, 징벌의 완화, 그분의 임재와 구원을 약속하셨다 (빌 1:29). 고전 10:13, "오직 하나님은 미쁘사 너희가 감당하지 못할 시험 당함을 허락하지 아니하시고 시험 당할 즈음에 또한 피할 길을 내사 등등", 삼하 7:14, "나는 그에게 아버지가 되고 그는 내게 아들이 되리니 그가 만일 죄를 범하면 내가 사람의 매와 인생의 채찍으로 징계하려니와"; 시 50:15, "환난 날에 나를 부르라 내가 너를 건지리니 네가 나를 영화롭게 하리로다"; 시 121:4, "이스라엘을 지키시는 이는 졸지도 아니하시고 주무시지도 아니하시리로다"; 사 43:2,3, "네가 물 가운데로 지날 때에 내가 너와 함께 할 것이라. 강을 건널 때에 물이 너를 침몰하지 못할 것이며 네가 불 가운데로 지날 때에 타지도 아니할 것이요. 불꽃이 너를 사르지도 못하리니 대저 나는 여호와 네 하나님이요 이스라엘의 거룩한 이요 네 구원자임이라."

④ 그리스도는 우리의 모든 고난에 함께 하신다. 벧전 4:13, "오히려 너희가 그리스도의 고난에 참여하는 것으로 즐거워하라. 이는 그의 영광을 나타내실 때에 너희로 즐거워하고 기뻐하게 하려 함이라"; 고후 4:10, "우리가 항상 예수의 죽음을 몸에 짊어짐은 예수의 생명이

또한 우리 죽을 몸에 나타나게 하려 함이라"; 골 1:24, "나는 이제 너희를 위하여 받는 괴로움을 기뻐하고 그리스도의 남은 고난을 그의 몸된 교회를 위하여 내 육체에 채우노라."

⑤ 보호하는 천사들이 하나님을 경외하는 자들과 함께 한다(시 34:8). 왕하 6:16, "대답하되 두려워하지 말라 우리와 함께 한 자가 그들과 함께 한 자보다 많으니라."

제 4 6 장
하나님께 드리는 기도에 대하여

이상은 자신을 부인하는 것에 대한 것이었다. 이제 그리스도께 드리는 고백을 다룰 것이다. 이것은 그리스도 그분, 또는 그리스도의 지체인 믿는 자들과 관련되어 있다. 마 25:40, "임금이 대답하여 이르시되 내가 진실로 너희에게 이르노니 너희가 여기 내 형제 중에 지극히 작은 자 하나에게 한 것이 곧 내게 한 것이니라 하시고."

그리스도 그분께 직접적으로 드리는 고백에는 영속적으로 하는 것, 또는 다만 위험 중에 하는 것이 있다. 영속적인 고백은 하나님께 드리는 기도인데, 이것은 항상 중보자 그리스도를 통해서 해야 하는 것이다. 고전 1:2, "고린도에 있는 하나님의 교회 곧 그리스도 예수 안에서 거룩하여지고 성도라 부르심을 받은 자들과 또 각처에서 우리의 주 곧 그들과 우리의 주 되신 예수 그리스도의 이름을 부르는 모든 자들에게"; 행 9:14, "여기서도 주의 이름을 부르는 모든 사람을 결박할 권한을 대제사장들에게서 받았나이다 하거늘"; 골 3:17, "또 무엇을 하든지 말에나 일에나 다 주 예수의 이름으로 하고 그를 힘입어 하나님 아버지께 감사하라."

기도는 탄원, 또는 감사의 행위이다. 빌 4:6, "아무것도 염려하지 말고 다만 모든 일에 기도와 간구로 너희 구할 것을 감사함으로 하나님께 아뢰라." 탄원은 두 부분으로 되어 있는데, 간구와 동의이다. 막 11:24, "그러므로 내가 너희에게 말하노니 무엇이든지 기도하고 구하는 것은 받은 줄로 믿으라. 그리하면 너희에게 그대로 되리라."

간구란 하나님의 말씀에 따라서 우리가 필요한 것에 대해서 그분께 도움을 구하는 것이다. 요일 5:14, "그를 향하여 우리가 가진 바 담대함이 이것이니 그의 뜻대로 무엇을 구하면 들으심이라." 각각의 간구에서 두 가지를 표현해야 한다. 우리의 곤궁함에 대한 느낌과 곤궁함을 채워주시는 하나님의 은혜를 사모하는 것이다. 삼상 1:10, "한나가 마음이 괴로 와서 여호와께 기도하고 통곡하며"; 단 9:4,16, "내 하나님 여호와께 기도하며 자복하여 이르기를 크시고 두려워할 주 하나님, 주를 사랑하고 주의 계명을 지키는 자를 위하여 언약을 지키시고 그에게 인자를 베푸시는 이시여 주여 구하옵나니 주는 주의 공의를 따라 주의 분노를 주의 성 예루살렘, 주의 거룩한 산에서 떠나게 하옵소서. 이는 우리의 죄와 우리 조상들의 죄악으로 말미암아 예루살렘과 주의 백성이 사면에 있는 자들에게 수치를 당함이니이다"; 시 130:1, "여호와여 내가 깊은 곳에서 주께 부르짖었나이다"; 삼상 1:15, "한나가 대답하여 이르되 내 주여 그렇지 아니하니이다. 나는 마음이 슬픈 여자라 포도주나 독주를 마신 것이 아니요 여호와 앞에 내 심정을 통한 것뿐이오니"; 시 143:6, "주를 향하여 손을 펴고 내 영혼이 마른 땅 같이 주를 사모하나이다."

동의란 우리가 이미 올려드린 간구들을 하나님께서 기꺼이 받으실 것으로 믿고, 그분 앞에서 확신하는 것이다. 요일 5:5, 14, 15, "우리가 무엇이든지 구하는 바를 들으시는 줄을 안즉 우리가 그에게 구한 그것을 얻은 줄을 또한 아느니라"; 마 6:13, "우리를 시험에 들게 하지 마시옵고 다만 악에서 구하시옵소서. 나라와 권세와 영광이 아버지께 영원히 있사옵나이다. 아멘."

믿는 자들이 기도 중에 자신들의 연약함을 드러낸다고 할지라도, 하나님의 은혜에 대한 분명한 느낌을 가진다. 특히 그들은 전심으로, 그리고 꾸준히 하나님을 부른다. 약 5:16, "그러므로 너희 죄를 서로 고백하며 병이 낫기를 위하여 서로 기도하라. 의인의 간구는 역사하는 힘이 큼이니라"; 눅 1:13, "천사가 그에게 이르되 사가랴여 무서워하지 말라. 너의 간구함이 들린지라"; 욘 4:1, 2, "요나가 매우 싫어하고 성내며 여호와께 기도하여 이르되 여호와여 내가 고국에 있을 때에 이러하겠다고 말씀하지 아니하였나이까? 그러므로 내가 빨리 다시스로 도망하였사오니 주께서는 은혜로우시며 자비로우시며 노하기를 더디하시며 인애가 크시사 뜻을 돌이켜 재앙을 내리지 아니하시는 하나님이신 줄을 내가 알았음이니이다"; 롬 8:26, "이와 같이 성령도 우리의 연약함을 도우시나니 우리는 마땅히 기도할 바를 알지 못하나 오직 성령이 말할 수 없는 탄식으로 우리를 위하여 친히 간구하시느니라"; 창 19:18, "롯이 그들에게 이르되 내 주여 그리 마옵소서"; 시 6:1-4, "여호와여 주의 분노로 나를 책망하지 마시오며 주의 진노로 나를 징계하지 마옵소서. 여호와여 내가 수척하였사오니 내게 은혜를 베푸소서. 여호와여 나의 뼈가 떨리오니 나를 고치소서. 나의 영혼도 매우 떨리나이다. 여호와여 어느 때까지니이까. 여호와여 돌아와 나의 영혼을 건지시며 주의 사랑으로 나를 구원하소서"(cf. 시 8:9,

시 20:5, 시 35:9,18,29, 시 16:7).

감사의 행위란 우리가 마음의 경배와 기쁨으로 하나님께 찬양을 올려드리는 것인데, 이는 이미 받은 은총과 약속된 앞으로의 은총으로 인한 것이다. 시 45:1, "내 마음이 좋은 말로 왕을 위하여 지은 것을 말하리니 내 혀는 글솜씨가 뛰어난 서기관의 붓끝과 같도다"; 엡 5:20, "범사에 우리 주 예수 그리스도의 이름으로 항상 아버지 하나님께 감사하며"; 시 36:7, 8, "하나님이여 주의 인자하심이 어찌 그리 보배로우신지요. 사람들이 주의 날개 그늘 아래에 피하나이다. 그들이 주의 집에 있는 살진 것으로 풍족할 것이라. 주께서 주의 복락의 강물을 마시게 하시리이다."

제 4 7 장
변증과 순교에 대하여

위험 속에서 하는 그리스도를 향한 고백에는 입으로 하는 것과 행위로 하는 것이 있다.

입으로 하는 고백은 기독교를 변증하는 것이다. 롬 10:10, "사람이 마음으로 믿어 의에 이르고 입으로 시인하여 구원에 이르느니라"; 시 22:22, "내가 주의 이름을 형제에게 선포하고 회중 가운데에서 주를 찬송하리이다." 변증이란 하나님의 영광이 가리워질 위험 속에서 필요할 때마다 회개의 소망이 있는 불신자들 앞에서 하는 것으로, 준비된 자들이 경외하는 마음과 부드러운 마음을 가지고 기독교의 진리를 고백하는 것이다. 벧전 3:15, "너희 마음에 그리스도를 주로 삼아 거룩하게 하고 너희 속에 있는 소망에 관한 이유를 묻는 자에게는 대답할 것을 항상 준비하되 온유와 두려움으로 하고."(cf. 사도행전 7장 전체), 마 7:6, "거룩한 것을 개에게 주지 말며 너희 진주를 돼지 앞에 던지지 말라. 그들이 그것을 발로 밟고 돌이켜 너희를 찢어 상하게 할까 염려하라."

행위의 고백은 순교이다. 순교는 그리스도인이 믿음의 교리와 의와 형제의 구원을 위해서, 그리스도의 대적들의 손에 죽는 것까지도 감당하는 것이다. 막 6:18, 27, 28, "이는 요한이 헤롯에게 말하되 동생의 아내를 취한 것이 옳지 않다 하였음이라. 왕이 곧 시위병 하나를 보내어 요한의 머리를 가져오라 명하니 그 사람이 나가 옥에서 요한을 목 베어 그 머리를 소반에 얹어다가 소녀에게 주니 소녀가 이것을 그 어머니에게 주니라"; 고후 12:15, "내가 너희 영혼을 위하여 크게 기뻐하므로 재물을 사용하고 또 내 자신까지도 내어 주리니 너희를 더욱 사랑할수록 나는 사랑을 덜 받겠느냐?"

만약 영적으로 확고하지 않다면 그리스도인이 피신하는 것도 허락해야 한다. 마 10:23, "이 동네에서 너희를 박해하거든 저 동네로 피하라. 내가 진실로 너희에게 이르노니 이스라엘의 모든 동네를 다 다니지 못하여서 인자가 오리라"; 요 10:39, "그들이 다시 예수를 잡고자 하였으나 그 손에서 벗어나 나가시니라"; 행 9:30, "형제들이 알고 가이사랴로 데리고 내려가서 다소로 보내니라"; 왕상 18:13, "이세벨이 여호와의 선지자들을 죽일 때에 내가 여호와의 선지자 중에 백 명을 오십 명씩 굴에 숨기고 떡과 물로 먹인 일이 내 주에게 들리지 아니하였나이까?"; 행 20:22, "보라 이제 나는 성령에 매여 예루살렘으로 가는데 거기서 무슨 일을 당할는지 알지 못하노라."

제 4 8 장
신자들에게 교훈과 자선을 베푸는 것에 대하여

그리스도의 지체에게 하는 그분에 대한 고백, 다시 말하면 거룩한 자들과 믿는 자들 앞에서 하는 고백에는 교훈을 하는 것, 또는 자선을 베푸는 것이 있다. 교훈을 하는 것은 형제들을 향한 모든 직무인데, 형제들이 그리스도 안에서 성장하며, 또한 그분 안에서 더욱 뿌리내리게 한다. 롬 14:19, "그러므로 우리가 화평의 일과 서로 덕을 세우는 일을 힘쓰나니" 여기에 다음의 것이 있다.

1. 거룩한 모범. 마 5:16, "이같이 너희 빛이 사람 앞에 비치게 하여 그들로 너희 착한 행실을 보고 하늘에 계신 너희 아버지께 영광을 돌리게 하라"; 벧전 2:12, "너희가 이방인 중에서 행실을 선하게 가져 너희를 악행한다고 비방하는 자들로 하여금 너희 선한 일을 보고 오시는 날에 하나님께 영광을 돌리게 하려 함이라."

2. 권고. 히 3:13, "오직 오늘이라 일컫는 동안에 매일 피차 권면하여 너희 중에 누구든지 죄의 유혹으로 완고하게 되지 않도록 하라"; 롬 1:12, "이는 곧 내가 너희 가운데서 너희와 나의 믿음으로 말미암

아 피차 안위함을 얻으려 함이라."

3. 위로. 살전 5:14, "또 형제들아 너희를 권면하노니 게으른 자들을 권계하며 마음이 약한 자들을 격려하고 힘이 없는 자들을 붙들어 주며 모든 사람에게 오래 참으라"; 약 5:16, "그러므로 너희 죄를 서로 고백하며 병이 낫기를 위하여 서로 기도하라. 의인의 간구는 역사하는 힘이 큼이니라"; 살전 4:18, "그러므로 이러한 말로 서로 위로하라."

4. 훈계. 롬 15:14, "내 형제들아 너희가 스스로 선함이 가득하고 모든 지식이 차서 능히 서로 권하는 자임을 나도 확신하노라"; 살전 5:14, "또 형제들아 너희를 권면하노니 게으른 자들을 권계하며 마음이 약한 자들을 격려하고 힘이 없는 자들을 붙들어 주며 모든 사람에게 오래 참으라."

만약 당신이 스스로 책임을 느끼고 있는 연약한 형제에게 확실히 알고 있는 잘못에 대해서 친절함의 영과 하나님의 말씀으로 권면한다면, 훌륭한 훈계의 거룩한 모형이 될 것이다. 갈 6:1, "형제들아 사람이 만일 무슨 범죄한 일이 드러나거든 신령한 너희는 온유한 심령으로 그러한 자를 바로잡고 너 자신을 살펴보아 너도 시험을 받을까 두려워하라"; 마 7:5, "외식하는 자여, 먼저 네 눈 속에서 들보를 빼어라. 그 후에야 밝히 보고 형제의 눈 속에서 티를 빼리라"; 딤후 4:2, "너는 말씀을 전파하라 때를 얻든지 못 얻든지 항상 힘쓰라 범사에 오래 참음과 가르침으로 경책하며 경계하며 권하라"; 마 18:15, "네 형제가 죄를 범하거든 가서 너와 그 사람과만 상대하여 권고하라 만일 들으면 네가 네 형제를 얻은 것이요"; 욥 32:6,7, "부스 사람 바라겔의 아들 엘리후가 대답하여 이르되 나는 연소하고 당신들은 연로하므로 뒷전에서 나의 의견을 감히 내놓지 못하였노라. 내가 말하기를 나이가 많은 자가 말할 것이요 연륜이 많은 자가 지혜를 가르칠 것이라 하였노라"; 롬 15:14, "내 형제들아 너희가 스스로 선함이 가득하고 모든 지식이 차서 능히 서로 권하는 자임을 나도 확신하노라"; 딤후 4:2, "너는 말씀을 전파하라 때를 얻든지 못 얻든지 항상 힘쓰라 범사에 오래 참음과 가르침으로 경책하며 경계하며 권하라"; 레 19:17, "너는 네 형제를 마음으로 미워하지 말며 네 이웃을 반드시 견책하라. 그러면 네가 그에 대하여 죄를 담당하지 아니하리라."

거룩한 자선이란 부한 자들이 자신의 많은 재산을 가지고 능력에 따라서, 혹은 능력에 넘치게 가난한 자들의 부족함을 도와주는 것이다. 고후 8:3, "내가 증언하노니 그들이 힘대로 할 뿐 아니라 힘에 지나도록 자원하여"; 행 2:44, 45, "믿는 사람이 다 함께 있어 모든 물건을 서로 통용하고 또 재산과 소유를 팔아 각 사람의 필요를 따라 나눠 주며."

제 4 9 장

하나님 사랑의 선언의 네 번째 단계에 대하여: 죽은 택자들의 상태에 대하여

하나님 사랑의 선언의 네 번째 단계는 영화롭게 되는 것이다(롬 8:30). 영화롭게 되는 것은 성도들이 하나님의 아들의 형상으로 완전하게 변화하는 것이다. 빌 3:21, "그는 만물을 자기에게 복종하게 하실 수 있는 자의 역사로 우리의 낮은 몸을 자기 영광의 몸의 형체와 같이 변하게 하시리라"; 고전 15:44, 45, 49, "육의 몸으로 심고 신령한 몸으로 다시 살아나나니 육의 몸이 있은즉 또 영의 몸도 있느니라. 기록된 바 첫 사람 아담은 생령이 되었다 함과 같이 마지막 아담은 살려 주는 영이 되었나니 우리가 흙에 속한 자의 형상을 입은 것 같이 또한 하늘에 속한 이의 형상을 입으리라"; 시 17:15, "나는 의로운 중에 주의 얼굴을 뵈오리니 깰 때에 주의 형상으로 만족하리이다."

영화롭게 되는 것은 죽음과 함께 시작된다. 완전함과 완성은 최후의 심판에서 이루어진다.

택자들의 죽음은 그리스도 안에서 잠자는 것인데, 이때에 육체가 영혼과 분리된다. 육체가 분리되는 것은 육체가 썩음으로써 영광스럽게 될 수 있게 하기 위한 것이다. 영혼이 분리되는 것은 충만히 거룩하게 된 영혼이 몸과 분리된 직후에 하늘로 올라가기 위한 것이다. 고전 15:18, "또한 그리스도 안에서 잠자는 자도 망하였으리니"; 행 7:60, "무릎을 꿇고 크게 불러 이르되 주여 이 죄를 그들에게 돌리지 마옵소서 이 말을 하고 자니라"; 고전 15:36, "어리석은 자여 네가 뿌리는 씨가 죽지 않으면 살아나지 못하겠고"; 계 21:27, "무엇이든지 속된 것이나 가증한 일 또는 거짓말하는 자는 결코 그리로 들어가지 못하되 오직 어린 양의 생명책에 기록된 자들만 들어가리라"; 롬 7:25, "우리 주 예수 그리스도로 말미암아 하나님께 감사하리로다. 그런즉 내 자신이 마음으로는 하나님의 법을 육신으로는 죄의 법을 섬기노라"; 눅 23:42, 43, "이르되 예수여 당신의 나라에 임하실 때에 나를 기억하소서 하니 예수께서 이르시되 내가 진실로 네게 이르노니 오늘 네가 나와 함께 낙원에 있으리라 하시니라"; 계 14:13, "또 내가 들으니 하늘에서 음성이 나서 이르되 기록하라. 지금 이후로 주 안에서 죽는 자들은 복이 있도다 하시매 성령이 이르시되 그러하다 그들이 수고를 그치고 쉬리니 이는 그들의 행한 일이 따름이라 하시더라."

죽음의 공포에 대항하는 예방법은 다음과 같다:

① 죽음은 사탄과 죄와 세상과 육체와 영원한 죽음의 폭압으로부터, 그리고 무수한 위험과 손실로부터 경건한 자들을 자유롭게 놓아주며, 그들을 그리스도의 보호 아래에서 안전하고 복되게 한다.

② 그리스도는 그분의 죽으심으로 우리의 죽음과 매장됨을 거룩하게 하셨다.

③ 그리스도는 경건한 자들의 삶에서 뿐만 아니라 죽음에서도 유익이 되신다(빌 1:12).

④ 그리스도의 영이 믿는 자들에게 주시는 위로들은 많은 단계에서 죽음의 고통을 능가한다.

⑤ 하나님을 분명하고 영광스럽게 뵈려는 열망과 그분의 성도들, 다시 말하면 우리 이전에 사람들 중에서 탁월하였던 그들을 만나고자 하는 소망이다.

⑥ 우리는 육체 대신에 영광을 입게 된다(고후 5:1).

⑦ 죽음의 가시인 죄가 제거되어, 뱀이 해할 수가 없다. 고전 15:55, "사망아 너의 승리가 어디 있느냐 사망아 네가 쏘는 것이 어디 있느냐?"; 히 2:15, "또 죽기를 무서워하므로 한평생 매여 종 노릇 하는 모든 자들을 놓아 주려 하심이니."

⑧ 삶의 방법에 대해서 만큼 죽음에 대해서도 알아야 한다. 경건하게 살았던 사람의 죽음은 악할 수가 없다. 악하게 살았던 자의 죽음은 간신히 좋을 뿐이다.

⑨ 천사들을 대하게 되는데, 그들은 죽은 성도들의 영혼을 즉각적으로 하늘로 옮긴다.

하늘에 간 영혼은 거기에서 마지막 심판 때까지 머무르는데, 그들은 한편으로는 하나님을 찬양하며, 다른 한편으로는 영광의 나라의 완성과 충만한 복락을 기대하며 열망한다. 계 5:8, 9, "그 두루마리를 취하시매 네 생물과 이십사 장로들이 그 어린 양 앞에 엎드려 각각 거문고와 향이 가득한 금 대접을 가졌으니 이 향은 성도의 기도들이라. 그들이 새 노래를 불러 이르되 두루마리를 가지시고 그 인봉을 떼기에 합당하시도다. 일찍이 죽임을 당하사 각 족속과 방언과 백성과 나라 가운데에서 사람들을 피로 사서 하나님께 드리시고"; 계 14:2, 3, "내가 하늘에서 나는 소리를 들으니 많은 물 소리와도 같고 큰 우렛소리와도 같은데 내가 들은 소리는 거문고 타는 자들이 그 거문고를 타는 것 같더라. 그들이 보좌 앞과 네 생물과 장로들 앞에서 새 노래를 부르니"; 시 149:1, "할렐루야 새 노래로 여호와께 노래하며 성도의 모임 가운데에서 찬양할지어다"; 계 6:10, "큰 소리로 불러 이르되 거룩하고 참되신 대주재여 땅에 거하는 자들을 심판하여 우리 피를 갚아 주지 아니하시기를 어느 때까지 하시려 하나이까 하니."

제 50 장
최후의 심판에서 택자들의 상태에 대하여

　최후의 심판은 다음과 같다: 1. 그리스도의 재림 직전에 하늘의 권능들이 흔들릴 것이다. 해와 달이 빛을 내지 않으며, 별들이 하늘에서 떨어질 것이다. 이러한 것을 보면서 살아 있는 택자들은 즐거워할 것이며, 유기자들은 두려움에 떨 것이다. 마 24:29, 30, "그 날 환난 후에 즉시 해가 어두워지며 달이 빛을 내지 아니하며 별들이 하늘에서 떨어지며 하늘의 권능들이 흔들리리라. 그 때에 인자의 징조가 하늘에서 보이겠고 그 때에 땅의 모든 족속들이 통곡하며 그들이 인자가 구름을 타고 능력과 큰 영광으로 오는 것을 보리라"; 눅 21:26-28, "사람들이 세상에 임할 일을 생각하고 무서워하므로 기절하리니 이는 하늘의 권능들이 흔들리겠음이라. 그 때에 사람들이 인자가 구름을 타고 능력과 큰 영광으로 오는 것을 보리라. 이런 일이 되기를 시작하거든 일어나 머리를 들라 너희 속량이 가까웠느니라 하시더라"; 딤후 4:8, "이제 후로는 나를 위하여 의의 면류관이 예비되었으므로 주 곧 의로우신 재판장이 그 날에 내게 주실 것이며 내게만 아니라 주의 나타나심을 사모하는 모든 자에게도니라."

2. 천체들은 불타서 바람 소리와 함께 사라질 것이며, 땅과 땅에 있는 업적들이 성분들(elementa)과 함께 불타서 소멸할 것이다. 벧후 3:12, 13, "하나님의 날이 임하기를 바라보고 간절히 사모하라. 그 날에 하늘이 불에 타서 풀어지고 물질이 뜨거운 불에 녹아지려니와 우리는 그의 약속대로 의가 있는 곳인 새 하늘과 새 땅을 바라보도다."

동시에 다음의 일이 일어날 것이다. 천사장이 부는 마지막 나팔 소리를 들으며, 그리스도께서 권세와 영광, 그리고 천사들을 대동하고 갑자기 구름 속에서 오실 것이다. 마 24:31, "그가 큰 나팔소리와 함께 천사들을 보내리니 그들이 그의 택하신 자들을 하늘 이 끝에서 저 끝까지 사방에서 모으리라"; 살전 4:16, "주께서 호령과 천사장의 소리와 하나님의 나팔 소리로 친히 하늘로부터 강림하시리니 그리스도 안에서 죽은 자들이 먼저 일어나고", 마 24:30, "그 때에 인자의 징조가 하늘에서 보이겠고 그 때에 땅의 모든 족속들이 통곡하며 그들이 인자가 구름을 타고 능력과 큰 영광으로 오는 것을 보리라"; 살전 4:17, "그 후에 우리 살아 남은 자들도 그들과 함께 구름 속으로 끌어 올려 공중에서 주를 영접하게 하시리니 그리하여 우리가 항상 주와 함께 있으리라."

3. 나팔 소리를 들을 때에 죽은 택자들이 그들의 육체와 함께 일어날 것이다. 재가 되고 산산히 부서졌던 육체가 하나님의 능력으로 다시 조성될 것이다. 그리고 영혼이 하늘에 있던 장소에서부터 육체로 옮겨진다. 그 때에 살아있던 자들은 순간적으로 변화될 것이며, 죽은 자들도 그와 같이 변할 것이다. 또한 육체의 구원이 있을 것이며, 택자들의 모든 육체가 그리스도의 영광스러운 육체와 같이 된다. 그러므

로 이 육체들은 영적이고 죽지 않으며 영광스럽다. 그리고 어떤 무능력과 연약함도 없을 것이다. 고전 15:52, "나팔 소리가 나매 죽은 자들이 썩지 아니할 것으로 다시 살아나고 우리도 변화되리라"; 롬 8:23, "그뿐 아니라 또한 우리 곧 성령의 처음 익은 열매를 받은 우리까지도 속으로 탄식하여 양자 될 것 곧 우리 몸의 속량을 기다리느니라"; 고전 1:30, "너희는 하나님으로부터 나서 그리스도 예수 안에 있고 예수는 하나님으로부터 나와서 우리에게 지혜와 의로움과 거룩함과 구원함이 되셨으니"; 고전 15:43-45, "욕된 것으로 심고 영광스러운 것으로 다시 살아나며 약한 것으로 심고 강한 것으로 다시 살아나며 육의 몸으로 심고 신령한 몸으로 다시 살아나나니 육의 몸이 있은즉 또 영의 몸도 있느니라. 기록된 바 첫 사람 아담은 생령이 되었다 함과 같이 마지막 아담은 살려 주는 영이 되었나니."

4. 그리스도의 보좌 앞에 모든 사람들이 모였을 때, 유기자들과 구별된 택자들은 공중으로 높이 들려 그분의 오른 편에 서게 된다. 그리고 생명의 책에 기록된 자들에게 다음과 같은 선언을 하신다. "나의 아버지께 축복받은 자들아 와서 세상의 창조 때부터 너희를 위해서 준비된 왕국을 소유하라." 마 25:32, "모든 민족을 그 앞에 모으고 각각 구분하기를 목자가 양과 염소를 구분하는 것 같이 하여"; 살전 4:17, "그 후에 우리 살아남은 자들도 그들과 함께 구름 속으로 끌어 올려 공중에서 주를 영접하게 하시리니 그리하여 우리가 항상 주와 함께 있으리라"; 계 20:12, "또 내가 보니 죽은 자들이 큰 자나 작은 자나 그 보좌 앞에 서 있는데 책들이 펴 있고 또 다른 책이 펴졌으니 곧 생명책이라. 죽은 자들이 자기 행위를 따라 책들에 기록된 대로 심판을 받으니."

제 5 1 장
최후의 심판 후의 택자들의 상태에 대하여

최후의 심판 후에 바로 하늘에서 영원한 지복을 누리게 된다. 지복이란 하나님 그분이 모든 택자들과 함께 거하시는 것이다. 고전 15:28, "만물을 그에게 복종하게 하실 때에는 아들 자신도 그 때에 만물을 자기에게 복종하게 하신 이에게 복종하게 되리니 이는 하나님이 만유의 주로서 만유 안에 계시려 하심이라." 그리고 이것은 택자들이 그들에게 전가하신 그리스도의 의로 인해서 행한 선행에 대한 무상의 대가이다. 롬 6:23, "죄의 삯은 사망이요, 하나님의 은사는 그리스도 예수 우리 주 안에 있는 영생이니라"; 딤후 4:8, "이제 후로는 나를 위하여 의의 면류관이 예비되었으므로 주 곧 의로우신 재판장이 그 날에 내게 주실 것이며 내게만 아니라 주의 나타나심을 사모하는 모든 자에게도니라"; 계 22:12, "보라 내가 속히 오리니 내가 줄 상이 내게 있어 각 사람에게 그가 행한 대로 갚아 주리라."

지복은 두 부분으로 되어 있는데, 영생과 충만한 영광이다.

영생은 하나님과의 교통인데, 이 교통 속에서 하나님 그분이 어린 양 그리스도를 통하여 택자들에게 생명이 되신다. 하늘에서는 먹는 것, 마시는 것, 잠자는 것, 공기, 더위, 추위, 호흡, 약, 옷, 빛, 해와 별이 필요하지 않으며, 하나님의 영이 그 모든 것들을 대신하신다. 이 하나님의 영에 의해서 직접적으로 살아난 자들은 영원히 거하게 된다. 요 14:23, "예수께서 대답하여 이르시되 사람이 나를 사랑하면 내 말을 지키리니 내 아버지께서 그를 사랑하실 것이요, 우리가 그에게 가서 거처를 그와 함께 하리라"; 요일 4:15, 16, "누구든지 예수를 하나님의 아들이라 시인하면 하나님이 그의 안에 거하시고 그도 하나님 안에 거하느니라. 하나님이 우리를 사랑하시는 사랑을 우리가 알고 믿었노니 하나님은 사랑이시라. 사랑 안에 거하는 자는 하나님 안에 거하고 하나님도 그의 안에 거하시느니라"; 계 21:3, "내가 들으니 보좌에서 큰 음성이 나서 이르되 보라 하나님의 장막이 사람들과 함께 있으매 하나님이 그들과 함께 계시리니 그들은 하나님의 백성이 되고 하나님은 친히 그들과 함께 계셔서"; 23절, "그 성은 해나 달의 비침이 쓸 데 없으니 이는 하나님의 영광이 비치고 어린 양이 그 등불이 되심이라"; 계 22:2, "길 가운데로 흐르더라 강 좌우에 생명나무가 있어 열두 가지 열매를 맺되 달마다 그 열매를 맺고 그 나무 잎사귀들은 만국을 치료하기 위하여 있더라"; 5절, "다시 밤이 없겠고 등불과 햇빛이 쓸 데 없으니 이는 주 하나님이 그들에게 비치심이라 그들이 세세토록 왕 노릇 하리로다"; 고전 15:45, "기록된 바 첫 사람 아담은 생령이 되었다 함과 같이 마지막 아담은 살려 주는 영이 되었나니"; 롬 8:11, "예수를 죽은 자 가운데서 살리신 이의 영이 너희 안에 거하시면 그리스도 예수를 죽은 자 가운데서 살리신 이가 너희 안에 거하시는 그의 영으로 말미암아 너희 죽을 몸도 살리시리라."

충만한 영광은 택자들이 누리는 놀라운 탁월함인데, 이로써 그들은 최상의 상태가 된다. 이 영광은 삼중으로 이루어져 있다:

① 하나님의 얼굴, 즉 그분의 영광과 위대하심을 바라보는 것이다. 계 22:4, "그의 얼굴을 볼 터이요 그의 이름도 그들의 이마에 있으리라"; 시 17:15, "나는 의로운 중에 주의 얼굴을 뵈오리니 깰 때에 주의 형상으로 만족하리이다."

② 그리스도와 같이 된다. 다시 말하면 의로우며 거룩하고 타락할 수 없게 되며 영광스럽고 명예롭고 고귀하고 아름다우며 강하고 권세 있고 민첩하게 된다. 요일 3:2, "사랑하는 자들아 우리가 지금은 하나님의 자녀라 장래에 어떻게 될지는 아직 나타나지 아니하였으나 그가 나타나시면 우리가 그와 같을 줄을 아는 것은 그의 참모습 그대로 볼 것이기 때문이니"; 빌 3:21, "그는 만물을 자기에게 복종하게 하실 수 있는 자의 역사로 우리의 낮은 몸을 자기 영광의 몸의 형체와 같이 변하게 하시리라."

③ 그들은 천국의 기업 뿐만 아니라 불태워져 새롭게 된 하늘과 땅을 소유한다. 벧전 1:4, "썩지 않고 더럽지 않고 쇠하지 아니하는 유업을 잇게 하시나니 곧 너희를 위하여 하늘에 간직하신 것이라"; 마 25:34, "그 때에 임금이 그 오른편에 있는 자들에게 이르시되 내 아버지께 복 받을 자들이여 나아와 창세로부터 너희를 위하여 예비된 나라를 상속받으라"; 계 5:10, "그들로 우리 하나님 앞에서 나라와 제사장들을 삼으셨으니 그들이 땅에서 왕 노릇 하리로다 하더라"; 계 21:7, "이기는 자는 이것들을 상속으로 받으리라. 나는 그의 하나님이 되고 그는 내 아들이 되리라."

이 두 가지의 결과 역시 이중적이다. 영속적인 기쁨과 하나님을 향한 완전한 경배이다. 시 16:11, "주께서 생명의 길을 내게 보이시리니 주의 앞에는 충만한 기쁨이 있고 주의 오른쪽에는 영원한 즐거움이 있나이다"; 시 36:8, 9, "그들이 주의 집에 있는 살진 것으로 풍족할 것이라 주께서 주의 복락의 강물을 마시게 하시리이다. 진실로 생명의 원천이 주께 있사오니 주의 빛 안에서 우리가 빛을 보리이다."

하나님을 향한 경배는 하나님을 향한 찬양과 감사의 행위로 이루어져 있다. 계 21:3, "내가 들으니 보좌에서 큰 음성이 나서 이르되 보라. 하나님의 장막이 사람들과 함께 있으매 하나님이 그들과 함께 계시리니 그들은 하나님의 백성이 되고 하나님은 친히 그들과 함께 계셔서"; 계 5:12, "큰 음성으로 이르되 죽임을 당하신 어린 양은 능력과 부와 지혜와 힘과 존귀와 영광과 찬송을 받으시기에 합당하도다 하더라"; 계 11:17, "이르되 감사하옵나니 옛적에도 계셨고 지금도 계신 주 하나님 곧 전능하신 이여 친히 큰 권능을 잡으시고 왕 노릇 하시도다."

이 경배를 수행하는 방식은 하나님을 통하여 그분을 경외하는 것이다. 하늘에는 성전, 의식, 성례가 없으며, 하나님 그분과 어린 양이신 그리스도께서 그것들을 대신하신다. 계 21:22, "성 안에서 내가 성전을 보지 못하였으니 이는 주 하나님 곧 전능하신 이와 및 어린 양이 그 성전이심이라." 시간으로는 어떤 중단도 없이 매일을 섬기게 된다. 계 7:15, "그러므로 그들이 하나님의 보좌 앞에 있고 또 그의 성전에서 밤낮 하나님을 섬기매 보좌에 앉으신 이가 그들 위에 장막을 치시리니."

부가결론

이처럼 하나님은 택자들의 구원을 통하여 의와 긍휼을 드러내신다. 의란 택자들의 죄를 아들의 인격 안에서 벌하신 것이다. 긍휼은 아들의 공로로 인하여 그들의 죄를 사하신 것이다. 엡 1:18, 19, "너희 마음의 눈을 밝히사 그의 부르심의 소망이 무엇이며 성도 안에서 그 기업의 영광의 풍성함이 무엇이며 그의 힘의 위력으로 역사하심을 따라 믿는 우리에게 베푸신 능력의 지극히 크심이 어떠한 것을 너희로 알게 하시기를 구하노라"; 엡 3:18, 19, "능히 모든 성도와 함께 지식에 넘치는 그리스도의 사랑을 알고 그 너비와 길이와 높이와 깊이가 어떠함을 깨달아 하나님의 모든 충만하신 것으로 너희에게 충만하게 하시기를 구하노라." 또한 하나님은 모든 것을 이와 같이 작정하셨고, 결국 그분의 이름의 영광을 위하여 이루신다. 잠 16:4, "여호와께서 온갖 것을 그 쓰임에 적당하게 지으셨나니 악인도 악한 날에 적당하게 하셨느니라."

제 52 장

로마 교회에서 말하는 구원의 원인들의 질서에 대하여

(이하는 로마 교회의 주장이다: 역자 주)

구원을 성취하기 위해서는 두 가지가 필요하다. 예정과 예정의 실행이다. 예정은 이성적인 피조물을 현재의 은혜와 앞으로의 영광으로 미리 정하시는 것이다. 세바스티안 카타네우스(Sebastian Cattaneus)의 저서 『새로운 율법의 성례에 대한 편람(Enchiridion de sacramentis Novae Legis)』, 1장, 마지막 부분.

예정의 첫 번째 결과들로 말하자면 이것이다. 소명, 선택과 영생으로 정하심인데, 오직 하나님 안에 원인이 있다. 그 원인은 그분의 의지이다. 그럼에도 불구하고 예정의 최종적 결과인 정하심을 실행하는 것과 영생을 성취하는 것에 대해서 말하자면, 예정은 사람 안에서 원인을 가진다. 왜냐하면 일반적인 견해에 따라서 하나님의 예정은 사람의 예지된 행위로부터 나오는 것이기 때문이다. 다시 말하면 하나님께서 어떤 사람을 예정하시거나 유기하셨는데, 그가 그분의 은혜를 악하게, 또는 선하게 사용할 것을 미리 보셨기 때문이다. 이것을 증명하기 위해서 다음의 일곱 개의 결론을 제시한다.

① 신적인 예정과 유기는 무엇을 강제하지 않으며, 사람의 의지에 필연을 가하지도 않는다.

② 모든 사람이 예정되었다. 다시 말하면 하나님께서 모든 사람을 생명으로 정하시고 결정하셨다.

③ 구원받지 못하는 사람은 필연적으로, 혹은 우연적으로 정죄받는 것이 아니라, 자신의 의지로 정죄받는다.

④ 하나님은 어떤 자들을 예정하셨고, 어떤 자들을 유기하셨다.

⑤ 하나님께서 완전한 예정으로 예정하신 자들을 잃어버리실 수 없으며, 그들은 실패할 수 없는 은혜 가운데 죽는다. 참으로 현재의 의로움에 따른 예정으로 예정된 자들은 죽을 죄를 쫓아가다가 잃어버린 바 될 수 있고, 꼭 반드시 구원에 이르지는 못한다.[13] 오히려 그러한 자들도 종종 정죄를 받으며, 면류관과 영광을 잃어 버린다. 이로 인해서 의롭게 된 자가 유기자가 될 수 있고 멸망할 수 있다고 말한다. 아우구스티누스, 『고백록』, 2권, 4, 20. 그러므로 예정은 포기될 수 있기 때문에, 확실하지 않다.

⑥ 예정된 자들의 숫자는 오직 하나님께만 알려져 있으며, 확실하고 결정되어 있다.

⑦ 예정된 자들과 유기된 자들의 숫자는 완전하게 확실하며 결정되어 있다. 더 늘어날 수도, 더 줄어들 수도 없다.

예정의 실행에는 유아에 대한 것, 또는 성인에 대한 것이 있다. 세

---

13 여기서 로마 교회는 '완전한 예정'은 실패하지 않지만, 성도가 '현세에서 스스로 이루는 의로움으로 인한 예정'은 실패할 수 있다고 가르친다.

례의 의식를 통하여 전달되는 그리스도의 공로가 유아들에게 적용된다. 그러므로 모든 것, 즉 죄의 참되고 고유한 근거가 되는 원죄에 있는 모든 것을 제거한다. 또한 고치거나 책임을 전가하지 않는다. 그러므로 하나님은 중생된 자 안에 있는 어떤 것도 미워하지 않으신다. 『트렌트 공의회』, 5권, 5장.

때때로 세례 받은 자 안에 욕망과 정욕이 있다는 것을 당연히 고백한다. 이것은 훈련을 위해서 남겨진 것이기 때문에, 세례를 받은 자들에게 해를 끼칠 수 있다. 성인에게 이루어지는 예정의 실행은 여섯 단계를 가진다:

첫 번째는 소명인데, 사람이 가지고 있는 어떤 공로로 인해서가 아니라, 예수 그리스도를 통한 하나님의 선행하는(praeveniente) 은혜로 인해서 하나님께로 돌이키도록 부르시는 것이다.

두 번째는 칭의를 위한 준비인데, 성령께서 사람을 일깨우신 후에, 자유 의지의 능력을 통하여 칭의를 위한 준비를 한다. 자유 의지는 빈약하기는 하지만 없어지지는 않는다. 그러므로 자발적인 동의 하에 마음을 어루만지고 비춰주시는 성령과 동역한다.

준비의 단계는 여덟 가지이다. 비엘(Biel), 4권, 14장, 2번째 문제.

① 첫 번째는 믿음인데, 지식과 감정의 동의이다. 동의는 지식을 더 확실하게 세운다. 하나님과 그분의 뜻에 대한 믿음은 말씀 안에 세워진다. 칭의의 기초는 준비하는 마음이다. 왜냐하면 자유 의지가 준비하게 하는 동인들을 자극하도록 격려하기 때문이다. 믿음의 첫 번째 행위는 죄를 혐오하는 것인데, 그것은 믿음의 대가이다.

② 여기에서부터 하나님의 진노와 지옥의 불길에 대한 두려움을 가지게 된다.

③ 여기에서부터 죄에 대하여 혐오하며 거부감을 가지게 된다. 이것은 직접적으로 충분한 태도는 아니며, 아직은 동떨어져 있기는 하지만 그럼에도 적절한 태도이다.

④ 이후에 믿음은 하나님의 긍휼에 대한 생각을 의지한다. 그리고 믿음은 (은혜를 주시려고) 준비하신 하나님께서 충분하게 준비를 갖추고 있는 자들에게 사랑의 전가를 통하여 빚(죄)을 청산하신다고 확신한다.

⑤ 이러한 생각으로부터 소망의 행위가 나온다. 이를 통하여 최고의 선이신 하나님을 바라보기 시작한다.

⑥ 이 소망의 행위로부터 사랑이 나온다. 이 사랑으로 인하여 만물에서 나오는 어떤 것보다 하나님을 사랑한다.

⑦ 이 사랑에서 죄에 대한 또 다른 종류의 불쾌감과 혐오가 나오는데, 정죄에 대한 두려움 때문에 생기는 것이 아니라, 만물보다 하나님을 더 사랑하기 때문에 나오는 것이다.

⑧ 이 행위는 개선하고자 하는 결심을 만들어 낸다. 그리고 이것은 결국 공로와 충분하게 조화를 이룬다. 또한 은혜를 부어주기 위한 직접적이고 충분한, 그리고 최종적인 태도이다.

예정의 세 번째 단계는 첫 번째 칭의이다. 이 칭의에 의해서 불의한 사람이 의롭게 되는데, 죄 사함 뿐만 아니라, 은혜와 선물을 의지적으로 받아서 속사람이 거룩해짐으로 의롭게 된다. 이것의 유효한 원인은 하나님의 긍휼과 그리스도께서 당하신 공로적 고난이다. 이것으로 사람이 칭의에 적합해졌다. 수단은 세례이다. 형태는 의인데, 그리스도를 의롭게 만드는 그 의가 아니라, 사람 안에 부어주신 의다. 이것은 특별히 소망과 사랑이다.

네 번째 단계는 두 번째 칭의인데, 이 칭의에 의해서 사람이 의인들 중에서도 더 의롭게 된다. 이것의 원인은 선행과 동역하는 믿음이다. 중생한 자들에게는 율법 준수가 가능하다. 그러므로 의인이 모든 선행 속에서도 작은 죄를 범할 수 있다는 것은 잘못된 것이다. 그리고 그것이 영원한 형벌을 받을 만하다는 것은 더욱 불합리하다.

다섯 번째 단계는 회개의 성례를 통하여 타락한 자를 고치는 것이다. 이것은 믿음이 파선된 이후에 붙잡을 수 있는 두 번째 나무판자이다. 이것이 고침을 받는 원인인데, 죽음에 합당한 죄를 사함받는 칭의의 은혜이다.

마지막 단계는 칭의의 열매이다. 다시 말하면 영생의 영광이다. 은혜 안에서 행한 일들은 마땅히 영광스러운 것으로 여길 만 하다.

공로는 합당하다. 왜냐하면 만약 보답을 하지 않는다면 대가를 빚지게 되기 때문이다. 이것은 불의를 범하는 것이다. 의의 엄격함에 의해서 책임이 있다. 공로를 확정하기 위해서는 두 가지 조건이 요구된다:

① 어떤 언약에 의해서 대가에 대한 책임이 있어야 한다. 그리고 이 조건은 하나님의 관점에서 행위 속에 있다. 하나님은 성경에서 선한 행위에 보수를 약속하셨다.

② 채무자가 빚을 지게 되는 언약이 아니라고 해도 행위에 어떤 가치가 있어야 하며, 또는 대가를 위하여 행위에 상응하는 어떤 점이 있어야 한다.

행위의 가치는 다음에 달려 있다:

① 그리스도이다. 왜냐하면 그리스도는 그분의 적절한 행위들을

공로로 받을 만하게 만들 뿐만 아니라, 그분의 구성원들의 행위를 공로가 되게 하시기 때문이다.

② 성령이다. 다시 말하면 성령은 행위를 하도록 영감을 주고 일깨우고 움직이신다.

③ 내재하는 은혜이다. 이 은혜는 하나님의 본질에 참가하는 것이다.

이상은 예정의 실행의 단계에 대한 것이었다. 다음은 개인의 예정에 대한 판단이다. 이 죽을 운명에서 살고 있는 동안에는 하나님의 예정의 숨겨진 신비에 대해서 누구도 스스로 예정된 사람에 속해 있는지 확신할 수 있다고 생각해서는 안 된다. 만약 (예정에 대하여 확신을 주는) 특별한 계시를 받지 않았다면 하나님께서 선택한 사람을 알 수 없다.『회기』, 6, 12.

이 모든 내용들의 요약은 이것이다. 하나님은 특별한 은혜라고 불리우는 (믿기 전에) 미리 주신, 또는 앞서는 은혜를 통하여 사람을 움직이셔서, 그가 스스로 칭의의 은혜로 준비되게 하신다. 다시 말하면 그가 믿고 두려워하고 회개하고 사랑하고 새로운 삶 등등을 결심하게 하신다. 다음으로 만약 죄인이 자신의 자유 의지를 통하여 신적인 움직임에 동의하면, 결과적으로 스스로 적절히 결심하며, 계속적으로 하나님께서 그의 죄를 사하시고, 동시에 그에게 의롭다 하는 은혜를 쏟아부으신다. 사람은 이 은혜를 통하여 선행을 행할 수 있으며, 선행을 통하여 영생을 획득한다. 벨라르미누스.

로마 교회에서의 구원과 정죄의 원인에 대한 표

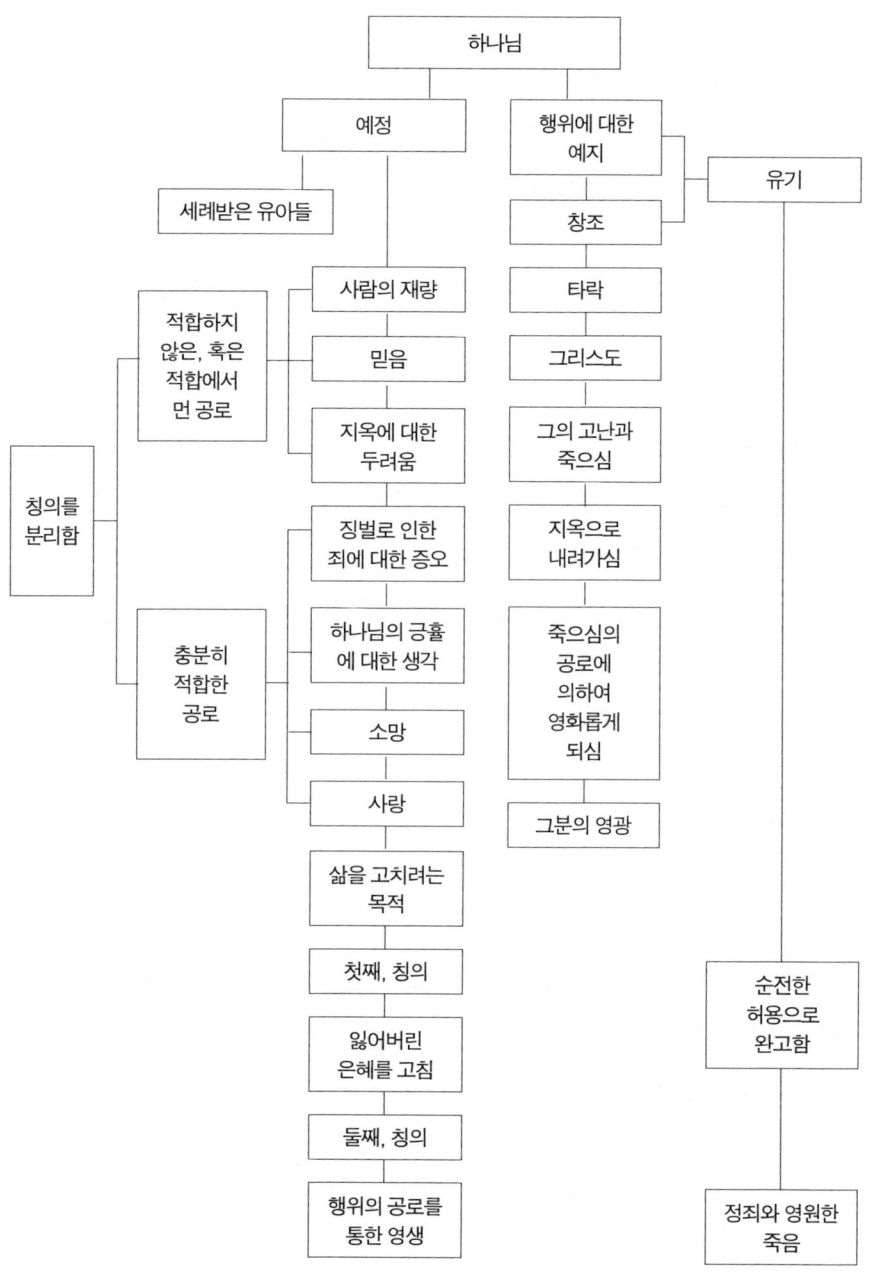

제52장 로마 교회에서 말하는 구원의 원인들의 질서에 대하여

구원의 원인의 분배에 대한 교황주의자들의 잘못된 가르침들

이 로마 교회의 가르침은 확실히 신성모독적이며, 사람의 양심을 고문하고 고통을 주는 형틀과 같은 것으로 생각해야 한다. 나는 로마 교회의 주요한 오류들을 다음과 같이 지적한다.

오류 1. 예정은 오직 택자들에게만 있으며, 유기자들은 미리 보신 자들이다.

반명제.

예정이라는 명칭은 대유법적으로 선한 쪽으로는 종종 택자들과 소명받은 믿는 자들에 대한 것으로 이해한다. 롬 8:30과 같다. "또 미리 정하신 그들을 또한 부르시고 등등." 이처럼 에베소 교인들을 엡 1:5에서 "우리를 예정하사 자기의 아들들이 되게 하셨으니."라고 말한다. 그럼에도 불구하고 하나님의 작정에서 생명을 위한 작정 또는 죽음을 위한 작정까지도 일반적으로 확장될 수 있다.

근거. 1. 행 4:28, "그들이 당신의 거룩한 아들 예수를 대항하여 모였습니다 등등. 그들이 당신의 권능과 뜻대로 예정하신 그것을 행하려고 모였나이다." 그분은 될 일을 미리 정하시고 예정하셨다.

2. 아우구스티누스, 『성도의 견인에 대하여』, 17장: "예정을 앞으로의 일들을 정하심이라고 부른다"; 그리고 『하나님의 도성』, 15권, 1장: "그분은 인류를 두 백성으로 나누셨다. 그들 중의 한 부분은 하나님과 함께 통치하도록 영원부터 예정되었고, 다른 부분은 마귀와 함께 영원한 고통에 처하도록 예정되었다"; 그리고 『라우렌티우스에게 보내

는 편람』, 100장에서 말하기를 "하나님은 악한 자들을 의롭게 형벌로 예정하셨고, 선한자들을 인자하게 은혜로 예정하셨다."고 한다. 토마스 아퀴나스는 『신학대전』, 첫 번째 부분, 23문, 1절에서 말하기를 "그 어떤 것(피조물에 속한 것: 역자 주)도 사람을 영생으로 예정하시거나 또는 하지 않으신 두 예정의 근거로 생각하지 않는다."고 한다.

두 번째로 유기자는 예지된 것이고, 예정된 것은 아니라는 주장은 불합리하다. 왜냐하면 하나님의 예지는 앞으로 있게 될 모든 일에서 하나님의 의지, 그리고 뜻과 떨어질 수 없기 때문이다. 그러므로 미래는 하나님께서 참으로 앞으로 있게 될 것이라고 예지하신 것이다. 그리고 그것은 하나님께서 의지하시거나, 또는 의지하지 않으신 것으로 된다. 만약 의지하셨다면 하나님께서 작정하셨고 미리 정하신 것이다. 만약 원하지 않으셨다면(즉 원하지 않으셨는데도 존재한다면), 어떻게 전능한 분이시겠는가? 그리고 하나님께서 제아무리 악 자체를 인정하시는 의지에 의해서 원치는 않으셨다고 할지라도, 그분은 자유롭고 자발적인 허용으로 의지하셨다. 아우구스티누스, 『라우렌티우스에게 보내는 편람』, 100장:

> 제아무리 악한 것이 악한 만큼은 선하지 않다고 할지라도, 그럼에도 불구하고 선한 것 뿐만 아니라, 악도 있다는 것이 선한 것이다. 놀랍고 형언할 수 없는 방식으로 그분의 의지가 없이는 아무것도 이루어지지 않는다. 심지어 그분의 의지에 반하여 일어난 일이라고 할지라도 그러하다. 왜냐하면 그분이 허락하지 않으셨다면 일어나지 않을 것이고, 물론 원치 않는 것을 허락하신 것이 아니라, 의지적으로 허락하신다.

오류 2. 예정은 가변적이다. 왜냐하면 교황주의자들의 일반적인 견해에 따르면 예정된 것은 무엇이든지 간에 우연적으로 예정된 것인데, 사람 편에서처럼, 하나님의 편에서도 그렇다. 이 사실로부터 예정된 자가 정죄받을 수 있고, 예지된 자, 즉 정죄로 작정된 자가 구원 받을 수 있다는 사실이 나온다.

반명제

정확히 정반대가 옳다. 사람의 영원한 구원, 또는 정죄에 대한 하나님의 작정은 영원부터 확정된 것이고 견고한 것이고 불변하는 것이다. 1. 성경의 증언. 롬 11:29, "하나님의 은사와 부르심에는 후회하심이 없느니라"; 마 24:24, "거짓 그리스도들과 거짓 선지자들이 일어나 큰 표적과 기사를 보이어 할 수만 있으면 택하신 자들도 미혹하게 하리라"; 롬 8:33, "누가 능히 하나님의 택하신 자들을 송사하리요?"; 딤후 2:19, "그러나 하나님의 견고한 터는 섰으니 인침이 있어 일렀으되 주께서 자기 백성을 아신다."

2. 하나님 안에 있는 선택과 유기는 사람 안에 있는 것이 아니다. 그리고 하나님 안에 있는 것은 불변한다. 말 3:6, "나 여호와는 변역치 아니하나니"; 사 14:24, "나의 생각한 것이 반드시 되며 나의 경영한 것이 반드시 이루리라."

3. 이것이 확고하다면 하나님의 예지가 실패하며, 그분의 권세가 약하며, 그분의 의지가 변하는 것이 확실하다고 말하는 것은 불경이다. 그분이 의지나 의논을 바꾸신다는 것은 그분이 더 나쁜 경영을 세울 수 있다고 보기 때문이거나, 그분이 더 좋은 경영을 실행할 수 없다고 보기 때문에 변한다는 것이다. 둘 중에 어느 하나도 하나님께는 해

당되지 않는다.

4. 만약 우리가 하나님의 의논을 어떤 방식으로든 변개시킬 수 있다고 생각한다면, 이러한 근거로 그분의 예정이 불확실하다는 결론이 나온다. 이로 인해서 우리의 고귀하고 유일한 (구원의) 확신의 근거가 무너진다. 그러므로 선택뿐만 아니라 유기도 확실하고 불변하는 것임을 지켜야 한다. 택자가 유기자가 될 수 없고, 유기자가 택자가 될 수 없다. 두 번째로 택자가 정죄받을 수 없으며, 유기자들이 구원을 받을 수 없다.

교황주의자의 이의. 복합적인 의미에서 예정된 자는 구원받지 못할 수 있고, 예지된 자가 멸망당하지 않을 수 있다. 그러나 구별된 의미에서는 그럴 수 없다. 복합적인 의미에서는 흰 것이 검은 것이 될 수 없다. 왜냐하면 흰색과 검은 색은 대립되는 것이기 때문이다. 그러나 구별된 의미에서는 대립되지 않는다. 흰 것이 검은 것이 될 수 있다. 이와 비슷하게 예정된 자는 자유 의지로 인해서 죄를 범할 수 있고 정죄받을 수 있다.

대답. 이것은 순전히 궤변이다. 왜냐하면 결말, 즉 구원으로 예정된 자들은 필연적으로 구원을 위한 수단으로 예정되었기 때문이다. 그들이 이 수단들을 사용하지 않을 수 없고, 이로 인해서 그 목적으로 이끌림을 받지 않을 수 없다.

오류 3. 모든 사람들이 예정되었다. 다시 말하면 하나님께서 영생을 이루기 위해서 결정하셨고 정하셨다. 세바스티아누스 카타네우스, 『편람』, 예정에 대하여.

반명제

분명하게 잘못되었다. 1. 태어나서 바로 죽은 유아들은 시간을 두고 이생에서 구원의 수단들을 사용할 수 없기 때문에, 영생을 가진다고 할지라도, 수단을 적용하여 영생을 얻은 것이 아니라는 사실이 분명하다.

2. 하나님께서 실제적으로 행하시는 것은 그분이 행하려고 작정하신 것이다. 왜냐하면 그분은 무지불식간에, 혹은 억지로 어떤 것도 행하지 않으시기 때문이다. 그리고 그분은 참으로 인류의 많은 부분을 버리시고, 완악함 아래에 잡혀 있도록 내버려 두신다. 행 14:16, "하나님이 지나간 세대에는 모든 족속으로 자기의 길들을 다니게 묵인하셨으나." 심지어 엡 2장에서 모든 인류들을 "세상에서 하나님 없는 자들"이라고 말한다. 하나님은 특정한 사람들을 이생에서 버리기로 작정하셨다. 그러므로 모든 자들을 영생에 이르는 데로 정하지 않으셨다. 더 나아가서 만약 하나님께서 모든 자들이 구원받는 것을 원하신다면, 어떤 사람도 멸망할 수 없다. 왜냐하면 하나님의 것으로 의지하신 것은 그분의 것으로 하실 수 있고 하시기 때문이다. 만약 생명으로 작정된 자가 멸망한다면, 영원부터 의지하신 것을 멈추고, 전에는 원하지 않으시던 것을 원하기 시작하신 것이다. 이것은 신성모독이 아니고서는 하나님에 대해서 말할 수 없는 것이다.

3. 바울은 살후 2:10에서 특정 사람들이 택자들과 구별되는 "멸망하는 자들"이라고 말한다. 13절과 롬 9:21, 22. 그들은 영광과 긍휼의 그릇이 있을 뿐만 아니라, 영원 속에서 이루어지고 조성된 하나님의 의논에서 진노의 그릇도 있다. 그리고 하나님은 진노와 멸망을 위하여 만든 그들을 절대로 생명을 얻는 자들로 정하지 않으셨다.

오류 4. 예정은 그 결과의 최종적인 것들과 관련해서는 사람 안에 원인을 가지고 있다. 다시 말하면 사람 안에 있는 자유 의지와 행위들이다. 하나님께서는 그리스도 안에서 주신 은혜를 받으며, 율법에 따라서 삶을 살 자들을 미리 보셨고, 그들을 행위가 아닌 은혜로 인하여 예정하셨다. 그럼에도 불구하고 행위를 존중하시기에, 행위에 따라서, 또는 예지하신 행위로 말미암아서 예정하셨다. 즉 하나님은 영원 전에 베드로가 구원받을 것과 유다가 정죄받을 것을 미리 아셨고 예지하셨다. 왜냐하면 하나님은 영원부터 베드로가 주신 은혜를 받을 것이며, 그것을 선하게 사용할 것을 예지하시고 미리 보셨기 때문이다. 그리고 유다는 주신 은혜를 받을 것이지만, 후에 자신의 부패한 의지로 잘못 사용할 것을 미리 보셨다.

반명제

예지하신 행위에 대한 바울의 언급을 뒤집어 엎는다. 왜냐하면 그는 "에베소 교인들이 세상의 기초가 놓이기 전에 그리스도 안에서 선택되었다."고 말하기 때문이다. 그분이 그들이 거룩하게 될 것을 예지하셨기 때문이 아니다. 오히려 "우리로 사랑 안에서 그분 앞에 거룩하고 흠이 없게 하시"기 위한 것이다. 그리고 엡 2:10, "우리는 그의 만드신 바라 그리스도 예수 안에서 선한 일을 위하여 지으심을 받은 자니 이 일은 하나님이 전에 예비하사 우리로 그 가운데서 행하게 하려 하심이니라." 이 본문에서 선한 행위들은 참으로 예정의 결과들이다. 그리고 미리 보신 바 된 결과물이 그의 원인의 원인이 될 수 없다. 왜냐하면 모든 인식과 본성의 원인은 질서상 그 결과물보다 앞서는 것이기 때문이다.

2. 딛 3:5, "우리를 구원하시되 우리의 행한 바 의로운 행위로 말미암지 아니하고 오직 그의 긍휼하심을 좇아 중생의 씻음과 성령의 새롭게 하심으로 하셨나니."

3. 하나님은 우리를 택하실 때, 스스로 외에는 어떠한 것도 보지 않으셨다. 오히려 그분은 자신 안에서 우리를 택하셨다(엡 1:4, 9). 그러므로 그분은 앞으로의 행위를 보지 않으셨다.

4. 그들도 학자들을 따라서 예정이 예정된 자 안에 있는 어떠한 근거를 가지지 않는다는 것을 고백한다. 왜냐하면 하나님께서 그를 선택하고 예정하셨기 때문이다. 토마스 아퀴나스, 『신학대전』, 첫 번째 책, 23문, 2절.

5. 선택은 긍휼히 여기시는 하나님으로부터 나온다(롬 9:16).

6. 하나님께서 사람에게 어떤 은혜를 주지 않으신다면, 그분은 사람 안에 어떤 은혜도 보지 못하실 것이다. 이 사실로부터 선택에서 그 시작은 은혜로부터 나온다는 것이 드러난다.

7. 하나님과 함께 더 탁월한, 또는 그분의 의지에 대한 더 큰 원인을 그분 밖에, 또는 그분을 넘어서서 놓는 것은 불경이다. 그러므로 사람의 구원에 대한 그분의 작정의 충동적인 원인은 믿음과 행위에 대한 예지로 생각해야 한다는 것을 정당하게 거절한다.

오류 5. 세례를 올바르게 시행함으로써 원죄의 형벌 뿐만 아니라, 원죄의 타락도 씻겨지는데, 죄의 근거를 제거하기 위한 것이다.

반명제
우리는 죄에 대하여 다음과 같이 구별한다. 하나님의 진노에 속한 죄의 측면에서, 그리고 형벌의 측면에서의 죄, 둘 다가 세례의 한 행동으로 동시에 제거된다. 그러나 본성의 흠과 타락의 측면에서의 죄는 즉시가 아니라, 계속적으로, 그리고 점차적으로 제거된다. 이것은 성령을 통하여 점차적으로 시작되고 커지는 중생에 따른 것이다.

근거. 1. 바울이 더 이상 죄를 그쳤다면, 그가 그토록 원죄로 인하여 통탄하지 않았을 것이다. 그는 "내 지체 속에서 한 다른 법이 내 마음의 법과 싸워 내 지체 속에 있는 죄의 법 아래로 나를 사로잡아 오는 것을 보는도다. 오호라 나는 곤고한 사람이로다. 이 사망의 몸에서 누가 나를 건져 내랴?"라고 하였다.

2. 그러므로 원죄를 "죄를 짓게 하는 최고의 죄"라고 부른다(롬 7:13). 이처럼 또한 "얽매이는 죄"라고 말한다(히 12:1).

3. 욕망은 자범죄의 뿌리이다. 그러므로 그것은 세례 후에 범하는 고유한 죄이다.

4. 만약 죄의 욕망이 본성을 가지고 있지 않다면, 육체와 영혼의 격렬하고 불타는 투쟁을 그치게 될 것이다.

오류 6. 세례는 구원을 위해 절대 필수적인데, 특별히 아이를 위해서 그렇다.

반명제
우리는 세례가 반드시 있어야 한다는 것에는 반대한다.

근거 1. 성례는 은혜를 가져다 준다. 하지만 이미 하나님으로부터 받은 것을 확증한다. 믿는 자들의 유아들은 거룩하게 태어나는데, 본성적인 출생에 의한 것이 아니라, 하나님의 은혜에 의한 것이다. 그리고 그러한 것은 세례에 의해서 이루어지는 것이 아니다. 또한 성인들은 다만 믿는 자들이 세례를 받는다. 그리고 믿는 자들은 의롭게 되며, 하나님과 화해를 한다. 그러므로 만약 그들이 성례를 받지 못한다고 할지라도 자신의 잘못없이는 멸망할 수 없다.

2. 하나님은 첫째 날이나, 둘째 날이 아니라, 팔 일만에 할례를 행하는 것으로 작정하셨다. 결국 그 날 이전에 죽어서 할례를 받지 못한 많은 유아들을 독단적으로 정죄받은 자들이라고 하는 것은 매우 헛된 일이다.

3. 사십 년 동안 사막에서 죽은 자들에게는 진채가 자주 옮겨갔기 때문에, 그리고 삶의 위기 때문에 할례가 중단되었었다. 그러나 만약 성례가 구원을 위해서 완전하게 필요하였다면, 모세와 아론은 성례의 사용을 잊지 않았을 것이다.

4. 옛 교부들은 세례가 반드시 필요하다는 견해를 알지 못했다. 교회는 종교적인 사람들이 성년의 나이가 될 때까지, 또는 죽을 때까지 세례를 연기하는 것을 허락하였다. 그럼에도 불구하고 이것은 우리가 비난하는 것이다. 그러므로 콘스탄틴 황제는 죽기 직전까지 세례를 받지 않았다. 발렌티니아누스는 망설이고 세례를 받지 않았다. 그럼에도 불구하고 암브로시우스는 발렌티니아누스가 하늘의 삶으로 부름받았다고 선언하였다. 베르나르두스는 또한 편지 77에서 세례를 하지 않는 것이 아니라, 오히려 세례를 모독하거나, 둔감하고 처참한 태만이 있다는 것에 대해서 논쟁하였다.

오류 7. 아담의 타락 이후에도 사람은 악을 행하는 것 뿐만 아니라, 선을 행하기 위한 자유 의지를 가지고 있으나, (타락 이전과는) 차이가 있음이 인정된다. 즉 자유 의지는 외적인 어떤 도움 없이도 단순하게 악을 행하나, 선을 행하기 위해서는 다만 하나님의 은혜가 먼저 와야 한다. 그럼에도 불구하고 이 은혜는 많은 사람들이 가지고 있으며, 우리의 자유의지 안에서 동의하고 협력한다. 그러므로 하나님께서 받으실 선을 향하는 자유의지의 능력은 회개 전에는 줄어들기는 하지만, 소멸되지는 않는다. 그러므로 칭의를 위하여 준비하는 행위를 할 수 있다.

반명제

중생되지 않은 사람은 선이 아닌, 순전히 악을 향하는 자유의지를 가지고 있다. 회개하지 않은 자는 믿음과 회개를 의도할 수 없다.

근거 1. 사람은 허약하거나 병들었다고 말하지 않는다. 오히려 죄 안에서 죽었다(엡 2:1, 골 1:13). 그러므로 육체적으로 죽은 자가 스스로 깨어날 수 없는 것처럼, 다른 자가 도움을 줄 때에만, 살아있는 자의 행위를 할 수 있다.

2. 마귀의 종이며, 죄의 소유이다(엡 2:2, 롬 6:13). 그리고 종은 또 다른 사람의 의사와 의지에 달려 있다.

3. 아무도 스스로 깨닫거나 믿을 수 없기에, 그는 의지할 수 없다. 참으로 누구도 하나님의 나라에 속한 일을 깨닫거나 믿을 수 없다. 고전 2:14, "육에 속한 사람은 하나님의 성령의 일을 받지 아니하나니"; 고후 3:5, "우리가 무슨 일이든지 우리에게서 난것 같이 생각하여 스스로 만족할 것이 아니니."

4. 선에 반대하는 원수와 대적이 선을 원하지 않는다. 의지가 선을 반대하는 원수이며 대적이다. 롬 8:7, "육신의 생각은 하나님과 원수

가 되나니 이는 하나님의 법에 굴복치 아니할 뿐 아니라 할 수도 없음이라."

반대 1. 당신의 마음과 당신의 입에 있는 말이 당신이 행하는 것과 멀지 않다(신 30장).

대답. 율법을 율법적으로가 아니라, 복음적으로 행하는 것이 쉽다. 다시 말하면 그가 중보자를 통하여 완수하고, 그분으로부터 받은 자가 하나님의 영의 새로운 순종을 수행하고자 애쓴다.

반대 2. 하나님께서는 우리가 회개하고 믿으며 하나님께 순종 등등을 하는데 도움이 되는 많은 교훈을 주신다. 여기에 자유의지가 있다.

대답 1. 그러한 본문들은 능력에 대해서 권고하는 것이 아니라, 의무와 연약함에 대해서 권고하는 것이다. 그것들은 사람이 할 수 있는 것이 아니라, 해야 하는 것을 보여주는 것이다.

2. 그것들은 성령의 기관(도구)들인데, 이것들을 가지고 구원받을 자들을 새롭게 하며 돌이키신다.

문제 제기. 그것을 교훈하시는 하나님은 무능력함을 기대하지 않으신다.

대답. 순전한 사람(타락 전 아담)에게는 그러셨다. 그러나 타락한 자에게는 아니다. 그러므로 그의 죄로 말미암아 하나님의 명령을 지킬 수 없다.

반대 3. 빌 3:12, "두렵고 떨림으로 너희 구원을 이루라."

대답. 바울은 회개하여 부분적으로 자유의지를 가지고 있는 사람들에게 말하는 것이다.

반대 4. 만약 의지가 순전히 수동적이라면, 선으로 강요받는 것이다.

대답. 의지는 첫 번째 회개에서는 자체적으로 수동적이다. 그러나 만약 성령으로부터 나오는 행위가 있다는 것을 생각한다면 능동적인 것이다. 즉 그것은 행위를 한다. 그러므로 강요받지 않는다. 오히려 원하지 않는 자에서부터 원하는 자가 된다.

오류 8. 성령께서는 원함을 주지 않으시고, 오히려 연결되어 있는 의지를 자유롭게 하시고 깨우신다. 그렇게 함으로 그 의지가 자신의 능력을 가지고 의롭다 함을 위하여 결정하게 하기 위한 것이다.

반명제

분명한 오류이다. 하나님의 나라에 속한 선한 것들, 다시 말하면 믿음, 회개, 새로운 순종, 성령의 순전한 선물을 원하게 된다. 눅 10:22, "아들이 아니면 누구도 아버지를 알지 못하고, 그에게 아들이 계시하기를 원하신다"; 눅 8:10, "가라사대 하나님 나라의 비밀을 아는 것이 너희에게는 허락되었으나"; 고전 12:3, "성령으로 아니하고는 누구든지 예수를 주시라 할 수 없느니라." 마지막으로 하나님에 따라서 의와 거룩으로 창조되어야 하는 자가 스스로를 어떤 방식으로든 칭의와 새로운 창조로 결정할 수 없다(엡 4:24). 아직 창조되지 않은 것이 스스로를 창조로 결정한다는 것은 불가능하다.

오류 9. 은혜를 받기 위한 준비는 자유의지의 능력으로 일어나는 일인데, 이것은 칭의를 당연히 받을 만하다.

반명제

이것은 사탄적인 것보다도 더 교만한 냄새가 난다. 어떻게 미치지 않고서야 수백만 번의 정죄를 받아 마땅한 자가 스스로 아주 작은 은혜라도 받을 만한 가치가 있을 수 있다고 믿을 수 있겠는가? 탕자가 받아들여진 것은 공로 때문이 아니라, 은혜로 말미암은 것이다. 눅 15:21, "아들이 이르되 아버지 내가 하늘과 아버지께 죄를 지었사오니 지금부터는 아버지의 아들이라 일컬음을 감당하지 못하겠나이다."

오류 10. 거룩한 자들의 믿음, 또는 의롭게 된 자들의 믿음이 있는데, 이로써 사람은 하나님께서 일반적으로 약속하신 축복을 믿는다. 그리고 하나님께서 그들 주위에 계시하신 어떤 신비들에 동의한다.

반명제

믿음은 복음의 역사에 대한 지식과 보편적인 동의일 뿐만 아니라, 그리스도에 대한 하나님의 약속을 이해하고, 각각 적용하는 능력이다. 이로 인해서 스스로 죄사함을 받은 자는 하나님과 화목을 이룬다고 견고하게 확신한다.

근거 1. 하나님의 은혜에 대한 개별적인 확신은 믿음의 본성에서 나오는 것이다. 엡 3:12, "우리가 그 안에서 그를 믿음으로 말미암아 담대함과 하나님께 당당히 나아감을 얻느니라"; 롬 4:20, 21, "믿음이 없어 하나님의 약속을 의심치 않고 믿음에 견고하여져서 하나님께 영광을 돌리며 약속하신 그것을 또한 능히 이루실 줄을 확신하였으니"; 히 10:22, "참 마음과 온전한 믿음으로 하나님께 나아가자."

2. 개인적인 의심은 비난받는다. 마 14:31, "믿음이 적은 자여 왜 의심하였느냐?"; 눅 12:29, "너희는 무엇을 먹을까 무엇을 마실까 하여

구하지 말며 근심하지도 말라."

3. 하나님께 기도로 간구하는 사람은 그분께서 자신을 받으실 것임을 확실하게 믿어야 한다(막 11:24). 믿는 자들은 기도로 양자됨, 칭의, 영생을 간구한다. 그러므로 그들은 각각 자신이 호의로 받아들여졌음을 확실히 믿어야 한다.

4. 롬 5:1, "우리가 의롭다 하심을 얻었은즉 하나님으로 더불어 화평을 누리자." 하나님의 은혜에 대해서 개별적인 확신이 없는 곳에서 화평이 있을 수 없다.

5. 성령이 개별적으로 증언하신 것은 또한 개별적으로 믿어야 한다. 그리고 성령께서는 믿는 자의 양자됨에 대해서 개별적으로 증거를 주신다(롬 8:16, 갈 4:6). 그러므로 이것도 동일한 근거에 의해서 믿어야 한다.

그들이 말하는 바, 아브라함, 그리고 바울과 같이 특별한 계시가 아니면 누구도 개별적인 확신을 가질 수 없다고 하는 것은 잘못된 것이다. 그들의 믿음이 성경에 있는 것은 우리 모두가 따라갈 모범으로서 있는 것이다. 이 명목으로 아브라함은 '믿는 자들의 조상'이라고 말한다. 그리고 바울은 자신에 대해서 동일한 것을 증거한다. 딤전 1:16, "그러나 내가 긍휼을 입은 까닭은 예수 그리스도께서 내게 먼저 일절 오래 참으심을 보이사 후에 주를 믿어 영생 얻는 자들에게 본이 되게 하려 하심이니라." 심지어 그들이 우리가 믿음의 확신이 아니라, 도덕적인 확신으로 확실하게 된다고 말하는 것은 날조해 낸 것이다. 왜냐하면 롬 8:16에서 "성령이 친히 우리 영으로 더불어 우리가 하나님의 자녀인 것을 증거하시나니"라고 말하기 때문이다. 여기에 우리의 양자됨에 대한 두 증인이 있는데, 우리의 영과 하나님의 영이다. 우리의 영은 성화와 성화의 열매로부터 나오는 윤리로써 양자됨에 대하여 증거한다. 그리고 하나님의 영은 또 다른 방식으로, 다시 말하면 약속들을 내적으로 가르치시고 적용하심으로, 즉 믿음의 확신으로 하신다.

반대 1. 우리는 두려움으로 구원을 이루라고 명령을 받는다.
대답. 이 두려움은 우리의 죄를 사하시는 하나님의 긍휼에 대한 것이 아니라, 계속적으로 타락과 하나님으로부터 떨어져 나가는 경향이 있는 우리와 우리의 본성에 대한 것이다.
반대 2. 구원을 소망하는 하나님의 긍휼의 측면에서는 확실하다. 그러나 우리의 무가치함의 측면에서는 확실하지 않다.
대답 1. 은혜에 대해서 의심하는 것이 전혀 허락되지 않는다. 왜냐하면 의심은 믿음의 본성에서 나온 것이 아니라, 오히려 타락에 내재한 것이기 때문이다.
2. 만약 우리가 무가치함을 생각한다면, 구원에 대해서는 확실하게 절망해야 한다는 것은 의심할 바가 없다.
반대 3. 알지 못하는 많은 죄들이 있다. 이것을 사함받았는지 누구도 알지 못한다.
대답. 참으로, 그리고 확실하게 하나의 죄가 사함을 받았다고 아는 자는, 그가 그것을 알던, 알지 못하던, 하나님 앞에서 모든 죄가 사해졌다는 것을 알아야 한다.
반대 4. 누구도 '나는 은혜 안에 있으며 의롭게 되었다'는 명제를 감히 주장하거나, 이 명제를 위해서 죽지 못한다.
대답. 믿음을 가지고 있는 자들은 법적으로 부름을 받았을 때, 양자됨에 대해서 맹세하고 그것을 위해서 목숨을 건다.

반대 5. 개신교의 믿음을 가지고 있으면서도 죽을 죄를 범하며, 죽음에 이르는 죄 안에 거하려는 결심을 한다.

대답. 잘못되었다. 행 15:9, "순전한 믿음은 마음을 성결케 한다."

이 밖에도 궤변론자들은 하나님 말씀의 진리에 대한 지식과 마음의 조명인 이 믿음이 칭의의 뿌리이며 기초라고 말한다. 그러면 왜 마귀는 의롭게 되지 않는가? 그는 말씀에 대한 지식을 가지고 있고, 믿음에 의한 동의를 하고 있다. 그러나 그가 믿음을 가지고 있다고 할지라도, 믿는 자라고 말할 수는 없다.

이의 제기. 마귀의 믿음에는 사랑이 없다. 이 사랑은 믿음의 형태이다.

대답. 그러나 그들의 주장은 노파들이나 할 만한 공상이다. 왜냐하면 사랑은 믿음의 결과물이기 때문이다(딤전 1:5). 결과가 그 원인을 만들지 못한다.

오류 11. 하나님에 대한 사랑이 질서와 시간의 측면에서 칭의와 하나님과의 화해보다 먼저 온다.

반명제

반대로 우리가 먼저 우리 자신에 대한 하나님의 사랑을 확신하지 못한다면, 우리는 하나님을 사랑하지 않는 것이다. 우리가 그분을 사랑할 때, 그분이 먼저 우리를 사랑하셨기 때문이다(요일 4:19). 둘째로 하나님의 대적은 하나님을 사랑할 수 없다. 아직 의롭게 되거나, 하나님과 화목하지 못한 자는 하나님의 적이다(롬 5:9, 10). 그리고 칭의의 사건 이전에는 누구도 원수에서 하나님의 친구가 되지 못한다.

오류 12. 칭의의 형태적 원인은 주입된 의, 또는 내재된 의이다. 이것으로 사람들은 하나님 앞에서 형태적으로 의인이 된다.

반명제

우리는 반대로 생각한다. 칭의의 질료적 원인은 고난과 율법의 성취 속에서 행하신 그리스도의 순종이다. 참으로 형태적 원인은 전가이다. 이것은 그리스도의 순종을 우리의 것으로 받으시는 아버지의 사역이다.

근거 1. 우리가 모든 죄를 사함받는 그것으로 영생을 받는다. 또한 그것으로서 의롭다 함을 받는다. 우리에게 전가된 그리스도의 완전한 순종에 의해서 우리는 죄로부터 자유롭게 되며, 영생으로 받아들여진다. 내적인 거룩에 의한 것은 아니다. 이것은 참으로 기도와 회개를 하면서 견고해 진다. 죄와 사탄과의 유혹과 투쟁 속에서 믿음이 그렇게 확고하게 하지는 않는다. 이제 나는 사랑과 내재적인 은혜를 가진다. 이것 때문에 하나님은 나를 받으실 것이다. 그러나 믿음은 정확하게 우리를 위하여 희생물이 되셨으며, 아버지 우편에 앉아계시고, 우리를 위하여 중보하시는 하나님의 아들을 본다. 믿음은 그분에게 피신하며, 그분 때문에 하나님께서 우리의 죄를 무시하시며, (하나님과) 화목됨을 선물하시고, 우리 안에 내재하는 질로 인해서가 아니라, 그리스도의 공로로 우리를 의인으로 간주하신다는 것을 확신한다(롬 5:19).

2. 그리스도는 죄인이 되신 것처럼, 이에 상응하여 믿는 자들은 의인이 된다. 그러나 그리스도는 우리를 위하여 전가에 의해서 죄인이 되신 것이다(고후 5:21). 그분은 우리를 위해서 보증인이 되셨고, 죄인

들을 위한 희생제물이 되셨다. 그 안에서 우리를 위한 하나님의 진노의 모든 죄책과 형벌이 옮겨 쏟아질 수 있었다. 여기에서 심지어 우리를 위한 저주가 되셨다고 말한다. 우리는 그 반대로 전가에 의해서 의인이 된다.

3. 반대로 정죄가 사해진다. 칭의는 정죄에 상응하는 것이다. 롬 8:33, "누가 능히 하나님께서 택하신 자들을 고발하리요 의롭다 하신 이는 하나님이시니." 그러므로 칭의는 죄인의 사면이다. 사면은 그리스도의 공로의 전가가 아니면 이루어지지 않는다.

4. 주입되고 내재하는 의는 그것의 위치와 칭찬, 그의 상을 가지는 것이 허락된다. 그럼에도 불구하고 이것은 이생에서 성령의 사역이며, 또한 불충분한 것인데, 그것과 연결되어 있는 육체와 불완전함과 남은 죄의 더러움 때문이다(사 64장). 그러므로 하나님의 심판에서 어떤 사람을 정죄의 선언에서 풀어주는 일을 이룰 수가 없다.

반대 1. 전가라는 개념은 공허한 생각이다.
대답 1. 그것은 신적인 관계(relatio), 또는 정하심인데, 이로 인해서 하나의 관계가 그 상대방에게 적용된다. 또는 기초가 그 목적으로 적용된다.

2. 우리들의 죄가 그리스도께로 전가되는 것이 진리인 것처럼, 그리스도의 의가 우리에게 전가되는 것을 상상이라고 말할 수 없다.

3. 심지어 로마 교회가 이 전가라는 개념을 변호한다. 왜냐하면 교회의 권위에 의해서 어떠한 자들의 속죄와 공로들을 교회의 다른 구성원들에게 적용하고 있기 때문이다. 이 사실로부터 사제들의 사면은 전가에 해당하는 것임이 나타난다.

반대 2. 전가된 의는 영구적이지 않다. 그러나 메시야께서는 영구적인 의를 주신다.

대답. 어떠하든 간에 이생 후에는 어떤 죄사함도 주실 필요가 없을 것이다. 그럼에도 불구하고 현재 세상에서 주신 것은 영원 속에서 이룰 구원을 위하여 지속될 것이다.

반대 3. 만약 전가에 의해서 칭의가 이루어진다면, 의인이지만 실제적으로는 불경한 사람이 하나님과 함께 있게 될 것이다.

대답. 어떤 방식으로도 그렇지 않다. 왜냐하면 전가에 의해서 의롭게 된 사람은 어떤 실재에 의해서 거룩하게 될 것이기 때문이다.

오류 13. 두 번째 칭의는 행위에 의해 이루어진다.

반명제

두 번째 칭의에 대한 상상은 마귀적인 것이다. 1. 하나님의 말씀은 하나의 칭의 외에는 알지 못한다. 그리고 그것은 그 자체로 완전하고 충분하다. 하나의 칭의, 하나님께 범한 죄에 대한 하나의 속죄이다. 그러므로 여러 칭의가 있지 않다.

2. 만약 내재하는 의가 커지는 것으로부터 칭의를 종과 부분으로 서로 구별할 수 있다면, 이로 인해서 대단히 많은 칭의를, 또는 두 개의 칭의를 만들 수 있다.

3. 본성의 질서에 의해서 하나님 앞에서 충만한 칭의가 나온다면, 그는 의롭게 될 수 없다. 선행은 본성의 질서에 의해서 칭의, 또는 죄로부터 우리가 자유롭게 되는 것 다음에 온다. 왜냐하면 먼저 그 사람 자체를 기뻐하지 않으신다면, 어떤 행위도 하나님을 기쁘시게 할 수

없기 때문이다. 만약 그리스도의 공로를 통해서 하나님과 화목을 이루어 그분과 평화를 이루지 않았다면, 참으로 그 사람 자체를 기뻐하지 않으신다.

4. 법적인 의로부터 벗어난 행위들은 하나님의 재판정에서 의롭다 함을 받지 못한다. 오히려 더욱 더 그 자체가 영원한 저주에 얽매이게 된다. 법의 목소리는 이와 같다. '누구든지 그가 행해야 하는 율법서 안에 있는 모든 내용에 거하지 않는 자는 저주를 받으라.' 중생된 자의 행위는 율법의 의에서 벗어난다. 그러나 그 사실을 깨닫고 충격받은 다윗은 사면을 받기 위해서, 감히 그의 행위, 또는 최고의 것을 하나님의 판단에 내어놓지 않는다. 이 사실로 인해서 다음과 같이 외친다. "주의 종에게 심판을 행하지 마소서 주의 눈 앞에는 의로운 인생이 하나도 없나이다." 이와 비슷한 것이 욥 9:3이다. "사람이 하나님께 변론하기를 좋아할지라도 천 마디에 한 마디도 대답하지 못하리라"; 단 9:18, "우리가 주 앞에 간구하옵는 것은 우리의 공의를 의지하여 하는 것이 아니요 주의 큰 긍휼을 의지하여 함이니이다."

5. 행위를 통한 칭의는 무엇이든지 간에 믿음의 기초를 무너뜨린다. 갈 5:2, "너희가 만일 할례를 받으면 그리스도께서 너희에게 아무 유익이 없으리라"; 4절, "율법 안에서 의롭다 함을 얻으려 하는 너희는 그리스도에게서 끊어지고 은혜에서 떨어진 자로다." 사도는 복음과 그리스도에게 명백히 저항하는 자들이 아니라, 마치 그들 안에서 어떤 구원의 일부가 남아있는 것처럼, 율법의 행위를 그리스도와 연결시키는 자들에 대해서 논쟁하는 것이다.

이의 제기. 믿음보다 앞서는 육체의 도덕적인 행위, 또는 모세 율법의 행위를 제거하는 것이다.

대답. 잘못된 것이다. 이미 중생한 아브라함에 대해서, 그리고 은혜 안에서 행한 행위들에 대해서 바울은 이처럼 말한다. "행하는 자가 아니라 믿는 자에게 믿음을 전가하신다." 하나님께서 중생자들이 그 안에서 걷게 하기 위해서 준비하신 행위들은 도덕적 행위이며 은혜의 행위이다. 그리고 이것은 구원과 칭의에서 제외된다(엡 2:10). 그리고 중생된 바울은 자신에 대해서 이렇게 말한다. "내가 자책할 아무것도 깨닫지 못하나 그러나 이를 인하여 의롭다 함을 얻지 못하노라."

6. 원인의 원인은 일어난 일의 원인이다. 참으로 행위 없는 은혜는 예정의 원인이다. 이것은 칭의의 원인이다. 그러므로 행위없는 은혜는 더욱 더 칭의의 원인이다.

반대 1. 레 18:5, "나의 율법을 행하는 자는 그 안에서 살 것이다."
대답. 이것은 율법의 판단이다. 그러므로 이것은 사람이 행할 수 있다는 것을 보여주는 것이 아니라, 해야만 하는 것을 보여주는 것이다.

반대 2. 시 119:1, "사람이 이를 행하면 그로 말미암아 살리라. 나는 여호와이니라."
대답. 행하기 때문에 복된 자가 아니다. 오히려 행하는 자의 인격이 그리스도의 공로를 통하여 하나님 앞에서 의롭게 되었기 때문이다.

반대 3. 시 7:8, "나의 의를 따라 나를 심판하소서." 그리고 시편기자의 행위는 의를 위하여 자신에게 전가한 것이다.
대답. 이 본문들은 하나님 앞에서 의롭다 함을 받는 개인의 의에 대해서 말하지 않는다. 그러나 특정한 원인, 또는 특정한 의로운 행위에 대한 것이다. 다윗이 왕국을 빼앗으려고 한다고 고발당하자, 자신이 하나님 앞에서 순전하다고 증거한다.

반대 4. 우리는 행위로 판단받는다. 그러므로 행위로 의롭게 된다.

대답. 동일한 근거가 아니다. 왜냐하면 최후의 심판은 사람의 칭의가 아니고, 행한 자 앞에서 의롭다 함을 선언하는 것이기 때문이다. 그러므로 심판은 칭의의 원인에서 나오는 것이 아니고, 오히려 그의 결과와 표지로부터 이루어지는 것이다.

반대 5. 내가 너희에게 말하노니 불의의 재물로 친구를 사귀라 등등 그들이 너희를 영원히 거주할 처소로 영접하리라.

대답. 그들(친구들)은 구원의 저자들이 아니라, 증인들이다.

반대 6. 단 4:27, "긍휼히 여김으로 죄악을 사하소서."

대답. 더욱 더 죄를 끊어내라는 것이다. 죄를 대속함으로써가 아니라, 죄를 중단함으로써 죄를 끊어낸다.

반대 7. 선행은 의롭게 한다. 왜냐하면 악한 행위가 정죄를 가져오기 때문이다.

대답. 그러한 결과가 나오지 않는다. 왜냐하면 선행은 완전한 선이 아니지만, 악한 행위들은 악한 악이기 때문이다.

반대 8. 롬 8:24, "우리 소망으로 구원을 얻었으매."

대답. 칭의와 구원은 구별해야 한다. 구원은 목적이고, 칭의는 목적으로 가는 단계이다. 이것은 종속된 단계를 위한 것이기 보다는 더욱 더 목적에 필요한 것이다. 그러므로 우리는 소망과 믿음으로 구원받으며, 또한 믿음으로 의롭다 함을 받는다.

반대 9. 고후 4:17, "환란이 영광을 이룬다."

대답. 그것은 그의 공로에 의해서 유효적인 것이 아니라, 선언하는 것이다. 즉 환란은 여정과 길이다.

반대 10. 약 2:21, "아브라함이 행함으로 의롭다 하심을 받은 것이 아니냐?"

대답. 이것은 선언적인 것이고, 유효적인 것이 아니다.

반대 11. 의인은 여전히 의롭다 함을 받는다.

대답. 그는 사람 앞에서 의롭게 됨을 말하고 있다. 다시 말하면 거룩함에 대해서 말하는 것이고, 하나님 앞에서 의롭게 됨에 대해서 말하는 것이 아니다.

반대 12. 우리는 믿음으로 의롭게 된다. 그리고 행위로 의롭게 된 것이다.

대답. 우리는 믿음으로 의롭게 되는데, 이 믿음은 덕성이 아니라, 오히려 그리스도의 의를 적용하는 수단이다. 이로써 우리는 의롭게 된다. 그리고 이 관점에서 환유법적으로 의롭다함을 위하여 믿음이 전가되는 것을 말한다.

반대 13. 은혜의 행위는 그리스도의 피로 적시게 된다.

대답. 그 행위들은 의롭게 하기 위해서가 아니라, 기쁘시게 하기 위해서 그분의 피로 적신 것이다. 왜냐하면 그들은 그리스도의 피로 적시기 위해서 행위를 하기 때문이다. 그 행위들은 죄인인 사람을 의롭게 하지 않는다. 이 사람들은 또한 그리스도의 피에 의해서 물들었다. 그럼에도 불구하고 의롭게 하지는 않는다.

그리고 이 교황주의자들의 교리가 잘못된 것이라는 것이 나타난다. 심지어 나는 웃기는 것이라고 말한다. 왜냐하면 선한 행위, 다시 말하면 의의 열매에 의해서 내재하는 의가 커진다고 말하기 때문이다. 마치 만약 우리가 포도열매를 맺음으로 더 건강한 포도나무가 되고, 또는 태양의 내적인 빛이 햇빛을 발산함으로 더 늘어난다고 말하는 것처럼 말이다. 그러나 루터는 더욱 정확하게 "선행이 의인을 만들지 않고, 의인이 선행을 한다."고 말했다.

오류 14. 은혜는 죽음에 이르는 죄에 의해 소멸되거나 온전히 잃어버린다.

반명제

1. 이것이 전혀 다르다는 것은 하나님의 말씀으로부터 명백하게 드러난다. 요 6:37, "아버지께서 내게 주시는 자는 다 내게로 올 것이요, 내게 오는 자는 내가 결코 내쫓지 아니하리라"; 마 16:18, "또 내가 네게 이르노니 너는 베드로라. 내가 이 반석 위에 내 교회를 세우리니 음부의 권세가 이기지 못하리라"; 요일 2:19, "그들이 우리에게서 나갔으나 우리에게 속하지 아니하였나니 만일 우리에게 속하였더라면 우리와 함께 거하였으려니와 그들이 나간 것은 다 우리에게 속하지 아니함을 나타내려 함이라"; 롬 5:1, "그러므로 우리가 믿음으로 의롭다 하심을 받았으니 우리 주 예수 그리스도로 말미암아 하나님과 화평을 누리자." 만약 어떤 방식으로든 의롭게 된 자가 은혜에서 떨어지거나 멸망할 수 있다면, 어떻게 이 말씀들이 참될 수 있겠는가?

2. 택자들은 큰 타락 후에 즉시 회개한다. 다윗, 베드로 등등이 예다. 이것은 그들이 온전히 은혜와 성령을 잃어버린 것은 아니라는 증거이다.

3. 은혜를 온전히 잃어버렸을 때, 그리스도 안에 접붙인 바 된 것이 제거된다. 그러므로 다시 회개한 자들은 그리스도 안에 두 번째로 접

붙어야 한다. 그러면 그들에게 세례를 두 번 반복해서 줘야 한다. 이것은 불합리이다.

때때로 우리는 은혜를 부분적으로, 그리고 한시적으로 잃어버렸다고 고백한다. 이로써 믿는 자가 그의 연약함을 깨닫고 겸손하게 된다. 그러나 전체적으로, 또는 최종적으로 잃어버린다는 주장에 대해서 우리는 거절한다.

오류 15. 율법의 성취가 이생에서 가능하다.

반명제
그리스도를 믿음으로써 율법을 복음적으로 성취한다. 그러나 법적으로 행함으로써 성취하는 것은 아니다.

근거. 육체는 율법을 성취하지 못한다. 최고로 중생되었다고 할지라도 이생에서 부분적으로는 육적이기 때문이다. 롬 7:14, "우리가 율법은 신령한 줄 알거니와 나는 육신에 속하여 죄 아래 팔렸도다"; 잠 20:9, "내가 내 마음을 정하게 하였다 내 죄를 깨끗하게 하였다 할 자가 누구냐?"; 전 7:20, "선을 행하고 전혀 죄를 범하지 아니하는 의인은 세상에 없기 때문이로다"; 시 130:3, "여호와여 주께서 죄악을 지켜보실진대 주여 누가 서리이까?" 우리는 매일 하나님께 '우리의 죄를 사하소서'라고 기도할 것을 가르침 받는다.

이의 제기. 믿음의 의를 절대적으로는 불완전한 것으로 여긴다. 그러나 참으로 하나님께서 우리의 연약함으로부터 그것을 요구하신다는 측면에서는 완전하다.

대답. 이것은 예수회의 정신착란이다. 왜냐하면 율법은 단순하고 영원하며 불변하는 명령이기 때문이다: 사람으로 행하게 하기 위해서 율법서에 기록한 모든 내용 안에 머물지 않는 모든 사람들은 저주를 받을 것이다. 우리는 피조물이고 채무자이기 때문이다. 가난은 채무자의 책임을 줄이지 않는다.

반대. 믿는 자들은 이생에서 완전하다고 말한다.

대답. 완전은 이중적이다. 하나는 아직 충분치 못한 완전함인데, 이것은 하나님의 모든 교훈에 따라서 하나님께 순종하고자 하는 열심이다. 또 다른 하나는 충분한 완전함인데, 이것은 율법이 요구하는 의이며, 이것은 율법이 요구하는 의로서 완전하다. 사람 본성의 온전한 위치에 따라서 온전한 의이다. 앞의 방식에 의해서는 믿는 자들은 완전하다. 하지만 뒤의 방식에 따라서는 아니다.

오류 16. 은혜 속에서 이루어진 행위는 매우 합당하게 영생을 받을 만한 가치가 있다.

반명제

1. 영생은 하나님의 은혜의 선물이다. 롬 6:23, "죄의 삯은 사망이요, 하나님의 은사는 그리스도 예수 우리 주 안에 있는 영생이니라." 그러므로 행위의 공로에 의해서는 영생을 받지 못한다.

2. 합당한 공로는 신인이신 분의 행위이지, 순전한 피조물의 행위가 아니다. 천사도 하나님 앞에서 순전하게 공로를 행할 수 없다. 심지어 아담이 만약 순전한 상태로 있었다고 할지라도, 하나님 앞에서는 전혀 공로가 없다. 왜냐하면 피조물이 창조자에게 복종하는 것은 당

연한 직무에서 나오는 것이기 때문이다. 그러므로 마땅한 공로는 신인이신 그리스도에게 적합한 것이다. 두 본성이 그리스도 안에서 그분의 공로를 성취하신다. 즉 인성은 고난을 당하시고 순종을 행하심으로 공로가 되는 행위를 위한 질료를 행하셨다. 그리고 인성에 가정적으로 연합되어 있는 신성은 행위를 위한 충만하고 충분한 가치를 전달한다. 그리고 여기에 성자에 대한 아버지의 언약이 있다. 마 3:17, "이는 내 사랑하는 아들이요 내 기뻐하는 자라."

3. 하나님은 율법의 두 번째 계명에서 말씀하시기를, 그분은 계명을 순종하는 자에게 영생을 의무로 말미암아 주시지 않고, 오히려 "천대까지 은혜를 베푸신다."(출 20:6)고 하셨다.

4. 어떤 행위가 공로가 되기 위해서는, 첫 번째로 그것이 법적인 의, 그리고 영생과 동등한 가치를 가져야 한다. 두 번째로 하나님께 의무가 있어야 한다. 하나님께서 은혜로 인해서가 아니라, 의무로 받으셔야 한다. 참으로 우리들의 가장 거룩한 행위들은 법적인 의에 벗어나 있다. 왜냐하면 모든 중생자들은 부분적으로는 육체이고, 부분적으로 영이기 때문이다. 그러므로 심지어 그들의 선한 행위들은 불완전한 선들이다. 그것들의 원인들이라고 보는 것이 그것들의 결과물들이다. 두 번째로 선행은 하나님께 있는 의무가 아니라, 우리에게 있는 의무이다.

5. 정통 교부들은 합당한 공로를 알지 못하였다. 아우구스티누스, 『편람』, 22장: "나의 공로는 하나님의 긍휼에 의한 것이다"; 베르나르두스, 『아가서 설교』, 68편: "공로는 충분하지 못하다는 것을 아는 것으로 충분하다"; 그레고리우스, 『도덕』, 2권, 40장: "그분은 벌거벗은 나를 은혜로써 첫 번째 믿음 안에 두신다"; 베르나르두스, 『아가서 설교』, 61편: "사람의 의는 하나님의 선하심이다." 그리고 편지 190: "마

치 모든 사람의 죄가 한 사람으로부터 나온 것처럼, 한 사람의 성화는 모두에게 전가될 수 있다." 그리고 옛교부들에게 공로는 다름 아닌 하나님께서 받으신 선행이다. 아우구스티누스, 『식스투스에게 보낸 편지』, 105: "만약 이것이 은혜라면, 어떤 은혜의 이유에 의해서 부여된 것이 아니며, 자유로운 긍휼 위에서 된 것이다. 만약 허풍을 떠는 그의 공로가 정죄를 받아야 하는 것이라면, 그 자신의 어떤 공로가 그를 자유롭게 할 수 있는가? 선행은 사람으로부터 발생하지만, 믿음은 사람 안에 생기는 것이다. 이 믿음 없이는 어떤 사람에게 공로가 생기지 않는다." 이처럼 '마땅히 받는다'(mereri)는 단어는 '선을 행한다, 마음에 든다, 기뻐한다'는 의미로 받는다. 이와 같이 옛 학자는 '하나님을 기쁘시게 한다'고 해석하였다. 히 13:16에서 '하나님이 기뻐하신다'는 것을 의미하고, 라틴어로 '마땅히 받는다'(promeri)로 번역한다.

반대 1. 보수는 행위에 해당하는 것이다.
대답. 보수는 행하는 자들에게 뿐만 아니라 행위에도 해당하지 않는 것이다. 행하는 자들 자신 때문이 아니라, 오히려 믿음을 적용하는 그리스도의 공로 때문이다. 그러므로 우리의 개인적인 공로가 아니라, 오히려 그리스도의 공로와 우리의 보수가 서로 연결된 것이다.

반대 2. 살후 1:6, "너희로 하여금 하나님의 나라에 합당한 자로 여김을 받게 하려 함이니"
대답. 하나님이 하셔야 하기 때문이 아니라, 그분이 약속하셨기 때문에 의인에게 진실되게 약속을 이행하는 것이 의의 한 부분이다.

반대 3. 그리스도는 공로가 있으시다. 그러므로 행위는 공로가 될 수 있다.

대답 1. 이것은 그리스도의 지속적인 중보를 없애는 것이다.

2. 이것은 본성에 반하여 행한 법적인 행위들이 마땅히 공로가 되게 한다. 왜냐하면 본성과 창조의 법에 따라서 하나님께 의무적으로 행해야 하기 때문이다. 그러나 모든 행위들은 불완전하며 범죄와 섞여 있다.

3. 행위에 대한 이 교리는 그리스도의 공로를 모호하게 한다. 왜냐하면 영생의 결과는 그분의 죽으심과 순종으로 제거되며, 행위에 돌리기 때문이다. 그들은 그리스도가 그분의 고난으로 죄인을 위한 칭의를 획득하셨다고 말한다. 참으로 의롭게 된 죄인은 그의 행위로 심지어 적절하게 영생을 획득한다.

반대 4. 중생자들의 행위들은 성령의 행위이다. 그러므로 완전하고 순전하다.

대답 1. 하나님의 행사는 그 시간과 단계에 따라서 완전하다. 그러므로 하나님의 행위인 성화는 이생에서 불완전하게 남아 있다. 그리고 이생 후가 아니라면 완전하지 않다.

2. 또한 하나님의 행위는 순전한데, 오직 하나님의 행위라는 측면에서는 그렇지만, 하나님과 동시에 전가된 사람의 행위라는 측면에서는 그렇지 않다. 이미 선행은 직접적으로 영혼의 본성적인 능력으로부터, 분명히 이해와 의지로부터 나온다. 부분적으로 여전히 중생자들의 이해와 의지 안에 나쁜 죄악들이 내재해 있다. 이러한 것들(이해와 의지)은 직접적으로 성령으로부터 나오는 것이 아니며, 또한 지속적으로 부패가 함께 한다. 이로 인해서 선행은 죄에 의해서 훼손된다.

오류 17. 특별한 계시가 아니면 우리들의 예정을 알지 못한다.

반명제

반대가 확실히 옳다.

근거 1. 이것을 확실히 믿어야 한다. 그러므로 특별한 계시 없이도 알 수 있다. 그리고 모든 믿는 자들은 자신의 특별한 선택을 믿어야 한다. 하나님의 명령은 우리가 그리스도를 믿으라는 것이다(요일 3:23). 그리고 그리스도를 믿는 것은 우리가 그분을 통하여 양자가 되었고, 의롭게 되었고, 구속을 받은 것을 믿을 뿐만 아니라, 그분 안에서 영원 가운데 선택되었음을 믿는 것이다. 이 사실로부터 그리스도를 믿지 않는 자는 전체 복음을 믿지 않는 것이다.

2. 성령께서 우리를 인치셨다면 양자 된 것이 확실하다. 그러므로 선택은 성령에 의해서 인침을 받는다. 고전 2:12, "우리가 세상의 영을 받지 아니하고 오직 하나님께로 온 영을 받았으니 이는 우리로 하여금 하나님께서 우리에게 은혜로 주신 것들을 알게 하려 하심이라." 그러므로 선택은 우리에게 확실하다. 엡 1:13, "그 안에서 너희도 진리의 말씀 곧 너희의 구원의 복음을 듣고 그 안에서 또한 믿어 약속의 성령으로 인치심을 받았으니"

이의 제기. 성령께서는 행위를 통하여 윤리적으로 양자됨을 인치신다. 그러므로 양자됨의 인식은 다만 어느 정도 개연성이 있을 뿐이다.

대답. 그분은 중생하심으로 특별한 믿음을 인친다. 다시 말하면 우리가 하나님의 약속을 듣고 깨달을 때, 성령께서 그 약속을 통하여 마음과 의지를 움직이신다. 그리고 움직이심으로 우리가 그것을 느끼며 만족하도록 만드신다. 이 사실로부터 양자 됨과 하나님의 은혜에 대한 특별한 확신이 시작된다.

3. 눅 10:20, "너희 이름이 하늘에 기록된 것으로 기뻐하라." 그것을 확실하게 알지 못한다면, 누구도 선한 것에 대해서 기뻐할 수 없다.

4. 벧후 1:10, "그러므로 형제들아 더욱 힘써 너희 부르심과 택하심을 굳게 하라." 그러나 이것은 하나님에 관한 것이 아니라, 우리에 관한 것이다.

반대. 하나님께서 성경을 통하여, 또는 전승된 말씀(전통)을 통하여 계시하지 않으셨다면, 누구도 어떤 것을 보편적인 신앙으로 믿어서는 안 된다. 그러나 특정한 사람, 예를 들어서 피터 또는 헨리가 하나님께 예정되었다는 것과 같은 내용들은 성경과 전통에 없다.

대답. 그러한 명제 '나는 선택되었다'가 성경에서 나타나지는 않는다. 그럼에도 불구하고 성경 안에 은연 중에 담겨 있다. 그 종류 안에 어떤 형태가 있다. 그러므로 하나님의 말씀으로부터 정당한 결과를 끌어내는데, 삼단논법을 통하여 할 수 있다: '참으로 믿는 자는 선택되었다. 나는 참으로 믿는다. 믿는 자는 자신이 믿는다는 것을 알 수 있다. 그러므로 나는 선택되었다.' 성경은 이 큰 확신을 준다. 순전한 양심이 작은 확신을 준다. 그리고 이 둘로부터 결론이 흘러나온다.

제 5 3 장
유기의 작정에 대하여

이상은 선택에 대한 것이었다. 이제 유기의 작정을 다룰 것이다.

유기의 작정은 예정인데, 이로써 하나님은 그분의 의지의 자유롭고 가장 의로운 정하심에 따라서 특정한 자들을 영원한 정죄와 비참으로 버리고자 결정하신 것이다. 이것은 그분의 의를 찬양하게 하기 위한 것이다. 롬 9:21, "토기장이가 진흙 한 덩이로 하나는 귀히 쓸 그릇을, 하나는 천히 쓸 그릇을 만들 권한이 없느냐?"; 벧전 2:8, "그들이 말씀을 순종하지 아니하므로 넘어지나니 이는 그들을 이렇게 정하신 것이라"; 유 4절. "이는 가만히 들어온 사람 몇이 있음이라 그들은 옛적부터 이 판결을 받기로 미리 기록된 자니 경건하지 아니하여 우리 하나님의 은혜를 도리어 방탕한 것으로 바꾸고 홀로 하나이신 주재 곧 우리 주 예수 그리스도를 부인하는 자니라"; 살전 5:9, "하나님이 우리를 세우심은 노하심에 이르게 하심이 아니요, 오직 우리 주 예수 그리스도로 말미암아 구원을 받게 하심이라." 성경에서 가인과 아벨, 이스마엘과 이삭, 에서와 야곱은 우리에게는 인류의 모형과 같이 부분적으로는 택자로, 부분적으로는 유기자로 작정되었다.

우리는 마치 하나님의 순전하고 유일한 의지에 의해서, 그리고 정죄받는 자들에게 내재되어 있는 원인들 없이도 어떤 자들이 정죄된다고 생각하는 것처럼, 어떤 정죄를 위한 완전한 작정을 생각하지는 않는다. 다시 말하면 이 실행의 작정에는 어떤 종속되는 수단들이 있다. 그러므로 우리는 작정과 실행의 수단들을 전혀 분리시키지 않는다. 그럼에도 불구하고 때때로 그 자체로 이루어진(per se) 하나님의 작정과 때때로 그 자체로 이루어진 것이 아닌(non per se) 하나님의 작정을 구별한다. 후자는 수단이 되도록 정하신 바 된 원인들과 생각해야 한다. 그리고 이 두 번째 측면에서 그리스도는 예정되신 분이라고 말한다. 그러나 전자의 측면에서, 다시 말하면 그 자체로 생각한다는 측면에서는 예정되시지 않았다. 오히려 성부, 성령과 함께 예정하신 분이시다.

또한 하나님의 비밀한 작정은 1. 천사들도 헤아리지 못하고 찬양을 하는 하나님의 기뻐하심에서부터 나왔다. 2. 다만 후험적으로(a posteriore), 다시 말하면 결과로부터 알 수 있다.

제 5 4 장
유기의 작정의 실행에 대하여

이 작정의 실행에서는 기초와 단계를 생각해야 한다. 유기를 실행하는 기초는 아담의 타락이다. 이것을 통하여 사람이 죄와 정죄에 매이게 된다. 롬 2:32, "하나님이 모든 사람을 순종하지 아니하는 가운데 가두어 두심은 모든 사람에게 긍휼을 베풀려 하심이로다"; 벧전 2:8, "또한 부딪치는 돌과 걸려 넘어지게 하는 바위가 되었다 하였느니라. 그들이 말씀을 순종하지 아니하므로 넘어지나니 이는 그들을 이렇게 정하신 것이라." 여기에서는 하나님께서 어떤 자들을 정죄하기로 작정하셔서, 그들에게 모든 정죄의 책임과 근거가 있도록 하셨다는 사실을 알아야 한다.

더 나아가서 하나님께서는 정죄로 던져 넣기로 하신 그들을 미워하신다. 여기에서 하나님의 미워하심이란 하나님께서 죄 안에서 타락한 유기자들을 죄 때문에 미워하시는 것이다. 그리고 이 미워하심은 아담의 타락의 결과이다. 이것은 유기의 작정의 원인을 절대로 앞서지 않으며, 오히려 그 뒤에 오는 것이다.

유기자들에는 유아들, 또는 성인들이 있다. 유기된 유아들에 대한 하나님의 작정은 다음과 같이 실행된다. 첫 번째로 그들은 태어나자 마자 가장 중요한, 그리고 본성적인 죄의 책임으로 인하여 스스로 버림을 받게 되며 죽을 자로서 영원 속에서 유기된다. 롬 5:14, "그러나 아담으로부터 모세까지 아담의 범죄와 같은 죄를 짓지 아니한 자들까지도 사망이 왕 노릇 하였나니 아담은 오실 자의 모형이라"; 롬 9:11, "그 자식들이 아직 나지도 아니하고 무슨 선이나 악을 행하지 아니한 때에 택하심을 따라 되는 하나님의 뜻이 행위로 말미암지 않고 오직 부르시는 이로 말미암아 서게 하려 하사."

유기된 성인들에는 두 부류가 있다. (효과 없는 부르심으로) 부름 받은 자들과 부름 받지 못한 자들이다. 부름 받은 유기자들에게 유기의 작정은 세 단계의 실행을 거친다. 하나님의 부르심을 깨닫는 것, 다시 타락함, 정죄이다.

1. 하나님의 부르심을 깨닫는 것이란 현세의 유기자들이 말씀의 설교를 통하여 행하시는 하나님의 부르심에 응답하는 것이다. 마 22:14, "청함을 받은 자는 많되 택함을 입은 자는 적으니라." 그리고 여기에는 또 다른 다섯 단계가 있다.

첫 번째는 조명이다. 이로써 그들은 성령께서 주시는 가르침을 받아서 말씀을 알고 깨닫는다. 히 6:4, "한 번 빛을 받고 하늘의 은사를 맛보고 성령에 참여한 바 되고"; 벧후 2:20, "만일 그들이 우리 주 되신 구주 예수 그리스도를 앎으로 세상의 더러움을 피한 후에 다시 그 중에 얽매이고 지면 그 나중 형편이 처음보다 더 심하리니."

두 번째는 뉘우치는 것이다. 다시 말하면 유기자의 회개인데 다음과 같다:

① 죄를 안다. ② 죄로 인한 하나님의 진노를 느끼고 찔림을 받는다. ③ 죄의 형벌로 인하여 슬퍼한다. ④ 죄를 고백한다. ⑤ 죄를 징벌하시는 하나님께서 의로우시다고 고백한다. ⑥ 구원을 원한다. ⑦ 고통스러워하며 '더 이상 죄를 짓지 않겠습니다'라는 말로 회개를 약속한다. 마 27:3, "그 때에 예수를 판 유다가 그의 정죄됨을 보고 스스로 뉘우쳐 그 은 삼십을 대제사장들과 장로들에게 도로 갖다 주며"; 히 12:17, "너희가 아는 바와 같이 그가 그 후에 축복을 이어받으려고 눈물을 흘리며 구하되 버린 바가 되어 회개할 기회를 얻지 못하였느니라"; 왕상 21:27, "아합이 이 모든 말씀을 들을 때에 그의 옷을 찢고 굵은 베로 몸을 동이고 금식하고 굵은 베에 누우며 또 풀이 죽어 다니더라"; 민 23:10, "나는 의인의 죽음을 죽기 원하며 나의 종말이 그와 같기를 바라노라"; 시 78:32, 33, "그럴지라도 저희가 오히려 범죄하여 그의 기사를 믿지 아니하였으므로 하나님이 저희 날을 헛되이 보내게 하시며 저희 해를 두렵게 지내게 하셨도다. 하나님이 저희를 죽이실 때에 저희가 그에게 구하며 돌이켜 하나님을 간절히 찾았고 하나님이 저희의 반석이심을 기억하였도다."

세 번째 단계는 일시적인 믿음이다. 유기자는 그리스도 안에서 주신 약속들을 어렴풋이 믿는다. 나는 '어렴풋이'라고 말한다. 그는 특정한 자들이 구원받을 것을 믿지만 자신이 구원받을 것이라고는 믿지 않는다. 왜냐하면 그는 일반적인 믿음으로 만족하여 절대로 자신을 하나님의 약속에 맡기지 않기 때문이다. 더욱이 그는 (약속을) 적용하려는 결정, 갈망과 노력을 하지 않으며, 심지어 무관심, 불신과 싸우지도 않는다. 약 2:19, "네가 하나님은 한 분이신 줄을 믿느냐 잘하는도다 귀신들도 믿고 떠느니라"; 마 13:20, "돌밭에 뿌려졌다는 것은 말씀을 듣고 즉시 기쁨으로 받되"; 요 2:23, 24, "유월절에 예수께서 예루살렘에 계시니 많은 사람이 그의 행하시는 표적을 보고 그의 이름을 믿었으나 예수는 그의 몸을 그들에게 의탁하지 아니하셨으니 이는 친히 모든 사람을 아심이요."

네 번째는 하늘의 은사(칭의와 성화)와 내세의 열매를 맛보는 것이다. 이 맛본다는 것은 유기자들이 마음으로 느끼는 것이다. 그들은 하나님의 은총의 탁월함을 느낀다. 그럼에도 불구하고 누리지는 않는다. 연회에서 잔치 음식을 맛보는 것과 그것들을 먹고 자라는 것과는 다르다. 히 6:3, 4, "하나님께서 허락하시면 우리가 이것을 하리라. 한번 빛을 받고 하늘의 은사를 맛보고 성령에 참여한 바 되고."

다섯 번째는 외적인 삶의 거룩함이다. 이 거룩함에는 종교적인 고백에 열심을 내는 것과 하나님의 사역자들을 공경하고 두려워하는 것이 있다. 또 최대한 삶을 개선하는 것이다. 막 6:20, "헤롯이 요한을 의롭고 거룩한 사람으로 알고 두려워하여 보호하며 또 그의 말을 들을 때에 크게 번민을 하면서도 달갑게 들음이러라"; 행 8:13, "시몬도 믿고 세례를 받은 후에 전심으로 빌립을 따라다니며 그 나타나는 표적과 큰 능력을 보고 놀라니라"; 호 6:4, "에브라임아 내가 네게 어떻게 하랴? 유다야 내가 네게 어떻게 하랴? 너희의 인애가 아침 구름이나 쉬 없어지는 이슬 같도다."

2. 부름받은 성인에게 일어나는 유기의 작정의 두 번째 실행 단계는 다시 타락하는 것이다. 이것은 보편적으로 일어난다. 첫째, 유기자는 또 다른 죄에 현혹된다. 둘째, 그의 마음이 그 죄로 인해서 완고해진다. 셋째, 완고해진 마음은 악하고 타락한 상태가 된다. 넷째, 이로써 그가 불신앙에 빠진다. 이 불신앙으로 인해서 듣고 깨달은 하나님

의 말씀을 더 깊이 알지 못하게 된다. 다섯째, 여기에서 직접적으로 그리스도에 대한 신앙에서 배교하게 된다. 히 3:12, "형제들아 너희는 삼가 혹 너희 중에 누가 믿지 아니하는 악한 마음을 품고 살아 계신 하나님에게서 떨어질까 조심할 것이요"; 딤전 1:19, "믿음과 착한 양심을 가지라. 어떤 이들은 이 양심을 버렸고 그 믿음에 관하여는 파선하였느니라."

이 배교는 장차 성령을 훼방하는 죄가 된다. 이에 대해서 다음과 같이 각각 생각해야 할 것이 온다.

① 이름: 성령훼방죄는 성령의 인격, 또는 신성에 반하여 일어나는 것이라고 말하지는 않는다. 이러한 관점에서 성령에 대하여 죄를 범하는 자들은 또한 성부와 성자에 대해서 죄를 범하는 것이다. 그러나 이로부터 성령의 직접적인 사역에 반하여 범하는 것이라는 이름을 가진다. 이 성령의 사역은 조명이다. 이 조명은 삼위 하나님의 공통적인 사역임을 인정한다. 그럼에도 불구하고 성부와 성자는 (조명을) 직접적으로 성령을 통하여 실제적으로 이루신다.

② 유효한 원인: 하나님 그분과 그리스도에 대항하여 작정한 악이다. 그러므로 박해의 때에 마음의 두려움과 타락으로부터 일어나는 그리스도에 대한 거절은 성령에 대한 죄가 아니다. 이것은 베드로의 예에서 확실하다(마 26:72-75). 그리스도와 교회에 대한 박해도 아닌데, 이것은 무지하여 발생하는 것이다. 바울은 그리스도의 교회를 박해하였으나, 하나님께서 그를 긍휼히 여기셨다. 왜냐하면 무지하여 행했기 때문이다. 유대인 중에서 많은 자들이 그리스도를 십자가에 못 박았다. 그럼에도 불구하고 무지로 인하여 범죄하였기 때문에, 베드로의 설교에 회개하는 자들은 죄사함을 받았다(행 3:17,37).

③ 대상: 하나님 그분과 중보자 그리스도이다. 그 죄의 악은 하나님의 위대하심 자체를 공격하고, 직접적으로 그리스도에 반대하여 공격한다. 히 10:29, "하물며 하나님의 아들을 짓밟고 자기를 거룩하게 한 언약의 피를 부정한 것으로 여기고 은혜의 성령을 욕되게 하는 자가 당연히 받을 형벌은 얼마나 더 무겁겠느냐 너희는 생각하라." 그러므로 이 죄는 직접적으로 (십계명의) 첫 번째 판과 관련되어 있다. 그리고 이것은 첫 번째 판의 내용을 순종하는 데에서 개별적으로 실족하여 넘어지는 것으로 이해하는 것이 아니다. 이러한 실족에는 하나님에 대한, 성경의 진리에 대한, 그리스도 등등에 대해서 의심하는 것들이 있다.[14] 오히려 이 모든 것에서 하나님으로부터 총체적으로 떨어져 나가는 것이다.

④ 기초: 이 죄는 성령으로부터 조명을 받고, 하나님의 선한 은사를 맛본 자들에게서 발견된다(히 6:5, 6). 그 안에는 순전한 지식 뿐만 아니라, 외적인 행위, 또는 교활하고 완고한 마음에서 나오는 하나님을 향한 뻔뻔한 모독이 있다(마 12:31). 이것이 택자들에게는 일어나지 않는다. 그러므로 선택의 확실한 증거를 느끼는 자는 한번도 절망하지 않는다. 또한 심지어 이 죄를 모든 유기자들이 범하는 것도 아닌데, 그 유기자들 중에서 많은 자들이 조명을 한번도 받지 못하고 죽기 때문이다.

⑤ 이 죄는 사함을 받을 수 없다. 그리스도의 공로보다 크기 때문이 아니라, 이 죄에는 절대로 회개가 따라올 수 없기 때문이다. 회개는 성

---

14 다시 말하면 이 정도 의심하고 실족하는 것이 성령훼방죄는 아니라는 것이다.

령으로부터 나오며, 성령은 우리 안에서 믿음으로 적용된 그리스도로 말미암는다. 그리고 그리스도를 받아들이지 않은 자는 그분(성령)을 악하게 거절한 것이다.

⑥ 이 죄에 대해서 판단하는 것은 어렵다. 왜냐하면 악에 견고하게 박힌 이 죄의 뿌리가 마음 안에 숨겨져 있으며, 쉽게 구별하지 못하기 때문이다.

이 모든 내용으로부터 이 죄의 정의는 다음과 같이 요약할 수 있다. 성령께 범하는 죄는 의지적으로 그리스도, 또는 알고 있는 진리에 대하여 완강하게 거절하며 모독하는 것이며, 그러므로 총체적으로 하나님과 참된 교회로부터 떨어져 나가는 것이다. 그 죄의 예는 부분적으로는 마귀에게서 드러나는데, 그는 예수가 그리스도시라는 사실을 확실하게 알았지만, 세상의 처음부터 하나님의 위대하심과 그리스도의 왕국을 모든 힘을 다해서 배반하였고, 심지어 알면서도 싸우기를 원하는 자이고, 어느 정도 억압할 수 있었다. 또한 부분적으로는 바리새인들에게 드러난다(마 12:32, 요 3:2).

배교 후에 더럽게 된다. 이것은 불의로 충만한 것이며, 거룩에 완전하게 반대되는 것이다. 창 15:16, "네 자손은 사대 만에 이 땅으로 돌아오리니, 이는 아모리 족속의 죄악이 아직 가득 차지 아니함이니라 하시더니"

3. 세 번째 단계는 정죄이다. 유기자들은 영원한 형벌의 판결을 받는다. 정죄의 실행은 죽음과 함께 시작되며, 최후의 심판 때에 완성된다. 눅 16:22, 23, "이에 그 거지가 죽어 천사들에게 받들려 아브라함의 품에 들어가고 부자도 죽어 장사되매, 그가 음부에서 고통중에 눈을 들어 멀리 아브라함과 그의 품에 있는 나사로를 보고."

소명받지 못한 불신자들에게 유기의 작정은 다음과 같이 실행된다:

첫 번째로 그들은 본성적으로 무지와 마음의 공허함 속에 있다. 그 후에 마음이 완고하게 된다. 이 완고함으로 인해서 죄를 슬퍼하지 않는다.

두 번째로 유기되었음을 느끼게 된다. 왜냐하면 본성적으로 있는 선한 것과 악한 것에 대한 이성적인 판단의 빛이 소멸되기 때문이다. 그 다음 마음이 더 이상 고통을 느끼지 못하게 되면, 탐욕 속에서 죄를 기꺼이 행하게 된다. 이로 인해서 죄로 가득한 더러움이 더 늘어나게 된다.

마지막으로 이 모든 자에게 의로운 보응이 나타난다. 무시무시한 정죄이다. 엡 4:18, "그들의 총명이 어두워지고 그들 가운데 있는 무지함과 그들의 마음이 굳어짐으로 말미암아 하나님의 생명에서 떠나 있도다"; 롬 1:28, "또한 그들이 마음에 하나님 두기를 싫어하매 하나님께서 그들을 그 상실한 마음대로 내버려 두사 합당하지 못한 일을 하게 하셨으니."

제 55 장

예정을 불평하는 새로운 가설에 대하여

우리 시대 어떤 신학자들은 예정에 대한 새로운 가설을 세웠다. 이 가설에서 경건한 자들은 하나님을 불의하고 잔인한 분으로 만들지 않기 위해서, 구원과 정죄의 원인을 반대로 뒤집어서 분배하는데, 다음에 설명하는 내용으로 확인할 수 있을 것이다. 참으로 이 가설은 분명한 오류들과 결함들을 가지고 있는데, 이것들 각각을 나의 입장에서 섬세하고 짧게 다룰 것이다.

오류 1. 선택은 보편적이다. 이로 인해서 하나님은 사람들의 어떤 제약이나 예외없이 전체 인류를, 그리고 아담 안에서 타락한 본성을, 심지어 선택된 개개의 사람들 뿐만 아니라 유기된 사람들을 그리스도를 통하여 구원하고 화목하기로 작정하셨다.

반명제
선택이라는 단어 자체가 위의 명제가 잘못되었다는 것을 보여준다. 만약 어떤 방식으로든 하나님께서 모든 사람들이 그리스도 안에서 선택되는 것을 원하신다면, 아무도 선택되었다고 말할 수 없다. 무엇을 선택하는 사람은 모든 것을 받아들인다고 말할 수 없다. 그분은 모든 사람을 받지 않으시고, 어떤 자들을 선택하신다.

반대. 선택은 사랑이다. 하나님은 그분의 모든 피조물을 사랑하신다.

대답 1. 선택이 사랑은 아니다. 오히려 사랑하기로 작정하는 것이다(롬 9:13).

2. 그분은 피조물을 사랑하시되, 모든 자들을 동등하게 사랑하지 않고, 그분의 질서에 따라서 개별적으로 사랑하신다.

다음으로 그것은 명백한 성경 말씀과 충돌한다. 딛 2:14, "그가 우리를 대신하여 자신을 주심은 모든 불법에서 우리를 구속하시고 우리를 깨끗하게 하사 선한 일에 열심하는 친 백성이 되게 하려 하심이니라"; 요 10:11, "선한 목자는 양을 위하여 목숨을 버리거니와."

이의 제기. 모든 사람이 그리스도의 양이다.

대답. 요한은 다음과 같이 덧붙인다. "내 양은 내 음성을 들으며 나는 저희를 알며 저희는 나를 따르느니라. 내가 저희에게 영생을 주노니 영원히 멸망치 아니할 터이요"; 엡 5:23, "그리스도께서 교회의 머리 됨과 같음이니 그가 친히 몸의 구주시니라"; 25절, "그리스도께서 교회를 사랑하시고 위하여 자신을 주심 같이 하라." 구속과 죄사함은 성도들의 운명이며, 하나님의 아들의 나라로 옮겨진 자들의 운명이다(골 1:13).

그리스도께서는 그분이 변호하신 그들을 위하여 구원자가 되신다. 그리스도의 제사장직의 부분인 구속과 중보는 동등하며, 견고한 줄로 서로 연결되어 있어서, 이것은 저것 없이 존재할 수 없다. 또한 요 17장에서 믿는 자를 변호하신 그리스도는 그분의 거룩하신 기도로서 다음 사람들을 위해서 간구하셨다. 첫째, 그분의 제자들, 다시 말하면 사도뿐만 아니라, 영생으로 선택된 자들을 위해서 간구하셨다. 둘째, 20절에서는 제자들의 설교를 통하여 예수를 믿게 된 사람들을 위해서 기도하셨다. 그분은 그들과 세상을 대립시키시며, 세상의 구원을 위해서는 기도하지 않으셨다. 롬 8:33, 34, "누가 능히 하나님의 택하신 자들을 송사하리요 등등 이는 그리스도 예수시니 그는 하나님 우편에 계신 자요, 우리를 위하여 간구하시는 자시니라." 더 나아가서 교회의 지체인 자들을 '주님의 구원받은 자들'이라고 부른다(시 87편). 그러므로 이 특권을 모든 사람에게 주지 않으셨다.

이의 제기. 보편 구원은 사람의 측면에서가 아니라, 하나님의 관점에서 존재한다. 그분은 구원 사역을 모든 자들을 위해서 행하셨고, 모든 자들에게 주신다.

대답. 만약 그리스도께서 하나님께 범한 모든 자들의 죄를 사하셨다면, 그리고 모든 자들을 대속하셨다면, 모든 죄가 하나님 앞에서 제거되었다는 결론이 필연적으로 나온다. 죄의 실제적인 제거는 철저하게 죄사함에 달려 있다. 그리고 하나님 안에서의 대속은 필연적으로 모든 죄의 책임과 형벌의 실제적인 폐기를 인정한다.

반대 1. 그리스도는 인성을 받아들이셨다. 그러므로 그 전체를 구속하셨다.

대답 1. 만약 우리가 그리스도께서 자신의 인성을 구속하는 것을 말하고 싶지 않다면 – 이것은 일어날 수 없다 –, 이런 결과(그리스도가 인성을 받아들이셨으므로 인류 전체를 구원해야 한다는 주장: 역자 주)가 나오지 않는다.

2. 모든 여자가 사람의 인성에 참여하고 있으나, 모든 남자가 여자의 남편은 아니다. 다만 언약에 의해서 혼인을 한 그녀의 남편은 한 사람(육체)이다. 그러므로 그리스도는 그의 성육신으로 모든 아담의 후손과 공통의 인성을 취하셨음에도 불구하고, 또 다른 기이한 결합에 의해서 오직 교회의 남편이시다. 이것은 영과 믿음의 중재에 의한 것이다. 이로써 교회는 그리스도의 살 중의 살이고, 뼈 중의 뼈이다(엡 5:30). 그러므로 교회는 그리스도의 죽음 안에서, 그리고 그분의 모든 공로 안에서 유일한 의를 가진다.

반대 2. 그리스도를 통한 구속은 아담의 타락 만큼 보편적이고 넓게 열린 것이다. 그러므로 모든 후손들과 관련이 있다.

대답. 아담은 그리스도의 모형이고, 그리스도는 아담의 원형이다. 아담은 모든 후손의 뿌리, 또는 아담으로부터 죄와 죽음을 받은 모든 세상의 뿌리이다. 반대로 그리스도는 그분으로부터 의와 생명을 넘겨받는 모든 택자들과 믿는 자들의 뿌리이다. 모든 자들의 뿌리라고 말할 수 없다. 왜냐하면 그들 모두가 의와 생명을 받지 못하기 때문이며, 실제적으로 그분에 의해서 의인이 되지 않기 때문이다(롬 17:19).

반대. 그리스도의 은총이 모든 자에게 넘쳤다.

대답. 모든 믿는 자들이다. 아담은 그로부터 태어난 모든 자들을 멸망케 하기 때문에, 그리스도는 다른 자들이 아니라, 그분으로부터 모든 중생된 자들을 의롭다 하시고 구원하신다.

반대 2. 이처럼 아담의 타락이 모든 사람을 의롭게 만들었다면, 심지어 그리스도의 은혜와 구속은 모든 사람을 실제적으로 의인으로 만들 것이다.

대답. 은혜는 은혜에 붙어있는 사람들의 수를 가지고 평가할 수 없다. 오히려 대상의 효과와 가치로부터 평가해야 한다. 그리고 은혜를 통하여 한 사람을 구원하는 것보다 모든 사람이 멸망하는 것이 더 쉽다. 모두가 멸망하는 것은 사람에게 당연한 것이다. 그러나 구원하는 것은 하나님이면서 동시에 사람이신 그 한 분에게 속한 것이다.

반대 3. 많은 성경 본문들이 죽으신 그리스도의 은총은 모든 자들에게 속하였다고 말한다. 롬 11장, "하나님이 모든 사람을 순종치 아니하는 가운데 가두어 두심은 모든 사람에게 긍휼을 베풀려 하심이로다"; 딤전 2:4, "하나님은 모든 사람이 구원을 받으며 진리를 아는데 이르기를 원하시느니라"; 벧후 3:9, "아무도 멸망치 않고 다 회개하기에 이르기를 원하시느니라."

대답 1. 모든 믿는 자들로 이해하라. 예를 들어서 마 11:28, "수고하고 무거운 짐진 자들아 다 내게로 오라 내가 너희를 쉬게 하리라"; 요 3:16, "이는 저를 믿는 자마다"; 갈 3:22, "그러나 성경이 모든 것을 죄 아래 가두었으니, 이는 예수 그리스도를 믿음으로 말미암은 약속을 믿는 자들에게 주려 함이니라"; 행 10:43, "저를 믿는 사람들이 다." 그리고 여기서 확실히 온 세상 보다는, 믿는 사람들의 보편성으로 보는 것이 맞다.

2. '모든 자'를 통하여 개개의 모든 족속(다양한 족속을 말함: 역자 주)을 말하는 것이지, 족속들의 모든 개인들을 말하는 것이 아니다. 이와 같다. 계 5:9, "그리스도께서 각 족속과 방언과 백성과 나라 가운데

서 사람들을 피로 사서 하나님께 드리시고"; 갈 3:28, "너희는 유대인이나 헬라인이나 종이나 자주자나 남자나 여자 없이 다 그리스도 예수 안에서 하나이니라." 마태복음 4장에서는 "그리스도께서 모든 약한 것을 고치셨다."고 한다. 그리고 아우구스티누스의 규칙은 "대부분의 모든 자들을 많은 자들로 해석한다."이다(롬 5:18,19). 아우구스티누스, 『라우렌티우스에게 보내는 편람』, 103장: "이처럼 그분이 모든 사람이 구원받는 자가 되기를 원하신다고 말하는데, 정죄하고자 하신 사람이 없기 때문은 아니다. 그러므로 그분은 그들에게 기적의 능력들을 행하기를 원치 않으셨다. 만약 그분이 행하셨다면, 그들이 회개를 하였을 것이라고 주님은 말씀하신다. 그렇기에 모든 사람들을 사람들의 모든 종류로 이해해야 한다. 다시 말하면 왕들, 평범한 개인들 등 모든 차이를 막론하고 모든 사람들이다." 그리고 저서 『타락과 은혜에 대하여』, 14장: "그러므로 그분은 모든 자들이 구원받기를 원하신다고 말한다. 이것은 예정된 모든 자들로 이해해야 한다. 왜냐하면 모든 종류의 사람들이 그 안에 있기 때문이다. 마치 바리새인들이 채소의 십분의 일을 말하는 것과 같다."

3. 하나님은 모든 사람이 구원을 받으며 진리를 아는 데에 이르기를 원하시는데, 이 두 가지(구원을 받는 것과 진리를 아는 것)는 가장 깊게 서로 연결되어 있다(딤전 2:4). 참으로 모든 개인들이 두 번째(진리를 아는 것)에 이르지는 않는다. 그러므로 첫 번째 내용에 모두가 이르는 것은 아니다.

반대 4. 많은 본문에서 그리스도는 세상의 구원자이시라고 말한다. 요일 2:2, "저는 우리 죄를 위한 화목 제물이니 온 세상의 죄를 위하심이라."

대답. 세상이라는 단어가 다음을 의미한다. ① 하늘과 땅의 체계. ② 선인과 악인이 뒤섞인 군중. ③ 불신자들과 악한들의 회중. ④ 온 세상에 흩어져 있거나, 또는 세상에서 모인 택자들의 회중. 그 본문들은 이 네 가지 의미로 이해해야 한다. 아브라함을 '세상의 상속자'라고 말한다(롬 4:13). 다시 말하면 많은 족속의 상속자이다(창 17:45).

반대 5. 하나님은 죄인의 죽음을 원치 않으시며 그가 회개하고 사는 것을 원하신다(겔 18:23).

대답. 아우구스티누스는 『심플리키우스에게 보낸 책』, 1권, 2문에서 다음과 같이 대답한다. 사람이라는 측면에서의 사람과 죄인이라는 측면에서의 사람은 구별된다. 하나님은 사람이라는 측면에서의 사람이 아니라, 죄인이라는 측면에서의 사람의 정죄를 기뻐하신다. 이 밖에도 그분은 죄인으로서 어떤 자의 정죄를 단순히 원하지 않으시며, 그가 피조물의 파멸과 멸망이라는 측면에서는 원하지 않으신다. 그러나 죄에 대한 진노와 복수로 인해서 죄인의 죽음을 통하여 그분의 영광이 드러난다는 측면에서는 원하신다. 그러므로 그분은 형벌이라는 측면, 다시 말하면 하나님의 의를 선포하는 수단이라는 측면에서 죄인의 죽음을 원하신다. 그러므로 하나님은 어떤 사람이 정죄되는 것을 원하시지 않는다는 것은 잘못된 것이다. 그들이 정죄될 때, 하나님은 억지로 정죄하시거나, 혹은 원하심으로 정죄하시는 것이 될 것이다. 만약 첫 번째 주장(억지로 정죄하신다는 것)에서 하나님의 의지의 능력을 생각한다면 불경하다고 말해야 할 것이다. 다른 것을 말한다면 하나님은 뜻이 변하신 것인데, 이것도 말해서는 안 된다.

반대 6. 하나님은 만물의 아버지이시다(말 2:10).

대답. 이 본문은 하나님의 교회에 대한 것으로 이해해야 한다. 이 외에 아담 안에서 모든 타락한 자들은 진노와 마귀의 자녀들이다(엡 2:2, 요 8:44).

반대 7. 만약 하나님께서 어떤 자들을 선택하시고, 또 다른 자들을 유기하셨다면 '사람을 차별하시는 분'이시다.

대답 1. 하나님이 사람을 받으신다고 하는데, 그분은 인격 안에 있는 여러 조건들에 의해서 이것으로, 또는 저것으로 마음이 움직이시기 때문이다. 그러나 하나님은 어떤 자들을 선택하시고, 순전한 의지로서 어떤 자들을 멸망으로 작정하실 때는 그분 자신 외에 어떤 조건도 없이 마음이 움직이신 것이다.

2. 어떤 자에게도 빚이 없으시다. 피조물에 대한 그분의 의에 따라서 그분이 원하는 것을 행하실 수 있다.

3. 사람을 받으시는 것과 하나님께서 사람을 제외시키거나 사랑하시는 것과는 다른 것이다. 만약 이것이 인정되지 않는다면, 하나님은 그분의 모든 피조물들을 가장 영광스러운 천사들로 만들지 않았다고 비난받으셔야 할 것이다.

반대 8. 만약 특정한 사람들을 버리기로 작정하셨다면, 하나님께서 그분의 피조물을 미워하시는 것이다.

대답. 하나님은 그분의 작품을 버리시는데, 그것이 밉기 때문이 아니라, 미워하기로 작정하셨기 때문이다. 미워하시는 것과 미워하기로 작정하시는 것은 다르다. 죄 때문이 아니라면 하나님은 누구도 실제적으로 미워하지 않으신다. 아우구스티누스는 『심플리키아누스에게 보내는 편지』에서 다음과 같이 정확하게 말하였다:

그분이 의롭다 하지 않으신 불경한 자들의 수에서 치욕의 그릇을 만드시되, 그분이 만드신 피조물 안에 있는 것을 미워하시는 것은 아니다. 그들이 그릇이 된다는 측면에서, 그들을 다른 목적으로 만드시는데, 형벌의 그릇으로 정하심을 통하여 영예롭게 될 자들(택자들)이 유익을 얻게 하기 위한 것이다. 그러므로 하나님은 그들을 미워하지 않으시는데, 사람이라는 측면에서 미워하지 않으시며, 그릇이라는 측면에서 미워하시는 것도 아니다. 그리고 창조를 통하여 그들에게 만드신 것을 미워하지도 않으시며, 정하심으로 그들에게 행하신 것을 미워하지도 않으신다. 하나님께서는 그들에게 행한 어떤 것도 미워하지 않으신다. 그러나 그분이 그들을 멸망의 그릇으로 만드신 것은 다른 자들을 교정하기 위한 목적으로 만드신 것이다. 그리고 마지막으로 그분이 만들지 않으신 그들 안에 있는 불경건을 미워하신다. 그러므로 마치 재판장이 사람이 행한 도둑질을 미워하나 보석을 훔친 도둑을 미워하지는 않는 것과 같다. 전자는 도둑이 행하고, 후자는 재판장이 한다. 그러므로 하나님은 멸망한 자들의 덩어리에서 멸망의 그릇을 만드신다. 그러나 그분이 행하신 것을 미워하지 않으신다. 다시 말하면 그분이 멸망시키는 행위는 멸망당한 자들이 갚아야 할 빚에 있다.

반대 9. 많은 본문에서 유기자들이 그리스도를 통하여 구속받았다고 말한다. 벧후 2:1이다.

대답 1. 이 본문을 모든 유기자들에 대한 것으로 이해해서는 안 된다. 오히려 그 당시 교회 안에 있는 자들에 대한 내용이다.

2. 그들은 외적인 믿음을 고백하는 자들이라는 측면에서 교회가 구속받은 자들, 의롭게 된 자들, 거룩하게 된 자들이라고 판단한 자들이

다. 참으로 이것은 사랑의 판단이지, 확실한 것은 아니다.

반대 10. 하나님께서 만약 세상의 대부분을 멸망으로 작정하셨다면, 잔인한 분으로 보일 것이다.

대답. 하나님은 모든 사람들을 버리기로 작정하셨다고 할지라도, 어떤 불의가 없으시다.

근거 1. 몇 명이 타락하던 간에 예외없이 영적으로 악한 모든 자들은 영원한 형벌로 판결받는다.

2. 그분이 작정하셨다는 것이 마치 사람들이 짐승도살자에 의해서 사는 일과 같이 보일 수가 있다.[15] 그러나 그분은 유기자들에 대해서 절대로 잔인한 분이 아니다. 하나님은 어떤 야생 짐승들에게보다도 인류에게 더 풍성하시다.

이의 제기. 하나님은 '만약 그들이 믿는다면'이라는 조건과 함께 모든 자를 구원하기로 작정하셨다.

대답. 이 이의는 다룰만한 가치가 없다.

근거 1. 하나님의 작정이 사람의 의지에 종속되게 된다. 반대로 하나님의 작정이 모든 하위 원인들을 정하셨다.

2. 그러한 방식으로는 하나님의 확실한 작정이 제거된다. 왜냐하면 조건적으로 정하시는 것은 그 안에 있을 것을 아무것도 정하지 않으신 것이거나, 어떤 것도 확실하게 정하지 않는 것이기 때문이다.

반대. 만약 그리스도의 공로가 확장되지 않아서, 그 공로로 아담의 타락, 뱀의 머리를 부수지 않는다면, 사탄의 왕국은 그리스도에 의해

---

15 하나님께서 유기자들을 결국 심판하고자 하신다면, 그들을 마지막에 도살당할 짐승과 같이 여기시는 것 아니냐는 오해에 대하여 변론하는 것이다.

서 폐기되지 않은 것이다.

대답. 뱀의 머리를 부수는 것은 뱀과 적대하는 사람들, 다시 말하면 참으로 믿는 자들 안에만 있는 일이다(롬 16:20, 창 3:15).

마지막으로 모든 자들에게 보편적이고 효과적인 구원이 있다는 견해가 사람의 양심을 자유롭게 하는 치료약이 된다는 것은 전혀 옳지 않다. 다음의 방식이 모든 심판으로부터 자유를 준다는 것은 어리석은 것이다: 그리스도께서 모든 사람을 위해서 죽으셨다. 너는 사람이다. 그러므로 그리스도께서 너를 위해서 죽으셨다.

오류 2. 하나님께서는 아담의 타락을 예지하셨고, 영원한 작정으로 미리 정하지 않으셨다. 그러므로 타락은 행하시는 분의 허락 없이 이루어졌다.

반명제

잘못된 것이다. 1. 하나님의 작정과 의지 없이 본성 안에서 어떤 작은 일도 일어나지 않는다(마 10:30). 그러므로 하나님께서 이처럼 이것, 또는 저것을 예지하셨다고 말하는 자들은 섭리를 뒤집거나, 구원을 공허한 것으로 만들어 버린다.

2. 헤롯과 빌라도가 그들의 양심에 반하여 그리스도를 죽음에 처하도록 넘겨준 범죄는 아담의 타락과 동일한 끔찍한 것이었다. 그럼에도 불구하고 그들이 하나님의 손이 이루어지도록 예정하신 것을 행했다고 말한다(행 4:28). 심지어 아담의 타락도 하나님의 능동적이고 일을 이루시는 허용에 의해서 발생했다. 심지어 이중적인 관점에 의해

서 그러하다:

첫 번째로 죄의 질료에 따라서는, 또는 죄가 행위라는 측면에서, 우리는 오직 하나님 한 분 안에서 살며 움직이고 존재한다. 두 번째로 타락이라는 면에서, 그것은 순전히 첫 번째 시험이었다. 이로써 하나님은 피조물의 능력과 의지를 시험해 보기를 원하셨다.

오류 3. 하나님은 영원한 예지 때문에, 혹은 그들이 복음을 업신여기는 것으로 인하여 멸망과 정죄를 작정하셨다.

반명제
은혜를 업신여기는 것을 예지하심이 유기의 작정의 원인이었다는 주장은 거절해야 한다.

근거 1. 바울은 롬 1장에서 모든 종족의 정죄를 요구한다. 그것은 진리를 불의에 붙잡아 놓기 때문인데, 다시 말하면 자신에게 있는 본성적인 하나님에 대한 지식의 불씨를 꺼놓으며, 내적으로 일깨우는 양심을 듣지 않기 때문이다.

2. 만약 예지된 믿음이 선택의 작정의 원인이 아니라면, 예지된 바 믿음의 결핍이 유기의 작정의 원인이 아닐 것이다. 그러나 선택의 작정과 같이, 또한 유기의 원인들의 작정은 질서에서 뒤에 오는 것이다. 이것은 근거, 또는 균형에서 모순된다.

3. 많은 유아들이 (구원을 이루는 도구들인) 근거들을 사용하기 전에 죽으며, 또한 교회 밖에서 죽는다. 심지어 많은 지적 장애인과 귀먹은 자가 태어나고, 그들의 전생애에서 한번도 근거를 정확하게 사용하지 못한다. 그들이 복음을 업신여긴 적이 있을 수 없다.

4. 하나님으로부터 쫓겨난 에서는 하나님께서 원하셨다는 것 외에 어떤 다른 근거가 없다(롬 9:18).

5. 이 견해로부터 오직 불신만이 사람을 정죄한다는 결론은 잘못된 것이다(요 3:36). 불신에 대해서 말씀하시는 그리스도께서 하나님 진노가 온다고 말씀하지 않으셨고, "그들 위에 하나님의 진노가 머무른다."고 말씀하셨다. 그리고 만약 오직 불신으로 인하여 정죄받는다면, 왜 우리는 매일 기도 중에 죄사함을 구하는 것인가? 또한 누구도 복음을 업신여기는데 이르지 않을지라도, 원죄의 더러움은 사람이 정죄받는 데에 충분하다.

6. 더 나아가서 바울의 놀라움, 즉 롬 9:20, "이 사람아 네가 뉘기에 감히 하나님을 힐문하느뇨?"는 분명하게 하나님의 작정을 보여주는데, 그들이 버림받는 원인은 설명할 수 없는 것이다. 그리고 이것은 복음의 은혜가 나타났을 때에 완강하게 반항할 것을 예지하심에 달려있지 않다. 신적인 작정의 근거가 명백하였다. 아우구스티누스는 편지 105편에서 정확하게 다음과 같이 말한다: "하나님이 아니시라면 누가 유기자를 창조했는가? 만약 그분이 원하셨기 때문이 아니라면 왜 하셨는가? 왜 원하셨는가? 오 사람아 네가 무엇이기에 하나님을 힐문하느냐?"

이 주장을 냉철하게 바라보는 많은 신학자들이 이것을 계속해서 다음과 같은 방식으로 완화시킨다. 그들은 말하기를, "예정의 질료, 또는 대상은 이성적인 피조물이다. 이 대상은 단순한, 그리고 완전한 것이 아니라, 오히려 부분적으로는 타락한, 그리고 부분적으로는 스스로 지금까지 타락에 묶인 것으로 생각되는 피조물이다. 그러므로 영원부터 사람들을 미리 정하신 하나님은 그들을 스스로 정죄할 자로 단순하게 생각하지 않으셨고, 오히려 죄 속에서 타락할 사람으로서, 그리고 그리스도를 통하여 영원히 구속받고 복음으로 부름을 받는 자로 생각하셨다. 유효한 원인, 또는 충동적 원인은 이것과 저것을 미리 아시는 것이 아니라, 오히려 하나님의 순전한 의지였다. 예지로부터가 아니라, 그에 따라서 모든 것을 정하셨다"고 한다. 이것은 예리하게 말하는 것으로 보인다. 그럼에도 불구하고 전체적으로 합당하지는 않다.

근거 1. 토기장이는 장차 어떤 토기를 만들 것인지 결정할 때, 진흙에 그의 마음을 두지 않는다. 그는 진흙 안에 있는 어떤 것을 보면서, 이것에 따라서 그릇을 만들지 않는다. 오히려 그는 이러한 형태, 또는 저런 형태로, 이러한 목적, 또는 저러한 목적으로 오직 자유 의지에 따라서 만든다.

2. 롬 9:21, "토기장이가 진흙 한 덩이로 하나는 귀히 쓸 그릇을, 하나는 천히 쓸 그릇을 만드는 권이 없느냐?" 여기에서 참으로 이 '덩어리'라는 명칭은 부패하였고 타락하였으며 그리스도에 의해서 구속받을 인류를 의미하는 것은 아니다. 그때에 바울은 하나님께서 진노의 그릇을 만드신다고 말하지 않았다. 오히려 그때 이미 만들어진 진노의 그릇을 포기하신다고 말했다.

3. 다음의 내용은 비정상적이다: '먼저 하나님은 피조되고 타락하였고 그리스도 안에서 구속받은 인류를 예지하셨다. 그 후에 그분은 예지된 사람들을 정하시되 생명, 또는 죽음으로 정하셨다.' 그러나 행하는 자의 의도에서 처음에 오는 것이 (실행에서) 마지막에 온다. 더 나아가서 심지어 가장 어리석은 기술자 조차도 마음에서 결정한 가까운 목적과 먼 목적을 의도하는 것보다 (목적에) 도움이 되는 수단을 먼

저 생각하지는 않기 때문이다. 인류의 창조, 아담 안에서 타락, 인류의 구속은 예정의 실행을 위한 수단들이다. 또한 (이 수단들은) 그것(목적)에 종속되는 것이다. 하나님의 작정의 목적은 그분의 영광을 보이는 것인데, 어떤 사람들은 영광과 지복으로 끌어가기 위해서, 다른 사람들은 의로운 판단에 의하여 멸망으로 끌어가기 위한 것이다. 그러므로 하나님께서 사람의 선택과 유기에 대해서 어떠한 의논을 세우기 전에, 그분의 의논을 실행하기 위한 수단에 대해서 먼저 생각하셨다고 판단해서는 안 된다.

오류 4. 복음으로 부르시는 것은 예외 없이 모든 사람들에게 보편적이다.

반명제

이것은 다음의 근거와는 맞지 않는다.

근거 1. 하나님은 모든 자들이 그리스도께로 부름받는 것을 원하지 않으신다. 마 20:16, "부름을 받은 자는 많되 택함을 받은 자는 적다." 이 본문은 모든 자들이 부름을 받는다고 말하지 않는다. 그리스도는 처음 그분의 제자들을 보내시면서 (다른) 족속들에게 그분의 오심에 대해서 설교하는 것을 금하셨다. 그리고 가나안 여자에게 대답하시기를 자녀들의 떡을 개에게 던지지 않는다고 하셨다. 마 13:11, "대답하여 가라사대 천국의 (그리스도 혹은 민족을 부르심에 대한) 비밀을 아는 것이 너희에게는 허락되었으나 저희에게는 아니되었나니"; 롬 16:25, "나의 복음과 예수 그리스도를 전파함은 영세 전부터 감추어졌다가."

2. 그리스도에 대해서 전혀 듣지 못하여 깨닫지 못하는 많은 사람

들이 있다는 것이 이상한 일이다. 행 14:16, "하나님이 지나간 세대에는 모든 족속으로 자기의 길들을 다니게 묵인하셨으나."

3. 세상의 큰 부분은 항상 은혜 언약 밖에 있었다. 엡 2:12, "그 때에 너희는 그리스도 밖에 있었고 이스라엘 나라 밖의 사람이라. 약속의 언약들에 대하여 외인이요, 세상에서 소망이 없고 하나님도 없는 자이더니"; 19절, "그러므로 이제부터 너희가 외인도 아니요 손도 아니요 오직 성도들과 동일한 시민이요 하나님의 권속이라."

반대. 그들은 다시 말하면, 간단하게 '소외된 자들'이 아니라, '외인들'이라고 말한다. 어떻게 스스로, 그리고 조상들을 통하여 언약 안에 있지 않았었다면 어떻게 외인들이라고 말할 수 있는가?

대답. 민족들을 언약으로부터 외인들이라고 말하는 것이 아니라, 유대 국가로부터 외인들이라고 하는 것이다. 왜냐하면 하나님은 율법과 더 깊이는 의식들을 가지고 유대 백성들을 다른 모든 백성들로부터 분리하고 구별하셨기 때문이다.

반대. 보편적인 소명은 단순히 말씀 사역에 대한 것으로 이해해서는 안 된다. 오히려 하나님의 의지에 대한 것으로 이해해야 하는데, 타락 후에 항상 말씀 안에서, 처음에는 기록되지 않은 채로, 그 후에 기록되어 나타난 말씀 안에 있는 의지이다. 이에 대해서 비록 많은 자들이 그들의 죄로 인하여 알지 못한다고 할지라도, 모든 자가 알고 있어야 한다.

대답. 성경을 지켜 보존하는 것은 하나님의 교회에 위임되어 있었고, 모든 사람에게 허락되지 않았다. 롬 3:2, "범사에 많으니 첫째는 저희가 하나님의 말씀을 맡았음이니라"; 딤전 3:15, "이 집은 살아 계신 하나님의 교회요 진리의 기둥과 터이니라"; 시 147:19, 20, "저가 그 말씀을 야곱에게 보이시며 그 율례와 규례를 이스라엘에게 보이시는 도다. 아무 나라에게도 이같이 행치 아니하셨나니 저희는 그 규례를 알지 못하였도다"; 시 76:1, "하나님이 유다에 알린 바 되셨으며 그 이름은 이스라엘에 크시도다."

반대. 은혜 언약은 아담과 하와, 그리고 교회 안에 있는 모든 인류 전체, 그리고 언약을 받고 부름을 받을 자들과 맺으신 것이다.

대답 1. 하나님께서 아담으로부터 태어날 모든 인류를 남김 없이, 아담과 노아 시대에 은혜와 구원으로 부르셨다는 것은 보편적인 이해와는 다르다.

2. 아담은 타락 전에 하나님의 은혜를 자신과 모든 자들을 위해서 받았다. 타락 속에서 그는 자신과 모든 자들을 위한 은혜를 잃어 버렸다. 타락 후에 그는 자신을 위하여 약속을 받았다. 그러나 모든 자들을 위해서, 또는 전 인류를 위해서 받았다는 것은 거절해야 한다. 첫째 아담은 사는 영이고, 두 번째 아담이 살려주는 영이다(고전 15:45).

결론

이 가설로부터 다음의 불합리한 내용이 나온다: 1. 하나님은 모든 사람들이 구원에 이르기를 원하신다. 그리고 이들 중에서 어떤 자들을 미워하기를 원하고 멸망을 작정하신다. 또는 하나님의 측면에서는 모든 자들이 택자들이고 구원받은 자들이나, 실제로 일어난 일의 측면에서는 많은 자들이 멸망한다.

2. 아담의 타락의 죄책은 그 후손들 중에서 한 명에게도 전가되지 않는다. 왜냐하면 보편적으로 모든 사람을 그리스도 안에서 긍휼히 여기시는 하나님께서 인류를 화해의 언약 안으로 받으셨기 때문이다.

하나의 죄책과 죄를 제거함으로써 죄가 더 이상 죄가 아니다. 그리고 심지어 타락은 모든 자들 안에서 점차로 제거된다.

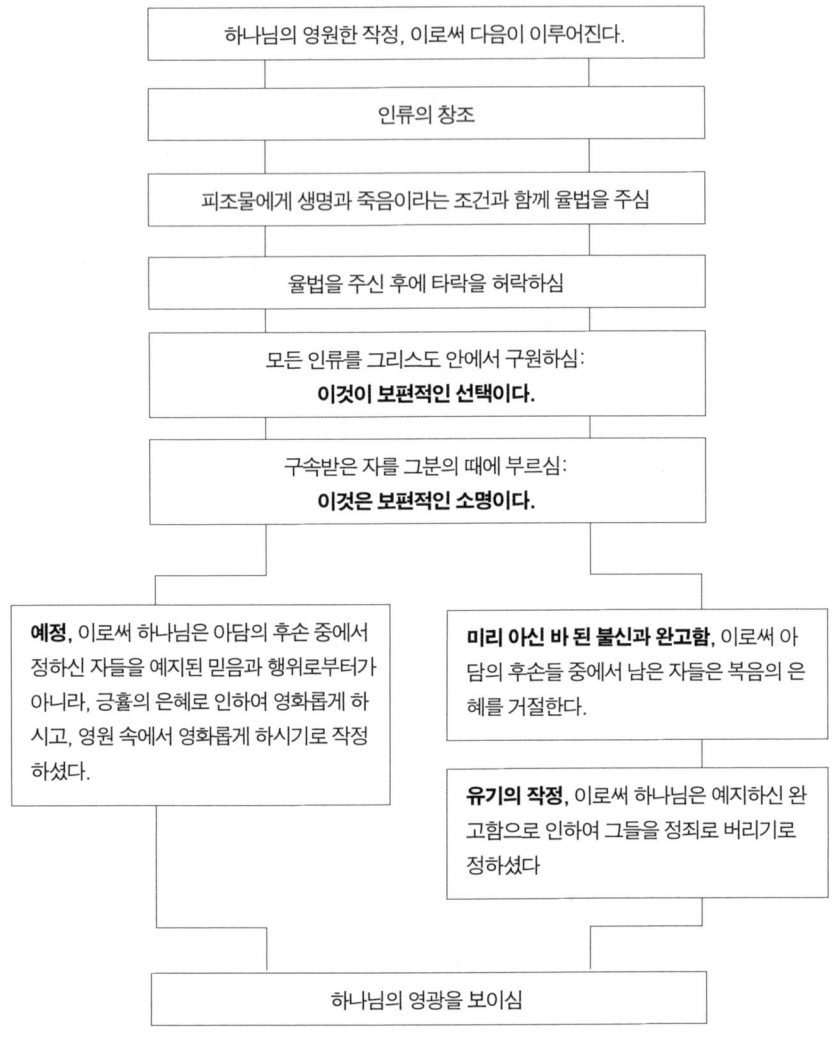

제 5 6 장
죽음에 처해있는 유기자들의 상태에 대하여

유기자의 죽음은 육체와 영혼이 분리되는 것이다. 육체의 죽음은 육체가 땅 속에 묻혀 정해진 시간까지 소멸되는 것이다. 영혼의 죽음은 영혼이 최후의 심판 때까지 지옥에서 공포를 느끼는 것이다. 이 기간 동안 지옥의 불길 속에 던져져서 가장 극심한 공포를 느낀다. 벧전 3:19, "그가 또한 영으로 가서 옥에 있는 영들에게 선포하시니라."(cf. 눅 8장), 벧후 2:4, "하나님이 범죄한 천사들을 용서하지 아니하시고 지옥에 던져 어두운 구덩이에 두어 심판 때까지 지키게 하셨으며."

죽은 유기자들은 한편으로는 돌과 같이 무감각하고 우둔하게 되며, 다른 한편으로는 양심에서 나오는 무시무시한 심연과 같은 공포와 구원에 대한 절망 속에 떨어진다. 삼상 25:37, 38, "아침에 나발이 포도주에서 깬 후에 그의 아내가 그에게 이 일을 말하매 그가 낙담하여 몸이 돌과 같이 되었더니, 한 열흘 후에 여호와께서 나발을 치시매 그가 죽으니라"; 마 27:5, "유다가 은을 성소에 던져 넣고 물러가서 스스로 목매어 죽은지라."

제 5 7 장
최후의 심판에서 유기자들의 정죄에 대하여

　최후의 심판 때에 살아 있는 (유기)자들은 나팔 소리를 듣고 공포에 떨게 되며, 한 순간에 변화받게 된다. 죽은 (유기)자들은 정죄 당하기 위하여 부활한다. 살아있던 자들과 부활한 자들 모두 육체적으로 불멸이 되지만 영광스럽지 못하다. 그리고 공중에서 심판자이신 그리스도의 왼쪽에 서서 정죄의 판결문을 듣게 된다: 저주받은 자들아 나를 떠나서 마귀와 그의 사자들을 위하여 준비된 영원한 불길로 들어가라. 요 5:29, "선한 일을 행한 자는 생명의 부활로, 악한 일을 행한 자는 심판의 부활로 나오리라"; 마 25:41, "또 왼편에 있는 자들에게 이르시되 저주를 받은 자들아 나를 떠나 마귀와 그 사자들을 위하여 예비된 영원한 불에 들어가라"; 살전 4:16, 17, "주께서 호령과 천사장의 소리와 하나님의 나팔 소리로 친히 하늘로부터 강림하시리니 그리스도 안에서 죽은 자들이 먼저 일어나고 그 후에 우리 살아남은 자들도 그들과 함께 구름 속으로 끌어 올려 공중에서 주를 영접하게 하시리니 그리하여 우리가 항상 주와 함께 있으리라."

제 58 장

지옥에서 유기자들의 상태에 대하여

정죄의 판결이 선언된 후에 영원한 죽음에 처하게 된다. 그 상태는 다음과 같다.

1. 유기자들은 하나님의 임재와 영광으로부터 격리 당한다.

2. 완전한 혼란과 극도의 치욕으로 고통을 당한다. 왜냐하면 그들이 저지른 모든 숨겨진 악행과 죄가 드러나기 때문이다. 살후 1:9, "이런 자들은 주의 얼굴과 그의 힘의 영광을 떠나 영원한 멸망의 형벌을 받으리로다"; 마 5:8, "마음이 청결한 자는 복이 있나니 그들이 하나님을 볼 것임이요"; 요일 2:28, "자녀들아 이제 그의 안에 거하라 이는 주께서 나타내신 바 되면 그가 강림하실 때에 우리로 담대함을 얻어 그 앞에서 부끄럽지 않게 하려 함이라."

3. 그들은 마귀, 그리고 그의 사자들과 연합된다(마 25:41).

4. 영원 속에서 그들에게 쏟아지는 하나님의 진노를 느끼기 때문에 말할 수 없는 공포와 극도의 불안으로 고통받는다. 사 66:24, "그들이 나가서 내게 패역한 자들의 시체들을 볼 것이라 그 벌레가 죽지 아

니하며 그 불이 꺼지지 아니하여 모든 혈육에게 가증함이 되리라." 여기에서 정죄받은 자들의 형벌을 지옥의 불길, 구더기, 비통함, 이를 갊음, 칠흑같은 어두움이라고 한다. 계 21:8, "그러나 두려워하는 자들과 믿지 아니하는 자들과 흉악한 자들과 살인자들과 음행하는 자들과 점술가들과 우상 숭배자들과 거짓말하는 모든 자들은 불과 유황으로 타는 못에 던져지리니 이것이 둘째 사망이라"; 마 13:42, "풀무 불에 던져 넣으리니 거기서 울며 이를 갈게 되리라"; 사 66:24, "그들이 나가서 내게 패역한 자들의 시체들을 볼 것이라 그 벌레가 죽지 아니하며 그 불이 꺼지지 아니하여 모든 혈육에게 가증함이 되리라."

보충적인 결론

유기의 작정의 실행은 이와 같이 분명하다. 이로부터 죄를 징벌하시는 하나님의 최고의 의가 빛난다. 이 밖에도 하나님의 영광이 나타나는데, 이 영광을 가장 마지막에 모든 자에게 드러내고자 하신다. 그러므로 그리스도인이 맞게 될 결말을 생각해 보라. 롬 9:14-17, "그런즉 우리가 무슨 말을 하리요. 하나님께 불의가 있느냐 그럴 수 없느니라. 모세에게 이르시되 내가 긍휼히 여길 자를 긍휼히 여기고 불쌍히 여길 자를 불쌍히 여기리라 하셨으니 그런즉 원하는 자로 말미암음도 아니요 달음박질하는 자로 말미암음도 아니요 오직 긍휼히 여기시는 하나님으로 말미암음이니라. 성경이 바로에게 이르시되 내가 이 일을 위하여 너를 세웠으니 곧 너로 말미암아 내 능력을 보이고 내 이름이 온 땅에 전파되게 하려 함이라 하셨으니"; 고전 10:31, "그런즉 너희가 먹든지 마시든지 무엇을 하든지 다 하나님의 영광을 위하여 하라."

제 5 9 장
예정의 적용에 대하여

 예정을 반드시 개인에게 적용해야 한다. 이것은 두 부분으로 되어 있다. 개인의 예정에 대한 하나님의 판단과 그에 대한 사용이다.
 우리의 예정에 대하여 판단할 때, 다음에 나오는 규칙에 따라서 행해야 한다.
 1. 모든 택자들은 영생을 주시는 그리스도 안에서의 선택에 대하여 분명하게 확신할 수 있을 뿐만 아니라, 이 세상에서 살아가는 동안에 확신하게 된다(고전 2:12, 고후 13:5).
 2. 이 확신을 선택의 첫 번째 원인에서가 아니라, 오히려 선택의 마지막 결과로부터 얻어야 한다. 이것(마지막 결과)은 특별히 두 가지인데, 영의 내적인 증거와 성화의 결과들이다(벧후 2:10, 롬 8:16).
 3. 이 증거는 성령으로부터 나오는 것이다. 그러므로 육체적인 추측이 아님이 확실하다.
 ① 확신에서 그렇다. 성령이 어떤 방식으로 말씀하셨기 때문이 아니라, 오히려 우리가 하나님의 자녀라는 것을 분명히 확신하기 때문

이다. 이 확신은 육체가 할 수 없는 것이다.

② 두 번째로 확신의 근거에서 그러하다. 왜냐하면 영은 우리의 행위나 가치에서 나오는 근거에 의해서가 아니라, 하나님의 은혜와 사랑의 근거를 가지고 확신하기 때문이다. 마귀는 이러한 방식으로는 한번도 확신하지 않는다.

③ 성령의 증거의 결과로부터 나온다. 추측하는 것은 사라지며, 성령의 확신이 효과를 낸다. 그러므로 이러한 사실들로부터 자신이 택자이며, 하나님의 양자된 아들이라는 것을 확신한다. 그들은 하나님을 사랑하며, 그분 안에 소망을 두고, 그분께 마음을 다해서 간구한다.

4. 만약 증거가 약했다면 성령께서 주시는 또 다른 증거가 있다. 다시 말하면 거룩함을 가지고 선택의 판단이 이루어질 수 있다. 마치 불꽃이 보이지 않는다고 할지라도, 우리가 그 나는 열로 인해서 불이 있다는 것을 추측하는 것과 같다.

5. 성화의 결과 중에서 주로 다음의 내용들이 두드러지게 나타난다:

① 부족함을 느끼고, 쓰라린 마음으로 하나님의 진노를 슬퍼한다.

② 육에 저항하고자 씨름한다. 다시 말하면 육의 불경함을 원하지 않으며 미워하고 괴로워하며 걱정하는 마음으로 조심한다.

③ 구원을 위한 은혜, 그리고 하나님과 그리스도의 공로를 열렬히 소원한다.

④ 이미 얻은 은혜를 높이 평가한다(빌 3:8).

⑤ 예언으로서의 예언을 사랑하고, 그리스도인으로서 그리스도인을 사랑한다. 그리고 그리스도인이라는 이름으로 그들을 위해서 생명을 희생하기를 원한다.

⑥ 열렬함과 깊은 탄식으로 하나님을 부른다.

⑦ 마지막 심판을 위하여 재림하시는 그리스도를 사모한다.

⑧ 모든 죄의 경우를 피하고 새로운 율법을 순종하기를 진지하게 앙망한다.

⑨ 이 모든 것을 가지고 마지막까지 인내한다. 루터는 정당하게 다음과 같이 말했다: "하나님을 섬기고자 원하는 사람은 마땅히 보이지 않는 것을 믿으며, 연기하신 것을 소망해야 한다. 스스로 모순되게 나타나신 하나님을 사랑하며, 마지막까지 견뎌야 한다."

6. 만약 우리 안에 있는 이러한 성령의 결과가 약해졌다면, 우리가 시험을 받고 있다는 것을 알아야 한다. 그럼에도 불구하고 영이 낙담해서는 안 된다. 왜냐하면 믿음은 확실한 것이기 때문이다. 이것은 마치 씨앗의 접합부분 같이 작은 것이고, 어린아이와 같이 허약한 것이나, 그리스도께 연합되는 데에는 참으로 충분한 것이다. 그러므로 믿음이 작고, 성령의 결과가 약하다고 할지라도 선택에 대하여 의심해서는 안 된다.

7. 만약 사람이 그러한 방식으로 자신에게서 성령의 결과를 전혀 느끼지 못한다고 할지라도, 자신이 유기자라고 생각해서는 안 된다. 오히려 그는 더욱 말씀과 성찬에 참여하여, 안에 계시는 그리스도를 느끼며, 구원에 대한 믿음에 이르도록 해야 한다.

8. 사람의 유기에 대해서는 어떤 판단도 해서는 안 된다. 왜냐하면 하나님께서 종종 그분의 나라와는 전혀 상관없는 죄인들에게도 자신을 드러내시기 때문이다. 그들은 하나님의 나라의 자녀들이었다. 이로 인하여 그리스도께서 이런 말씀을 하셨다: 세리들과 창기들이 너희들보다 앞설 것이다. 이 밖에도 심지어 그들은 열한 시에도 부름받

는다. 저 유명한 십자가에 매달린 강도가 그 예이다.

예정 교리의 유용성은 여러 가지이다. 우리는 그 첫 번째 유용성을 다음과 같이 가르친다:

① 어떤 칭의도 행위에서 나오지 않으며, 또한 어떤 행위의 공로로부터 나오지도 않는다. 선택은 순전한 은혜로부터 나온다. 그러므로 심지어 칭의는 (이미 언급한 바와 같이) 원인의 원인이기 때문에 발생한 일에 대한 원인이다. 이로부터 구원의 역사 속에서 은혜가 모든 일에서 모든 것을 이루신다.

롬 11:5, "그런즉 이와 같이 지금도 은혜로 택하심을 따라 남은 자가 있느니라"; 딤후 1:9, "하나님이 우리를 구원하사 거룩하신 소명으로 부르심은 우리의 행위대로 하심이 아니요. 오직 자기의 뜻과 영원 전부터 그리스도 예수 안에서 우리에게 주신 은혜대로 하심이라"; 빌 1:29, "그리스도를 위하여 너희에게 은혜를 주신 것은 다만 그를 믿을 뿐 아니라 또한 그를 위하여 고난도 받게 하려 하심이라"; 롬 3:28, "우리가 은혜로써, 즉 그분의 은혜로 의롭다 함을 받는다"; 딛 3:5, "우리를 구원하시되 우리가 행한 바 의로운 행위로 말미암지 아니하고 오직 그의 긍휼하심을 따라 중생의 씻음과 성령의 새롭게 하심으로 하셨나니"; 겔 36:27, "너희로 내 율례를 행하게 하리니"; 롬 6:23, "하나님의 은사는 영생이니라."

② 출생을 따져서 하는 점성술은 터무니없고 불경하다. 왜냐하면 (성경이) 삶과 죽음에서 비슷할 것이라고 생각되는 자들이 거룩한 예정에 따라서 서로 나뉜다고 주장하기 때문이다. 야곱과 에서는 동일한 부모로부터 임신되었고, 어떤 시간의 간격 없이 동시에 (야곱은 출생하면서 에서의 발을 잡았다) 출산되었으나 품행에 있어서 전혀 달랐

다. 그리고 생의 다른 사건들이 뒤따랐다. 이 동일한 일이 거의 모든 쌍둥이에게, 그리고 다른 많은 자들에게도 일어나곤 한다. 그러나 그들은 같은 순간에 태어났다.

③ 하나님은 가장 지혜로우시며 전능하시고 의로우시며 긍휼로 충만하시다. 오 당신은 하나님의 지혜와 지식의 보고를 파헤친다. 그러나 그의 판단은 얼마나 깊으며, 그의 길은 난해한가? 엡 1:5, "그 기쁘신 뜻대로 우리를 예정하사 예수 그리스도로 말미암아 자기의 아들들이 되게 하셨으니."

두 번째로 우리는 다음과 같이 권고한다:

① 구원에 대한 의심과 불신을 벗어야 한다. 왜냐하면 이것은 우리의 행위와 믿음에 달린 것이 아니라, 오히려 변하지 않는 선택의 작정에 달려 있기 때문이다. 마 24:24, "거짓 그리스도들과 거짓 선지자들이 일어나 큰 표적과 기사를 보여 할 수만 있으면 택하신 자들도 미혹하리라"; 눅 10:20, "너희 이름이 하늘에 기록된 것으로 기뻐하라"; 롬 8:33, "누가 능히 하나님께서 택하신 자들을 고발하리요"; 딤후 2:19, "그러나 하나님의 견고한 터는 섰으니 인침이 있어 일렀으되 주께서 자기 백성을 아신다 하며 또 주의 이름을 부르는 자마다 불의에서 떠날지어다 하였느니라." 이 사실로부터 소망의 닻을 하나님의 불변하시며 기뻐하시는 뜻 안에 있는 진리와 견고함에 고정해야한다. 제아무리 믿음이 흔들리고, 거의 침몰한다고 할지라도, (당하는 난파 속에서 꼭 잡은 회개의 널빤지로 인해서) 결코 깊이 가라앉지는 않는다.

② 우리의 마음은 하나님의 권능의 손 아래에서 겸손해야 한다. 우리는 마치 토기장이 손에 있는 진흙과 같다. 롬 9:21, "토기장이가 진흙 한 덩이로 하나는 귀히 쓸 그릇을, 하나는 천히 쓸 그릇을 만들 권

한이 없느냐?"; 롬 11:20, "옳도다 그들은 믿지 아니하므로 꺾이고 너는 믿으므로 섰느니라. 높은 마음을 품지 말고 도리어 두려워하라."

③ 하나님께 영광을 돌려야 한다. 살후 2:13, "주께서 사랑하시는 형제들아 우리가 항상 너희에 관하여 마땅히 하나님께 감사할 것은 하나님이 처음부터 너희를 택하사 성령의 거룩하게 하심과 진리를 믿음으로 구원을 받게 하심이니."

④ 인내를 가지고 십자기를 져야 한다. 롬 8:29, "하나님이 미리 아신 자들을 또한 그 아들의 형상을 본받게 하기 위하여 미리 정하셨으니 이는 그로 많은 형제 중에서 맏아들이 되게 하려 하심이니라." 그러므로 그리스도와 일치됨은 고난을 감당함에 있다. 빌 3:10, "내가 그리스도와 그 부활의 권능과 그 고난에 참여함을 알고자 하여 그의 죽으심을 본받아."

⑤ 선행에 열심을 내야 한다. 엡 2:10, "우리는 그가 만드신 바라 그리스도 예수 안에서 선한 일을 위하여 지으심을 받은 자니, 이 일은 하나님이 전에 예비하사 우리로 그 가운데서 행하게 하려 하심이니라."

◆ 부록 1 ◆
예정에 대하여 유혹을 받는 자들을 격려하기 위한 특별한 논의

튀빙엔 멤펠가드 회담(1586년 3월 14일-27일)을 위한 테오도르 베자의 두 번째 대답

안드레아(Jacob Andrea, 루터파 신학자)는 다음과 같이 말하였다:

> 만약 중생이 항상 세례와, 그리고 세례받은 개개인과 연관되어 있지 않다면, 그들의 양심을 세우는 데에 어떤 위로도 주지 못한다. 스스로 어떤 성령의 활동도 느끼지 못하는 그들이 말씀과 성례, 특별히 세례로 도피하지 않는다면, 어떤 확신도 가지지 못할 것이다. 하나님은 우리의 마음보다 크시며, 그분은 세례로써 양자 됨을 우리에게 주셨을 뿐만 아니라 참으로 이롭게 하신다는 것이 마귀가 주는 지식과 충돌하는 것이 아니라면, 이것은 어떤 순간에도 치료약이 될 수 있다. 왜냐하면 이것은 어떤 사람이 믿고 세례를 받는다면 구원을 받은 것이라고 말하는 것과 같기 때문이다. 그리고 바울은 세례를 받은 자들마다 그리스도를 덧입었다고 하는 것과 같다. 할례의 위로로 무장한 다윗은 골리앗을 공격하였다. 그렇지 않다면 세례가 헛된

의식이며, 삼위일체 또한 거짓이라고 비난받아야 한다는 결론이 나온다. 더 나아가서 사탄이 공격해 올 때, 공격받은 사람은 사탄을 다음과 같이 그분의 말씀으로 물리쳐야 한다. 사탄아 내게서 떠나라. 너는 내게 어떤 지분도 없다. 왜냐하면 나는 거룩한 삼위일체의 이름으로 세례를 받았으며, 하나님의 아들로 양자가 되었기 때문이다.

(겨우) 이것들이 바로 안드레아가 그토록 자주, 그토록 수다스럽게 강요하여 나를 깊이 실족시킨 내용들인가? 그럼에도 불구하고 내가 이 주제에 크게 관여하고 있기 때문에, 이에 대해서 설명하려고 한다.

첫 번째, '하나님이 우리의 마음보다 크시다'는 것과 관련된 성경본문들은 우리에게 절망을 주었고, 어떤 위로도 주지 못했다. 요한은 요일 3:20에서 이것을 기억하는데, 하나님의 긍휼의 크심을 제시함으로서 절망자들을 도우려는 것이 아니라, 오히려 하나님의 크신 위대하심으로 교만한 자들을 낮추려는 것이다.

두 번째, 믿고 세례받고 구원받았음에도 불구하고, 자신의 선택에 대해서 의심하며, 어떤 믿음의 증거도 느껴지지 않는 사람에게 그들은 도대체 어떤 위로를 제시할 것인가? 반대로 '나는 참으로 믿은 것이 아니었다고 결론내리는 자'는 세례를 받은 자임에도 구원을 받지 못한 것이다. 아우구스티누스는 『철회서』에서 요 6장을 다루는 가운데 마술사 시몬에 대해서 다음과 같이 말한다: "세례가 그에게 무엇을 보여줍니까? 그러므로 세례로 인해서 당신의 구원이 다된 것처럼 세례를 영광스럽게 하려고 하지 마십시오." 이것은 참으로 갈 3장의 바울의 내용인데, 안드레아는 이것을 조금 전에 분명히 왜곡시켜서 보여준 것이다. 안드레아 박사가 그의 주장을 지지하기 위해서 압박하는 그 근거들은 불합리한 요구로부터 나오는 것이며 전혀 견고하지 않다. 그렇다면 그 때문에 하나님은 참되지 않으신가? 왜냐하면 그분의 진리는 멸시자들로부터 무시를 당하거나 심지어 비웃음을 당하고 있기 때문이다. 어떤 자들은 약속된 은혜를 거절하고, 안드레아가 믿는대로, 어떤 자들은 그 받은 것을 일깨우기 때문에, 지금 행하는 세례 의식은 무의미한 것인가? 그러므로 복음은 불신자에게는 죽음에 이르는 죽음의 향기이고, 성도에게는 구원을 위한 하나님의 능력이 아니란 말인가? 그러면 주님의 성찬이 그분의 언약의 보증이 아니란 말인가?

안드레아가 주장한 대로, 많은 자들이 그리스도의 몸을 먹으면서 표지들을 남용한다. 그렇다면 유명한 자들이 한 논쟁처럼, 장님들한테, 또는 잠자는 자들에게, 또한 빛을 누리지 못하도록 눈을 가린 자들에게는 빛이 보이지 않기 때문에, 빛이 태양으로부터 분리되는가? 안드레아가 그의 논쟁의 기초를 위해서 바탕으로 삼는 이러한 생각은 참으로 어리석다: 안드레아를 따라서 모든 세례를 받은 자가 필연적으로 세례 속에서 양자가 되었다고 믿지 않는다면, 그의 속임수 속에 있는 세례의 피난처라는 것은 무의미하다는 것이다. 즉 첫 번째로 만약 세례 안에서 그 결말이 유효하다면, 그리고 만약 하나님의 말씀의 설교를 듣고, 주님의 만찬에 참여하는 자가 필연적으로 중생되었고 양자가 된다고 말하지 않는다면, 주님의 말씀과 성찬의 증거에 어떤 것이 있다고 말하는 것은 헛된 것이다. 그러나 안드레아가 세례에서 요구하는 바, 간과하는 것과 허락하는 것으로 유혹받은 사람은 그 유혹자 사탄에 의해서 그 위로자를 논쟁으로 내쫓아 버린 것이 아닌가? 그렇다. 안드레아 당신은 내가 세례를 받았고 양자되었다고 말한다. 그럼에도 불구하고 당신은 그 은혜가 확실하지 않고, 그로부터 내가 떨어질 수도 있다고 말한다. 참으로 내가 떨어졌다는 감각으로 당신은 한 손으로는 나를 내어 쫓고, 다른 손으로는 나를 구조하는 것은 아닌가? 당신은 나에게 이것들 중에서 후자를 권고하는 것인가? 이것은 나를 위로하지 못할 뿐만 아니라, 참으로 그 반대로 저주받을 만한 나의 배은망덕한 영혼을 더 바라보도록 만든다. 그렇다면 도대체 안드레아의 교리가 가장 극심한 유혹 속에서 고난 당하고 있는 양심들에게 어떠한 견고한 위로를 줄 수 있다는 말인가?

만약 사람이 대체 어떻게 그 시험에 맞설 수 있는가를 묻는다면, 나는 가장 확실한 근거에 기대야 한다고 대답하겠다. 그리고 나는 종종 많은 일들 속에서 그것을 경험하였다. 그리고 그리스도인 독자들의 은혜 속에서 다양하게 설명하고자 하였다. 그러므로 첫 번째로 안드레아가 우리에게 강요하는 잘못된 내용들에 반하여 우리는 그 영원한 시점을 가르친다. 이것은 바울이 말한 것으로, 선택이 구원의 근거인데, 우리가 하나님 그분의 심연 속에서 찾아서는 안 되며, 오히려 그분이 드러내신 내용 속에서, 다시 말하면 말씀과 성례를 통한 소명 속에서 찾아야 한다. 나는 성장한 사람에 한하여 위로를 찾아야 한다고 말한다. 그리고 이 외적인 소명이 오직 택자들에게만 있는 것은 아니지만(청함을 받은 자는 많되 택함을 받은 자는 적다), 그들에게만 유효하다. 다시 말하면 소명 속에서 참된 하나님의 지식을 통해서 지성이 구원을 받은 것을 깨달을 뿐만 아니라, 또한 새로운 의지가 창조된다. 또한 완전하지는 않지만 참으로 악을 미워하게 되는데, 이로부터 올바른 의지와 열심 있는 행위로 죄를 멀리하고 선을 사랑하는 일이 일어난다. 그러므로 판도라의 작은 상자와 같이 거기에서 나온 가장 위험한 유혹 속에서도 우리는 그 상자 안에 남아있는 것(소망)을 고통받는 양심에게 적용한다.

그러므로 만약 내가 복음으로 아직 부름을 받지 못한 자, 또는 부름을 받은 자와 멍에를 함께 맨다고 할지라도, 그가 부르는 분을 한번도 경청하지 않았거나, 또는 다른 자들에게 그런 모습을 보이지 않았을 수도 있다. 그리고 그는 자신을 주님께서 긍휼히 여기시려고 정하신 자들의 수에 든다고 생각하지 않는다. 나는 이러함에도 그가 (하나님의 긍휼을 받는 자의 수에) 포함될 수 있다고 가르치는 그 궤변가가 사탄적이라고 말한다. 이것은 태양이 한밤중에 뜰 수 있다고 하는 것 만큼이나 잘못된 것이다. 왜냐하면 아직 떠오르지 않은 것은 앞으로도 뜨지 않을 것이기 때문이다. 그리고 이에 대해서 안드레아는 책 482쪽에서 파렴치하게도 나의 말을 곡해하여 (베자가) '유혹받고 있는 자에게 태양이 아직 뜨지 않았다고 할지라도 이미 떴다고 가르쳐야 한다'고 말했다고 한다. 안드레아의 비서들은 나의 말을 뻔뻔스럽게 곡해하거나, 안드레아가 내가 거짓말을 가르치는 것처럼 말하였다. 그리고 만약 안드레아 박사의 가르침을 받아들였다고 할지라도, 그 위로는 아무 소용이 없을 것이다. 왜냐하면 불행한 자는 내일의 태양이 뜰것인지 의심할 수 있기 때문이다. 그래서 나는 그의 비서들이 간과한 내용을 대답하였고, 그로 인하여 지금 더 충분하게 반복하려고 하지 않는다.

그가 자신의 사탄적이고 잘못된 입장을 버린 후에야 나는 문제되는 부분을 말하곤 했다. 그것은 제아무리 외적 소명이 양심을 진정시키기에 충분하지 않다고 할지라도, 사탄적 판단과 권위에 대항하여 최고의 효과를 가진다는 것이다. 즉 내적으로, 또는 외적으로 부름을 받지 못한 자들은 (우리는 이것을 정규적인 소명에 대한 것으로 말한다) 필연적으로 멸망한다. 참으로 부름을 받은 자는 구원의 첫 번째 문턱 안에 발을 들여 놓은 것이다. 이로부터 그들이 스스로 서있지 못하다고 할지라도, 확실히 구원의 공간 안에, 그리고 마침내 구원의 왕국으로 가는 기회가 열려 있다. 그리고 나는 많은 방식으로 이 권고를 확고히 한다. 나는 다음과 같이 말한다: '왜 당신은 당신을 부르기 위해서 나를 보내신 그분의 부르심을 의심하는지? 만약 당신의 많은 죄가 아니라면 당신에게는 어떤 의심할 이유도 없다. 여기에서 하나님께서 나를 통하여 당신에게 보여주시는 신적인 긍휼의 거대성을 비교해 보라. 하나님은 당신을 택자들의 길로 인도하신다. 왜 그분을 따르는 것을 거절하였는가? 만약 당신이 내적인 감동을 느끼지 못한다면, 감동되도록 기도하라. 이 (기도하고자 하는) 열망이 당신을 향한 아버지의 선하신 뜻에 대한 보증임을 알라. 여기에서 오직 그분은 당신 안에 일깨웠던 것이 없어지지 않게 하시고, 없어지는 것을 원하지도 않으신다.' 마지막으로 이 권고들에서 나는 열한 시에 부름 받은 자들, 많은 세월 후에 민족들을 부르신 것, 십자가 우편에 달린 강도, 그리고 다른 그와 같은 자들에 대한 이야기를 제시한다. 나는 이러한 치료약들이 헛되지 않았다고 기억한다.

참으로 만약 하나님의 부르심을 받은 자들이었으나, 우리에게 어떤 걱정을 끼치는 자들, 다시 말하면 어떤 중죄에 빠졌다거나, 혹은 교회로부터 나왔거나, 또는 한동안 공적인 혹은 사적인 모독을 행하여 교회의 걸림돌로 징계를 받았거나, 또는 공적, 혹은 사적인 치욕적인 일로 한 동안 교회의 걸림돌로 권고를 받았거나, 종교적인 일에 한번도 깊이 착심하지 않았거나 아직도 겪어보지 않아서 스스로 만족할 수 없다면, 이러한 자들은 스스로 끊임없는 비난 속에 있게 되어 신적인 긍휼을 한동안 망각하게 된다. 그것은 약한 본성이 범죄하는 것이고, 때때로 심각하게 유혹을 받는 것인데, 적절한 치료약을 발견하지 못하여 고통받는 자들을 내버려 두기 때문이다. 나는 그들에게 다음과 같이 행하라고 말한다.

먼저 나는 그들이 가능한 한 그것들을 나에게 쏟아놓도록 요구한다. 그것이 어떤 것인지, 얼마나 큰 것인지 간에 이해하고, 앞부분에서 내가 율법을 엄격히 드러내는데, 더 혼란스럽게 만들기 위해서가 아니라, 오히려 그들의 죄에 대한 정죄와 신적인 판단에 대하여 묵상함으로서 그들이 (죄로부터) 어느 정도 빠져나오게 하기 위한 것이다. 이처럼 사람들을 위한 균형잡힌 위로의 설교를 하여, (위로 속에서도) 그들을 적대하시는 하나님을 간과하지 않게 한다.

후에 나는 이처럼 준비된 자들에게 그들의 마음이 어떠했었는지를 묻는다. 그러면 그들은 그때(과거에) 평온한 양심으로 즐거이 하나님을 기도하였으며, 믿음과 소망이 충만하여 복되었었다고 대답하곤 한다. 그러나 지금 그들은 비참하게 은혜를 낭비하고 있으며, 그들이 과거 나은 시절에 대하여 기억하는 것보다 더 고통스러운 것이 없다고 한다. 그러면 나는 하나님의 심판에 대한 깨달음과 이해가 당신을 무겁게 짓누르느냐, 당신이 사랑 많으신 하나님을 불쾌하게 했다는 것이 혐오스럽느냐고 묻는다. 그들은 둘 다 라고 말하며, 또한 무엇보다도 후자라고 말한다. 그러면 나는 죄라는 한도 내에서, 죄가 추하기 때문에, 그리고 최고 선이신 하나님을 불쾌하게 하기 때문에, 죄가 당신을 불쾌하게 하는가라고 묻는다. 그들은 말하기를 당신이 말한 대로, 그러한 선하고 긍휼이 많으신 하나님 앞에서 추악함을 밝히는 것이 부끄럽다고 한다. 그러면 나는 사람이 싫어하는 것을 버릴 수 있을 때, 누구도 불쾌해하지 않고, 오히려 즐거워한다고 말한다. 그들은 그렇다고 한다. 그리고 진심으로 말하기를 비록 하나님이 나를 미워하신다고 할지라도, 내가 그렇게 하나님을 미워하는 것을 그분은 금하신다고 한다. 그리고 그들은 만약 가능하다면, 나는 그분과 다시 화해하고자 한다고 말한다.

그때에 나는 이 말을 덧붙인다: 나의 형제여, 선한 마음을 가지라. 누가 하나님이 살인을 즐기신다고, 누가 그분이 선한 뜻을 슬퍼하신다고 생각하는가? 만약 진노하신 그분이 사랑하지 않으신다면, 또 만약 당신이 구원의 그리스도 안에 있는 우리의 지식을 혈육으로부터가 아니라, 우리를 가르치시는 하나님 그분과 우리에게 아버지를 보여주시는 그리스도 그분에게서 배우지 않았다면, 누가 스스로 은혜로 돌이키기를 원할 수 있는가? 그분은 우리에게서 먼저 사랑을 받지 않으시며, 오히려 보답되는 사랑을 받으신다. 그분의 기뻐하심에 따라서 그분은 우리가 원수 되었을 때, 우리를 먼저 사랑하셨다. 그러므로 나의 형제여, 당신은 왜 과거의 많은 행위들에 대해서 슬퍼하지 않는가? 그러나 당신이 절망해야 할 이유가 없다. 짧게 말해서 당신은 내적으로, 그리고 당신에게서 당신 자신이 간절히 원하는 바, 하나님과 화해되었다는 그에 따른 확실한 증거를 가지고 있다. (그 증거는 이것인데) 참으로 회개의 기초를 놓으신 분이 당신 안에 죄를 슬퍼하는 것과 화목을 원하는 열망을 두시며, 당신은 계속적인 기도로 간구하는 것을 멈추지 않게 된다. 떼에서 떨어져서 한동안 방황하는 양이 있다. 그리고 당신이 아흔 아홉 마리의 다른 양들과 떨어진 그 양이다. 아버지로부터 받은 양들을 지키는 신실한 목자께서, 우리의 사역을 통해서가 아니라, 그분이 직접 그 잃은 양을 찾으신다고 선언하신다. 그분은 말씀하시기를 '두드리라. 그러면 너희에게 열릴 것이라'고 하신다. 당신은 회심한 자들과 함께 받은 그 모든 약속들을 잊어버렸는가? 더 나아가서 세상의 관점에서 절망에 빠진 회심한 자들이 어떤 경험을 하였는가? 그러나 반대로 그 보혜사의 감동이 없는 자는 지금 내가 가지고 있는 믿음과 소망의 감각을 가지고 있지 않다. 오히려 반대되는 모든 것을 경험한다. 또한 내가 조금 전에 권고한 것과 같이, 당신은 스스로를 속이고 있다. 즉 죄는 형벌을 받을 뿐만 아니라 추한 것이기 때문에, 그리고 하나님으로 인하여 미워한다는 사실은 바로 보혜사가 가르치신 것이다. 아무리 그분이 모든 것을 드러내지는 않으실 지라도 말이다. 당신은 그분을 많은 방법으로 상심케 하였기에, 잠시 그분이 마치 당신을 전혀 돌보시지 않는 것처럼 보이기도 한다. 그러나 그분은 당신으로부터 완전히 떠나지 않으셨으며, 다만 당신의 중심에 계시다가 마음의 어떤 구석진 골방으로 물러가신 것 뿐이다. 그분은 다시 당신의 기도를 듣고 나타나실 것이라고 말씀하시며, 당신이 그것을 확신케 하신다. 나는 이에 대해서 당신이 반복해서 생각하게 할 것이다. 당신이 말한 것을 우리가 인정한다고 할지라도, 믿음은 죽은 것이 아니라 혼수상태에 빠진 것이었다. 당신은 모친의 자궁 안에 살았었고, 그 삶을 망각하였었다. 만취한 사람은 이성을 잃어버리지는 않으나, 이성과 육체를 한 동안 잘 사용하지 못한다. 당신이 겨울에는 나무들이 죽지만, 그것들이 다시 살아날 것이라고 말했다. 오늘 태양이 졌으나, 내일 다시 떠오를 것이다. 그리고 결투에서 쓰러진 자가 또한 몇 번이라도 승자가 되지 않는가? 그러므로 당신은 많은 사람의 영과 육의 영적인 전투에서 사람의 연약함 때문에, 부분적으로는 우둔함이, 그리고 부분적으로는 죄과가 발생한다는 것을 알아야 한다. 이러한 일들이 수 많은 유혹 속에서 항상 있기 때문에, 그는 말하기를 제발 자신이 가진 그 연약함과 죄를 멈출 수 있기를 바란다고 말한다. 지금 나의 조건들은 하나님께서 긍휼히 여기시려고 작정하신 그들의 수에 내가 속했는지 의심하게 만든다.

◆ 부록 2 ◆

황금 사슬 도표
교리의 결정

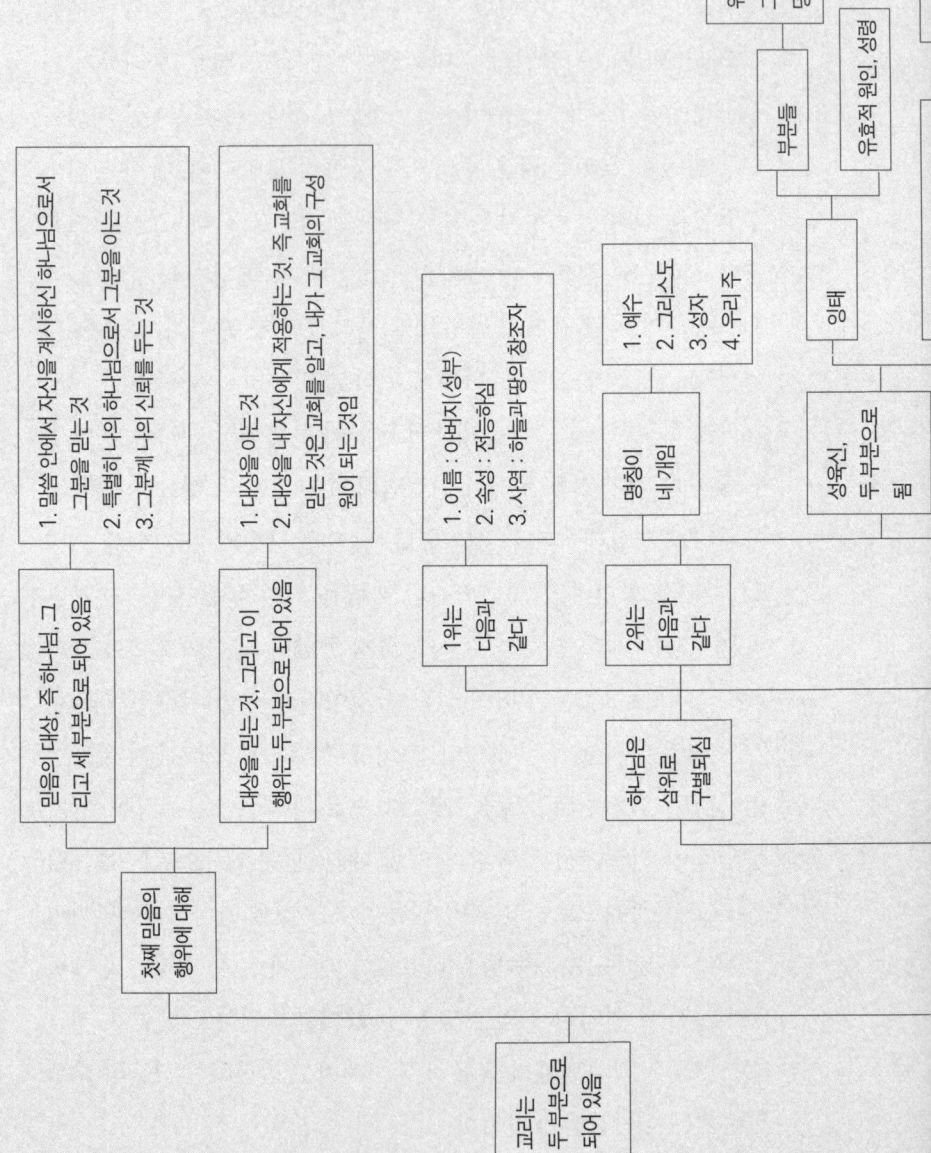

황금 사슬; 신학의 개요

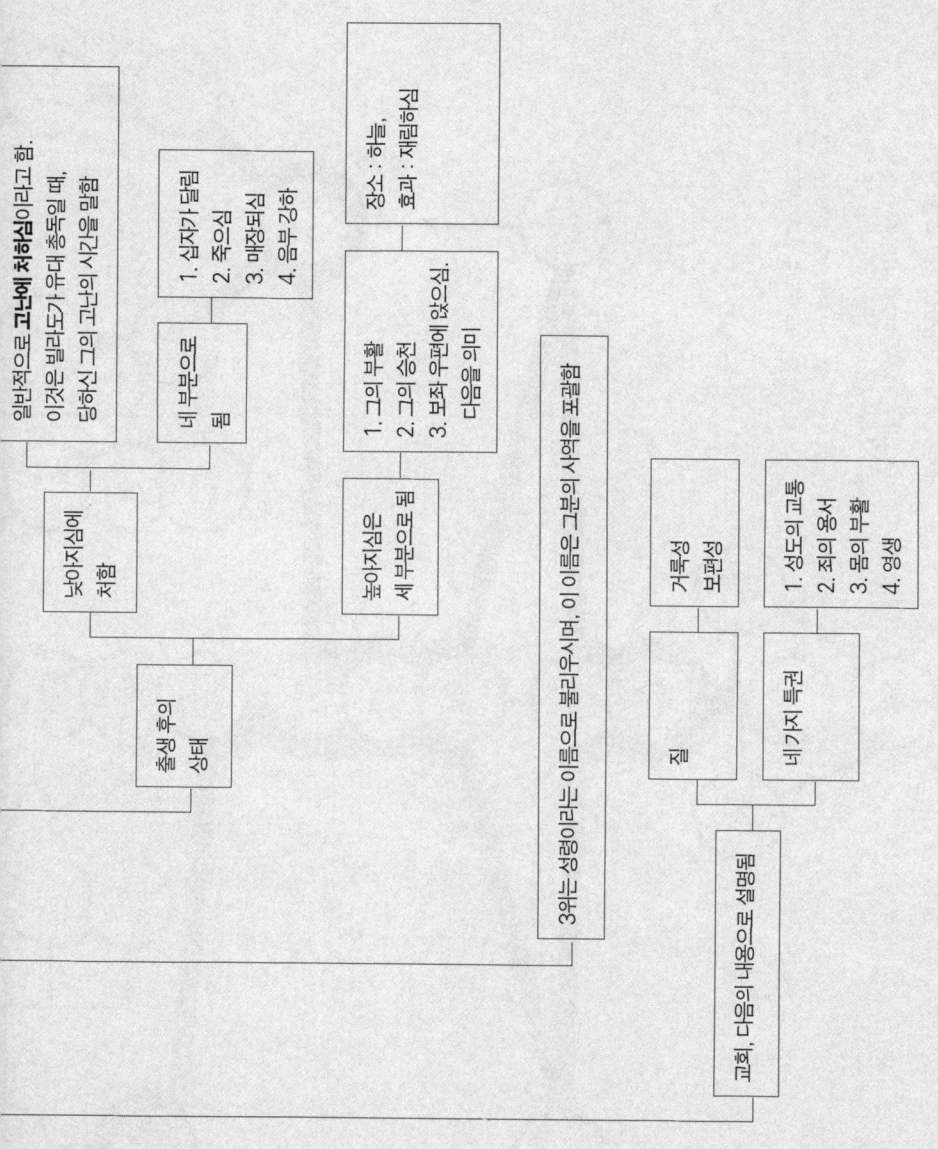

부록2: 황금사슬 도표

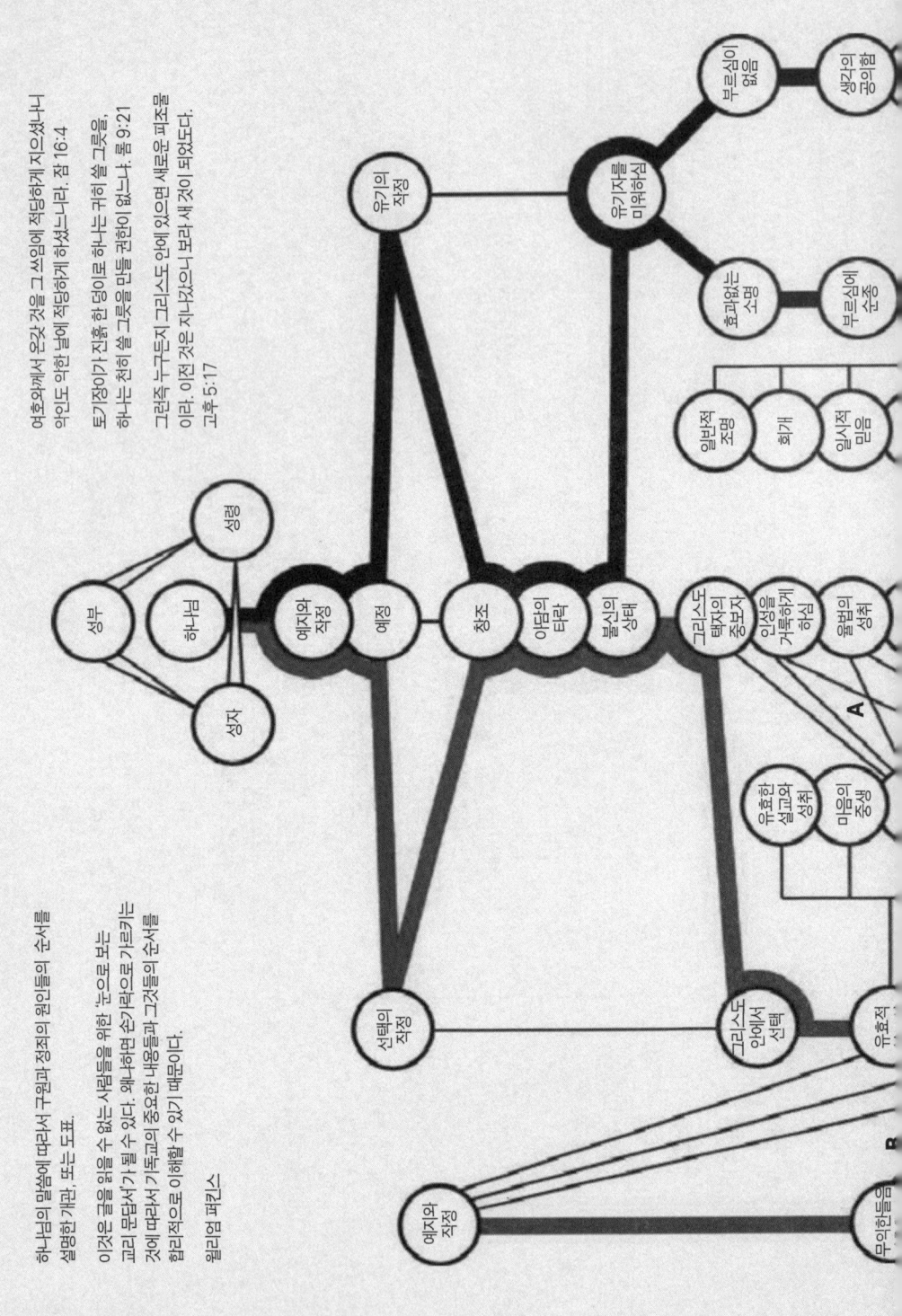

황금 사슬: 신학의 개요

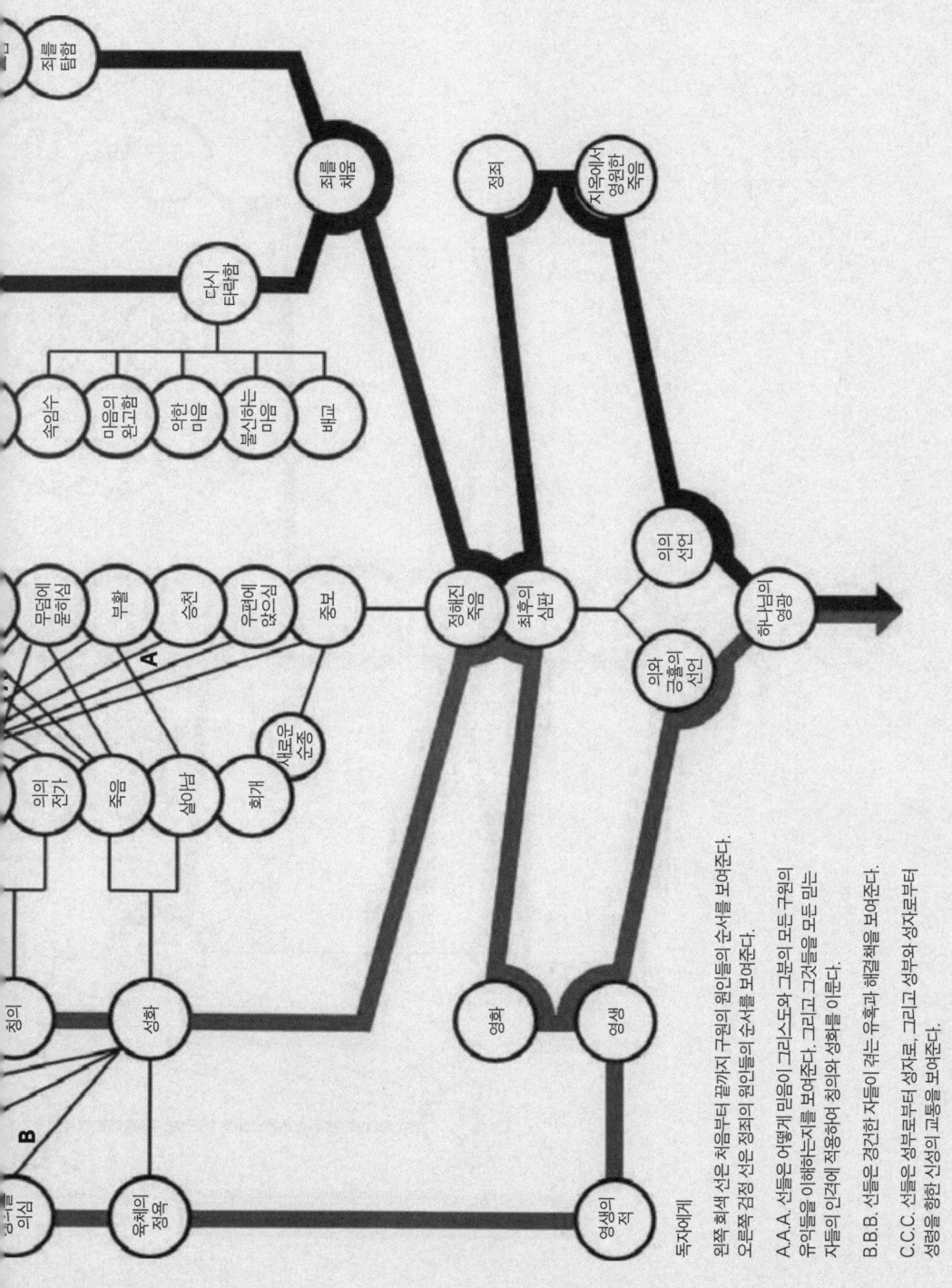

부록2: 황금사슬 도표

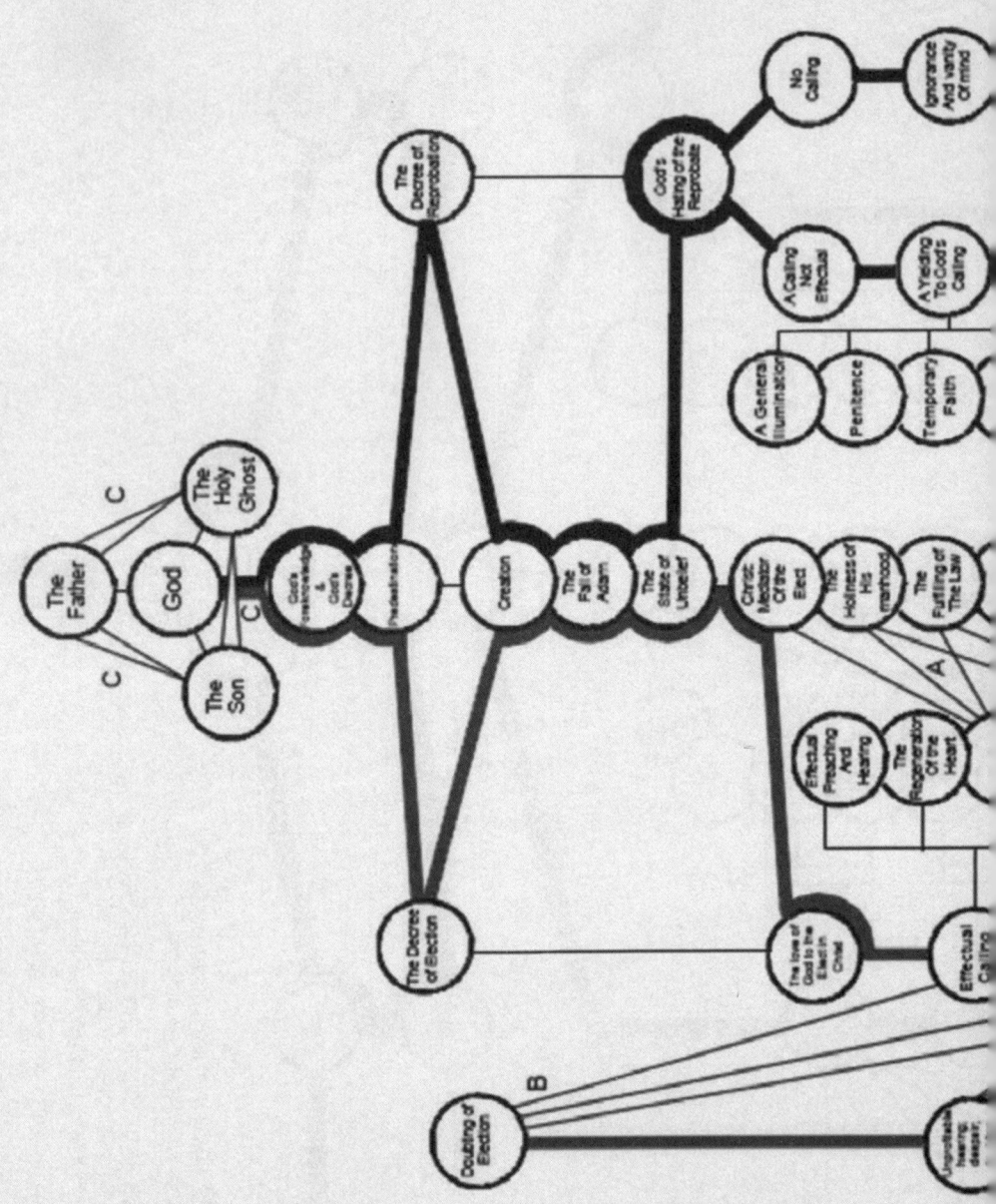

황금 사슬: 신학의 개요

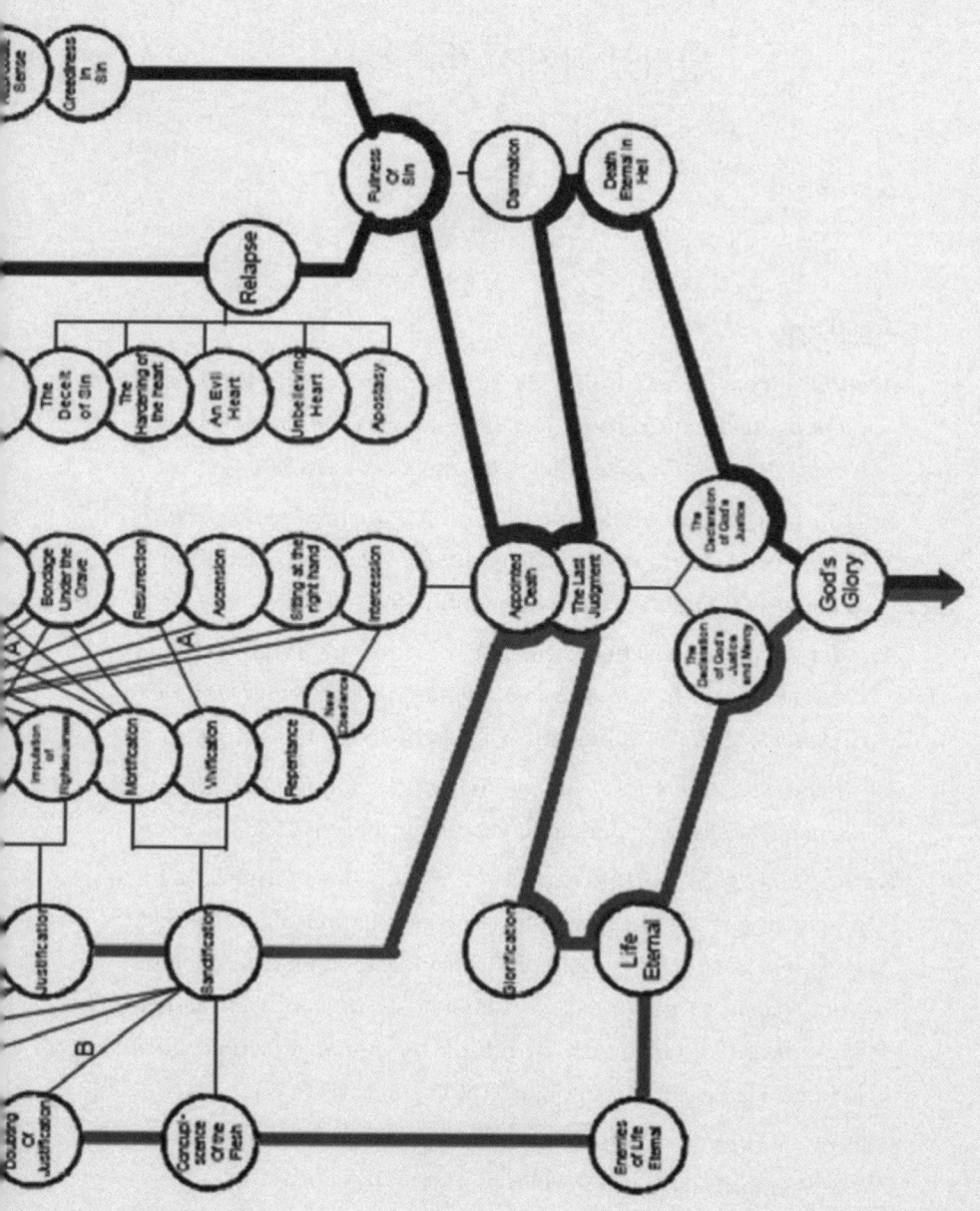

부록2: 황금사슬 도표

◆ 부록 3 ◆
윌리엄 퍼킨스 작품 목록

라틴어 작품

Armilla aurea, id est, Miranda series causarum et salutis & damnationis iuxta verbum Dei: Eius synopsin continet annexa tabula. Cantabrigiæ: Ex officina Iohannis Legatt, 1590.

Prophetica, sive, de Sacra et Unica Ratione concionandi Tractatus. Cambridge: Ex officina Johannis Legatt, celeberrimæ Academiæ Cantabrigiensis typographi, 1592, 1602.

Armilla avrea: sive Theologiae descriptio, Mirandam seriem causarum salutis damnationis hominum, iuxta verbum Dei, exponens. Basel: Konrad von Waldkirch, 1596, 1598, 1599.

De Praedestinationis modo et ordine: et de Amplitudine Gratiae diuinae Christiana & perspicua disceptati. Bailea, 1598.

Catholicus Reformatus: hoc est, expositio et declaratio, praecipuarum aliquot Religionis controversiarum: quae ostendit, quatenus Ecclesiae ex Dei verbo reformatae in iis cum Ecclesia Rom. qualis ea hodie est, consentiunt, & quatenus ab eadem dissentiunt, adeoq[ue] in quibus numquam ei consentire debent. Hanoviae: G. Antonius, 1601, 1603, 1608.

Specimen digesti, sive Harmoniae Bibliorum Veteris et Novi Testamenti. Hanoviae: Wilhelm Antonius, 1602.

Guilielmi Perkinsi problema de Roman æ Fidei ementito catholicismo. Est que antidotum contra thesaurum catholicum Iodoci Coccij. Et propaidei æ [sic] iuventutis in lectione omnium Patrum. Editum post mortem authoris opera & studio Samuelis Wardi. Cantabrigi æ: Ex officina Ioannis Legat, 1604.

Clarissimi viri D. Guiliemi Perkinsi Theologi anglo Catechesis: in qua initio sex firma [et] immota totius religionis Christianae tacta sunt fundamenta, instar breuis ac succinte alicuius in opus ipsum introductionis. Deinde omnia & singula Christianae Religionis capita. Apud Guilielmum Antonium, 1608.

De libera Dei Gratia et libero hominis Arbitrio, solida Tractatio. Oppenhemium, 1610.

De Idololatria postremi hujus temporis Tractatio: nunc recens ex lingua anglica in Latinam conversa, trans. Wolfgang Mayer. Oppenheimii: sumptibus viduae Levini Hulsii, 1616.

영어 작품

Foure Great Lyers, striuing who shall win the siluer whetstone. Also a resolution to the Countriman, prouing is vtterly vnlawfull to buye or vse our yeerly Prognostications. London: Robert Walde-graue, 1585.

A Treatise Tending vnto a Declaration whether a man be in the estate of damnation or in the Estate of Grace and if he be in the first, how he may in time come out of it: if in the second, how he maie discerne it, and perseuere in the same to the end. London: R. Robinson, for T. Gubbin, and I. Porter, 1590.

The Foundation of Christian Religion: gathered into sixe Principles. And it is to bee learned of ignorant people, that they may be fit to hear sermons with profit, and to receiue the Lords Supper with comfort. London: Thomas Orwin, for Iohn Porter, 1591, 1688, 1690.

A Golden Chaine or the Description of Theologie, containing the order of the causes of Salvation and Damnation, According to Gods Word. Written in Latin by William Perkins, and Translated by Another, trans. Another, Robert Walde-grave, 1592.

A Case of Conscience the greatest Taht sic euer was, how a man may know, whether he be the Son of God or no. Resolued by the Word of God. Whereunto is added a briefe discourse, taken out of Hieronimus Zanchius. Edinburgh: Robert Walde-graue, printer to the K. Majestie, 1592

Two Treatises · : I. Of the nature and practise of repentance. II. Of the combat of the flesh and spirit. Cambridge: Iohn Legate printer to the Vniversitie of Cambridge. 1593.

An Exposition of the Lords Praier in the way of catechisme. Edinburgh: Robert Walde-graue, printer to the Kings Maiestie, 1593.

A Direction for the Government of the tongue according to Gods Word. Cambridge: Iohn Legate printer to the Vniuersity of Cambridge, 1593.

An Exposition of the Symbole or Creed of the apostles according to the tenour of the Scriptures, and the consent of Orthodoxe Fathers of the Church. Cambridge: Iohn Legatt, printer to the Vniuersitie of Cambridge, 1595.

A Salve for a sicke man or a Treatise containing the nature, differences, and kindes of death as also the right manner of dying well. And it may serue for spirituall instruction to 1. Mariners when they goe to sea. 2. Soldiers when they goe to battell. 3. Women when they trauell of child. London: Iohn Legat, printer to the Vniuersitie of Cambridge, 1595, 1611.

A Declaration of the True Manner of knowing Christ crucified. Cambridge: Iohn Legate, printer to the Vniversitie of Cambridge, 1596.

A Discourse of Conscience: wherein is set downe the nature, properties and differences thereof: as also the way to get and keepe good Conscience. Cambridge: John Legate, 1596.

A Reformed Catholike or A Declaration shewing how neere we may come to the present Church of Rome in sundrie points of Religion, and wherein we must for euer depart from them: with an advertisement to all fauourers of the Romane Religion, shewing that the said religion is against the Catholike Principles and Grounds of the catechisme. Cambridge: Iohn Legat, printer to the Vniuersitie of Cambridge, 1598.

The True Gaine more in worth then all the Goods in the world. Cambridge: Iohn Legat, printer to the Vniuersitie of Cambridge, 1601.

How to Liue, and That well in all estates and times, specially when helps and comforts faile. Cambridge: Iohn Legat, 1601.

The Reformation of Couetousnesse. written vpon the 6. chapter of Mathew, from the 19. verse to the ende of the said chapter. London: for Nicholas Ling and Iohn Newbery, 1603.

Satans Sophistrie ansuuered by our Sauiour Christ and in diuers sermons further manifested. London: Richard Field for E.E.,

1604.

A Commentarie or Exposition, vpon the fiue first chapters of the epistle to the Galatians: penned by the godly, learned, and iudiciall diuine, Mr. W. Perkins. Now published for the benefit of the Church, and continued with a supplement vpon the sixt chapter, by Rafe Cudworth Bachelour of Diuinitie. Cambridge: Iohn Legat, printer to the Vniuersitie of Cambridge, 1604

The first Part of the Cases of Conscience. Wherein specially, three maine Questions concerning man, simply considered in himselfe, are propounded and resolued, according to the Word of God. Taught and deliuered, by M. William Perkins in his Holy-day lectures, by himselfe revised before his death, and now published for the benefit of the Church. Cambridge: Iohn Legat, printer to the Vniversitie of Cambridge, 1604.

Lectures vpon the three first Chapters of the Reuelation: preached in Cambridge anno Dom. 1595. by Master William Perkins, and now published for the benefite of this Church, by Robert Hill Bachelor in Diuinitie. To which is added an excellent sermon, penned at the request of that noble and wise councellor, Ambrose, Earle of Warwicke: in which is proued that Rome is Babylon, and that Babylon is fallen. London: Richard Field for Cuthbert Burbie, 1604.

A Treatise of the Vocations or Callings of Men with the sorts and kindes of them, and the right Use thereof. Cambridge: John Legate, 1605.

M. Perkins, his Exhortation to Repentance, out of Zephaniah: preached in 2. sermons in sturbridge faire. Together with two treatises of the duties and dignitie of the ministrie: deliuered publiquely in the Vniuersitie of Cambridge. With a preface præfixed touching the publishing of all such workes of his as are to be expected: with a catalogue of all the perticulers [sic] of them, diligently perused and published, by a preacher of the word. London: im T. C. for William Welby, 1605.

The whole Treatise of the Cases of conscience distinguished into three bookes: the first whereof is revised and corrected in sundrie places, and the other two annexed. Taught and deliuered by M. W. Perkins in his holy-day lectures, carefully examined by his owne briefes, and now published together for the common good, by T. Pickering Bachelour of Diuinitie. Whereunto is adioyned a twofold table: one of the heads and number of the questions propounded and resolued; another of the principall texts of Scripture vvhich are either explaned, or vindicated from corrupt interpretation. Cambridge: Iohn Legat, Printer to the Vniuersitie of Cambridge, 1606.

The Combat betweene Christ and the Diuell Displayed: or a Commentarie vpon the temptations of Christ: preached in Cambridge by that reuerend and iudicious diuine M. William Perkins. London: Melchisedech Bradwood for E. Edgar, 1606.

A godlie and learned Exposition upon the whole epistle of Iude, containing threescore and sixe Sermons preached in Cambridge by that reverend and faithfull man of God, Master William Perkins, and now at the request of his Executors, published by Thomas Taylor, Preacher of Gods Word; whereunto is prefixed a Large Analysis, containing the Summe and Order of the whole Booke, according to the Authors owne method, to which are further added, foure Briefe Tables to direct the Reader. London: Felix Kyngston for Thomas Man, 1606.

A Godly and Learned Exposition or Commentarie vpon the three first Chapters of the Reuelation. Preached in Cambridge by that Reuerend and Judicious Diuine, Maister William Perkins, Ann. Dom. 1595. First published for the benefit of Gods Church, by Robert Hill, Bachelor of Diuinitie. London: Adam Islip for Cuthbert Burbie, 1606.

The Arte of Prophecying or a Treatise concerning the sacred and onely true Manner and Methode of Preaching first written in Latine by Master William Perkins; and now faithfully translated into English (for that it containeth many worthie things fit for the knowledge of men of all degrees) by Thomas Tuke. London: Felix Kyngston for E.E., 1607.

A Treatise of Mans Imaginations. Shewing his naturall euill Thoughts: His want of good Thoughts: The way to reforme them. Framed and preached by M. Wil. Perkins. Cambridge: Iohn Legat, 1607.

A Cloud of faithfull Witnesses, leading to the heauenly Canaan or A Commentarie vpon the 11 Chapter to the Hebrewes preached in Cambridge by that godly, and iudicious Divine, M. William Perkins; long expected and desired, and therefore published at the Request of His Executours, by Will. London: Humfrey Lownes, 1607.

A godly and learned Exposition of Christs Sermon in the Mount: preached in Cambridge by that reuerend and iudicious Diuine M. William Perkins. Published at the request of his Exequutors by Th. Pierson Preacher of Gods Word. Whereunto is adioyned a twofold Table: one, of speciall Points here handled; the other, of choise places of Scripture here quoted. Cambridge: Printed by Thomas Brooke and Cantrell Legge to the

Vniuersitie of Cambridge, 1608

A faithfull and plaine Exposition vpon the 2. chapter of Zephaniah by that reuerend and iudicious Diuine, M.W. Perkins. Containing a powerful exhortation to repentance: as also the manner howe men in repentance are to search themselues. Published by a preacher of the word. With a preface prefixed, touching the publishing of M. Perkins his works. And a catalogue of all such particulars thereof, as are to be expected. At London: T. C. for William Welby, 1609.

A Discourse of the damned Art of Witchcraft so farre forth as it is reuealed in the Scriptures, and manifest by true Experience. Framed and deliuered by M. William Perkins, in his ordinarie course of Preaching, and now published by Tho. Pickering Batchelour of Diuinitie, and minister of Finchingfield in Essex. Whereunto is adioyned a twofold table; one of the order and heades of the treatise; another of the texts of Scripture explaned, or vindicated from the corrupt interpretation of the aduersarie. Cambridge: Cantrel Legge, printer to the Vniuersitie of Cambridge, 1610.

A Graine of musterd-seede or the least Measure of Grace that is or can be effectuall to saluation. Corrected and amended by W. Perkins. London: Iohn Legate, Printer to the Vniuersitie of Cambridge, 1611.

The Works of William Perkins, Volume 1. London, 1625.

The Works of William Perkins, Volume 2. London, 1631.

The Works of William Perkins, Volume 3. London, 1631.

최근 재출판된 작품들

The Art of Prophesying with the Calling of the Ministry. edited by Sinclair B. Ferguson, The Banner of Truth Trust, 1996.

The Foundation of Christian Religion gathered into six principles. CreateSpace, 2010.

A Cloud of faithfull witnesses, leading to the heauenly Canaan, or, A commentarie vpon the 11 chapter to the Hebrewes preached in Cambridge by that godly and iudicious divine, M. William Perkins (1607). EEBO editions, 2010.

A Golden Chain. edited by G. Fox, Puritan Reprints, 2010.

The Workes of that famous and worthie minister of Christ, in the Vniuersitie of Cambridge, M. W. Perkins. (1608-1609). EEBO editions, 2010.

A faithfull and plaine exposition vpon the 2. chapter of Zephaniah by that reuerend and iudicious diuine, M.W. Perkins. Containing a powerful exhortation to repentance: as also the manner howe men in repentance are to search themselues. (1609). EEBO editions, 2010.

Discourse of the damned Art of Witchcraft. edited by C. Matthew McMahon and Therese B. McMahon, Puritan Publications, 2012.

The Art of Prophesying with the Calling of the Ministry. edited by M. J. Andre. Toronto: Fearless Eagle Publishing, 2014.

The Works of William Perkins, Volume 1. edited by J. Stephen Yuille, Grand Rapids: Reformation Heritage Books, 2014.

The Works of William Perkins, Volume 2. edited by Paul M. Smalley, Grand Rapids: Reformation Heritage Books, 2015.

네델란드어, 독일어 번역

Twee tractaten: 1. Van de natuere ende t'betrachten der boetveerdicheyt. 2. Van den strijt des vleeschs ende des gheests. te Amsterdam, 1599.

Christliche und gründtliche Erklärunge der zehen Gebott und Gebets deß Herren / auß Gottes Wort durch M. Wilhelmum Perkinsum, christlicher Ged chtnus. Itzt auß dem niderl ndischen ins Hochteutsch bracht durch Johannem Heupelium, Diener des Worts Gottes in der löblichen Graffschafft Hanaw. Hanaw: Wilhelm Antonius, 1604.

Het ware Gewin, waerdigher dan alle de goederen die inde werelt zijn. Jan Evertsz. Cloppenburch, 1604.

Teghen de Giericheyt, gheschreven opt seste Capittel Matthei. an Evertsz, 1604.

Euthanasia: die recht edle Kunst wol zu sterben/ Sampt Der Leichpredig so bey desselbigen Begrebnuss, durch Herren Doct. Iohan. Iac. Grynaeum, diener am H. Evangelio im Muenster gehalten/ Herren Guilielmi Perkinsij Angli; Verteutscht durch Weiland den gottseligen alten Herren Jacob Meyern, gewesenen Kirchendiener zu S. Alban, in Basel, naechst vor seinem abscheid. Basel: Jnn verlegung Ludwig Koenigs, 1605.

De Aenvechtingen des Sathans: eene Tsamensprekinghe, begrijpende den Strijt tusschen den Sathan ende den Christen Mensche. voor Jan Evertsz Cloppenburch, 1607.

De Standt eens Christen Mensches in desen Leven: Met Aenwijsinghe hoe verre de uytvercorenen den Verworpenen inde Christenheyt te boven gaen, ende dat in vele graden. voor

Jan Evertsz Cloppenborch, 1607.

Eene Onderwijsinge, voordragende Hoemen de Tonge behoort te regeren na den Woorde Gods. Jan Evertsz, 1607.

Salve voor een sieck Mensche, ofte een Tractaet vervattende de Natuere onderscheydentheden, ende soorten des doots. Gillis Rooman, 1608.

Verclaringe van de rechte Maniere om te kennen Christum den Ghecruysten. Gillis Rooman, 1608.

Vertroostinghe voor beroerde Conscientien van boetveerdighe Sondaren. Gillis Rooman, 1608.

Een excellent Tractaet van de Conscientie, waer in gheleerdt wordt de Natuere Eyghenschappen ende Onderscheydentheden der Selver. J. Evertsz, 1608.

Prophetica, dat is, een heerlijck Tractaet van de heylighe Ende eenighe maniere van Prediken. Jan Evertsz Cloppenburch, 1609.

Een Tractaet van de Beroepinghen der Menschen, mitsg. de soorten ende 't rechte Ghebruyck derselver, vol. 1. J.E. Cloppenburch, 1610.

Hoemen Leven sal, ende dat wel, in allen staten ende tijden insonderheyt: wanneer hulpe ende troost ontbreeckt. Jan Evertsz Cloppenburch, 1606, 1610.

Een Geval der Conscientie verclarende de swaerste Questie die daar is: namelijck hoe yemandt weeten of kennen sal, of hy een Kindt Gods is. Verhandelt in maniere van een T' samensprekinge. Amsterdam: J. Ez. Cloppenburch, 1613.

Zungenleitter: das ist ein edler und herrlicher Underricht wie man die Zunge zu Gottes Ehre/ erstlich beschrieben vom hochgelehrten Herrn Wilhelm Perkinss, Lehrern der H. Schrifft in Engelland; und hernach auss dem lateinischen Exemplar verteutschet durch Heinrich Sprüngli von Zürich in der Eydgnossschafft. Zürich: Georg Hamberger, 1623.

Guilielmi Perkinsi Gewissens-Spiegel: Darinn zuersehen allerley Zuf lle des menschlichen Gewissens/ durch welche dasselbe mag angefochten werden/ sam[m]t Bey-gefügter gründicher Lehre/ wie mann sich in alle dieselbige zurichten habe/ ubersetzet. Franckfurt; Leipzig; Helmstädt: Zeising, 1690.

종교개혁500주년기념사업회 후원자 명단
(2016. 11. 현재)

강기용, 강신기, 강창희, 고석규, 권혁달, 권혁우, 김광욱, 김광태
김다니엘, 김민태, 김범수, 김성준, 김숙영, 김시환, 김예환, 김인숙,
김재진, 김정순, 김종자, 김준목, 김철수, 김형상, 김혜란, 김혜식
김홍두, 김화옥, 김희준, 나경자, 나명석, 나현주, 라미용, 라상민
라정찬, 문국현, 박규직, 박병욱, 박분옥, 박수애, 박이선, 박정성
박정순, 박정임, 박종숙, 박진희, 박한옥, 손명근, 송동선, 송문호
송인수, 서명철, 신용식, 안경옥, 안광웅, 안명준, 안성희, 안조현
안홍희, 양득춘, 오덕교, 오병호, 오정수, 원용규, 원종범, 유관모
유승순, 유지현, 유태서, 윤종덕, 이강인, 이강진, 이경실, 이계자
이복규, 이영기, 이영숙, 이영자, 이영조, 이영주, 이영희, 이종윤
이준수, 이준호, 이흥순, 임상헌, 임선영, 임희국, 장석찬, 전광영
정미연, 정수길, 장호림, 정승균, 정을순, 정현구, 조규원, 조상계
지성철, 최광성, 최금숙, 최낙준, 최미아, 최양진, 최용걸, 최원자
최종희, 최필중, 한인진, 한효숙, 허　숙, 현승희, 홍광숙, 홍순복
홍혜란

기관
미래한국, ㈜신강사, 한국기독교학술원

교회
서울교회, 서울교회권사회, 서울교회피택권사회(2013년도)
서울교회피택집사회(2013년도), 서울교회헵시바중창단
섬김의교회, 여의도순복음교회, 온누리교회